高职高专**新媒体运营管理**系列教材

新媒体营销策划

王 薇 / 主编
陈冰洁 史文雯 / 副主编

清华大学出版社
北京

内 容 简 介

本书根据岗位需求,在多轮教学实践的基础上不断优化,将知识及技能转变成项目任务,以项目导向、任务驱动为抓手,指导学生通过个人或团队合作的形式完成四大项目任务,以实现教学目标。本书主要内容包括认识市场营销策划和新媒体营销策划、新媒体平台营销策划、新媒体方式营销策划、新媒体活动营销策划。每个项目设计了详细的任务指导书、评分标准及评分表、基础知识、自我练习等板块,可有效实现教师的教与学生的学。

本书提供了丰富的信息化资源,包括教学课件、教学视频、试题库、案例库、微课、动画等,读者可扫描书中二维码学习相关知识,也可登录学银在线平台学习该课程。本书由具有多年一体化课程教学经验的专业教师和具有实战经验的企业专家共同编写,可作为职业院校市场营销专业及相关专业的教学用书,也可供市场营销新媒体类及相关从业人员参考使用。

本书封面贴有清华大学出版社防伪标签,无标签者不得销售。
版权所有,侵权必究。举报: 010-62782989, beiqinquan@tup.tsinghua.edu.cn。

图书在版编目(CIP)数据

新媒体营销策划/王薇主编. —北京:清华大学出版社,2022.4
高职高专新媒体运营管理系列教材
ISBN 978-7-302-57847-5

Ⅰ. ①新… Ⅱ. ①王… Ⅲ. ①网络营销—营销策划—高等职业教育—教材 Ⅳ. ①F713.365.2

中国版本图书馆 CIP 数据核字(2021)第 056989 号

责任编辑:左卫霞
封面设计:傅瑞学
责任校对:袁　芳
责任印制:宋　林

出版发行:清华大学出版社
　　　　网　　址:http://www.tup.com.cn, http://www.wqbook.com
　　　　地　　址:北京清华大学学研大厦 A 座　　　　邮　编:100084
　　　　社　总　机:010-83470000　　　　邮　购:010-62786544
　　　　投稿与读者服务:010-62776969, c-service@tup.tsinghua.edu.cn
　　　　质量反馈:010-62772015, zhiliang@tup.tsinghua.edu.cn
　　　　课件下载:http://www.tup.com.cn, 010-83470410

印 装 者:三河市天利华印刷装订有限公司
经　　销:全国新华书店
开　　本:185mm×260mm　　　印　张:19.75　　　字　数:476 千字
版　　次:2022 年 6 月第 1 版　　　印　次:2022 年 6 月第 1 次印刷
定　　价:58.00 元

产品编号:089811-01

PREFACE 丛书序

随着科学技术的不断发展，互联网与信息技术的应用渗透到各行各业，它深刻改变了人们的生活习惯，如人际沟通、消费、娱乐等，使社会文化环境发生了巨大的变化，影响着整个社会的变迁。

新媒体在我国的出现正是源于这样的背景，并且在持续、迅速地发生变化，对企业营销活动产生了明显的冲击。微博、微信、短视频平台、小程序、其他各类平台等新信息产品拓宽了新媒体渠道，革新了新媒体传播生态；网红经济和共享经济推动了新媒体产业发展；大数据、云计算、人工智能技术引领传播技术创新；VR技术发掘出更多线上和线下交融的应用场景。移动化、交互化、体验化、定制化、线上线下一体化、全终端大融合的技术，正在让新媒体的创意与内容瞬息万变，受众与技术驱动的"一个内容、多种创意、多次开发；一个产品、多种形态、多次传播"的新媒体，不断释放出更多的红利和能量，更新、改写了营销的生态系统，同时也对企业营销提出了更高的要求，机遇与挑战并存。

除了科技的因素，其他因素也对营销环境产生着或大或小的影响。例如，2020年新冠肺炎疫情严重期间，人们线下交流客观上变得十分困难，这使直播带货迅速发展，而疫情防控可能会较长时期地存在也使这一趋势得到了加强。2020年7月6日，人力资源社会保障部联合国家市场监督管理总局、国家统计局向社会发布9个新职业，其中就包括"互联网营销师"职业。

新媒体营销人才能够帮助企业利用新媒体的优势，如多渠道、精准触达、长尾效应、实时化、双向化等来实现企业的营销目标。面对迅速变化的营销环境，企业急需引进或培训新媒体营销人才。因此，培养社会需要的新媒体营销人才成为职业院校相关专业的迫切任务。

在这样的大环境下，许多高职院校进行了有益的尝试，开设了相关的专业或专业方向，根据企业需求开发人才培养方案和课程。例如，北京信息职业技术学院自2014年开始在市场营销专业中开设了新媒体运营管理方向，北京工业职业技术学院自2015年开始在市场营销专业中开设了新媒体营销方向。没有开设这类专业方向的相关专业多数也开设了其中的一些课程，如新媒体营销、微信微博运营、短视频运营、直播营销等。由于该行业紧跟技术的应用，相关技术也在不断地更新、迭代，培训机构及自媒体个人或公司也正在或已经进入这个培训市场。最近三四年，市面上相关的教材、书籍也开始由少变多。

作为多年从事该领域教学的教师，从高等职业教育教学实践的角度来看，市面上能直接用于高职新媒体营销类课程教学的优秀教材较少。目前的教材或者是由学者编写的偏重于理论方面的教材，或者是由企业、培训机构有实操经验的人员编写的偏重于实操方面的图书。第一种教材理论性强而实战性不足，内容更新也较慢。第二种图书实战经验丰富，但结构性较差，往往不成体系，内容相对片面，侧重如何去做，但对于为什么要这样做或者说理论性阐述较少，有些仅局限在某几个点或某几条线上，不利于高职学生的后续发展。这两类图书均存在不足。基于以上调研，开发一套适用的新媒体营销课程优质教材是本套丛书产生的一个最直接原因。

2019年5月,在清华大学出版社和北京信息职业技术学院的共同推动下,"全国高职高专院校市场营销专业新媒体营销培训及教学研讨会"在北京顺利举办。来自全国30多所高职院校的专业教师和企业专家齐聚一堂,共同研讨,决定开发一套适用于高职层次教学的新媒体运营管理系列教材,由已开设过相关课程的有经验的教师和企业专家联合创作、编写。

本套丛书在编写体例上融入"工作过程一体化"思想,采用项目式教材思路,以项目任务为引领,将相关的知识点融入其中,学生通过项目任务实践获得经验,掌握相关的知识,实现在"做中学"。同时,进行课程的信息化资源建设,以利于线上线下混合式学习。本套丛书的体例为"项目任务书→任务指导书→评价标准及评分表→基础知识→自我练习",这样的体例设计极大地方便了学生学习及教师指导,也方便业内人员自学。

编写团队基于前期对企业相关岗位的调研及课程开发论证,初步确定了以下十本书作为本系列教材第一批:《新媒体营销基础》《新媒体运营工具》《互联网营销思维训练》《新媒体文案创作》《微信与微博运营》《社群运营》《新媒体营销实务》《新媒体营销策划》《短视频运营》《直播运营》。随着信息技术在行业中应用的变化或其他环境因素导致的变化,我们会及时推出满足教学需要的新教材。

我们希望,这套既有理论性又有实战性、既方便学生学又方便教师教的新媒体运营管理系列教材,能够有力地促进职业教育教学质量的提高,为社会培养出更多的企业急需的新媒体营销人才。

高职高专新媒体运营管理系列教材
编写委员会

前言 FOREWORD

《新媒体营销策划》是高职高专新媒体运营管理系列教材中的一本。本书是在对企业一线专家深入调研的基础上,针对新媒体营销策划及相关岗位的需求,以能力为本位,以职业实践为主线,以培养学生岗位素质及实际操作技能为核心,将工作任务转变为学习任务,通过完成系列任务培养学生实际工作岗位所需的知识及技能,满足教师教、学生学的需求,是教、学、做一体化实用教程。

本书的体例是"项目任务书→任务指导书→评价标准及评分表→基础知识→自我练习"。项目任务书全面明确每个项目的要求,以便有目标地学习;任务指导书是为了给学习者"搭梯子",引导其一步一步地完成项目和任务;评价标准及评分表明确考核要求及重点,使学生清楚地知道应该如何完成任务及完成任务的目标;基础知识对应前面的项目和任务,为顺利完成项目和任务提供必要的理论知识,可以在完成任务前学习,也可以在完成任务时随时查阅;自我练习是对基础知识和技能的再次巩固与检验。这样的体例设计充分考虑了学习的规律性,将先进的教育与教学理念融入其中,学生使用本书知道如何学习并能衡量学习效果,充分调动学生学习的积极性与主动性,使学生成为课堂的真正主角,成为所有活动的实施者;教师使用本书知道如何高效设计一堂课,使教师成为课堂的组织者、督促者、主持者,而不再是站在讲台上唱"独角戏",转变教师与学生的角色,真正做到授之以渔,而非授之以鱼。

本书包含认识市场营销策划和新媒体营销策划、新媒体平台营销策划、新媒体方式营销策划、新媒体活动营销策划4个项目,共17个任务。本书给出了教学计划建议,即项目分值分配建议表,附在前言后。本书所有项目和任务设计均得到了企业一线专家的指导,都经过了多轮教学实践与优化。本书提供丰富的教学资源与示范教学包,包括教学视频、教学PPT、微课、试题库、案例库等,供使用本书的教师和学生参考使用。

本书由北京信息职业技术学院王薇担任主编,湖南工程职业技术学院陈冰洁、北京尚恩威尔教育科技有限公司创始人史文雯担任副主编。具体编写分工如下:王薇设计编写思路,对全书进行修改和统稿,并编写项目1、项目2任务1～任务3、项目3任务5～任务8、项目4;陈冰洁编写项目2任务4;中山火炬职业技术学院刘平胜编写项目3任务1、任务2;太原技师学院王佳编写项目3任务3;衢州职业技术学院黄文涛编写项目3任务4;史文雯、北京城市网邻信息技术有限公司商务经理杨晓娣精选全书案例并指导任务设计。

本书为北京信息职业技术学院优质课程"新媒体营销策划"配套教材,该课程在学银在线平台上线,扫描下页二维码也可登录该课程。为促进学术传承、知识传播、优质教育资源共享,"新媒体营销策划"优质课程已上线南京市人力资源和社会保障局公共服务平台,提供给南京广大市民引用。

特别感谢丛书总主编、本书主审北京信息职业技术学院林小兰老师给予的指导与帮助。感谢北京立思辰科技股份有限公司协助制作本书配套的PPT课件及视频资料,感谢使用本书的兄弟院校及读者。

由于本书涉及的内容较新,教学实践的年限较短,再加上编者水平有限,书中难免存在不足之处,恳请广大读者批评指正,不胜感激!

编 者

2021年11月

新媒体营销策划
在线开放课程

项目分值分配建议表

项目	项目1(20%)			
任务得分	任务1(40%)	任务2(30%)	任务3(30%)	合计

项目	项目2(25%)				
任务得分	任务1(30%)	任务2(20%)	任务3(20%)	任务4(30%)	合计

项目	项目3(25%)								
任务得分	任务1(15%)	任务2(15%)	任务3(15%)	任务4(15%)	任务5(10%)	任务6(10%)	任务7(10%)	任务8(10%)	合计

项目	项目4(30%)		
任务得分	任务1(40%)	任务2(60%)	合计

课程项目得分				
项目1(20%)	项目2(25%)	项目3(25%)	项目4(30%)	合计得分

目录

项目1 认识市场营销策划和新媒体营销策划 ·················· 1

  任务1 认识市场营销策划 ·················· 1
    项目任务书 ·················· 1
    任务指导书 ·················· 2
    评价标准及评分表 ·················· 5
  基础知识 ·················· 5
    一、营销策划的含义 ·················· 6
    二、营销策划的意义 ·················· 10
    三、营销策划的分类 ·················· 12
  自我练习 ·················· 14

  任务2 认识新媒体营销策划 ·················· 16
    项目任务书 ·················· 16
    任务指导书 ·················· 17
    评价标准及评分表 ·················· 20
  基础知识 ·················· 20
    一、认识新媒体营销策划岗位 ·················· 22
    二、认识新媒体、新媒体营销和新媒体营销策划 ·················· 23
    三、新媒体营销策划思维 ·················· 26
    四、新媒体营销策划的注意事项 ·················· 30
  自我练习 ·················· 32

  任务3 撰写新媒体营销策划方案 ·················· 34
    项目任务书 ·················· 34
    任务指导书 ·················· 34
    评价标准及评分表 ·················· 37
  基础知识 ·················· 37
    一、新媒体营销策划方案的撰写步骤 ·················· 38
    二、撰写新媒体营销策划方案的方法 ·················· 40
    三、市场营销策划书 ·················· 42
  自我练习 ·················· 47

项目2 新媒体平台营销策划 ·················· 50

  任务1 社交类新媒体平台营销策划 ·················· 51

项目任务书 ·· 51
　　任务指导书 ·· 51
　　评价标准及评分表 ·· 63
基础知识 ·· 63
　　一、认识社交类新媒体平台 ···································· 63
　　二、论坛平台营销策划 ·· 64
　　三、微信平台营销策划 ·· 72
　　四、微博平台营销策划 ·· 78
自我练习 ·· 84
任务2　音视频类新媒体平台营销策划 ······························ 87
　　项目任务书 ·· 87
　　任务指导书 ·· 87
　　评价标准及评分表 ·· 91
基础知识 ·· 92
　　一、认识音视频类新媒体平台 ·································· 92
　　二、直播平台营销策划 ·· 93
　　三、短视频平台营销策划 ····································· 102
　　四、音频平台营销策划 ······································· 109
自我练习 ··· 114
任务3　问答类新媒体平台营销策划 ······························· 117
　　项目任务书 ··· 117
　　任务指导书 ··· 117
　　评价标准及评分表 ··· 120
基础知识 ··· 120
　　一、认识问答平台 ··· 120
　　二、问答平台营销策划 ······································· 120
　　三、百度知道平台营销策划 ··································· 122
自我练习 ··· 123
任务4　自媒体类新媒体平台营销策划 ····························· 125
　　项目任务书 ··· 125
　　任务指导书 ··· 125
　　评价标准及评分表 ··· 128
基础知识 ··· 128
　　一、认识自媒体平台 ··· 128
　　二、自媒体平台营销策划的基本要求 ··························· 132
　　三、自媒体平台营销策划的注意事项及技巧 ····················· 133
　　四、自媒体平台营销效果策划 ································· 134
　　五、主要的自媒体平台营销策划介绍 ··························· 135
自我练习 ··· 141

项目3　新媒体方式营销策划 …… 143

任务1　互动营销策划 …… 143
　　项目任务书 …… 143
　　任务指导书 …… 144
　　评价标准及评分表 …… 146
基础知识 …… 147
　　一、互动营销策划的概念 …… 147
　　二、互动营销的特点 …… 147
　　三、互动营销方式的策划 …… 148
自我练习 …… 152

任务2　病毒营销策划 …… 154
　　项目任务书 …… 154
　　任务指导书 …… 154
　　评价标准及评分表 …… 159
基础知识 …… 159
　　一、病毒营销策划的概念 …… 159
　　二、病毒营销的特点 …… 160
　　三、病毒营销方式的策划 …… 161
自我练习 …… 164

任务3　饥饿营销策划 …… 165
　　项目任务书 …… 165
　　任务指导书 …… 166
　　评价标准及评分表 …… 170
基础知识 …… 171
　　一、饥饿营销策划的概念 …… 171
　　二、饥饿营销的特点 …… 171
　　三、饥饿营销方式的策划 …… 173
自我练习 …… 175

任务4　事件营销策划 …… 177
　　项目任务书 …… 177
　　任务指导书 …… 177
　　评价标准及评分表 …… 182
基础知识 …… 182
　　一、事件营销策划的概念 …… 182
　　二、事件营销的特点 …… 183
　　三、事件营销方式的策划 …… 183
自我练习 …… 187

任务5　情感营销策划 …… 189

项目任务书 …………………………………………………………………… 189
　　　任务指导书 …………………………………………………………………… 190
　　　评价标准及评分表 …………………………………………………………… 193
　基础知识 ………………………………………………………………………… 193
　　　一、情感营销策划的概念 …………………………………………………… 193
　　　二、情感营销的作用与特点 ………………………………………………… 194
　　　三、情感营销方式的策划 …………………………………………………… 195
　自我练习 ………………………………………………………………………… 199
　任务6　IP营销策划 ……………………………………………………………… 200
　　　项目任务书 …………………………………………………………………… 200
　　　任务指导书 …………………………………………………………………… 201
　　　评价标准及评分表 …………………………………………………………… 207
　基础知识 ………………………………………………………………………… 207
　　　一、IP营销策划的概念 ……………………………………………………… 207
　　　二、IP营销的特点 …………………………………………………………… 208
　　　三、IP营销方式的策划 ……………………………………………………… 209
　自我练习 ………………………………………………………………………… 211
　任务7　借势营销策划 …………………………………………………………… 213
　　　项目任务书 …………………………………………………………………… 213
　　　任务指导书 …………………………………………………………………… 213
　　　评价标准及评分表 …………………………………………………………… 219
　基础知识 ………………………………………………………………………… 219
　　　一、借势营销策划的概念 …………………………………………………… 219
　　　二、借势营销的特点 ………………………………………………………… 219
　　　三、借势营销方式的策划 …………………………………………………… 220
　自我练习 ………………………………………………………………………… 223
　任务8　跨界营销策划 …………………………………………………………… 225
　　　项目任务书 …………………………………………………………………… 225
　　　任务指导书 …………………………………………………………………… 225
　　　评价标准及评分表 …………………………………………………………… 233
　基础知识 ………………………………………………………………………… 233
　　　一、跨界营销策划的概念 …………………………………………………… 233
　　　二、跨界营销的特点与原则 ………………………………………………… 234
　　　三、跨界营销方式的策划 …………………………………………………… 235
　自我练习 ………………………………………………………………………… 240

项目4　新媒体活动营销策划 ………………………………………………………… 242
　任务1　认识活动策划 …………………………………………………………… 242
　　　项目任务书 …………………………………………………………………… 242

  任务指导书 …………………………………………………………… 243
  评价标准及评分表 ………………………………………………… 246
 基础知识 …………………………………………………………………… 246
  一、活动策划与新媒体活动策划的含义 ……………………………… 246
  二、活动策划的意义 ………………………………………………… 246
  三、活动策划的基本规则 …………………………………………… 247
  四、新媒体营销活动种类 …………………………………………… 249
 自我练习 …………………………………………………………………… 251
 任务 2 撰写新媒体营销活动方案 ………………………………………… 253
  项目任务书 …………………………………………………………… 253
  任务指导书 …………………………………………………………… 254
  评价标准及评分表 ………………………………………………… 266
 基础知识 …………………………………………………………………… 267
  一、认识新媒体营销活动方案 ……………………………………… 267
  二、开展活动策划的注意事项 ……………………………………… 268
  三、新媒体营销活动策划技巧 ……………………………………… 271
  四、新媒体营销活动策划重点步骤 ………………………………… 274
  五、撰写活动策划方案应注意的事项 ……………………………… 292
 自我练习 …………………………………………………………………… 300

参考文献 ……………………………………………………………………… 302

项目1

认识市场营销策划和新媒体营销策划

营销是企业的生存之本,策划是营销的必由之路,策划对企业营销起着指导作用。市场营销策划对企业的生存和发展有特别重要的作用。新媒体出现后,消费行为发生了很大变化,竞争日趋激烈,市场进入一个新媒体营销的新时代。不管是技术、媒体,还是传播,都在不断更新,企业要紧跟新媒体营销模式带来的一系列变革,更好地进行营销策划,才能在营销中取得竞争优势。营销策划是营销人员必需掌握的专业技能,通过完成本项目各任务学习,学生能够正确理解营销策划的含义,重视营销策划,初步搭建营销策划书的基本框架,树立新媒体营销策划思维,胜任相关工作。

任务1 认识市场营销策划

认识市场营销策划

 项目任务书

课内学时	2学时	课外学时	至少2学时
学习目标	1. 能够正确理解什么是市场营销策划 2. 能够重视市场营销策划 3. 能够区分不同类型的市场营销策划及特点		
项目任务描述	1. 听教师讲解,理解什么是市场营销策划 2. 分析案例,掌握市场营销策划的基本要素及特点 3. 分析案例,掌握市场营销策划的意义 4. 听教师讲解,区分不同类型的市场营销策划及特点		
学习方法	1. 听教师讲解相关知识 2. 查阅资料 3. 认真思考、分析		
所涉及的专业知识	1. 市场营销策划的含义、特点 2. 市场营销策划的意义 3. 市场营销策划的主要类型及特点		

续表

本任务与其他任务的关系	本任务是后续任务的铺垫,可在完成本任务的基础上做后面的任务
学习材料与工具	学习材料:任务指导书后所附的基础知识 学习工具:项目任务书、任务指导书、计算机、笔
学习组织方式	本任务要求每个学生独立完成

 任务指导书

完成任务的基本路径如下。

听教师讲解,完成测试(15分钟) → 阅读案例,进行分析思考(45分钟) → 听教师讲解,完成任务(30分钟)

第一步:明确市场营销策划的基本含义。

听教师讲解,明确市场营销策划的基本含义,填写基本知识测试表,见表1-1。

表1-1 任务产出——市场营销策划内涵测试

1. 认识策划
(1) 策划是为了解决(　　　　),为实现特定的(　　　　),提出新颖的(　　　　),并制订出(　　　　)的方案,达到(　　　　)的一种(　　　　)活动。
(2) 策划包含三大基本要素。 　　□　＋　□　＋　□
2. 认识市场营销策划
市场营销策划是指企业内部或外部的策划人员,为了达到一定的(　　　　),在(　　　　)基础上,遵循一定的程序,(　　　　)经营资源,对某一企业、某一商品或某一活动,在准确分析企业营销环境的基础上,激发(　　　　),对企业一定时间内营销活动的方针、目标、战略以及实施方案与具体措施进行科学的(　　　　)设计和周密的(　　　　),并精心实施,确保目标的成功。

第二步:分析案例,结合所学的知识思考分析,掌握营销策划的基本要素及特点。

【案例1-1】 一生产服装的厂家积压了很多衣服,该厂家请来一位据说擅长"营销策划"的大师,大师想出一条妙计:利用生活中人们爱占小便宜的特点,把价格提起来,当零售商来进货时,每十件衣服的包装里故意多装一件衣服。货确实很快发出去很多,但不久后,来退货的零售商越来越多,而退回来的每件包装里却只有包装上标明的10件。

【案例1-2】 某景区为招揽游客,打出知名度,请某策划人做了如下策划:在该景区的桃树上挂了一些纸花,然后在媒体上大做广告,"请游客到此景区看桃花"。因为那时还不到桃花盛开的季节,这则广告的确很吸引人。然而等游客到景区发现桃树上到处都是纸花,游客认为被欺骗,纷纷到当地媒体投诉。经媒体曝光后,该景区不但没有带来正面的知名度,反而形象受损,此后游客更少。

【案例 1-3】 某超市曾策划并发起一项"为老兵开一盏绿灯"的活动,旨在帮助退伍老兵顺利地重新融入社会。该超市单独建了一个网站,但在这个网站上,除了一个链接该超市网站的按钮,几乎找不到任何该超市与该活动有关的内容。据报道,该超市为这项活动花费不少钱,但结果是这些花费相当于打了水漂,有人说这样做还不如直接捐给退伍军人帮扶机构。

仔细分析上述 3 个案例后,填写表 1-2。

表 1-2 任务产出——案例思考与分析(1)

1. 分析 3 个案例策划失败的原因。
(1)"案例 1-1"失败的原因:
(2)"案例 1-2"失败的原因:
(3)"案例 1-3"失败的原因:
2. 结合案例分析市场营销策划的基本要素及特点。
3. 选择案例进行策划并描述。 请任意选择至少 1 个案例,结合所学的知识,重新为其进行策划,描述你的策划方案(拓展与提高)。

第三步:分析案例,明确市场营销策划的意义并理解市场营销策划的重要性。

李女士经营一家婴儿游泳馆,但生意一直不好,采取了很多办法都无效,于是,李女士决定聘请营销策划专家帮她扭转局面。

营销策划专家首先进行了充分的市场调研,进行了详细的梳理与分析。

1. 主要客户群体的需求分析

家长送宝宝去游泳,一般会在意哪些?

(1)价格。越便宜,竞争力就越强。

(2)服务。服务优质,才会受家长欢迎。

(3)水的卫生状况。倘若孩子游一次泳就患上皮肤病或者拉肚子,即便价格再便宜、服务再好,家长也不会再带孩子来。

2. 竞争市场情况分析

调研结果表明:作为主要竞争对手的宝宝游泳馆,都宣传自己的游泳池水质优良,没有一家宣传自己的游泳池不卫生、不健康、不安全。

经过分析,营销策划专家根据实际情况进行了营销策划:总经理李女士是一位漂亮、性格泼辣的美女,专家决定从她身上进行突破,深思熟虑后,一个新奇的营销策划浮出脑海——"美女老总喝洗澡水",他让李女士连喝7杯游泳池里的洗澡水"解渴",并拍摄成短视频,编辑配上相应的文字或写成文章,将其发布到微信朋友圈及各种网络渠道,立刻收到了非常好的推广效果,"能喝的洗澡水"也成了这家婴儿游泳馆的最大卖点,牢牢吸引着家长带孩子前来消费,即使不会游泳的孩子偶尔喝上几口也没事儿,有效打消了家长的顾虑。

后来,这家婴儿游泳馆不到半年,发展了38家加盟、连锁店,而"美女老总喝洗澡水"比起同期"冰桶挑战"而言,无论关注度还是关联性、话题性上都强了很多倍。

阅读案例,结合所学知识思考分析,完成表1-3。

表1-3 任务产出——案例思考与分析(2)

1. 分析案例中的营销策划方案获得成功的主要原因。
2. 通过案例,结合已学知识,谈谈市场营销策划的意义及作用。

第四步:听教师讲解,区分不同类型的市场营销策划及特点。

认真学习相关知识,将表1-4填写完整。

表1-4 任务产出——市场营销策划的分类

划 分 依 据	类 型	含义及特征描述
根据策划活动的承担者划分		
根据策划的营销活动是否以营利为目的划分		
根据策划涉及营销活动的范围划分		
根据策划活动所处的层次划分		

续表

划分依据	类型	含义及特征描述
根据策划的对象划分		
根据策划者的身份划分		
根据策划中采用的媒体方式不同划分		

评价标准及评分表

认真完成每个任务产出表,表述正确、清晰、有说服力,在规定时间内完成并上交。认识市场营销策划评分表见表 1-5。

表 1-5　认识市场营销策划评分表

任务产出项目	分　值	评价得分
表 1-1　任务产出——市场营销策划内涵测试	20	
表 1-2　任务产出——案例思考与分析(1)	40	
表 1-3　任务产出——案例思考与分析(2)	20	
表 1-4　任务产出——市场营销策划的分类	20	
合　　计	100	

基础知识

老干妈案例

案例导入

2018 年的纽约时装周上,来自贵州的"老干妈"因为一件和全球知名潮流买手店 Opening Ceremony 合作的 Logo 卫衣,被誉为"土味时尚"的代表作,燃爆纽约,登上了热搜榜首,吸引了上千万网友来天猫围观。据了解,作为此次由天猫引领的跨界出道的国货品牌之一,"国民女神"老干妈从以往的饭桌走上了国际 T 台。而从中华土味变身为纽约时尚,则来源于天猫策划的"国潮行动"项目。在本次的纽约时装周"天猫中国"日,天猫联手美国潮牌 Opening Ceremony 共同打造国潮快闪店,将老干妈、云南白药、双妹等具有鲜明中国文化基因的品牌进行跨界合作,推出系列潮流单品。

"老干妈"辣酱创始人陶华碧的头像被印在连帽卫衣上,并

摆在时尚买手店 Opening Ceremony 位于百老汇的店中出售,成为一件时尚新品。云南白药也被写成多种语言,印在连帽卫衣上,乍一看酷似日本潮牌。这一波营销策划让"中国潮流"以更加多维、立体的方式呈现给国际消费者。在老干妈的天猫官方旗舰店,一款售价1288元的老干妈+卫衣套餐刚一推出就被一抢而空,身居纽约的海外华人还纷纷留言求代购。其营业额也比此前增长了240%。

(参考资料:根据贵州都市报"'老干妈'登上纽约时装周'土味时尚'产品被疯抢"改编。)

思考:为什么要做这样的营销策划?

点评:之所以能获得好的效果,是源于成功的营销策划,而此次营销策划敢于进行大胆跨界的原因是天猫国潮洞察到了"90后"和"00后"的消费特点。他们不同于以往消费者,更加追求个性化、张扬自己、不盲从大牌,并且有较高的消费力。同时,反差的东西本身也能带来较高的流量。此次创意是天猫团队进行了长期周密的策划沟通工作,旨在通过创新的营销策划,通过天猫平台、纽约时装周、国际买手店等大量优质资源全面提升市场对传统经典国民品牌的关注。

一、营销策划的含义

(一)策划的内涵和基本要素

1. 策划的内涵

策划一词最早出现在《后汉书·隗嚣传》中"是以功名终申,策画复得"之句。其中"画"与"划"相通互代,"策画"即"策划",意思是计划、打算。策最主要的意思是指计谋,如决策、献策、下策、束手无策。划是指设计、工作计划、筹划、谋划,意思为处置、安排。

美国哈佛企业管理丛书认为:"策划是一种程序,在本质上是一种运用脑力的理性行为。"美国人把策划称为软科学,也叫咨询业、顾问业或信息服务、公关传播。比较著名的有美国的"兰德公司""麦肯锡公司"等策划咨询公司。日本人把策划叫企划,即高度计划的有目的的企划。

策划是一种非常复杂的活动,它不同于一般的"建议",也不是单纯的"点子",它其实是一种包含创造性的策划。策划是为了解决现存的问题,为实现特定的目标,提出新颖的思路对策,并制订出具体可行的方案,达到预期效果的一种综合性创新活动。策划不仅是当代企业在迅速变化的市场环境和日趋激烈的竞争中求生存、求发展的管理利器,而且已逐渐成为"营销核心思维方式",被视为竞争取胜的法宝和企业经营活动的高招,在社会经济生活各个方面都得到广泛应用。

2. 策划与计划的区别

策划不同于计划,它是研究"去做什么",是一种围绕已定目标而开展的具有崭新创意的设计。计划是研究"怎样去做",是一种围绕已定设计而组织实施的具体安排,从表1-6中可以看出策划与计划的主要区别。

表1-6　策划与计划的主要区别

策划	必须有创意	自由,无限制	掌握原则与方向	做些什么	灵活,变化多端	开放性	挑战性大
计划	不一定有创意	范围一定,按部就班	处理程序与细节	怎么去做	灵活性小	保守性	挑战性小

3. 策划的基本要素

策划的基本要素包括创意、目的(方向)和可行性(可操作性)。

(1) 创意。创意是指策划的内容必须独特新颖,令人叫绝。平平淡淡,没有新鲜感,就谈不上策划,只不过是一种计划安排而已,创意是策划的重要特征之一。创意是灵感的结果。一般认为灵感是纯粹的归纳性结果,它重视经验性的观察,把握现象深处潜在的东西,灵感是与分析和思考相对应的东西。创意是一种复杂高级的思维活动,应遵循以下原则。

① 综合择优原则。要选择最具操作性又最能实现意图的创意;在策划的过程中,只有通过综合择优,才能使策划的整体功能最优化。

② 移植原则。客观事物中存在着大量相似现象。在相似的基础上加以适当改变,就容易产生新的创意。

③ 组合原则。思维过程中,将系统要素、方法等加以重新组合,也容易产生新的创意。

④ 逆反原则。要产生与众不同的创意,创出自己的特色,就要走自己的路,需要逆向思维,不能跟在别人后面亦步亦趋。

创意主要有以下思维方法。

① 模仿创造法。模仿创造法是指通过模拟仿制已知事物来构造未知事物的方法。

② 移植参合法。移植参合法是指将某一领域的原理、方法、技术或构思移植到另一领域而形成新事物的方法。

③ 联想类比法。联想类比法是指通过对已知事物的认知而联想到未知事物,并从已知事物的属性去推测未知事物也有类似属性的方法。

④ 逆向思维法。逆向思维法是指按常规思维去解决问题而不见效时,即反其道而行之,进行逆向思维,以获得意想不到的效果的方法。

⑤ 组合创造法。组合创造法是指将多种因素通过建立某种关系组合在一起从而形成组合优势的方法。组合创造法是现代生产经营活动中常用的方法。

在策划产生创意的活动中,以上思维方法往往相互渗透、相辅相成,应在实际运作中灵活运用。产生创意的基本步骤如下。

第一阶段,界定问题。发现创意对象;选出创意对象;明确认识创意对象;设立创意目标;掌握创意对象。

第二阶段,市场调查。明确目的、对象、方法、工作程序;整理、分析、加工资料,使其转换为情报,形成创意的基础。

第三阶段,产生创意。在对各种资料分析的基础上,触发灵感、深入思考,形成符合实际的创意;整理创意方案;预测结果;选出创意方案。

第四阶段,准备创意提案,付诸行动,进行总结。

(2) 目的(方向)。创意必须有利于达成预定的目标,是为目标服务的,否则再好的创意也没有价值。

(3) 可行性(可操作性)。策划的构想要有实现的可能,要做到这一点,必须将创意与企业现有人力、物力、财力合理结合,最终能落到实处而且不产生副作用。无法实现的创意不是真正的策划,再好的点子,如果无法实施,只是启发人们的思路,不会产生效益。也可以理解为"可行性＝天时＋地利＋人和"。

(二) 市场营销策划的内涵

1. 市场营销策划的含义

市场营销策划是策划的一个分支。市场营销策划是企业管理不可或缺的组成部分,不进行市场营销策划的企业是没有活力、没有竞争力的。

营销大师菲利普·科特勒认为,市场营销策划是一种运用智慧与策略的营销活动与理性行为,营销策划是为了改变企业现状,达到理想目标,借助科学的方法与创新思维,分析研究,创新设计并制订营销策划方案的理性思维活动。

也有学者认为市场营销策划是企业对将要发生的营销行为进行超前规划和设计,以提供一套系统的有关企业营销的未来方案,这套方案是围绕企业实现某一营销目标或解决营销活动的具体行动措施。这种策划以对市场环境的分析和充分占有市场竞争的信息为基础,综合考虑外界的机会与威胁、自身的资源条件及优势劣势、竞争对手的谋略和市场变化趋势等因素,编制出规范化、程序化的行动方案,包括从构思、分析、归纳、判断,直到拟定策略、方案实施、跟踪、调整与评估等。

综上所述,市场营销策划是指企业内部或外部的策划人员为了达到一定的营销目标,在市场调查与预测的基础上,遵循一定的程序,整合经营资源,对某一企业、某一商品或某一活动,在准确分析企业营销环境的基础上,激发创意,对企业一定时间内营销活动的方针、目标、战略以及实施方案与具体措施进行科学的策略谋划设计和周密的计划安排,并精心实施,确保目标的成功。

 拓展阅读

市场营销策划的核心是围绕企业市场目标及营销绩效开展的策划活动;市场营销策划的基础是针对企业的营销对象、营销环境、所拥有的资源进行分析研究;市场营销策划的结果是对企业营销活动提出一套预先的、系统的、具体的、可操作的计划方案。

同策划一样,市场营销策划的3个基本要素是创意、目标和可操作性。市场营销策划基本内涵应该包括:营销对象可以是某一个企业整体,也可以是某种商品和服务,还可以是一次活动;营销策划需要设计和应用一系列计谋,并做出精心安排,以保证一系列计谋运用成功;营销策划是对未来所做之事的创造性设计,虽与规划、计划有相似之处,但并不相同,关键的区别在于策划的创新,一般是先策划,提出创意,然后是有规划和计划。

 思考分析

某服装公司为打开新产品市场进行了一次铺货设计,选定了铺货范围,讨论了经销方式,安排了推广广告。请问:这是不是市场营销策划?

分析要点:市场营销策划的对象既可以是某一个企业整体,也可以是某一种商品和服务,还可以是一次活动;市场营销策划需要设计和应用一系列的计谋,并做出精心安排,以保证这一系列计谋运用成功。该公司在销货方面的设计就是分销渠道活动的策划,属于市场营销策划。

2. 市场营销策划的特点

处于不同市场、不同发展阶段、不同竞争程度的企业,其市场营销策划的具体目标是不同的,可见市场营销策划既具有复杂性又有系统性,要求具体的同时又要求整体,市场营销策划具有以下特点。

(1) 目的性。市场营销策划是围绕企业市场目标及营销绩效开展的策划活动。有效的市场营销策划必须能够实现特定的目的,这个目的可以是企业市场份额的快速变大,也可以是企业利润的快速增长,又或者是企业品牌知名度和美誉度的迅速提升,使企业能够在可以预测的未来获得经济上或声誉上的收益。市场营销策划必须能实现一定的目的,否则就不是好的策划。

(2) 预见性。市场营销策划是在充分思考与调查的基础上对营销活动所做的预先的、系统的与具体的可行性方案。

(3) 不确定性。市场营销策划虽然建立在充分调查与研究的基础上,但企业所处环境的变化与不确定性导致计划存在着一定风险。

(4) 系统性。一次好的市场营销策划必须遵循经济与自然规律,强调多种营销手段在策划过程中的系统与综合运用,强调科学、周全、可行及有序。

(5) 创造性。策划是人们思维智慧的结晶,策划是一种思维的革新,具有创意的策划,才是真正的策划。市场营销策划的创造性主要体现在敏锐的洞察力、不断的创造力、活跃的灵感力、创新的想象力与积极的挑战力等方面。

(6) 可调适性。市场营销策划方案必须具有弹性,能因地制宜。在复杂多变的市场环境下,市场营销策划如果僵硬、机械,不具备灵活性、应变性、适应性,必将会出现失误,因此在市场营销策划过程中,必须注意策划方案的整体方向性与方案具体细节的灵活性相结合,对方案中预测性不强的环节及特别之处,准备几套风险应对方案,以方便对市场营销策划方案的某个环节进行调整。同时,在方案实施过程中,随着市场环境的变化及影响市场的各种客观条件及因素的变化,应不断调整方案的进程,保证方案的执行在可控制的范围。

(7) 动态性。市场营销的过程是企业可控因素与环境的不可控因素之间的动态平衡过程,市场营销策划贯穿于整个营销管理过程中。

(8) 时效性。去年效果很好的市场营销策划方案今年可能就不好用了,别的企业好用的市场营销策划方案在自己企业可能就派不上用场,所以市场营销策划一定要因时、因地地设计。

 案例阅读

神舟五号发射成功的第二天,蒙牛与神舟五号密切结合的广告满天飞,让人们在热议神舟五号的同时也记住了蒙牛,实际所带来的经济效益也让蒙牛非常满意。但是,等到神舟六号上天的时候再效仿这个营销策划,效果就明显差很多。云南海鑫茶叶有限公司、云南康乐茶叶交易中心两家公司提供10g云南普洱茶搭载"神六"上天,其目的就是想借神舟六号提高普洱茶的知名度,从而促进销售,但是最终结果却是差强人意,很少有人因为神舟六号的成功上天而知道还有这么一种普洱茶以及这两家公司。

【案例思考】 为什么第二次效仿未能收获好的效果?

二、营销策划的意义

市场营销策划已经成为企业竞争的必备利器,它对于企业的生存和发展具有特别重要的意义。

1. 指引并推动营销总目标的实现

市场营销策划方案能够对企业营销工作的发展方向和方法做出正确的指引,对企业各项决策工作的开展产生相应的影响。企业市场营销策划能够对企业整体利益进行全面分析和综合,能够促使企业的长短期目标、局部和整体利益实现有机地整合,进而保证市场营销活动各个分步骤和环节所采取的措施都能够对营销总目标的实现产生推动性影响。例如,张家港某企业在市场调查过程中认为乳胶手套能够对艾滋病传染起到一定的防护作用,因此便生产了大量的乳胶手套,但它的这一生产行为缺乏营销策划的科学指引,最终造成产品积压,对企业的下一阶段发展造成了极其严重的负面影响。

2. 有利于进一步实现营销资源的优化配置

企业市场营销策划对企业发展最为显著的作用就是能够在策划的过程中对企业自身所具有的各项营销资源进行综合分析,并在营销策划总体性目标的指导下对企业营销资源进行科学配置,进而真正实现以最小的投入获得最大的营销产出,促使企业的市场竞争能力得到显著提升,为企业在新时期激烈的市场竞争中取得更好的发展提供相应的保障。

3. 引导企业在社会中树立良好的形象

科学开展市场营销策划工作还有助于企业在发展过程中树立良好的社会形象。企业只有在科学的市场营销策划的指导下,才能够规范而有序地推进各项市场营销活动,为消费者提供高质量的营销服务,进而提升消费者对企业的满意度,让企业在消费者心中留下良好的印象。例如大型饮料企业可口可乐公司经过十几年的发展和合理的市场营销策划工作,在社会上树立了良好的形象,促使其在世界范围内的饮料市场中都具有极其强大的影响力,有利于该企业在市场竞争中获得更大的优势。

4. 进一步推动社会经济的发展

在我国当前经济市场上,市场竞争逐渐由小企业间的竞争转变为大企业间的对抗,大企业要想在市场竞争中获胜,就必须借助大规模生产降低产品成本,从而促使企业经济效益得到相应提升。从企业的长远发展看,合理的市场营销策划工作能够进一步减少生产和消费间的矛盾,进而实现产品的供需平衡,能够促使企业采取科学的营销策略,在市场竞争中获得一定的优势。因此可以说,良好的市场营销策划能够促使企业取得竞争优势的同时,还能带动企业的发展,进而推动社会经济的进步。

5. 积极转变市场营销观念,建立有效的营销组织

高效的营销工作应该能够促使企业内部各部门和各个业务环节之间实现合理的分工及合作。企业员工只有在工作中真正认识到应该将满足消费者的需求作为工作的出发点和落脚点时,才能够真正实现企业员工和各部门工作之间的良好协调。有效的营销组织最关键的一点在于全员营销,因此企业在发展过程中应该严格按照顾客至上的原则开展市场营销

策划工作,切实将产品的研发、生产、采购、营销等工作与企业内部的销售人员、业务人员、社会公众有机整合,并通过最佳的方式对其进行组织,促使企业的营销合力得到充分发挥,保证企业在市场竞争中获得一定优势,实现营销效率最大化和企业效益最大化。

6. 树立创新工作意识,积极开发新市场

创新对企业营销策划工作的成败有着决定性的影响。对企业新市场的开发工作来说,一方面,企业能够探索和发现新的市场空白点,根据市场空白点进行营销策划,制定发展策略,有效避开激烈竞争,还能创造独具价值的市场竞争优势。另一方面,借助科技开发和技术创新,企业对产品进行优化升级,推进新旧产品更新换代,最大限度满足当前不断变化的个性化市场需求,最终完成对原有市场的拓展和开发,从而为企业的生产和发展创造更为广阔的空间。与企业新市场的开展工作相适应,市场营销策划也应该不断进行拓展和创新,制订能够满足新市场发展需求的营销模式,采取更为合适的营销策略,促使新产品在市场上能够快速获得认可,为市场营销的成功提供相应保障。

7. 创新营销渠道,建立健全营销网络

在当前新媒体时代背景下,企业应该在激烈的市场竞争中积极探索营销渠道和营销模式的创新措施,为营销策划执行效率的提升奠定基础。企业在运营管理过程中可以通过渠道整合、渠道扁平化处理及渠道横向联合等多种方式进行创新,完成新渠道的开发,进而对自身营销网络加以完善,在企业推进市场营销的过程中能够保证营销网络在营销推广、商品流通和形象传播等多方面的职能得到充分发挥,为企业整体市场营销目标的实现创造条件。在具体操作方面,企业可以使用市场细分法,根据各地区地理环境、人口构成、消费倾向、消费行为等变量,在对企业进行合理划分的基础上,根据市场特点及企业的营销资源、最终营销目标对目标市场加以选择,最后调动企业内部所有相关营销资源,在目标市场上加以分配,在企业内部构建高效、系统的营销新媒体网络,促使企业获得更好的发展。

8. 大力推进产品的品牌发展战略

我国主流商品之间的竞争主要表现为各个优质品牌之间的竞争,因此企业要想获得更好的发展,不仅需要树立自己的品牌,更应该加强品牌建设。在进行市场营销策划时,首先,企业在运营管理过程中应该树立相应的品牌建设观念,要以品牌的创设为切入点,树立良好的社会形象。其次,企业应该对目标市场进行充分的分析,进而制定相应的市场定位战略,在发展过程中逐渐形成具有企业个性化特征、能够满足消费者需求的品牌形象。再次,企业应该将产品的质量作为树立品牌形象的根本,只有保证产品的质量,才能够通过消费者的信息反馈逐步建立良好的品牌形象。最后,应该对企业营销手段加以整合,加强对品牌形象传播工作的重视,促使企业品牌形象深入人心,这样在激烈的市场竞争中才能保持持久的优势。

9. 进一步加强营销管理工作

企业营销工作质量对企业发展有决定性影响,而营销策划更是市场营销工作的重点内容,在企业发展过程中占据举足轻重的地位。因此企业必须加强对市场营销策划工作的重视,通过加强管理促使营销策划的作用得到充分发挥。①加强对营销策划过程的管理。针对这一管理工作,企业可以以过程的方式对营销策划的输入和输出是否能够与国际惯例相吻合加以界定。针对企业营销策划的输入和输出问题,企业管理人员在实际管理过程中应该对企业的每一个管理单元进行细化,进而结合实际情况采取合适的管理控制方式,确保整

个过程始终处于可控状态,并在管理过程中对客户的潜在期望和消费偏好加以评估,为市场营销策划的有效实施提供相应保障。②加强对营销策划信息的管理。企业市场营销策划工作应该建立完善的信息监测和信息反馈系统,及时对顾客的产品使用情况收集和整理,结合实际情况做出信息反馈,为营销决策的制订提供相应的信息支持。在推行营销策划的过程中应注意对信息管理渠道进行疏通,构建科学合理的管理程序,保证企业在经营过程中能够结合实际情况灵活采取相应的营销方式,最终达到预期的营销目标。③加强对营销策划工作的舆论控制。企业管理者在践行市场营销策划的过程中应充分利用舆论宣传和引导工具,以良性舆论作为发展导向,鼓励全体员工在营销策划方面进行探索和创新,进而在企业中营造良好的舆论氛围,促使员工以积极的状态投入企业市场营销策划工作中。④重视市场营销策划的综合评价工作。企业在实际运行过程中,在每一项营销策划得到贯彻落实后都应该注意对实施效果进行全方位评价,并将顾客对营销活动的满意度、产品的市场占有率及发展潜力等量化指标作为实施综合评价的重要依据,进而吸取经验教训,为下一阶段营销策划工作的开展奠定基础。⑤对市场营销策划进行持续性的调整和改进。企业在实施市场营销策划的过程中可以建立连续性的信息监测和反馈系统,为营销策划的持续改进提供相应的信息支持,进而构建相对健全的售后服务体系,实现企业营销工作与市场的全面接轨,对企业持续健康发展产生积极的影响。

总而言之,在当前市场经济深入发展的社会背景下,企业市场营销策划工作对企业在激烈的市场竞争中获胜,获得持续稳定的发展有着极其重要的影响,因此企业在未来发展中必须加强对市场营销策划工作的重视,在充分明确其对企业发展影响的基础上,结合当前市场营销策划中存在的问题,采取适当的措施对市场营销策划工作进行优化调整,保证市场营销策划工作在企业中的各项功用得到充分发挥,切实推进企业在现代社会获得更好的发展。

三、营销策划的分类

市场营销策划从不同的角度有不同的分类。

1. 根据策划活动的承担者划分

根据策划活动的承担者划分,策划活动可分为以下 3 类。

(1) 内部自行策划。这是企业内部的营销策划专家或有经验的专业人员、管理人员自行承担的策划活动。这种市场营销策划的优点是内部人员比较熟悉企业内部的情况,针对性强,保密性好,灵活方便,节省费用。缺点是受到企业内部可控人财物状况、掌握信息的充分程度、可利用技术水平的高低等因素的影响与制约,策划思维会有一定的局限性。

(2) 委托外部策划。这是借助"外脑",由外部专业的咨询策划人员或机构进行的策划。这种策划的优点是策划者经验丰富,见多识广,专业化水平高,策划方案科学性强,能为方案实施提供指导与帮助。缺点是费用较高,保密性差,需要很长的时间进行摸底调查。

(3) 内外协作策划。这是以企业内部策划为主,但因技术上或其他方面的原因,又从外部高校、科研院所、专业策划机构聘请一些专家、学者进行指导或联合的策划。这种策划兼顾了内部自行策划和委托外部策划两种策划的优点,弥补了一些缺点,但存在着保密性差、内外协作困难等方面的问题。

2. 根据策划的营销活动是否以营利为目的划分

根据策划的营销活动是否以营利为目的划分,策划活动可分为以下两类。

(1) 营利性策划。营销活动是企业的经营活动,营利是其最主要的目的,这种营利是通过策划有良好社会效益的营销活动来实现的,应是取之有道的营利。

(2) 非营利性策划。在企业的营销活动中,也有许多活动并非以营利为目的,如赞助活动、社会公益活动、庆典活动、竞赛活动等。

3. 根据策划活动涉及营销活动的范围划分

根据策划活动涉及营销活动的范围划分,策划活动可分为以下两类。

(1) 综合策划,也称总策划,是对所策划营销项目的总体规划,是对所策划营销项目的全过程、各环节进行的整体性策划。

(2) 项目策划,也称单环节策划,是对所策划项目的某一部分、某一具体环节所做的策划。

4. 根据策划项目所处的层次划分

根据策划项目所处的层次划分,策划活动可分为以下 3 类。

(1) 战略性策划。战略性策划是对关系到企业战略目标实现,具有全局性、长远性、纲领性、方向性营销问题所进行的总体策划。其内容包括:企业总体经营战略中的营销战略规划部分,即站在企业层面的高度考虑营销问题,主要包括企业发展战略、生存战略与竞争战略等内容,营销策划实践中,一般习惯称其为营销战略规划;目标市场营销战略规划部分,即站在营销职能部门、某一品牌或某一业务的角度考虑营销问题,包括市场细分战略、目标市场选择战略、市场定位战略、营销组合策略规划等内容,营销策划实践中,一般习惯称其为营销策略规划。

(2) 策略性策划。策略性策划就是所谓的"4P策略策划",是企业为了保证顺利实现营销战略目标,在服务于营销战略的前提下,按照战略规划所确定的大政方针,对所策划营销项目某一时间段或某项具体工作所做的短期性策划。其特点是时间跨度较小、涉及内容宽泛,但比战略性策划具体,而且有较强的操作性。

(3) 随机性策划。随机性策划是指在营销活动运行过程中,随着环境变化而萌发或产生某种机遇时,随机进行的策划。其特点是机动灵活、应变性强。

5. 根据策划的对象划分

根据策划的对象划分,策划活动可分为以下 4 类。

(1) 企业策划。企业策划是以企业生产经营活动为对象的策划活动,包括财务策划、组织策划、管理制度设计、公关策划、CI 策划等内容。

(2) 产品策划。产品策划是对产品有形或无形部分的策略性设计与产品的销售推广策划,包括产品实体设计、包装设计、品牌策划、产品名称策划、产品销售策划、产品广告策划等。

(3) 服务策划。服务策划是对企业营销活动中,服务提供的内容、时间、地点、对象、程序、价格、场所、服务规范标准、服务推广介绍、宣传销售等所做的运筹谋划。

(4) 活动策划。活动策划是对一些非经营性活动进行的策划,如为树立企业形象而开展的体育活动、比赛活动、文艺活动、娱乐活动、宣传活动、庆典活动、赞助活动、社会公益活动等所做的策划。

6. 根据策划者的身份划分

根据策划者的身份划分,策划活动可分为以下两类。

(1) 个人策划。个人策划是指基本上由个人独自完成的策划活动。对于一些小型项目或者复杂程度较低的项目,可以委托某个具有咨询策划能力与经验的策划人完成。

(2) 组织策划。组织策划是指主要由两人或两人以上的咨询策划小组完成的策划活动。这个策划团队可以是松散的咨询策划小组,也可以是依法设立、主营咨询策划服务业务的法人机构。

7. 根据策划中采用的媒体方式不同划分

根据策划中采用的媒体方式不同划分,策划活动可分为以下两类。

(1) 传统媒体营销策划。传统媒体营销策划是在市场营销策划中运用的媒体、渠道、方式、方法等都是基于传统媒体进行的。

(2) 新媒体营销策划。新媒体营销策划是指企业用新观念、新技术、新方法对企业营销活动或目标市场、竞争、企业形象、顾客满意度、产品品牌、价格、分销和促销与组织、管理等诸多方面的战略与策略进行重新设计、选择、实施和评价,以提高企业市场竞争能力的运作过程与活动。

自我练习

一、判断题

1. 策划是研究"怎样去做",是一种围绕已定设计而组织实施的具体安排。(   )
2. 创意是策划的重要特征之一,是一种复杂高级的思维活动。(   )
3. 移植参合法是指通过对已知事物的认知而联想到未知事物,并从已知事物的属性去推测未知事物也有类似属性的方法。(   )
4. 在策划产生创意的活动中,各种思维方法往往相互渗透、相辅相成,在实际运作中灵活应变。(   )
5. 创意必须有利于达成预定的目标,是为目标服务的,否则再好的创意也没有价值。(   )
6. 市场营销策划一般是先提出创意,然后策划,再有规划和计划,其中创意是最重要、最核心的部分。(   )
7. 营销策划的对象只能是某一个企业整体,不可以是某一种商品和服务。(   )
8. 营销策划方案必须具有弹性,能因地制宜。(   )
9. 去年效果很好的营销策划方案今年可以直接使用,别的企业用得好的营销策划方案本企业可以直接拿来使用,以提升企业竞争力。(   )
10. 企业要想在新的环境中获得良好的发展,必须加强对营销策划的重视。(   )
11. 委托外部科学性强,能为方案实施提供指导与帮助,费用低,保密性高,但需要很长的时间进行摸底调查。(   )
12. 内部自行策划针对性强,保密性好,灵活方便,节省费用。(   )
13. 策划的内容必须独特新颖,令人叫绝。平平淡淡,没有新鲜感,就谈不上策划。(   )

二、不定项选择题

1. 以下关于策划的描述不正确的是（　　）。
   A. 策划就是计划
   B. 策划是一种非常复杂的活动，不单单是"建议"
   C. 策划已逐渐成为"营销核心思维方式"
   D. 策划是一种围绕已定目标而开展的具有崭新创意的设计

2. 策划的基本要素有（　　）。
   A. 创意　　　　　B. 目的　　　　　C. 可行　　　　　D. 成本

3. 创意是一种复杂高级的思维活动，应遵循的原则有（　　）。
   A. 综合择优原则　　B. 移植原则　　C. 组合原则　　D. 逆反原则

4. 一般产生创意的基本步骤是（　　）。
   A. 界定问题→市场调查→产生创意→付诸实行与总结
   B. 市场调查→界定问题→产生创意→付诸实行与总结
   C. 产生创意→界定问题→市场调查→付诸实行与总结
   D. 产生创意→市场调查→界定问题→付诸实行与总结

5. 关于市场营销策划的说法正确的有（　　）。
   A. 不进行市场营销策划的企业是没有活力、没有竞争力的
   B. 市场营销策划是一种运用智慧与策略的营销活动与理性行为
   C. 营销策划是企业对将要发生的营销行为进行超前规划和设计
   D. 市场营销策划的核心是围绕企业市场目标及营销绩效开展的策划活动

6. 市场营销策划具有（　　）特点。
   A. 目的性　　　　B. 预见性　　　　C. 确定性　　　　D. 系统性

7. 市场营销策划对企业的意义包括（　　）。
   A. 指引并推动营销总目标的实现
   B. 有利于进一步实现营销资源的优化配置
   C. 引导企业在社会中树立良好的形象
   D. 进一步推动社会经济的发展

8. 以下关于市场营销策划理解正确的有（　　）。
   A. 市场营销策划有利于建立有效的营销组织
   B. 企业市场营销策划要制订能够满足新市场发展需求的营销模式
   C. 企业要想充分发挥市场营销策划的各项作用，就应该保持营销模式不改变
   D. 企业加强对营销策划信息的管理，目的是使营销策划灵活应变

9. 按照策划项目所处的层次划分，策划活动可分为（　　）。
   A. 营利性策划　　　　　　　　　B. 战略性策划
   C. 策略性策划　　　　　　　　　D. 随机性策划

10. 以下属于非营利性策划的有（　　）。
    A. 赞助活动　　B. 社会公益活动　　C. 庆典活动　　D. 竞赛活动

11. （　　）也称单环节策划。它是对所策划项目的某一部分、某一具体环节所做的策划。
    A. 企业策划　　　B. 项目策划　　　C. 综合策划　　　D. 产品策划

12. 按照策划对象划分,策划活动可划分为(　　)。
   A. 企业策划　　　　B. 产品策划　　　　C. 服务策划　　　　D. 活动策划
13. (　　)是指企业用新观念、新技术、新方法对企业营销活动等方面进行策划的方式。
   A. 随机性策划　　　　　　　　　　B. 综合策划
   C. 传统媒体营销策划　　　　　　　D. 新媒体营销策划
14. 战略性策划具有(　　)特点。
   A. 及时性　　　　B. 短期性　　　　C. 纲领性　　　　D. 局部性
15. (　　)是企业为了保证顺利实现营销战略目标,对所策划营销项目某一时间段或某项具体工作所做的短期性策划。
   A. 企业策划　　　　B. 策略性策划　　　　C. 综合策划　　　　D. 组织策划
16. 诸葛亮的草船借箭,如果没有东风是无法实现的,说明了策划必须具有(　　)。
   A. 可行性　　　　B. 创意　　　　C. 目的性　　　　D. 条理性

任务 2　认识新媒体营销策划

认识新媒体营销策划

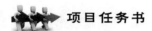
项目任务书

课内学时	4 学时	课外学时	至少 2 学时
学习目标	1. 明确新媒体营销策划岗位人才需求 2. 正确理解什么是新媒体营销策划,能够与传统营销策划进行区别 3. 明确新媒体营销策划的意义,能够重视新媒体营销策划 4. 培养与树立新媒体营销策划思维		
项目任务描述	1. 查找、收集、整理资料,明确新媒体营销策划岗位人才需求,树立信心 2. 认真听教师讲解后分析案例,明确新媒体营销策划的含义,重视新媒体营销策划 3. 查阅资料,进行策划分析,掌握新媒体营销策划思维,能够运用主要的思维方式进行分析		
学习方法	1. 听教师讲解相关知识 2. 查阅资料 3. 认真思考、分析		
所涉及的专业知识	1. 新媒体营销策划的含义 2. 新媒体营销策划的意义与主要内容 3. 新媒体营销策划思维		
本任务与其他任务的关系	本任务承接上一个任务,也是后续任务的铺垫,可在完成本任务的基础上做后面的任务		
学习材料与工具	学习材料:任务指导书后所附的基础知识 学习工具:项目任务书、任务指导书、计算机、笔		
学习组织方式	本任务要求每个学生独立完成		

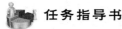**任务指导书**

完成任务的基本路径如下。

```
查找、收集、整理资料,明确     认真听教师讲解后分析案例,明确     查阅资料,进行策划分析,
新媒体营销策划岗位人才需求  →  新媒体营销策划的含义及意义    →    掌握新媒体营销策划思维
      (30分钟)                    (60分钟)                       (90分钟)
```

第一步:查找、收集、整理资料,明确新媒体营销策划岗位人才需求。

按照要求认真查找、收集、整理资料,填写表1-7。

表1-7 任务产出——新媒体营销策划岗位需求

编号	项　　目	描述内容	资料来源
1	岗位工作职责描述		
2	薪资描述		
3	就业趋势		
4	地区岗位招聘信息		
5	岗位认知		

填表说明:
(1) 描述内容。按照项目要求收集资料,总结整理要点,填写在相应栏目中。
　① 岗位工作职责描述。总结新媒体营销岗位职责,任职的具体要求,找到至少5条最重要的信息填写在相应栏目中。
　② 薪资描述。描述近几年的平均薪资水平,填写具体数字,描述工资随工作经验的变化趋势,并作图表示(横坐标为工作年限,纵坐标为薪资范围)。
　③ 就业趋势。招聘需求量、未来的就业形势分析。
　④ 地区岗位招聘信息。查找所在地区新媒体营销策划岗位招聘信息,包括招聘单位、任职要求、薪资水平、学历要求(重点是大专学历)等。
　⑤ 岗位认知。总结描述你对新媒体营销策划岗位的认知。
(2) 资料来源。描述完成该栏目所需信息的资料来源,包括网址、网站名称、期刊名称、书籍名称及页码等。

第二步:听教师讲解,分析案例,明确新媒体营销策划的含义,重视新媒体营销策划。

结合所学知识进行思考分析,完成表1-8。

新媒体时代中,世界杯期间的电视开机率还不及5年前的正常时段开机率。只有16.8%的人通过电视观看比赛或获得比赛结果。20~29岁的年轻人,每天看手机的时间已经超过150分钟。20%的中国人,每天拿起手机的次数超过100次,34%的中国人早上起床第一件事是拿起手机看微信!新媒体时代也是屏幕时代,有一个有趣的现象,在所有人群中,20~30岁的人群,手机的使用率最高;30~40岁的人群,平板电脑的使用率最高;40~60岁的人群,电视的使用率最高。年龄越小,使用的屏幕越小。

新媒体时代下消费者行为也发生了变化:一是大家熟知的网络购物方兴未艾,微信和

微博购物也在迅速崛起。最近的调查数据显示，消费者购物入口，微信、微博不是第一选择，但是已经快速分别达到23.9%和19.4%，而购物后分享渠道首选微信，其次是微博，分别达到46.8%和42.2%。这些都对传统终端形成了挑战，大部分年轻人由此被分流。二是品牌的传播途径正在发生变化，特斯拉几乎没有为品牌上市投放一分钱，而是通过新媒体获得了空前的品牌知名度。

创立于1837年的宝洁公司，是全世界最大的日用消费品公司之一，以大规模广告投放和品牌建设著称。宝洁公司一贯采用在传统媒体电视投放15秒及30秒的广告方式，对宝洁这样的日化公司，营销是其重要的一个环节，但宝洁公司2018年二季度财报显示，2017年10—12月，公司的净利润下滑七成，但这并不是公司业绩衰退的开始，实际上2015年和2016年，宝洁公司的年度销售额分别下滑5%和8%。

很多人都在好奇昔日的品牌王者怎么了？宝洁公司的品牌顾问迪恩·克拉奇菲尔德说："宝洁的营销手段过于传统、老派了。"该公司的问题之一就出在了营销过时，固守传统媒体，没有跟上新媒体的步伐，没有正确地进行新媒体营销策划。

宝洁公司首席品牌官Marc Pritchard认为："新媒体时代首要的事，仍然是跟随消费者，了解消费者在哪些媒体上花费时间、寻找信息、与朋友交流，比如说他们会用百度搜索，或者在天猫购物。我们便通过这些媒体来传递信息。"

在回答通用的新媒体营销工具，例如搜索引擎、社会化营销、电子邮件，它们是否有相同的权重、哪一种更为重要时，Marc的回答是"都非常重要"，因为它们都是基于用户行为而发生的。搜索是比较基础的工具，用户在搜索某件商品的时候，是确定需要它的，要确保可以提供该商品给用户；社交网络有些不同，它最初是两个人之间的对话，后来发展成为一群人的交流，从中也可以得到许多不同事物的信息。Facebook或者微信这样的社交平台，也转化成消费者获取信息的平台。在这个平台上，宝洁公司要保证可以传递优秀的广告和品牌信息。Banner广告仍然很重要，它的作用是提醒人们注意到品牌；网络视频刚开始发力，还处在增长期。下一波潮流将是移动互联网，所以你不必拥有一台台式机，因为智能手机就能解决你的视频需求、搜索需求和社交需求。

宝洁公司要从电视向搜索、社交、移动和视频转变，整个营销都将处在数字化的环境中。宝洁公司在做市场营销策划的时候，应该考虑运用数字化的科技手段，推广传播需要做些重大调整。宝洁公司在营销策划上进行了积极的转型，积极拥抱新媒体渠道，获得非凡的增长业绩。目前，宝洁公司在天猫开设了13家旗舰店。该公司将天猫官方旗舰店定位于品牌建设和用户运营。

新媒体帮助宝洁公司更好地了解消费者，从消费者需求出发，在营销策划上做更多的创新，带动业绩的增长。宝洁公司大中华区电商及媒体运营副总裁Candy Deng曾经分享过一个案例：2017年，海飞丝通过天猫数据发现，"90后"尤其是新妈妈人群开始担心脱发问题，于是改变了原有的创新流程，在不到一年的时间里就研发出防脱系列，并在短短两个月内成为子类目第一爆款。2019年年初，宝洁公司公布最新一季财报显示，2018年9—12月，销售额和净利润分别同比增长3%和26%，表现最为亮眼的中国市场销售额同比增长15%，恢复到10年前的两位数增长。

（参考资料：http://www.sohu.com/a/300974506_100277430 谁说宝洁不行了？牵手天猫拥抱数字化渠道，业绩10年增长1000倍。）

项目 ❶ 认识市场营销策划和新媒体营销策划

仔细分析上述案例,填写表1-8。

表1-8 任务产出——案例思考与分析

1. 什么是新媒体?新媒体时代人们的消费行为有了怎样的改变?
2. 为什么宝洁公司会出现销售额的下滑?
3. Marc认为新媒体时代宝洁公司在营销方面应该有什么样的转变?这样转变的原因是什么?
4. 结合案例和所学知识谈谈你对新媒体营销策划的理解?
5. 除宝洁公司外,查阅资料,还有哪些企业是通过新媒体策划实现突破的?试结合所寻找案例分析新媒体营销策划的意义。(拓展提高)

第三步:查阅资料,按要求进行分析,掌握新媒体营销策划思维。

认真学习相关知识,查阅资料,完成表1-9。

表1-9 任务产出——营销策划人员应具备的思维

营销思维	特点分析	策划案例
用户思维	在营销策划中要抓住用户特征,站在用户的角度思考分析,做到用户体验至上原则	三只松鼠是依托新媒体发展起来的零售新品牌,其利用"用户思维"进行营销策划。首先,契合目标用户个性、主见、追求时尚等特点,给产品贴上符合客户群体心智的超萌动漫标签;其次,根据用户思维,策划了一系列情感营销方式,例如区别淘宝的"亲"文化,客服化身为鼠小弟,称顾客为"主人";最后,还设计了拟人化的"鼠小贱""鼠小酷""鼠小美"3个形象,将消费者与客服之间的关系演变为主人与宠物之间的关系,让顾客觉得更萌、更被尊重,增加了品牌的趣味性、独特性和互动性,提升了产品的服务价值与体验价值。另外,基于更满意的用户体验,设计出不同类别且具有个性化接待的客服小组:想听高端大气上档次、奔放洋气有内涵的话题,可以找小清新文艺骚年组松鼠接待;而热衷各种段子,重口味、无底线和无下限的,则由丧心病狂组负责招待;这些基于用户思维的营销方式策划,极大地满足了顾客的消费体验,让品牌能够在消费者的心中占据一席之地,为品牌的口碑宣传添砖加瓦。

续表

营销思维	特点分析	策划案例
互动思维		
大数据思维		
逻辑思维		
迭代思维		
场景化思维		
跨界思维		

填表说明：可参照"用户思维"一栏示例。
特点分析：要求解释对应的营销思维的含义、特点等主要内容。
策划案例：要求查阅资料，找出利用对应的营销思维进行策划的营销案例，以此加深对该营销思维的认知与应用。

评价标准及评分表

认真完成每个任务产出表，表述正确、清晰、有说服力，在规定时间内完成并上交。认识新媒体营销策划评分表见表1-10。

表1-10　认识新媒体营销策划评分表

任务产出项目	分　值	评价得分
表1-7　任务产出——新媒体营销策划岗位需求	30	
表1-8　任务产出——案例思考与分析	30	
表1-9　任务产出——营销策划人员应具备的思维	40	
合　计	100	

基础知识

案例导入

瑞幸咖啡案例

瑞幸咖啡的营销策划

瑞幸咖啡，一个国内新兴咖啡品牌，2017年10月第一家门店开业，经过7个月，完成门店布局525家，经过产品、流程和运营体系的磨合，于2018年5月8日宣布正式营业；2019年5月17日，中国咖啡连锁企业瑞幸咖啡，在美国纳斯达克交易所上市交易。作为一个接近50年历史品牌的星巴克，花了19年的时间才在中国130座城市开设了超过3000家门店，平均一年开158家门店。而2019年7月16日，瑞幸咖啡第3000家门店在杭州火车东站西广场正式开业。那么它是如何在短时间内如此

迅速扩张的？这与其营销策划分不开，下面分析瑞幸咖啡的营销策划。

一、差异化的品牌策划

在品牌策划上，瑞幸咖啡区别于星巴克以休闲为导向的"产品＋服务＋文化"的体验模式，将其品牌定位在"职场咖啡＋快咖啡"上，以真正喝咖啡的职场人士为主要目标人群，官方称为"无限空间"，意即占领店内体验、办公室、外带咖啡等多场景空间，因此，瑞幸咖啡的店大部分开在大商圈和写字楼，靠近上班族，能够让上班族在最短的时间内购到咖啡，而这部分人群非常容易形成相互影响和口碑传播。另外，在品牌设计上，瑞幸咖啡建立强视觉差异的品牌符号，抢占用户心智。瑞幸咖啡的品牌色是饱和度极高的蓝色，关联受众心中品牌和"小蓝杯"的具象，在咖啡市场中开辟出全新单色。Logo 的鹿角标识采用扁平化设计，大量的波点元素运用强化了"移动互联网咖啡品牌"的形象认知。经过严谨的论证，选择明星汤唯×张震的组合代言，体现出品牌质感，符合瑞幸咖啡强调的职场咖啡调性。

二、营销推广策划

瑞幸咖啡能够实现短期内品牌的强势曝光，与其通过借助 App 裂变、social 营销、数字广告、跨界合作等营销方式，实现传统与新媒体的整合营销推广策划方式密切相关。

1. 传统媒体营销推广策划：分众＋院线＋卫视

瑞幸咖啡在北上广分众广告投放，分众楼宇投放 13 个城市，共覆盖 50 多万个点位置，另外，院线贴片投放，1—5 月，全国 13 个城市，影院投放数量 2980 个，影院包括保利国际影城、金逸国际影城、首都电影院、北京百老汇影城、星美国际影城等。并且在上星卫视投放，曾经在北京卫视晚黄金时段一个月轮播投放。这样通过分众、电影贴片、传统上星卫视广告等多媒体渠道全面铺开话题，快速完成了受众对品牌的认知。

除此之外，瑞幸咖啡还和北京电影节、北京车展等大型高端活动达成线下合作。并和广告门 10 周年、虎嗅营销大会、金瞳奖等国内外知名大会完成深度联动。2018 年 4 月 20 日，跟腾讯 QQ 合作，策划了一场"程序员刷脸咖啡"的快闪活动推广。

2. 新媒体营销推广策划

（1）朋友圈推广策划。瑞幸咖啡通过官方自有微信运营，服务号每次通过技术＋福利＋发券的形式，实现粉丝积累 150 多万，并且每隔 2～3 周，营销团队就会策划一波有创意的作品投放到朋友圈，吸引更多的人群关注，使瑞幸咖啡得到了有效曝光。

（2）LBS 推广策划。以线下单个门店为核心进行线上品效合一广告（以微信 LBS 效果广告为主，微信品牌广告为辅）进行朋友圈定向投放，精准定位目标受众人群，仅用 3 个月就累计实现曝光 1400 万余次，用户互动量达到 48 万余次，咖啡券领取量为 12 万余次，实现门店强力曝光，快速引爆客流量。

（3）App 活动推广策划。瑞幸咖啡通过 App 促销活动策划实现裂变，通过存量找增量实现快速获客。主要活动方案是：首先，下载 App，新用户首杯免费，下单后可分享咖啡红包给好友，好友通过链接注册获得新人免费咖啡，而自己获得额外一杯免费咖啡；其次，咖啡请客，预存咖啡至咖啡钱包，通过微信赠送好友咖啡，好友可自己使用，也可以再次分享裂变。一番操作，共有近 143000 余位用户一键领取新用户免费咖啡，并通过内层跳转引导用户 App 下载，完成注册落地。

（4）KOL强势带货，掀起social互动热潮。瑞幸咖啡还邀请各行业精英、当红明星大V与瑞幸咖啡小蓝杯合影，借助KOL的带货能力，传播"小蓝杯"概念。提升用户黏性，加深受众群体对品牌的印象。

从总体营销策划来看，如果说星巴克是传统商业，那么瑞幸咖啡更体现出互联网新媒体商业模式，产品、用户、数据、增长……新的消费者和新的环境，新媒体营销策划变得前所未有的重要。

（参考资料：根据http://market.meihua.info/works/50769891"luckin coffee全媒体整合营销"改编。）

一、认识新媒体营销策划岗位

新媒体营销策划岗位是新媒体营销、新媒体运营中重要的岗位之一，企业招聘中岗位名称为新媒体营销策划专员、新媒体营销策划经理、新媒体推广策划经理等。根据大量企业发布的招聘信息，从事新媒体营销策划岗位的工作内容和岗位要求主要如下。

1. 工作内容

（1）新媒体平台内容策划。根据企业战略负责和规划微信公众号、微博、抖音快手等新媒体的内容创作与宣传策划，提高品牌曝光量、知名度和播放量。

（2）新媒体推广策划。进行信息更新及运营，独立策划选题，推广公司的品牌、产品和活动等内容，负责线上策划并参与推广实施，根据不同活动特点，制订营销方案并负责落地执行。

（3）活动创意策划。参与各种新媒体平台的活动创意策略讨论，提出可行方案，策划出相应的线上和线下活动，并编辑、撰写相关文案。

（4）对各种新媒体渠道的定位、人群分布、营销方式有深入的了解，协助内容团队制作更适合新媒体传播的内容。

2. 岗位要求

（1）认同企业文化理念，热爱本职工作，自我认识，不断进步。

（2）有敏锐的热点洞察能力，对新事物有热情，有自己的见解。

（3）有良好的情绪稳定性和抗压能力，表达能力强。

（4）擅长分析思考，有较佳的文字写作能力，较强的创新与执行能力。

（5）熟悉办公软件使用，简单的图片、视频优化，能独立策划并完成内容编辑、排版等工作。

（6）爱学习，沟通能力强，有好奇心、责任心、上进心，有良好的团队意识和协作能力。

(7) 大专以上学历,有相关工作经验者优先考虑。

二、认识新媒体、新媒体营销和新媒体营销策划

(一) 认识新媒体与新媒体营销

新媒体营销一词近几年炙手可热。杜蕾斯、海尔、百雀羚等都成为新媒体营销中的"网红企业",此外,很多公司也开始跃跃欲试。然而,企业开展新媒体营销绝不是发发微博、追追热点、跟风做个一镜到底的 H5 这么简单。透过这些表象,首先应该明确什么是新媒体营销?

1. 新媒体的概念

新媒体是相对于传统媒体形式(如报刊、广播、电视等)的新的媒体形式,例如,我们每天都在使用的微信、微博、贴吧论坛、头条,我们浏览的视频网站、哔哩哔哩、优酷,以及让大家沉迷其中的抖音,还有豆瓣、知乎等,这些都属于新媒体的范畴。

2. 新媒体营销的概念

新媒体营销是指利用上述新媒体平台和手段,开展营销和推广,进而获取企业所需要的销售线索,或者提升品牌曝光度、知名度。需要注意的是,新媒体营销的一大显著特点就是以内容为核心。新媒体营销是整体营销战略中的一个重要组成部分,作为企业的一种经营管理手段,是企业开展商务活动过程中一个最基本的、最重要的商业活动。新媒体营销是一种新的营销方式与营销手段,其内容相当丰富。新媒体营销是指在电子化、信息化及网络化环境下所开展的营销活动。新媒体营销以现代营销理论为理论基础,通过高科技的技术及功能,最大限度地满足客户的要求,进而实现开拓市场和增加盈利的目的。

3. 企业开展新媒体营销的原因

企业为什么要开展新媒体营销?因为客户在哪里,企业营销就应该在哪里。现代消费者将时间大部分花费在网上,消费者工作的时候对着计算机,休息的时候捧着手机,甚至在厕所的时候都在刷抖音。消费者的消费习惯与过去相比也发生了巨大变化,消费者习惯了网购的丰富性和便捷性,他们会选择在"双 11""双 12"囤货,会留意微信上自己信任的微商,关注和购买新品。消费者在选择物品的时候,价格不再是最重要的衡量依据,他们想要寻找一款与自己气质调性一致的商品……所有这些消费特征和行为方式都决定了企业想要成功占领消费者的心智,就绝不能仅仅守着传统的营销模式进行销售。企业需要去消费者经常光顾的地方,做吸引他们的内容,吸引他们的注意力。

(二) 认识新媒体营销策划

1. 新媒体营销策划的概念

新媒体营销策划是指企业内部或外部的策划人员,为了达到一定的营销目标,借助新媒体平台为传播和购买渠道,整合经营资源,在准确分析企业营销环境的基础上,激发创意,通过策划出优质、高度传播性的内容和线上线下活动,向客户广泛或精准推送消息,提高参与度和知名度,充分利用粉丝经济,达到相应的营销目的。

2. 新媒体与传统媒体营销策划的区别

新媒体营销策划是市场营销策划中的一个重要组成部分,与传统媒体营销策划相比具有一些差异性,主要表现在以下几个方面。

(1) 在新媒体策划中数字科技成为一项标准。传统媒体营销策划所依赖的技术发生了

根本性的变化,在新媒体营销策划中,数字科技成为一项标准。从新媒体定义中可以看到,新媒体的技术依托主要是数字技术、网络技术和移动通信技术,渠道主要是互联网,宽带局域网、无线通信网和卫星等,终端是以电视、计算机和手机为主,这与传统媒体有本质上的区别。

(2) 新媒体策划要包含明确的搜索元素。在新媒体环境下,受众自发性的主动搜索成为主流力量,消费者通过搜索表达的意向,提供了更多消费者兴趣和倾向的信息。所以,在新媒体营销策划中,部分资源必须专注于如何将消费者的意图转变为持续不断的对话。

(3) 新媒体营销策划导向从传播导向向受众创造及控制导向倾斜。传统媒体中,传播者在传播过程中起主导作用,即使开始向"以受众为中心"转变,传播过程中的控制权仍然掌握在传播者手中。但在新媒体环境下,传媒组织不再像过去那样拥有掌控信息的权力。博客、微博、Youtube、短视频、直播等新媒体平台上的内容可以来自任何地方,由于制作和传播内容越来越简单,因此人人都可以成为传播者,从表面上看,受众掌控传媒的优势已对传播者造成巨大的威胁,但是,若传播者能欣然接受并抓住这个趋势,反而会成为一个好的机会,例如,如果消费者对企业的品牌没有兴趣,他们就不会选择与企业的品牌产生互动。当消费者寻找或参与品牌在各种新媒体平台上的活动时,已经表明其对企业品牌产生了好感,但是形成品牌互动并不是碰运气,而是营销人必须策划出鼓励消费者参与的营销策略,并且给出可以让消费者轻松个性化的创意方案,这样消费者将发动并主导更多的"营销人角色互换",并创造绝大部分的内容,当消费者创造的内容和品牌有关联的时候,企业的营销人员将扮演鼓励和提供奖赏的角色。

(4) 新媒体策划更注重数据导向。与传统媒体策划不同,新媒体策划更注重数据导向,新媒体平台及各种信息技术将使获取更精准消费者数据成为可能,这将成为营销策划的主要依据,消费者数据及相关的信息是营销策划人员与消费者建立关系的命脉,新媒体营销策划人员必须十分熟悉数据的收集、管理与应用。

(5) 新媒体营销策划倾向于数字化营销策划。在营销环节,传统媒体营销策划使用的物料仅是一些广告、促销印刷品或其他与消费者有关的东西,但新媒体使营销策划有了新的选择,在策划过程中可使用数字化技术手段进行沟通、销售和支付等。

3. 新媒体营销策划的意义

(1) 新媒体营销策划是企业获得竞争优势的保障。新媒体时代改变了消费者的行为,因此,企业需要采取相应的营销策略,例如小米的高价格、雀巢好玩的笨娜娜、杜甫火等,就连全球快消品的巨头宝洁公司也承认其需要在新媒体营销策划方面做出根本性的改变。在竞争日益激烈和技术不断创新的情况下,新媒体营销策划是企业获得竞争优势的保障。

(2) 新媒体营销策划有利于实现更加精准的营销策略。目前,新媒体营销带给用户的体验越来越人性化。而且,现在的新媒体营销也越来越重视互联网用户的加入及创新。对新媒体营销来说,让用户通过自己的头脑风暴或者是通过当前热门事件去创造出服务并推出,已然成为新媒体营销策划新的内容资源。

传统媒体营销从某种意义上来讲已经远远落后于新媒体营销,更落后于数亿网友的实力,拥有不同功能及不同焦点的新媒体营销聚集了广大网友的注意力,这也使网络群体的特点更加复杂地汇合在一起。因此,企业在进行新媒体营销策划时,在适应新媒体碎片化特征的同时,要针对不同阶层与不同性别的受众展开,选择更加巧妙、更加精准的营销策略。

（3）新媒体营销策划有利于企业高度整合资源。企业在努力寻找受众的同时，还需要建立起自己的社会化媒体社区，积极地建立起跟消费者沟通的平台。在建立了全业务营销平台之后，能够有效地实现高度整合的媒体资源，从而为企业节省大量的营销成本，使企业信息、企业文化及产品信息能够最大化接近目标消费群体。同时，利用融入情感等创造性的方式获得网络口碑。企业通过使用社交媒体，能够与消费群体之间实现真诚的沟通，进而更加深入地了解用户的真实需求，以进行产品与服务的更新，更好地满足他们的需求。

（4）新媒体营销策划是企业发展的必然趋势。如今不管是技术，还是媒体，又或者是传播，都在不断地更新。面对新媒体营销模式的改革，企业需要建立起更加立体化的传播模式。而在这个时候，营销策划必须紧跟潮流趋势，并且要利用这一发展趋势更好地进行品牌营销传播，以助力企业在营销竞争中取得更好的竞争优势。

4. 新媒体营销策划的主要内容

（1）新媒体营销目标设定。任何营销策划，首先都要设定营销目标，营销目标不仅要围绕"转发""点赞"之类的指标，更应注重销售额、人气度和网站流量这类效益指标。

（2）新媒体定位策划。新媒体定位策划是新媒体营销策划的前提和基础，在进行营销之前，首先要明确企业的核心产品和核心卖点是什么，也就是说明确目标消费群体是哪些人？要给他们一个明确的购买理由。

（3）新媒体运营策划。新媒体运营策划就是通过研究用户心理，结合用户的心理和需求编写用户喜欢的内容，进而让用户对企业有持续的关注和信赖。新媒体运营的完整流程如图1-1所示。

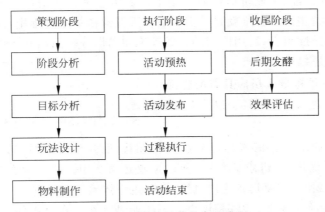

图1-1　新媒体运营的完整流程

（4）新媒体内容策划。新媒体内容策划应包括内容定位、内容设计、内容传播三大要素。新媒体内容策划并不是简单地写一篇文章、录一段视频、做一张图片，而是让更多的用户打开、完整浏览并进行转发。新媒体内容策划的关键就是设计传播宣传模式。

（5）新媒体推广渠道策划。新媒体平台作为近年来新型快速崛起的行业之一，以时效快、涉及广、影响大等特点被无数个人、企业热捧。新媒体推广渠道策划的关键是根据企业的营销目标及主要消费群体的特征选择合适的新媒体平台帮助企业进行推广宣传。在进行营销策划时，要熟悉不同的新媒体平台特点，根据其特点进行有针对性的营销策划，主要的新媒体平台有微信、微博、短视频平台、社交自媒体平台、视频直播网站、问答平台等。

（6）新媒体展示形式策划。新媒体营销展示是指在营销策划中如何选择展示方式。可以在新媒体平台上展示的方式有很多，包括 H5 动态页面、文字、图片、视频、音频等，不同的展示方式具有不同的特点，带来的营销效果也不一样，在进行营销策划时，同样需要根据营销目标及主要消费群体特征进行选择。

（7）新媒体营销方式策划。新媒体时代，营销方式也发生了一定的变化，因此，企业要搞清楚新媒体营销方式有哪些，基于特定产品的特点与问题分析，对消费者进行针对性心理引导，选择恰当的营销方式，这也是企业软性渗透的商业策略在新媒体形式上的实现，通常借助媒体表达与舆论传播使消费者认同某种概念、观点和分析思路，从而达到品牌宣传、产品销售等营销目的。

三、新媒体营销策划思维

（一）新媒体营销策划思维的概念

在营销过程中，一个好的营销思维能够帮助企业更好地销售产品和服务，通过了解目标客户的需求，在特定的时机、合适的渠道生产对应的内容，达成更好的营销目标。新媒体是建立在数字技术和网络技术等信息技术之上的，所以开展新媒体营销策划，要具备相应的新媒体营销思维，这是开展新媒体营销策划的前提。

新媒体营销策划思维（一）

新媒体思维是在（移动）互联网、大数据、云计算等科技不断发展的背景下，对市场、用户、产品、企业价值链乃至整个商业生态进行重新审视的思考方式。新媒体营销策划思维就是营销人员在进行营销策划过程中，能够从新媒体思维的角度出发，运用恰当的营销理论和知识分析问题并提出有效的解决方案的思维模式。

新媒体营销策划思维（二）

（二）新媒体营销策划人员应具备的思维

专业的营销策划人员必须具备以下几种思维。

1. 用户思维

传统企业追求的是 20% 的客户带来 80% 的销售，它抓的是大客户。现在截然相反，新媒体时代因为流量优势，更讲求抓长尾，所以企业必须从用户的角度思考如何抓住这些流量。在进行营销策划时，需要具备用户思维，做到用户体验至上原则。

首先，企业是什么不重要，关键是用户认为企业是什么。在新媒体时代做营销，第一个就是"以用户为中心"，以用户为中心的第一个原则就是体验。两款产品解决同一个需求，一款产品不管从用户界面（user interface，UI）、用户体验（user experience，UX 或 UE），还是其他视觉方面都做得顺畅无比；而另外一款则是 BUG（计算机领域专业术语，意思是漏洞、缺陷）多，登录按钮都要找半天。你会用哪款产品呢？所以说，用户体验决定了成交量，策划人员在考虑方案时，首先要做的就是将用户体验做到极致。

而体验至上更是要做到沉浸式体验，既包括人的感官体验，又包括人的认知体验。例如，游乐场、迪士尼主题乐园，很多活动对人都有一定挑战，主要是利用人的感官体验，让人感觉到舒服或者刺激。而下棋、扫雷等策略游戏，主要利用人的认知经验。

其次，以用户思维为前提，抛弃专家思维，用普通用户的眼光看产品。用户是来买东西，不是来上课的。海量信息时代,谁会有那么多耐性去比较这个产品比那个产品多了几毫克呢?从用户的角度出发,聚焦产品核心差异点,不断放大。有时候,少就是多,一可能大于十。

2. 互动思维

一个好的新媒体营销策划方案,一定要有用户参与互动的设计。例如营销策划人员在进行广告投放策划时,以前一般是做年度计划,然后按计划投放。但现在不同,广告投放必须考虑如何与目标客户建立联系,最好能和目标客户更好地互动。现在官博、官微、贴吧、社交媒体等新媒体平台就是企业跟粉丝、用户之间连接的纽带,企业可以根据用户的需求和倾向,利用新媒体平台的特点设计营销方案,达到充分互动的目的,因为用户反馈的意见可能对企业的营销工作起到画龙点睛的作用。

案例阅读

电视剧《花千骨》为了提升收视率,能够贴近读者需求,使情节更吸引人,营销推广策划中就有许多与观众互动的设计:从宣布拍摄、剧本改编、选角色、电视剧拍摄,到主题曲制作,始终贯穿制作团队与网友的密切互动,通过官方微博、贴吧、社交网络等渠道征集网友意见反馈,根据观众需求和倾向调整剧情。公开征集电视剧主题曲及配乐,而且收到了网友20多首主题歌MV。制作方从网友创作的歌曲中挑选1~2首歌词,由专业歌手来演绎。通过这些营销策划,《花千骨》成为2015年最受关注的电视剧。

3. 大数据思维

现在已经不是脑力与知识比拼的时代,而是靠科技、资源、数据决胜千里的时代,即大数据时代,这一时代与传统时代最大的不同之处在于,很多决策都是根据大数据显示与分析做出的,更加科学、精准。譬如广告投放,就可以有目的地圈定目标人群进行精准投放。数据思维是由数据积累、数据分析和运营决策3个部分共同组成的。数据分析的大前提是要锁定目标,也就是说要将落脚点放在业务、产品和用户上。利用好大数据,就相当于站在巨人的肩膀上眺望远方。

营销策划人员在策划时,应运用各种方法收集用户数据,了解用户需求,进行分析,从而改进方案设计。数据分析不能为了分析而分析,而要将落脚点放到业务、产品和用户上。

4. 逻辑思维

逻辑思维是指人们在认识事物的过程中,借助于概念、判断、推理等思维形式能动地反映客观现实的理性认识过程,又称抽象思维。它是作为对认识者的思维及其结构以及起作用的规律的分析而产生和发展起来的。只有经过逻辑思维,人们对事物的认识才能达到对具体对象本质规律的把握,进而认识客观世界。它是人的认识的高级阶段,即理性认识阶段。

做营销也是非常重逻辑的一个工作,如果一个人逻辑能力不强,没有逻辑思维,那么基本跟高阶营销没有太多联系。所以提高自己的逻辑思维能力变得尤为重要。逻辑思维是人的理性认识阶段,就是运用概念、判断、推理等思维类型反映事物本质与规律的认识过程。

一个逻辑思维低的人在营销上是不具备优势的。简单来说就是要循序渐进、有条不紊,也就是说,在营销策划过程中,可以围绕着目的、规划、执行、总结优化4个步骤去实行。

（1）目的。目的要回答的问题就是为什么要进行此次营销策划，营销策划的目的就像汽车的方向盘，只有明确了策划目的，才不会在后续的步骤中偏离初衷。例如，营销策划的主要目的是促销某种商品，提升用户活跃量，那么可以通过策划一次活动在短期内快速提升营销指标，把活动的内容和方向朝活跃老用户靠拢，这样做效果会更好。

（2）规划。在营销策划中要有一个全盘的规划，详细的规划非常重要。例如，活动什么时候上线？活动主题是什么？每个环节的对接负责人是谁？如果活动执行过程中遇到一些不可抗力该如何应对？这些都是在营销策划中需要提前做好规划的。

（3）执行。前期规划事无巨细，执行的时候才能顺手顺心。之后，就是要按照策划来执行活动，执行中需要有反馈系统，活动进行得怎么样，需要参与者、观众能看到结果。例如，打篮球要有记分牌、"我是歌手"要统计观众投票，这都是反馈系统的一个环节。如果把目标、规则、反馈系统想明白、研究细致，又有参与者自愿参与，活动的执行就会水到渠成。

（4）总结优化。有总结才会有进步，营销策划一定要有复盘，没有复盘的营销策划是一个不完整的策划。需要通过活动的总结、复盘，不断发现问题，然后优化环节，这样策划才能越做越好。

5. 迭代思维

企业的产品只能通过持续的小而快的迭代才能保持自身在市场上的热度。好的创意如微弱星火，很快会被衍生品和模仿物淹没，所以，产品要想保持热度、维护优势，只能通过马不停蹄的细小而快速的迭代来升级。营销策划人员必须具备创意能力，一个好的营销方案也应该具备好的创意，能做出颠覆性创新创意是营销策划人员的追求。

6. 场景化思维

1）场景化思维四要素

场景化思维其实更多的是一种从用户的实际使用角度出发，将各种场景元素综合起来的思维方式。场景化思维的四要素是空间、时间、人物和事件。

（1）空间。空间就是场景发生的外在环境，用户的很多需求往往是对外在环境的应激反应。在进行营销策划时，要注意空间场景的设计。

（2）时间。时间是一个变量因素，但在营销策划中，营销人员应该把时间放在一个相对稳定的概念来理解，人们对于特定情愫是有记忆的，场景化营销要做的就是"激发"，然后尝试满足这种情绪状态，要做到场景和情感连接的连续触发。

（3）人物。人是场景里的主体，策划营销方案需要进行用户画像，了解一个人群的年龄层次、性别构成、地域分布、收入及喜好等，然后产品、运营、销售部门展开相关设计、运营与营销策划，但是当把这些指标放在一个场景内，就其具体需求来看时，则显得过于宏观，甚至是模糊，无助于有效识别和刺激消费者的需求。新媒体营销策划中，主体变得更加个性化，要重视个体的情感需求。

（4）事件。营销策划中事件可以理解为发生的人与人之间的互动关系，即产品营销与用户情感需求的交互与匹配响应。

 拓展阅读

要满足用户在不同场景下不同的情感诉求，实现营销内容和个体的情感共鸣，营销策划人员需要在场景内容上多下工夫。例如，产品要考虑场景内容的关联性、趣味性，通过好玩、

好上手的设计与内容将碎片化的情感诉求转变为"群体"的共鸣反应。借助相应的互动、鼓励等方法提高营销转化率。举个例子,租车这款产品的主要场景是自驾游,自驾游可分为都市白领和学生短途周边自驾游及旅游爱好者长途川藏青海游等,除自驾游外,还有商务出行、新手练车、春运回乡用车、出险替代用车等长尾场景。基于这些分析,策划人员可以设计包装类似活动,如大二线城市周边全家游打8折还赠送户外帐篷主推轿车、长途游随车赠送汽车储备主推探险SUV车型、本本族练车赠送免费2小时58陪练等。这些案例都是从用户的使用需求出发提供服务,通过一系列场景化营销策划活动提升业务目标。

2)场景化营销主要渠道

营销方案的策划无论是线上还是线下,一定要运用场景化思维进行设计,利用场景化设计,能更好地激发客户兴趣,更好地实现营销目标,策划场景化营销主要有以下渠道。

(1)声音场景。声音场景就是通过声音的表达构建场景,触发消费者的消费欲望。传统的广播电台宣传是最擅长利用声音场景化营销的方式。

(2)文字场景。文字场景就是通过文字描述场景触发消费者的购买行动,推动实现营销目标。在新媒体营销策划中最典型的代表就是软文策划。文字场景构建最厉害的当属古代文人墨客,"大漠孤烟直,长河落日圆",寥寥几笔就把塞外风光描写得淋漓尽致。

(3)图片场景。图片场景是指通过匠心设计的图片或摄影图片构建极具吸引力的场景,触发消费者的购买欲望。图片源自现实,但美于现实,所以常常让人心驰神往。在朋友圈看到朋友去九寨沟旅游留下的旖旎风光照片,是不是也曾心动。电商特别擅长图片场景营销,让用户一看动心,但如果图片和真实物品相差甚远,退货率也会很高。

(4)视频场景。通过视频或直播构建场景是目前的一种主流方式,网红、直播电商都喜欢采用这种方式。现在的微商不再是图片刷屏,而是小视频刷屏,动态展示一些好的产品使用场景,视频效果肯定比图片和文字强。

(5)三维场景。图片是平面的,文字和声音是单一的,很多人就是通过三维动画或三维系统提升场景的体验感,让客户感到身临其境。例如,卖房子的,房子还没有建好,就通过IT技术把整个楼盘和小区用三维动画渲染出来,让准业主看了感觉"不买不行";搞装修设计的,也是常常用三维软件把业主未来之家的装修效果呈现出来,对业主吸引力很大。

(6)虚拟场景。虚拟场景就是利用VR技术实现沉浸式体验,给人身临其境之感。虚拟现实场景比三维场景更逼真,更让人身不由己。

(7)现实场景。现实场景就是常说的实体店体验,"百闻不如一见",展览会、体验馆、推广会等都是通过构建现实场景进行营销。新媒体营销策划并非只能应用新媒体方式,可以结合线下方式更好地实现营销目标,现实体验的感染力是最强的,但也有风险,要注意线上与线下的衔接,如果客户在线了解产品后觉得还不错,但到现场一看不过如此,往往会适得其反。

(8)综合场景。通过声音、文字、图片、视频、VR等综合手段构建的场景就是综合场景,也是未来的场景营销趋势。靠单一元素构建场景显得有点"势单力薄",吸引力和感染力也会受到影响,所以综合场景营销成为品牌商的必备手段。现在的新产品发布不仅要发新闻稿,还要设计绚丽的场景图片,请客户现场体验,并全程直播,所有能用的场景元素一个都不能少。

(9)大数据场景。基于大数据和移动互联网的数据营销是未来的主力发展方向。随着信息化技术的发展,每个人的消费行为和消费特征都会被记录,形成大数据,为场景营销提供支撑。例如,某客户经常在微博上晒他喝苹果汁的照片,有一天该客户入住某酒店,酒店在该客户的房间内事先准备好了一杯苹果汁,让该客户感到非常贴心。这就是大数据时代的场景营销。

7. 跨界思维

跨界思维本质上是一种开放、创新、发散的思维方式。新媒体平台最大的特点就在于开放,做营销策划要想产生更多的可能性,就需要与别人合作,擦出思想的火花。

 案例阅读

2017年杜蕾斯开启了"感恩节十三撩"模式。杜蕾斯在2017年的感恩节海报上,对包括德芙、绿箭、士力架、宜家、吉普等在内的13个世界级品牌表示感谢,这些品牌涉及饮食、汽车、家具、电器等不同领域,杜蕾斯作为成人用品的代表,能够很巧妙地与这些不同领域的品牌产生联系,可见其市场营销团队的智慧之高。

点评:杜蕾斯运用跨界思维,将13个世界级品牌与之产生联系,而且不生硬,实在高明!其实,做营销策划千万不要只局限于自己的领域,而是要看到市场里面的其他领域,只要与目标群一致、达成相同目标就有可能产生更多的反应。

当下,新媒体环境变了,媒体呈现的内容也变了,企业营销涉及的很多要素都发生了根本性改变。人群、需求、商业模式在变,媒体本身也在变,以致企业的营销策划也要随之发生变化。

四、新媒体营销策划的注意事项

在进行新媒体营销策划时,一定要注意以下几点。

(一)确定营销参与者

营销参与者是营销策划中的主要对象,也就是企业的目标用户,是营销最关注的群体。营销策划要努力将用户的积极性和参与性很好地发挥出来,让用户主动参与营销活动,帮助企业进行有效的品牌传播,从而实现营销策划的目的。

(1)界定营销参与者。不同企业的不同产品都有不同的消费群体,企业需要对所生产的产品界定用户,这样才能确定该消费群体的消费习惯、爱好等,做有针对性的营销活动。在新媒体环境下,企业可以通过大数据充分了解用户的个人资料,追踪该用户现有的网络活动,找到有价值的信息,分辨出高终身价值的用户,进而发展为忠诚用户。企业进行营销策划,需要用新媒体思维来思考用户的行为,通过多种途径深入用户、了解用户、建立用户档案。用户的一般信息包括用户的交易行为、用户的生活形态、参与者特有语言,以及对以前营销活动的参与度,从用户的角度思考和设计营销方案。

(2)调动营销参与者。用户主动参与营销活动能大幅提升企业的营销效果。用户作为企业的核心对象,以用户为中心了解其需求,让用户广泛参与才能使企业生产的产品受到拥戴和支持。例如,小米的营销策划成功就有赖于用户的充分参与,小米通过让用户参与产品研发、宣传推广及服务等方式赢得了许多忠诚用户。在新媒体时代,社交网络的发展使大众成为传播者,因此让用户参与营销活动能够有效提高用户的积极性,让其主动利用人际关系进行传播。这种传播相比传统的传播方式会更加有效,也能够有效地对潜在用户进行营销。在新媒体营销策划时,需要更多考虑用户之间的人际关系、社交联结和网络口碑,合理地让用户参与能帮助企业进行有效的营销活动。

(二)确定营销目标

营销策划人员需要深入市场,结合实际需要确定营销目标。只有确定了营销目标,才能更好地策划具体的营销方案。营销目标包括获得新用户、提高销售量、提高用户满意度、培养忠诚用户、提升用户服务等。

(三)注意粉丝维护

1. 粉丝拥护

新媒体的发展往往带动社群的发展,而社群的发展带来的就是粉丝群体。粉丝群体足够强大的企业和个人足以引爆社会热点。小米公司就是依靠粉丝发展起来的,小米有自己的粉丝和粉丝节,每一个粉丝都是小米产品的拥戴者,并且无条件为小米做宣传。小米粉丝给这些产品带来了巨大效益,在信息传递极速的时代,粉丝对一个企业或个人来说都有着重要的意义,因此,在策划新媒体营销方案时,一定要重视粉丝的作用。

2. 内容为王

新媒体营销策划不是简单地发布微信和微博,而是需要文案、创意、策划、美编、设计等非常详细的内容,结合创意以适合互联网传播。

 案例阅读

2016年《疯狂动物城》电影上映,自上映以来影片的排片和票房迅速上升,并且从美国到中国热度一点都不减,其中的动物形象深深获得观众的喜爱,基本是一部零差评的电影。除却电影的优良制作和故事情节,这部影片能够获得如此大的热度得益于全方位的新媒体营销推广。从首映日开始,著名企业UBE就在公众号上推送了一篇《别逗了!长颈鹿也能开Uher?还送电影票?!》的文章开始发力,吸引了许多观众的注意力。接下来在微信公众号、微博的推荐下,原本对动画片不感兴趣的人,在朋友圈的带动下也都纷纷加入看电影的队伍。最后,迪士尼顺势推出《疯狂动物城》性格大测试的H5,测试结果在朋友圈刷屏,加大了观众的参与感,同时里面一个性格鲜明的树懒说的话和动图也迅速在微博走红。

点评:由该案例可以看到,一个成功的新媒体营销策划需要一套完整的内容来传播。

(四)互动参与

新媒体营销策划必须重视用户的参与感,策划用户可参与的点,再结合粉丝效应,实现企业的宣传目标。

 案例阅读

阴阳师手游这款游戏带有明显的日本漫画风格,游戏整体完成度比较高,在开始营销时,团队就抓住了二次元群体。在游戏刚开始推广的时候,就参加了国内最大的动漫游戏展——Chinajoy,在展厅精心布置京都古屋风格,引导员和服的着装也吸引着参展者的目光。由于参观动漫展的人员也都是二次元群体,因此先给参与者留下深刻印象,后期游戏上线,就选择网红在二次元爱好者聚集的直播平台进行游戏直播,让观众近距离接触,提高观众的参与度。动漫展、游戏直播都是二次元人群喜欢的方式,因此阴阳师手游很快就在这个群体中流传开,在粉丝们的推动下,这款手游逐渐向大众辐射。

(五) 整合营销

新媒体营销策划需要进行整合营销,创意、平台、技术缺一不可。企业在进行新媒体营销策划时,除软文设计外,还需要图片、一些小游戏等,同时不仅做 PC 端,还要做移动端,只有全面、整体的营销策划,才能取得良好的营销效果。

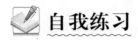

自我练习

一、判断题

1. 新媒体营销策划岗位是新媒体营销、新媒体运营中重要的岗位之一。（　　）
2. 开展新媒体营销就是发发微博、追追热点、跟风做个一镜到底的 H5。（　　）
3. 新媒体营销是指利用新媒体平台进行营销的方式,新媒体营销是整体营销策略中一个重要的组成部分。（　　）
4. 因为消费者购买行为发生了很大的变化,消费者在哪里营销就在哪里,开展新媒体营销是信息化技术不断发展下企业生存发展的关键。（　　）
5. 数据是新媒体策划思路提出的主要依据。（　　）
6. 新媒体营销策划比较耗费资源,但它是企业获得竞争优势的保障。（　　）
7. 与新媒体营销策划相比,传统媒体营销策划能针对不同阶层与不同性别的受众展开营销策划,选择更加巧妙,策划更加精准。（　　）
8. 不同的展示方式有不同的特点,所带来的营销效果也不一样,在进行营销策划时,同样需要根据营销目标及主要消费群体特征进行选择。（　　）
9. 新媒体营销策划思维下,企业追求的是 20% 的客户带来 80% 的销售,关键要抓的是大客户。（　　）
10. 以用户思维为前提,就是要遵照专家思维,用专家的眼光看产品。（　　）
11. 数据分析应该帮助产品策划不断优化产品设计和迭代,驱动产品和用户增长。（　　）
12. 一个完整的市场营销策划包括目的、规划和实施 3 个部分。（　　）
13. 企业的产品只能通过持续的小而快的迭代来保持自身在市场上的热度。（　　）
14. 一个好的新媒体营销策划方案,一定要有用户参与互动的设计。（　　）
15. 现实场景是利用 VR 技术实现沉浸式体验,给人身临其境之感。（　　）
16. 新媒体营销方案策划时,一定要重视粉丝的作用,注意粉丝维护。（　　）
17. 只有全面整体的营销策划,才能取得良好的营销效果。（　　）

二、不定项选择题

1. 关于从事新媒体营销策划岗位的要求正确的是（　　）。
   A. 认同企业文化理念,热爱本职工作,自我认识,不断进步
   B. 有敏锐的热点洞察能力,对新事物有热情,有自己的见解

C. 有良好的情绪稳定性和抗压能力,表达能力强

D. 擅长分析思考,有较佳的文字协作能力,较强的创新与执行能力

2. 以下不是新媒体的是(　　)。

　　A. 抖音　　　　　　B. 杂志　　　　　　C. 虎牙　　　　　　D. 贴吧

3. 以下说法不正确的有(　　)。

　　A. 在新媒体策划中数字科技成为一项标准

　　B. 新媒体策划要包含明确的搜索元素

　　C. 新媒体营销策划导向从众创造及控制导向向传播导向倾斜

　　D. 新媒体营销策划倾向数字化营销策划

4. 以下关于新媒体营销策划的意义描述错误的是(　　)。

　　A. 新媒体营销策划是企业获得竞争优势的保障

　　B. 新媒体营销策划有利于实现更加精准的营销策略

　　C. 新媒体营销策划有利于企业高度整合资源

　　D. 新媒体营销策划是一种新的策划方式,只适合大型企业发展需要

5. 新媒体营销策划的主要内容有(　　)。

　　A. 新媒体营销目标设定　　　　　　B. 新媒体定位策划

　　C. 新媒体运营策划　　　　　　　　D. 新媒体内容策划

6. (　　)关键是根据企业的营销目标及主要消费群体的特征选择合适的新媒体平台帮助企业进行推广宣传。

　　A. 新媒体渠道推广策划　　　　　　B. 新媒体运营策划

　　C. 新媒体定位策划　　　　　　　　D. 新媒体展示形式策划

7. 用户为中心策划思维的第一个原则就是(　　)。

　　A. 尽可能低的成本　　B. 用户体验　　C. 整合资源　　D. 效率

8. 大数据思维包括(　　)。

　　A. 数据积累　　　　B. 营销决策　　　C. 数据分析　　　D. 策划方式

9. (　　)是指人们在认识事物的过程中借助于概念、判断、推理等思维形式能动地反映客观现实的理性认识过程。

　　A. 大数据思维　　　B. 用户思维　　　C. 迭代思维　　　D. 逻辑思维

10. 逻辑思维要求在营销策划中,可以围绕(　　)4个步骤去实行。

　　A. 目的→规划→执行→总结优化　　B. 规划→执行→总结→优化

　　C. 目的→执行→总结→优化　　　　D. 规划→目的→执行→总结优化

11. (　　)是一种从用户的实际使用角度出发,将各种场景元素综合起来的思维方式。

　　A. 互动思维　　　　B. 跨界思维　　　C. 用户思维　　　D. 场景思维

12. 策划场景化营销主要有以下(　　)渠道。

　　A. 声音场景　　　　B. 文字场景　　　C. 图片场景　　　D. 三维场景

13. 在进行新媒体营销策划的时候,一定要注意(　　)。

　　A. 确定营销参与者　　　　　　　　B. 模仿竞争力强的企业

　　C. 互动参与　　　　　　　　　　　D. 不要与别的企业合作

任务3　撰写新媒体营销策划方案

 **项目任务书**

课内学时	3学时	课外学时	至少1学时
学习目标	1. 明确新媒体营销策划方案撰写流程 2. 理解撰写新媒体营销策划方案的误区及营销策划工作 3. 搭建市场营销策划书的基本框架		
项目任务描述	1. 听教师讲解，理清撰写新媒体营销策划方案的主要步骤 2. 听教师讲解，查阅资料，思考分析，掌握撰写一份有效的市场营销策划书的关键点 3. 听教师讲解，能够根据情景搭建市场营销策划书的基本框架		
学习方法	1. 听教师讲解相关知识 2. 查阅资料 3. 认真思考、分析		
所涉及的专业知识	1. 新媒体营销策划方案撰写步骤 2. 营销策划应避免出现的误区 3. 如何撰写一份有效的新媒体营销策划方案 4. 市场营销策划书的基本框架 5. 不同类型市场营销策划方案的主要框架		
本任务与其他任务的关系	本任务承接上一个任务，也是后续任务的铺垫，可在完成本任务的基础上做后面的任务		
学习材料与工具	学习材料：任务指导书后所附的基础知识 学习工具：项目任务书、任务指导书、计算机、笔		
学习组织方式	本任务要求每个学生独立完成		

 任务指导书

完成任务的基本路径如下。

听教师讲解，理清撰写新媒体营销策划方案的主要步骤（30分钟） → 听教师讲解，查阅资料，思考分析，掌握撰写一份有效的市场营销策划书的关键点(60分钟) → 听教师讲解，根据情景搭建市场营销策划书的基本框架（45分钟）

第一步：听教师讲解，理清撰写新媒体营销策划方案的主要步骤。
认真学习相关知识，填写表1-11。

表 1-11 任务产出——新媒体营销策划方案的主要步骤

序号	内容	要求及说明
第一步	设定营销目的	这一步是核心,营销目的的确定及描述一定要明确、可测量、相关、有时限和可执行,以指导方案的拟订和实施及合理衡量方案实施效果
第二步		
第三步		
第四步		
第五步		
第六步		

说明:可参见第一步的填表示例完成其他步骤内容的填写。
(1) 内容:总结该步骤的主要内容。
(2) 要求及说明:描述该步骤的主要工作内容及要求。

第二步:听教师讲解,查阅资料,思考分析,掌握撰写一份有效的市场营销策划书的关键点。认真学习相关知识,查阅资料,思考分析,完成表 1-12。

表 1-12 任务产出——如何撰写一份有效的市场营销策划书

1. 营销策划工作是一个组合体,填写空格内容。

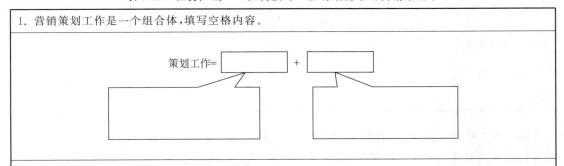

2. 避免进入营销策划关于创造力理解的误区。

小张大学毕业后如愿进入一家公司的营销策划部,这是一家中小型公司,入职不久,小张就接到了一个关于节日促销活动策划的任务,为了展示自己的创造力,小张绞尽脑汁,最后决定在方案中放入大量的段子,以此来提升关注度。同时还查找当前热点并以此策划出一个有趣的漫画,为了使营销策划方案看上去有效果,他利用各种技术手段来刷数据,用好看的数据给领导看。他原以为领导看到这些好的数据,会夸赞其方案创意独特,营销效果好,没想到却被领导狠狠地批评,让小张好好学习,说小张背离了营销策划关于创造力的理解,根本没有理解营销策划的关键,是一个失败的营销策划方案。

阅读上面案例,仔细思考并分析:
(1) 小张对于营销策划创造力的理解有哪些误区?为什么说小张的营销策划方案是失败的?

(2) 结合案例分析你对营销策划中关于"创意"的理解。

续表

3. 营销目标描述。
认真学习营销目标撰写的要求，将左边的营销目标修改成正确的营销目标描述。

错误的营销目标	修改后的营销目标
试试粉丝通表现怎么样，让××产品得到全面的宣传	8月粉丝通的购买转化率应达到15%，第三季度网站访客达到2万/天
提高生活服务号B的微博与百度的曝光度，增强品牌知名度	
增加A产品的用户黏性，提高销售量	
增加C网站的流量	

第三步：听教师讲解，根据情景搭建市场营销策划书的基本框架。

认真学习相关知识，查阅资料，完成表1-13。

表1-13 任务产出——搭建市场营销策划书的基本框架

成都希望食品有限公司是新希望六和股份有限公司下属大型现代化肉制品加工企业，美好小火锅是公司自行研发的一款自热方便食品。火锅菜品均由新希望股份有限公司自有产业链全供应，安全健康，内含牛肉、牛肚、风味蔬菜，还有车仔面与火腿肠，份量足、口味好。产品操作简单，随时随地想吃就吃：只需1瓶冷水，4个步骤，15分钟，就可以随时随地享受麻辣美味，还原经典成都味！请以提升美好小火锅产品知名度为目的，为其制订符合产品特点的新媒体营销推广活动策划方案，搭建该营销策划方案的基本框架，并仿照基础知识中导入案例"××培训机构招生新媒体营销策划框架"，简要描述每个营销部分的撰写要点及主要内容（每部分的内容不超过200字）。

美好小火锅新媒体营销推广策划方案

评价标准及评分表

认真完成每个任务产出表,表述正确、清晰、有说服力,在规定时间内完成并上交。撰写新媒体营销策划方案评分表见表1-14。

表1-14 撰写新媒体营销策划方案评分表

任务产出项目	分 值	评价得分
表1-11 任务产出——新媒体营销策划方案的主要步骤	30	
表1-12 任务产出——如何撰写一份有效的市场营销策划书	30	
表1-13 任务产出——搭建市场营销策划书的基本框架	40	
合　　计	100	

基础知识

 **案例导入**

××培训机构招生新媒体营销策划框架

一、营销目的

扩散招生信息,刺激消息传播者反馈生源。

二、目标客户分析

目标客户定位在16~20岁且已经辍学在家的青少年。

三、营销平台及策略

(一)营销平台选择

主要通过微信平台开展营销策略,首先通过目标客户分析,得出目标客户除喜欢利用微信的基本聊天通话功能外,还愿意使用漂流瓶和搜索附近的人这样的娱乐功能,通过这些功能来发现网络上的聊友,以消磨闲余时间。其次是微信朋友圈功能,通过朋友圈分享生活,发泄感情,并且有大量的时间和精力来组织参与一些朋友圈营销事件。

(二)营销策略

(1)主要策略。发布任务(包括常规任务和因招生的紧迫性所需的临时性任务),以实物奖励吸引用户用手机推送消息。

(2)详细方法。①朋友圈评论;②搜索附近的人功能和虚拟定位功能。

四、营销推广方式

主要选择线上推广方式。①软文论坛推广;②短视频推广。

五、进度安排

(1)时间安排。前期准备、活动实施、后期总结。

(2)人员安排。朋友圈推广10人,搜索附近的人推广3人。

六、效果预估

策略到位,可以在一天时间内覆盖一个学校,如果宣传策略不吸引人,会导致负面印象增加,影响到二次或再次招生,根据微信平台运营特点确定指标。

以上是某教育培训机构拟策划的一个招生推广的营销方案基本框架,搭建营销策划方案的基本结构有利于营销策划工作的开展,要想撰写一份有效的新媒体营销策划方案,需要理清思路,明确新媒体营销策划方案撰写的步骤及各个环节的要求,搭建基本的营销框架,以确保顺利有效地完成撰写任务。

一、新媒体营销策划方案的撰写步骤

企业是依据新媒体营销策划方案来开展新媒体上的活动,一份考虑周全的新媒体营销策划会使后续的工作更加容易,也是衡量企业开展新媒体营销成功与否的标准。撰写新媒体营销策划方案一般遵循以下几步。

1. 设定新媒体营销目的

任何新媒体营销策划方案的第一步都应是确定该方案实施后应达到的目的。明确的营销目的是营销策划的核心部分,能够让营销实施处于不利态势时快速做出反应,能够衡量营销策划方案实施的效果,对营销策略和行动方案的拟订与实施具有指导作用。营销目的应不只是关于"转发""点赞"之类的指标,更应是销售额、人气度和网站流量这类的高级指标,也是明白的、可丈量的、可执行的、相关的和有时限的描述。营销策划目的必须与企业战略一致,可以先写下至少3个新媒体营销目的。思考应完成什么目的、怎样算目的达成、如何去完成它,当有明确的思路之后,再确定最终的目的。

2. 清晰认知现状

在开始写新媒体营销策划之前,应该清晰了解现有的新媒体并理解它的基本运作状况。只有清晰地认知现状,才能够更有针对性、更有效地选择恰当的新媒体平台和新媒体营销方式,以帮助企业实现所要完成的目的。只有清晰地认知现状,才能制订出明确的任务,以指导实际行动,提高实施效率。

拓展阅读

企业现状包括很多内容,除与传统媒体营销一样,必须认知企业的自身情况外,进行新媒体营销策划时,还需要了解新媒体环境下的其他现状,包括在新媒体上与哪些企业相关联、哪个新媒体占领着企业的目标市场、现有的新媒体如何与对手竞争。清晰地了解能代表企业的每一个新媒体账号,谁在运营它们,它们的目标是什么。企业的各种平台账号是否应该更新,哪个账号应该注销,是否存在虚假账户(消僵尸粉),是否能够保证在线搜索企业的用户与企业运营的品牌账户相关联等。

点评:新媒体营销筹划方案的一个重要内容是描述新媒体的任务。

3. 拟订思路

在明确营销目的和清晰了解现状之后,接下来就可以拟订新媒体营销策划案的整体思路,也就是方案的大纲,搭建基本的框架,为后面进一步撰写理清思路。

4. 选择或创立平台

每个新媒体平台都有不同的受众群体,企业应进行仔细的分析以选择最契合企业新媒体目的的平台,借助该平台进行营销策划,取得更多的流量,扩展内容,达成企业的商业目的。新媒体营销方案的撰写需要根据新媒体平台的特征有针对性地展开,各项营销活动都是建立在特定的新媒体平台之上的,当然,平台也可以是企业自己建立。假如企业还未能在每个新平台上具有新媒体主页,就需要从头开始建立,如果企业曾经有账号,就要尽最大可能地维护并更新。

5. 获取新媒体营销策划灵感

营销策划人员可以从竞争对手那里获得策划灵感,看看竞争对手是如何做的。也可从客户分享的内容和措辞的方式上获得灵感,看看企业的目标客户群是如何评论回复的。还可以模拟客户的说法,贴近他的风格,引起他的共鸣。作为新媒体营销策划人员,应了解客户的习惯。同时,行业首领也应该是营销策划人员产生新媒体营销策划灵感的源泉。很多出色的企业曾经做出亮丽的新媒体营销策划,例如红牛、塔可钟、荷兰航空和 Tangerine 银行。

6. 做出内容规划和编辑日程表

要想在新媒体营销上取得胜利,营销策划人员需要将好的灵感转化为好的策划内容。新媒体营销策划应包含内容创作战略、内容归结战略和编辑日程表等内容营销计划,日程表应该详细具体,涵盖拟选择的新媒体平台要开展的营销活动的详细日期和时间,以及在新媒体营销活动中计划推送的内容。注意不是暂时编辑,应包括言语内容和格式,确保日程表反映出新媒体营销的目标,同时不要疏忽客户服务。

假如企业的领英账号是为了开发潜在用户,那么要确保经常分享关于销路拓展的内容。Hootsuite 的新媒体高级总监 Jaime Stein 倡议树立内容模型,明白主页不同类型帖子的推送比例。例如,①50%内容的链接来源于博客;②25%内容来源于其他网站;③20%内容关注企业信息;④5%内容关注内部建立和企业文化。假如企业不确定如何分配企业的资源,最好参照新媒体营销内容策划三分法:1/3 的内容用来推行企业、吸收客户并取得利益;1/3 的内容用来呈现和分享行业内思想首领或企业的创意和故事;1/3 的内容用来进行人际互动和树立品牌形象。

7. 测试、评价和调整新媒体营销策划方案

为了策划出最优的营销方案,方案需要及时进行测试。可以借助一些技术手段帮助测试,例如运用缩略网址效劳和 utm 代码跟踪链接。运用 Hootsuite 的新媒体剖析学剖析新媒体营销活动的执行效果。运用谷歌剖析学跟踪遭到新媒体差遣的页面访问,记载并剖析方案是否有效,从而不断调整新媒体营销策划方案。Jaime Stein 指出,线上与线下的调查也是权衡策划方案效果的好方法。通过询问企业新媒体的关注者、邮件列表和网站阅读人员关于企业新媒体营销方案的评价,这个直接的办法也通常很有效。调研询问企业的客户,新媒体营销方案的执行能否对他的购置行为有所影响,也能很好地帮助策划人员改进新媒体营销方案。

新媒体营销筹划方案,最重要的是不定时发生的变化。当新的状况呈现时,策划人员要及时将它归入营销方案当中。当达成目的时,就需要调整营销方案,然后再找到新的目标,重新按照步骤策划新的方案。新媒体营销策划方案应该灵活可变,并根据实际情况及时修正;以呈现最新的观念,确保团队成员都知道方案的改动之处。

总之,新媒体营销策划一定要有条不紊地展开,策划人员要多接触用户,以用户需求为中心,不要怕颠覆传统模式。

二、撰写新媒体营销策划方案的方法

营销策划人员准备做新媒体营销策划方案之前,需要了解一些行为准则,这样才不会跑偏。

(一)营销策划应避免出现的误区

(1)误区一:直接套方案。有的营销策划人员用以前做过的营销策划方案来套将要做的方案,甚至直接把上个方案改个名字,只是简单地替换一些行业的截图,稍加修改,仅用30分钟就能撰写出一个方案。

(2)误区二:找行业大数据。有的营销策划人员随便在网上找一些艾瑞或DICC的数据截图,然后直接套用行业数据,但这些数据有可能根本就不是策划人员企业产品所需要的或是对业务有帮助的数据。

(3)误区三:未经思考与准备就开始撰写方案。大部分营销策划方案新手都爱犯这个错误,什么都不想,也不做调查,马上就开启PPT模式,制作出第1页、第2页、第3页,还时不时因为字体不对称、不美观,花半天时间去调字体大小、调格式。因为一开始没有想清楚方案逻辑思维结构的"骨架",就去着手填"血肉",最后导致方案越写越偏。

(二)策划工作是一个组合体

什么是策划工作?其实就是逻辑思维能力加创造力的组合体。

策划工作＝逻辑思维＋创造力

许多营销策划人员在做营销策划方案的时候,只是把方案的全部想象成流量挖掘方式,却没有关注目标,也没有分解目标这些结构,纯粹只是盯住方案的曝光度,而不是围绕整个方案的一个有效流量的目标去做事情,这是一个误区。营销策划人员必须了解目标、逻辑与创造力的内涵及其相互之间的关系。

1. 逻辑思维的概念

逻辑思维能力意味着两点:一是确定目标;二是确定逻辑。就是在营销策划过程中研究"做什么"与"怎么做"的问题。

2. 创造力的概念

创造力就是在营销策划过程中研究"怎么做得好"的问题。在分析这个问题之前,需要明确营销策划人员要做的方案是一个有效流量的方案,要针对企业具体产品与具体业务去做方案。要避免出现以下误区。

(1)误区一:找段子手。有的营销策划人员认为创造力就是去找段子手,认为段子手的影响力很大,或者策划一个漫画或一个有意思的东西,然后投放到市场,让一些微博大V去转发,认为这就是营销策划成功。这样做有时候确实收到了好的转发率,但所转发的数据和企业的业务转化关系不大,由此可见这种转发并非带来了真正的转化。

(2)误区二:追热点。杜蕾斯在新媒体营销策划领域是非常成功的,很多营销策划人员都去胜赞杜蕾丝的微博,觉得它是一个典范,可见它的关注度确实很高,但仔细思考后就会发现,杜蕾斯的营销策划更多的只是一个大众类产品的微博大号而已,它的转发数和阅读数并没有给公司带来类似多的实际的转化。企业可以追求品牌效应,而中小公司在发展期最好是做能给自己带来真正有效转化的内容,因此,营销策划人员在做策划时不能一味地去追热点、提升创造力,而忽视最重要的效益问题。

(3) 误区三:刷数据。有的营销策划人员为了使营销策划方案看上去有效果,利用各种技术手段来刷数据,例如利用微博转发器,只要在里面输入目标微博的网址,就会有很多小号自动转发内容,也不用憋创意,直接就用这种转发器去刷数据,去增加所需要的微博的阅读数与转发数。但这在事实上跟创新完全没有关系,只是数据假象而已。

(三) 如何有效地撰写新媒体营销策划方案

1. 逻辑思维——关于做什么

(1) 确定目标——清晰可量化的策划目标。行动的基础是有目标,目标要足够清晰,才能分解目标,然后去工作。一个正确的目标要有一条明确的时间线和一个可以计量的数据结果。如果营销策划人员没有确定好一个目标,那么他所做的策划就很难衡量甚至是无用的,例如目标只是曝光,那么为了曝光的目标去刷数据,可是刷出的数据对企业来说是没有太大实际意义的。在营销策划方案中,清晰可量化的目标有利于有效地分解出各项工作步骤,每件事情因此都有明确的目的性,帮助企业实现所要完成的目标。只有清晰地认知现状,才能制订出明确的任务以指导实际行动,提高实施效率。

 拓展阅读   **确定新媒体营销策划目标补充说明**

① 如果能直接从第三方平台上获取数据作为目标,就直接以后台目标数据值为参考,如微信、微博。避免使用太多数据定义或计算公式,省事又直观,也可以避免因对数据定义理解有偏差而产生误会。

② 第三方平台无法给你呈现数据作为目标引导,可以交给技术部门去做统计报表系统以便监控。先从日指标下手,再延伸到周、月、季、年去做统计。例如服务号的注册用户、订单量、订单转化率、客单价等指标都可以统计。

③ 团队需要有一个终极目标:对于O2O的项目来讲,团队的终极目标就是日订单量;对于一个工具型App,团队的终极目标是日活跃率。

④ 各部门对目标进行分解:事务目标,每周×篇内容,其中×篇做原创;结果目标,微博曝光量、粉丝较上月的增长比例(早期基数低,可以设定每月50%~100%增长的目标,后期可以适当减少到10%~20%);微信的文章打开率15%、转发率5%(这是大部分公众号的平均高值)。

⑤ 目标设置不能太宽泛,要有具体数字。例如,当月目标为日均新增激活8000~12000,注册转化率40%(建议略高于原本的期望值,效果会更好)。那种"提高了品牌曝光度""增加了用户黏性"的陈述性语句都不要使用。提高品牌曝光度可改为罗列具体百度指数上升数据;增加用户黏性可改为罗列具体产品活跃度提高。

下面以一个O2O生活服务号为例制订推广目标。

注册用户:日新增注册用户、总注册用户

活跃用户:日活跃率 $=\dfrac{当天活动用户}{总用户}$

日订单量:日订单转化率 $=\dfrac{订单成交量}{总访问用户}$ (保底8%)

日客单价 $=\dfrac{日总成交价格}{总成交单数}$

(2)确定逻辑——搭建方案结构。营销策划人员在一张纸上先写清营销方案包含哪几个部分,把骨架立起来,再去填充细节内容,这样后续的撰写会更加有效率,并且思路清晰、有逻辑性。而不是说,一开始就陷入一个细节黑洞,先不搭骨架,而是直接打开 PPT 做文案,在做到第 5 页 PPT 时,才发现这页的字体好像比较好看,然后逐页回去调字体,把字体调成一致,而光调字体和排版就花去几个小时的时间,工作效率就会非常低。

2. 创造力——关于怎么做得好

(1)用户调查。营销策划人员要知道营销策划方案的目标人群是哪些人,可以找到他们中的一部分人群,线上线下都可以,去跟他们做一对一的用户调查,询问他们对你已经构思好的策划方案有什么看法,他们是否会参加策划方案中的活动?他们最想从这个活动中得到什么?等等。这样做的目的是得到一些对策划方案中的活动有用的参考信息与依据,根据目标人群的喜好调整活动的目的与活动内容。

(2)内容测试。就是针对一个目标设计出不同的营销方案,这个方案当然是可执行的,然后将这些方案小范围地、试验性地投放实施。举个例子,策划人员要策划一个事件营销的活动,在七夕节,公司要求这一天产品的销售量达到 20 万元,你针对性地策划了 A 与 B 两种活动,然后用微信传播渠道把这个活动投放到市场。最后你需要知道活动效果,到底是 A 活动带来的销售量高,还是 B 活动。这就是内容测试。

(3)数据反馈,随时调整。首先根据营销策划方案中内容测试得到最终数据,然后监测实施情况及结果,对比最终数据,选择最优方案。还是举上面的例子,做了活动效果的内容测试,研究销售数据发现:在七夕节,A 活动只带来了 8 万元的销量,而 B 活动直接带来了 12 万元的销量。根据数据,下次做活动时要多做 B 活动,这就是数据带给策划人员的反馈,接下来就可以根据数据反馈做一些活动的调整与优化。做营销策划的目标是加速有效流量的获取和有效转化,如果预设的工作内容不能达标,那么修正航向,及时行动。我们的关注点是及时反馈,不管是营销工作还是策划工作,都是一个动态的工作,要及时反馈并随时调整,这是一件反复进行的事情。

(4)有效优先,创意其次。虽然营销策划中很重要的内容是创意,但好的创意一定是以有效为基础的,一个无效的创意不能算是好的创意,所以,在新媒体营销策划过程中,营销策划人员一定要明确"有效优先,创意其次"。创意只是一个好点子而已,它是整个营销策划方案中的一个组成部分,好的营销策划方案建立在测试和反馈的基础上,策划人员首先要的是有效流量和有效转化,不要把精力全部耗费在创意上。同样的 3 天时间,营销策划人员可以做出有效流量的几种尝试,然后做数据测试,也可以花 3 天时间想一个大创意,但是这个大创意不一定能够带来好的效果,好的效果就是一个好的转化、一个有效流量。

由上述分析可见,营销策划人员的工作准则,不管是做营销策划方案,还是做活动执行,都应该明白:做营销策划方案时,第一个想的问题就是明确这个方案的目标,要怎么分解目标去完成方案,最终要的是有效流量和有效结果,实现转化目标,达到营销目的。

三、市场营销策划书

(一)认识市场营销策划书

市场营销策划书就是市场营销策划方案的物质载体,是策划的文字或图表的表现形式,它使策划人的策划方案能够被他人知道和接受。营销策

认识营销策划书

划书没有固定的内容与标准的格式,根据策划对象和策划要求的不同,营销策划书的内容和格式是不一样的。

(二) 市场营销策划书的基本框架

一般而言,一份完整的营销策划书的内容在整体上可以分为三大部分:企业市场状况分析,主要包括企业自身、竞争环境、目标消费群体分析;策划实施内容,包括具体营销方式、渠道选择、推广方式、费用预算、组织安排等,主要围绕营销策划目标展开,是营销策划实施的主要指导依据;效果预测,也就是营销方案的可行性与操作性分析,也包括营销方案实施的评估效果与检验方法等。下面针对一般的营销策划书包含的主要内容进行分析,包括以下10项。

1. 封面

市场营销策划书的封面可提供策划书的名称、被策划的客户、策划机构或策划人的名称、策划完成日期以及本策划适用的时间段、编号等信息。

2. 前言

前言或序言是策划书正式内容前的情况说明部分,内容应简明扼要,最多不超过500字,让人一目了然。其主要内容如下。

(1) 接受委托的情况。例如:××公司接受××公司的委托,就××××年度的广告宣传计划进行具体策划。

(2) 本次策划的重要性与必要性。

(3) 策划的概况,即策划的过程及达到的目的。

3. 目录

目录的内容也是策划书的重要组成部分。封面引人注目,前言使人开始感兴趣,那么,目录就务必让人读后了解策划的全貌。目录具有与标题相同的作用,同时也应使阅读者能方便地查询营销策划书的内容。

4. 概要提示

阅读者应能够通过概要提示大致了解策划内容的要点。概要提示的撰写同样要求简明扼要,篇幅不能过长,一般控制在一页纸内。另外,概要提示不是简单地把策划内容予以列举,而是要单独成一个系统,因此其遣词造句都要仔细斟酌,要起到一滴水见大海的效果。

5. 正文

正文是市场营销策划书中最重要的组成部分,具体包括以下几方面内容。

(1) 营销策划的目的。营销策划的目的部分主要是对本次营销策划所要实现的目标进行全面描述,它是本次营销策划活动的原因和动力。这一部分使整个方案的目标方向非常明确、突出。例如,《××计算机市场营销策划书》文案中,对营销策划书的目的说明非常具体。首先强调"××型号产品的市场营销不仅仅是公司的一个普通产品的市场营销",然后说明该产品营销成败对公司长远、近期利益和××系列产品的重要性,要求公司各级领导及各环节部门达成共识,高质量地完成任务。

(2) 市场状况分析。市场状况分析可以着重考虑以下因素。

① 宏观环境分析。着重对与本次营销活动相关的宏观环境进行分析,包括政治、经济、文化、法律、科技等。

② 产品分析。主要分析本产品的优势、劣势、在同类产品中的竞争力、在消费者心目中

的地位、在市场上的销售力等。

③ 竞争者分析。分析本企业主要竞争者的有关情况,包括竞争产品的优势、劣势,竞争产品的营销状况,竞争企业的整体情况等。

④ 消费者分析。对产品消费对象的年龄、性别、职业、消费习惯、文化层次等进行分析。以上市场状况的分析是在市场调研取得第一手资料的基础上进行的。

⑤ 市场机会与问题分析。营销方案是对市场机会的把握和策略的运用,因此分析市场机会就成了营销策划的关键。只要找准了市场机会,策划就成功了一半。在进行市场机会分析之前,应先对营销现状进行分析。营销现状分析是指对企业产品的现行营销状况进行具体分析,找出营销中存在的具体问题点,并深入分析其原因。市场机会分析是指根据前面提出的问题点,分析企业及产品在市场中的机会点,为营销方案的出台做准备。

(3) 营销策略及实施方案。这是正文中非常重要的组成部分,针对营销中问题点和机会点进行分析,提出达到营销目标的具体营销方案,根据营销目标的不同侧重,传统营销策划方案主要由市场定位和4Ps组合策略(指具体的产品方案、价格方案、分销方案和促销方案是怎样的)两部分组成。新媒体营销策划方案在传统营销策划的基础上,需要根据新媒体平台的选择及其特点,以及所采取的营销方式不同而进行策划设计,其中还包括具体营销方式的推广方式描述等内容。

6. 费用预算

这一部分记载的是整个营销方案推进过程中的费用投入,包括营销过程中的总费用、阶段费用、项目费用等,其原则是以较少投入获得最优效果。用列表的方法标出营销费用也是经常被运用的,其优点是醒目易读。如果根据推广方案做预算,则将对每个推广周期涉及的推广细项都做预算,预算越精细越好,可控性更强,执行效果更明显。

7. 进度安排

这部分的内容主要分为活动计划安排表、人员分配及场地安排,其中活动计划安排表把策划活动起止全部过程拟成时间表,具体到何日何时要做什么都标注清楚,作为策划进行过程中的控制与检查依据。进度表应尽量简化,在一张纸上先拟出人员分配及场地安排,此项内容应说明营销策划活动中每个人负责的具体事项及所需物品和场地的落实情况。

如果一个新媒体营销策划方案选择了多种新媒体平台开展营销活动,那么进度安排可以根据各个活动情况分别设计,这部分的内容就可以放在"正文中营销策略及实施方案"中,然后再根据实际情况制订一个总体进度安排计划表。

8. 效果预测评估与方案控制

这部分内容主要描述此次营销策划最终渠道的营销效果预测标准及方法,注意要与营销策划目标相对应,它根据具体的营销方式不同而不同,预测与评估标准一定要可测量,其中还可以描述策划方案实施控制过程及其可能存在的风险、不可控因素。

拓展阅读　　　　**营销效果预测与评估简要描述举例**

本次活动的目的是实现"寒假"期间产品的市场销售额比上一年同期增加10%。为检验此次活动效果,拟采用销售额对比分析法。如果销售额比上一年同期增加10%,则活动成功,否则需要改进。

如果前面活动目的提到"提高知名度",在效果评估处需要加上"为检验此次活动是否提高了产品品牌知名度,拟采用调查问卷法",通过问卷调查,找出活动开展是否加深或提高了目标群体对品牌的认知。

9．结束语与封底

结束语在整个策划书中可有可无,它主要起到与前言呼应的作用,使策划书有一个圆满的结尾,不致使人感到太突然。结束语后可以有一个封底,封底的作用是与封面相对应,起美化装饰、保护策划书主体的作用。

10．附录

附录的作用在于提供策划客观性的证明。因此,凡是有助于阅读者对策划内容理解、信任的资料都可以考虑列入附录。但是,可列可不列的资料还是以不列为宜,这样可以更加突出重点。附录的另一种形式是提供原始资料,如消费者问卷的样本、座谈会原始照片等图像资料。附录也要标明顺序,以便阅读者查找。

（三）市场营销策划书的撰写技巧

撰写市场营销策划书,要注意以下几点。

（1）策划方案表达要简洁明了。具体要求：文体统一；文字简洁、准确；结论明确。

（2）强调方案的可操作性。营销策划方案不是论文,而是可以直接拿来实施的、操作性极强的方案。

（3）加强方案的说服力。首先,策划书的内容组织要具有逻辑性,符合人们的阅读习惯；其次,策划书还应在内容、结构和语言上具有说服力。

（4）注意策划书写作的技巧。可以运用框图、表格、图形、图片,使内容视觉化,合理使用理论依据,适当举例说明,利用数字说明问题,注意细节,消灭差错。

（四）不同类型市场营销策划方案的主要框架

营销策划的主要目标不同,框架也会有所不同。

1．品牌策划方案的主要框架

品牌策划方案的主要框架见表1-15。

表1-15 品牌策划方案的主要框架

方案构成		具体内容
	题目	策划的主题
	前言	策划的背景、目的、方法、意义等的说明
正文	环境分析	重要环境因素分析
	综合分析	SWOT分析,分析优势、劣势、机会与威胁
	营销目标	宣传目标、市场目标、文化目标、财务目标等
	品牌定位	STP战略(市场细分、目标市场、市场定位)
	品牌内涵	个性、文化、故事等创意
	表现元素	品牌名称、标志、基本色、标识语、象征物、包装等
	品牌传播策略	新媒体平台、新媒体营销方式、具体传播方式等策略
	效果预测	知名度、认可度、美誉度、忠诚度
	结束语	总结、突出、强化策划人意见

这种类型的营销策划,策划者一般是站在企业战略层次的角度进行的,方案中的品牌定位、品牌内涵和表现元素是该类策划方案的主体部分,品牌传播策略只需提出相关的传播思

路、方法和策略即可,无须太细化。

2. 品牌推广策划方案的主要框架

品牌推广策划方案的主要框架见表1-16。

表1-16 品牌推广策划方案的主要框架

方案构成		具体内容
题目		策划的主题
前言		策划的背景、目的、方法、意义等的说明
正文	环境分析	重要环境因素分析
	综合分析	SWOT分析,分析优势、劣势、机会与威胁
	营销目标	宣传目标、市场目标、文化目标、财务目标等
	战略陈述	现有战略(STP战略)陈述
	推广指导	指导思想、方针、政策
	推广策略	新媒体平台、新媒体营销方式、具体传播方式等策略
	推广计划	工作计划、人员安排、时间计划、费用预算
	效果预测	知名度、美誉度、销售量、市场占有率等
结束语		总结、突出、强化策划人的意见

目标市场营销又称STP营销,或STP三部曲,这里S是指segmenting market,即市场细分;T是指targeting market,即选择目标市场;P是指positioning,即定位。同样,如果策划者站在企业战略层次的角度进行策划,可选择这种策划方案。无须对品牌内涵进行策划,而是沿用其现有的策划。方案中推广指导、推广策略和推广计划是该类策划方案的主体部分,是策划的重点,占策划方案的大部分篇幅。

3. 促销活动策划方案的主要框架

促销活动策划方案的主要框架见表1-17。

表1-17 促销活动策划方案的主要框架

方案构成	具体内容
活动题目	活动主题及主题的包装(艺术化、公益化)
活动背景	市场现状及开展活动的意义或原因等
活动目的	处理库存、提升销量、打击对手、新品上市、提升认知度及美誉度等
活动对象	目标群体、活动范围、主要群体、次要群体
活动方式	新媒体平台选择、促销方式及具体策略、刺激力度
时间地点	活动时机、持续时间、开展地点
前期准备	人员安排、物资准备、试验方案
中期操作	活动纪律、现场控制
后期延续	后续宣传、顾客回访、售后服务
广告配合	广告内容、表现手法、媒体选择
费用预算	广告费用、公关费用、人员费用、场地及设施费用、差旅通信费用等
效果预估	经济效果、社会效果
意外防范	政府部门的干预、消费者的投诉、天气突变等应对措施

4. 公关活动策划方案的主要框架

公关活动策划方案的主要框架见表1-18。

表 1-18　公关活动策划方案的主要框架

方案构成	具体内容
活动背景	市场现状及开展活动的意义或原因等
活动目的	树立品牌形象、提升品牌知名度、美誉度、提升企业社会形象和地位
活动主题	活动主题、主题包装（艺术化、公益化）、活动宗旨、价值
传播对象	主要受众、活动范围
时间地点	活动时机、持续时间、开展地点
推广规划	推广方案设计、新媒体平台选择及策略设计
执行流程	活动节目、顺序、时间表
宣传推广计划	宣传内容、表现手法、媒体选择、投放时间
人员安排	人员数量、工作分工、管理方法
费用预算	宣传费用、公关费用、人员费用、场地及设施费用、礼品费用、差旅通信费用等
效果预估	影响范围、认知度、美誉度
意外防范	人员缺勤、进程中断、天气突变等应对措施

促销活动策划和公关活动策划均属于项目性策划，项目性策划的特点是活动周期较短，故活动计划部分要求考虑周详，费用预算翔实。活动策划需要注意活动主题，特别是公关活动策划的主题需要经过周密的考虑和设计，力求公益化，以情动人，而非以利动人。

自我练习

一、判断题

1．新媒体营销策划只有清晰地认知现状，才能制订出明确的任务，以指导实际行动，提高实施效率。（　　）

2．任何新媒体营销策划方案的第一步都应是认清现状。（　　）

3．假如企业还未能在每个新平台上具有新媒体主页，就需要从头开始建立；如企业曾经有账号，就应尽最大可能地维护并更新它们。（　　）

4．一份考虑周到的新媒体营销策划会使后续的工作更加容易，它也是衡量企业开展新媒体营销成功与否的标准。（　　）

5．营销策划人员可以直接套行业数据，这样会使营销策划更具有说服力。（　　）

6．新媒体营销策划时，重要的一点就是利用新的技术手段帮助刷营销数据，这样就更加体现了新媒体营销策划的效果与优势。（　　）

7．新媒体营销策划方案的关键是不能有变化，否则不适应市场发展。（　　）

8．为了提高营销策划的效果，营销策划人员可以用做过的营销策划方案来套将要做的方案。（　　）

9．新媒体营销策划一定要有条不紊地展开，策划人员要多接触用户，以用户需求为中心，不要怕颠覆传统模式。（　　）

10．营销策划人员一定要在策划一开始就深入细节，一张纸主要用来设计排版与字体，这样才能吸引人们的关注。（　　）

11. 营销策划人员要知道营销策划方案的目标人群是哪些人,可以找到其中的一部分人群,线上线下都可以,去跟他们做一对一的用户调查。( )

12. 营销策划书有固定的内容与标准的格式,必须严格按照格式要求去写。( )

13. 结束语在整个策划书中可有可无,它主要起到与前言呼应的作用,使策划书有一个圆满的结尾,不致使人感到太突然。( )

14. 活动策划需要注意活动主题,特别是公关活动策划的主题需经过周密的考虑和设计,力求公益化,以情动人,而非以利动人。( )

15. 营销效果预测标准及方法,注意要与营销策划目标相对应。( )

二、不定项选择题

1. 营销策划人员在进行新媒体营销策划之前,要避免出现( )误区。
   A. 直接套方案　　　　　　　　　　B. 找行业大数据
   C. 未经思考与准备就开始撰写方案　　D. 确定营销目标

2. 关于撰写新媒体营销策划方案的步骤描述正确的是( )。
   ①做出内容与规划;②寻找新媒体灵感;③设定新媒体营销目的;④选择平台;⑤现状分析;⑥测试评价;⑦拟订思路。
   A. ①②③④⑤⑥⑦　　　　　　　　B. ③⑤⑦④②①⑥
   C. ③⑦①④②⑤⑥　　　　　　　　D. ②⑦①③⑤④⑥

3. 营销策划人员可以从( )获得策划灵感。
   A. 竞争对手那里　　　　　　　　　B. 客户分享的内容和措辞的方式上
   C. 行业首领那里　　　　　　　　　D. 家人朋友那里

4. 营销策划工作是一个组合体,主要包含( )。
   A. 逻辑思维　　B. 用户思维　　C. 创造力　　D. 执行力

5. 一个正确的营销策划目标要有( )。
   A. 一条明确的时间线　　　　　　　B. 一个可以计量的数据结果
   C. 一个明确的销售量　　　　　　　D. 具体的人员数量

6. 新媒体营销内容策划三分法包括( )。
   A. 1/3的内容用来描述企业的产品信息
   B. 1/3的内容用来推行企业、吸收客户并取得利益
   C. 1/3的内容用来呈现和分享行业内思想首领或企业的创意和故事
   D. 1/3的内容用来进行人际互动和树立品牌形象

7. 关于新媒体营销策划创造力的描述正确的有( )。
   A. 要进行内容测试　　　　　　　　B. 要创意优先、有效第二
   C. 要进行数据分析与反馈　　　　　D. 要进行用户调查

8. ( )是策划书正式内容前的情况说明部分,内容应简明扼要。
   A. 封面　　　B. 附录　　　C. 正文　　　D. 前言

9. ( )是市场营销策划方案的物质载体,是策划的文字或图表的表现形式。
   A. 市场营销摘要　　　　　　　　　B. 市场营销策划书
   C. 市场营销调查问卷　　　　　　　D. 市场营销报告

10. 一般而言,一份完整的市场营销策划书内容在整体上可以分为(　　)。
    A. 附录与封底　　　　　　　　　　B. 企业市场状况分析
    C. 策划实施内容　　　　　　　　　D. 效果预测
11. 撰写市场营销策划书,要注意以下(　　)几点。
    A. 策划方案表达要简洁明了　　　　B. 强调方案的可操作性
    C. 加强方案的说服力　　　　　　　D. 注意策划书写作的技巧
12. 关于市场营销策划书附录的描述正确的有(　　)。
    A. 附录的作用在于提供策划客观性的证明
    B. 可列可不列的资料也要列在里面,这样策划书才能充实
    C. 附录也要标明顺序,以便阅读者查找
    D. 凡是有助于阅读者对策划内容理解、信任的资料都可以考虑列入附录

项目2

新媒体平台营销策划

选择合适的平台是新媒体营销策划的关键之一,营销策划人员要先了解不同的新媒体平台及其特点,学会围绕营销目标找到适合的新媒体平台开展营销策划。新媒体平台很多,从不同的角度有不同的分类方法,本项目分成社交类平台、音视频类平台、问答类平台和自媒体类平台(图2-1)。

多平台活动策划

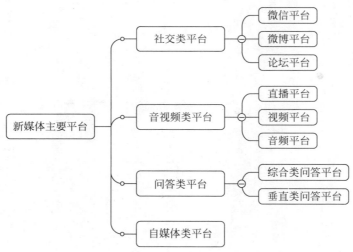

图 2-1 新媒体主要平台

社交类平台主要包括微信平台、微博平台、博客、论坛平台等;音视频类平台包括直播平台、视频平台、音频平台;问答类平台包括知乎、百度知道、360问答等;自媒体类平台包括头条号、大鱼号、企鹅号等。下面将按照以上分类进行介绍,分析每类新媒体平台的运行方式、特点及营销推广与策划。

需要注意的是,以上分类不是唯一的,并且各个平台之间是相互交融的,例如,有些平台属于音视频类平台,但它同样具有社交类平台、自媒体类平台的特征,为了便于理解,将它放在其中一个类别重点讲解。因此,营销人员在进行平台策划时,要根据用户特点、需求等判断,可以选择一个平台,也可以选择多个平台。

任务 1　社交类新媒体平台营销策划

 项目任务书

课内学时	5 学时	课外学时	至少 6 学时
学习目标	1. 了解社交类新媒体平台及营销策划注意事项 2. 明确微信、微博、论坛平台的特点及营销推广 3. 能够在营销策划中正确使用社交类新媒体推广平台		
项目任务描述	1. 听教师讲解，认识新媒体平台的种类，掌握其营销策划要点 2. 按照要求组建团队，明确分工与合作，撰写企业基本信息 3. 学习相关知识，熟悉论坛营销策划的技巧与方法，并且能够根据要求进行论坛营销策划 4. 学习相关知识，熟悉微信营销策划的技巧与方法，并且能够按照要求进行微信营销策划 5. 学习相关知识，熟悉微博营销策划的技巧与方法，并且能够按照要求进行微博营销策划		
学习方法	1. 听教师讲解相关知识 2. 查阅资料 3. 认真思考、分析		
所涉及的专业知识	1. 社交类新媒体平台的分类及特点 2. 微信、微博、论坛平台的特点及营销推广 3. 社交类新媒体平台营销策划的主要内容		
本任务与其他任务的关系	项目 2 中各个任务是并列关系，是不断地学习与拓展		
学习材料与工具	学习材料：任务指导书后所附的基础知识 学习工具：项目任务书、任务指导书、计算机、笔		
学习组织方式	本任务部分内容要求每个学生独立完成，部分内容要求学生分小组协作完成		

 任务指导书

完成任务的基本路径如下。

听教师讲解，认识新媒体平台的种类（45分钟）→ 按照要求组建团队，明确分工与合作，撰写企业基本信息（45分钟）→ 学习相关知识，根据要求进行论坛营销策划（45分钟）→ 学习相关知识，按照要求进行微信营销策划（45分钟）→ 学习相关知识，按照要求进行微博营销策划（45分钟）

第一步：听教师讲解，认识新媒体平台的种类。

听教师讲解新媒体平台，按照要求完成表2-1。

表 2-1　任务产出——新媒体平台及分类

平台分类	描　述	平台名称	营销功能	营销策划要点
社交类新媒体平台	为了便于用户在网络或者移动终端等新媒体上进行社交活动而形成的一类平台	论坛	品牌推广、宣传、销售	注册、标题、回帖、顶帖策划

任务说明：
(1) 需要认真学习相关知识后完成，其目的是检验对新媒体平台分类的基本知识掌握程度，在本项目全部学完后填写完成即可。
(2) 描述：解释该类平台的特点及含义。
(3) 平台名称：对应类别的具体平台举例（每种类别至少写3种，可多写，自行增加即可）。
(4) 营销功能：企业利用该平台可以开展哪些营销活动或者可以利用哪些工具进行营销。
(5) 营销策划：策划人员利用该平台开展营销策划时应注意的内容及策划要点。
(6) 可参见示例。

第二步：按照要求组建团队，撰写企业基本信息。

首先认真阅读要求，按照要求组建团队。

(1) 3～5人组成一个小组，可以自行成组，也可以由教师分配。建议将每个团队中的成员按男性与女性合理搭配，每个团队最好都有性格外向的、性格内向的、表达能力强的、计算机能力强的、文字能力强的、组织能力强的学生。

(2) 每个小组通过自荐或推荐的方式选出各组组长，组长主要负责本团队所有活动的组织、安排、协调工作，同时带头完成分配给自己的项目工作，督促、帮助其他成员完成相应的工作。

(3) 每次做任务前要阅读该任务所有内容，清楚需要完成哪些任务（哪些是需要集体合作共同完成的，哪些是需要自己独立思考完成的）、如何完成、何时完成，做到心中有数。

(4) 组长针对小组任务组织成员详细讨论，确定任务分工，并将最终任务安排在小组里宣布，让每个成员都清楚自己的任务。然后组员按照组长的分配开始行动，保证在规定的时间内完成各项任务。

注意：需集体共同完成的任务由组长组织协商分工：什么时间谁负责查找资料，如何进行市场调查，什么时候研讨，什么时候模拟练习，什么时候填写分析报告，谁负责制作

PPT。要注意合理分配任务,以锻炼每个人的能力,分工要有利于高效完成任务。

(5) 填写任务分工安排表。

注意：组长的任务书中填写整组的任务分工安排,个人的任务书中填写自己的任务分工安排。

(6) 不清楚的地方及时向指导教师询问。

组建团队完成,填写表2-2。

表2-2　任务产出——组建团队

组长姓名	组　　员

然后,选定模拟的企业。

注意：若是企业真实项目,则按照真实项目要求开展此后任务,此步骤可忽略,由指导教师统一安排。

组长带领组员讨论,确定感兴趣的企业,填写表2-3。

注意：此后的项目需要以企业身份完成时,小组均以本次选定的模拟企业为研究对象。因此,要选择比较适合开展新媒体营销策划的企业。

表2-3　任务产出——企业基本信息

企业名称	企业简介	主要产品(服务)

第三步：学习相关知识,根据要求进行论坛营销策划。

任务1：案例分析——认知论坛营销及推广。

安琪酵母新品的市场推广

酵母主要用来蒸馒头和做面包,很少直接食用。安琪酵母股份有限公司是国内最大的酵母生产企业。该公司研发出一种具有保健功能且能直接食用的新产品——酵母粉,新产品研发出来如何进行市场推广,营销策划人员经过调研决定首选论坛平台进行推广。

首先,制造话题,创意故事。营销策划人员考虑到在论坛直接投放广告,单纯的广告帖永远是版主的"眼中钉",也会招来网友的反感,因此策划人员决定设计话题,利用话题引起关注。因此,方案实施的第一步就是在新浪、搜狐、TOM等有影响力的社区论坛制造话题。

设计什么样的话题？策划人员决定借助热点,当时有很多关于婆媳关系的影视剧在热播,婆媳关系的关注度也很高。因此,策划人员设计了一个论坛标题为"一个馒头引发的婆媳大战"故事事件(具体故事情节可网上搜该帖子)。事件以第一人称讲述了南方媳妇和北方婆婆关于馒头发生争执的故事。

其次,回帖引导,话题转移。策划的热点话题故事在论坛上果然引发了不少的讨论,其中就涉及酵母的应用,在回帖策划上由专门人员将论坛话题的方向引入酵母的其他功能上,引导用户知晓酵母不仅能蒸馒头,还可以直接食用,并有很多的保健美容功能。例如,减肥等。由于当时正值6月,正是减肥旺季,于是,论坛上的讨论,让这些关注婆媳关系的主妇们同时也记住了酵母的一个重要功效——减肥。

再次,借助网站推广。为了使论坛帖子引起更多的关注,策划人员选择有权威的网站,利用它们的公信力把帖子推到好的位置。他们选择新浪女性频道中关注度比较高的美容频道,把相关帖子细化到减肥沙龙板块等。果然,有了好的论坛和好的位置,马上引发了更多普通网民的关注。

最后,加大宣传,增强可信度。除了论坛营销,安琪酵母又在新浪、新华网等主要网站发新闻,而这些新闻又被网民转到论坛里作为谈资。这样,产品的可信度就大大提高了。安琪酵母还注意在百度上进行搜索引擎推广。在接下来的两个月,安琪酵母公司的电话量陡增。消费者在百度输入"安琪酵母"这个关键词,页面的相关搜索里就会显示出"安琪即食酵母粉""安琪酵母粉"等10个相关搜索,安琪酵母获得了较高的品牌知名度和关注度。

阅读以上案例,结合所学的知识进行思考分析,完成表2-4。

表2-4 任务产出——论坛营销策划案例思考与分析

1. 安琪酵母粉的论坛营销推广步骤是什么?
2. 安琪营销策划人员为什么不直接发布介绍产品的帖子?
3. 查阅"一个馒头引发的婆媳大战"的论坛帖子,谈谈该论坛标题及帖子设计为什么能引发大量的讨论。

续表

4. 为什么要借助网络、新闻宣传、搜索引擎进行推广？结合案例分析论坛营销策划技巧(拓展)。

任务2：实际操作——认知论坛营销平台。

认真学习相关知识，按照要求进行操作，并完成表2-5。

表2-5　任务产出——认知论坛营销平台

1. 搜索主要的论坛，任意选择一个综合型论坛(如天涯、新浪等)和一个专题型论坛(你感兴趣的专题论坛，如猴岛论坛、派派小说论坛等)，注册并完善自己的资料，完成登录，截图描述其过程。
2. 注册马甲(为自己顶帖、回帖做准备)，添加至少两个朋友，截图说明。
3. 选择有关营销推广的帖子进行回帖，并截图。
4. 选择一个论坛，发布一条本学校本专业的信息，目的是起到品牌宣传的效果。
(1) 发帖的标题：
(2) 帖子的内容：
(3) 自己顶帖或回帖截图：
(4) 两天时间内的回帖截图：

任务3：论坛营销策划。

认真学习相关知识，按照要求进行操作，并完成表2-6。

表2-6 任务产出——论坛营销策划

1. 进入各个论坛，查找你感兴趣的各种论坛标题，对照标题写作5法12式。各找出2个标题，并将其填写在表1中。

表1 论坛标题

类　　型	小　　类	两个标题
时效性法则	热点事件	
	最新节假日	
重要性法则	利益相关	
	对比显示	
显著性法则	借用名人	
	数字表达	
接近性法则	地理接近	
	利害接近	
	思想接近	
	感情接近	
趣味性法则	探秘式	
	俏皮式	

2. 学习论坛帖的种类，登录论坛并查阅资料，根据不同类别的帖子，记录并描述让你印象最深刻的论坛帖（小组讨论后进行分工，每个成员至少负责2个，保证所有种类都完成），阐述理由，从企业营销目标的角度对其进行效果分析，提出你的建议，并填写在表2中（拓展）。

表2 记录并描述帖子

类　　别	帖子内（可截图）	负责人	效果分析（拓展）	建议（拓展）
事件帖				
亲历帖				
攻略帖				
搞笑帖				
揭秘帖				
悬疑帖				
感动帖				
典藏帖				

3. 小组讨论，选择本组模拟企业（或负责项目）的其中1个产品，选择论坛平台，开展宣传推广策划（组长上交最终完整内容，个人上交自己主要负责的部分或者个人的策划）。

（1）本组选择的论坛名称？阐述理由。

（2）论坛标题策划：

项目❷ 新媒体平台营销策划 57

续表

(3) 论坛帖子内容策划(可参见论坛帖子软文策划技巧)。

(4) 回帖或顶帖策划(包括回帖内容设计和如何引导有争议的回帖)。

(5) 营销推广方式选择(是否借助其他营销方式及平台辅助,需要则说出方式及平台名称,并简述理由)。

(6) 营销效果分析(选择的营销效果指标及具体要求)。

第四步:学习相关知识,按照要求进行微信营销策划。
认真学习相关知识,按照要求完成相关操作与分析,填写表2-7。

表2-7 任务产出——微信营销策划

1. 关注至少5个与本组所选行业相关的微信公众号,查看有价值的信息,完成表1。(添加朋友→公众号→输入关键词搜公众号→关注公众号)

表1 关注公众号

关注的微信公众号名称	截图说明	公众号简介与说明	有价值的信息

2. 为了吸引消费者的注意,需要精心设计,采用丰富多彩的活动、游戏、优惠等方式推广微信公众号,查阅资料,收集最能吸引你的两个微信公众号,完成表2。

表2 收集公众号

公众号名称	推广渠道(方式)	优点	不足与建议(拓展)

任务说明如下。
推广方式:可以从自己如何找到公众号这个角度去思考。
优点:从营销的角度分析该公众号设计的优点,吸引用户关注的原因(你为什么要关注它)。
不足与建议:分析该公众号还有哪些需要优化的地方。

续表

3. 小组人员讨论,从微信社群、个人号及朋友圈、公众号、小程序等社交应用中任意选择两个微信功能,为所模拟的企业设计营销推广方案。主要描述本组营销推广方式及策略、效果评估(拓展,可参见参考示例)。

参考示例:某家居用品商场微信朋友圈营销方案策划
一、营销策划目的
通过方案策划与实施吸引人气
二、营销方案
(1)注册有礼。用户在家居用品商场现场扫码注册微官网,即可获得精美餐具一份(仅限首次注册的新用户)。
(2)分享激励。类似网络游戏中的打怪升级,阶梯性设置购物币(购物币为虚拟币,可兑换代金券等)额度,持续引导客户去"绑定微信公众号""推荐客户"及"预约看房"。引导客户有效参与传播。具体激励措施见表3。

表3 激励措施

任务名称	购物币	任务名称	购物币
新客户注册	20	直接邀请注册	5
绑定微信公众号	20	推荐客户	5/人(最多3人)
微信朋友圈分享软文	5	分享精彩活动	5
参与投票	1	预约看房	5

(3)关注公众号转发指定软文,在规定时间内集满20个赞,凭借截图即可获得1元到店领水果的资格,数量有限,先到先得。
(4)关注微信公众号,参与投票、阅读文章等积攒购物币可兑换礼品。
礼品设置策划方案说明:
① 礼品不一定价值高,实用、经济的东西更能激发客户的参与热情。
② 兑换商城要保持一直有礼品可以兑换,让客户切实看到购物币的价值。
③ 入门级礼品,可以采用价值为10~20元礼品,数量足够大,激励大家参与。
④ 激励型礼品,价值为50~200元,鼓励有兴趣的客户多转发、传播带客。
⑤ 高阶的礼品,价值为200~500元,一方面可以作为推广噱头,同时可以激励部分特别积极的客户。
⑥ 礼品选择方向,居家用得上,却不一定愿意花钱自己采购的时尚用品,例如扫地机器人、行车记录仪等。
礼品兑换方案见表4。

表4 礼品兑换方案

礼品名称	礼品价值	兑换条件(购物币)	礼品数量
手纸30卷	80元	120	20
50元美食现金券	礼品赞助	70	100
儿童水杯	10元/个	40	70
加湿器	109元/个	200	5
扫地机器人	900元/个	1400	2
还有众多小礼品(纪念用品)			

续表

(5) 微信粉丝群营销方案:建立微信粉丝群,周六 10:00 开展整点秒杀活动,礼品种类和每个礼品的数量都设置在 10 个以下,制造秒杀氛围。礼品价值为 10~200 元,控制营销成本,同时要能够激发客户参与热情。

三、活动效果评估

一个月(30 天计算)的时间,微信公众号新增注册用户达到 2000 人,微信官网浏览次数达 30 万次,通过微信来访超过 300 人,成交达到 50 万元。

第五步:学习相关知识,按照要求进行微博营销策划。

任务 1:认真学习相关知识,查阅资料,完成表 2-8。

表 2-8　任务产出——区别微博与博客营销(拓展)

比较点	微博	博客
概念		
特点		
优点		
缺点		
其他		

任务 2:认真学习相关知识,仔细分析,完成表 2-9。

表 2-9　任务产出——微博营销效果分析

1. 自身微博营销数据分析。

以 A 公司品牌微博为例,4 月 1 日粉丝只有 1.4 万左右,5 月结束粉丝有 2.6 万。表 1 中数据为 A 公司开展微博营销活动之后的营销数据,仔细分析这些数据,完成以下分析。

表 1　A 公司品牌微博

时间	粉丝增长		微博数量	转发		评论		搜索结果数	
	数量	增长率/%		转发总数	平均转发	评论总数	平均评论数	增长	增长率/%
4 月	5545	37	208	2196	10.6	909	4.4	4035	18
5 月	5461	27	284	4093	14.4	1429	5	3658	12

从表 1 中可以看到 4、5 月的增长情况,两个月的粉丝增量(　　　　),微博信息数量 5 月增加(　　　　),但是转发总数增长近(　　　　)倍,评论增长了(　　　　),搜索结果数也是(　　　　)了。应该说针对 4 月的微博内容分析之后,5 月做了一些调整,更加注重用户需求,所以,在总量增加的同时,微博的(　　　　)和(　　　　)都上升了,可以说明该微博 5 月比 4 月是有(　　　　),而且搜索结果数直接增加(　　　　),说明了营销效果。

2. 与其他同类微博进行比较。

从表 2 可以看出,A、B、C 公司之间的几项指标,按照粉丝数的倍数来说,B、C 的平均转发数应该是 A 的(　　　　)倍和(　　　　)倍,但结果是 A 比 B、C 的微博运营成功,粉丝的质量好,是从另一组数据,也就是通过微分析工具分析,A、B、C 各自的粉丝的粉丝为 50~500 人的比例得出来的。因为对于企业微博营销策划效果来说,真正有价值的不是那些粉丝数很少或粉丝成千万的红人。毕竟大部分人都是普通人,根据调查,一个普通人在微博上的正常社交范围内,粉丝数应为 50~500 人,这些用户才是企

续表

业的中坚力量,称为有效粉丝。表2数据显示,粉丝的粉丝为50～500人的比例A公司是(　　　),B公司是(　　　),C公司是(　　　),由此来看,A公司的微博营销效果质量(　　　)。

表2　A、B、C公司微博比较

公司名称	粉丝数量/万	发布数量/(条)	平均转发数/(次/条)	平均回复数/(次/条)	内容形式	活动话题	粉丝的粉丝为50～500人的比例/%
A	2.6	10～12	15	5	图片、文字	2～3	68.86
B	30	15～20	20～45	10～15	图片、文字、视频	5～10	45.09
C	10	20	10～20	5	图片、文字	5	46.3

任务3：微博营销策划。

电影《后会无期》的微博营销策划

电影《后会无期》是韩寒的处女作,它主要是在微博平台上营销推广,电影的微博营销策划收到了良好的宣传效果,也为电影带来了好的口碑,为其票房突破6亿元打下坚实的基础。电影从立项、筹备期、拍摄期、制作期、宣传期、上映期及上映后的各个环节都呈现在微博上。

1. 借助庞大的粉丝矩阵

从导演韩寒到其他主创及演员,再加上《后会无期》的官微、"狗演员"马达加斯加等在微博上形成庞大的粉丝矩阵,"亿级别"的粉丝受众,为电影的口碑热度打下了坚实的营销基础。

庞大的粉丝矩阵也在微博上为电影带来广泛的关注,当韩寒在微博上正式公布自己执导的电影《后会无期》即将开机拍摄后,迅速吸引了人民网、中国娱乐报道等多家媒体官微同时转发报道,该条微博互动量也超过30万。

2. 微博营销方案策划

(1) 晒照片,创段子。在电影的筹备期,韩寒在微博上晒出女儿照片,网友纷纷表示"被萌呆",瞬间成为微博上的"国民岳父",该话题一度冲上微博热门话题榜首,也让粉丝们对电影产生更多的期待。

(2) 吊胃口,造悬念。与其他电影不同的是,《后会无期》在开拍时并没有开发布会,而是选择在微博逐一曝光演员。结合演员剧照、人物海报逐条公布演员名单,既能吸引粉丝关注演员,又能增加网友的期待感。

(3) 强互动。在公布某一演员后,韩寒、演员和《后会无期》的官微就展开联合互动,据统计,韩寒公布演员阵容的8条微博,共引发超过70万次互动。

(4) 角色微博认证。该剧成功塑造了"狗微博",剧组为参与演出的"狗演员"马达加斯加开设了微博,并申请了认证,成为微博上认证的第一个"狗演员",马达加斯加的每条微博都有近千次的转评赞,并成为微博网友持续热议的角色之一。

(5) 制造话题。话题策划贯穿了《后会无期》的微博营销全程,除主话题#后会无期#外,影片还在微博上制造了多个话题,#帮小马达加V##后会无期大解读#等周边话题形成了强大的阵营,为《后会无期》话题的持续火爆打下基础,直接聚合了微博上关于电影的讨论内容,让粉丝更容易在微博上获得影片的相关内容,仅#后会无期#的话题阅读量就超过了 25.2 亿人次。在话题矩阵的基础上,《后会无期》通过微博产品功能打出组合拳,吸引大量网友参与互动。

(6) 主题曲助力推广。作为影片的主题曲,《平凡之路》选择在微博首发,这首由朴树久别歌坛十年后的作品一经发布就引爆了"80 后"人群的集体情绪,让"刷屏"成为缅怀青春的出口。歌曲发布后很快攀升至新歌榜第一名,并在 7 小时内获得了 100 万的试听量和 4.2 万个赞,这一速度也打破汪峰 2013 年《生来彷徨》9 小时创造的百万试听记录。韩寒发布歌曲的微博也被转发超过 25 万次,互动量超过 50 万次,这都给电影带来了巨大的关注。

(7) 利用各种微博产品进行推广。在整个《后会无期》的营销推广过程中,韩寒共使用了 16 次粉丝头条为电影海报、预售、主题曲、倒计时等进行造势。宣传期间发布的 10 条海报微博中,有 3 条使用了粉丝头条,效果是其他微博互动量的 4~10 倍。同时,《后会无期》投放了 5 次顶部通栏广告,进一步提升了人群覆盖率。可以说在《后会无期》的营销推广中,微博商业产品发挥了重要作用。

(8) 微博预售推广策划。由于前期实施了大量的营销方案,电影上映前,除了跟各大票务网站合作,《后会无期》还借势在微博上发起预售活动,4 小时内卖出了 1 万张电影票,使得电影上映首日势头强劲,排片 36.86%,稳居第一位。

(9) 持续公布成绩,延续影片热度。微博组建有微博点评团,微博点评与电影票房存在非常强的正相关关系,微博点评分数较高,提及量较大的影片,最终票房成绩往往也更加理想,电影拥有海量用户的微博,能够在短时间内最高效率地反映用户对影片的真实评价,营销团队在微博上持续公布所取得的成绩,不仅延续了影片的热度,也为观望的网友增加了走进影院观看的动力和信心。

《后会无期》营销团队策划的一系列微博营销方案,对该电影的成功有不可磨灭的功劳。

(参考资料:https://www.chinaz.com/news/2014/0827/365218.shtml,看《后会无期》如何玩转微博营销,略改动。)

仔细阅读案例后,完成表 2-10。

表 2-10 任务产出——微博营销案例策划分析

1.《后会无期》的电影营销为什么主要选择在微博平台上?
2. 电影《后会无期》怎样利用微博开展营销推广的?

续表

3. 结合案例,谈谈微博营销策划的注意事项(拓展)。

小组人员讨论,填写表2-11。

表 2-11　任务产出——策划微博营销方案

为所模拟的企业设计一个微博营销活动推广方案。主要描述本组营销推广方式及策略、效果评估(拓展,可参见参考示例)。

参考示例：

某服装公司微博转发有奖活动策划方案

一、活动目的与意义

在新浪、腾讯微博中举办活动,能够吸引较多的微博用户,从而通过微博活动的关注、转发等方式达到宣传公司的效果,提高公司的知名度和影响力。

二、活动名称

【评论有理,转发有礼】××××经典服饰有限公司_牛仔很忙　转发＋评论赢大礼 2000 条高档牛仔裤免费送♯转发送大奖♯(♯转发有礼♯)。

三、活动时间

20××年 6 月 1 日—20××年 6 月 17 日。

四、活动形式

会员注册、微博关注、转发、评论有奖活动。

五、活动方案

1. 公司员工微博

号召公司内部全体员工开通新浪微博,通过公司内部员工的微博进行互访、关注和转发,形成一个固定的粉丝群。再通过员工的微博的力量进行更多的转发和关注,增加公司的粉丝人数、关注人数、转发次数和浏览量。员工参加微博活动的同时,增加公司的人气。

2.【注册有礼,注册即送 30 元优惠券】

♯注册有礼♯(♯有奖有礼♯)【注册有礼,注册即送 30 元优惠券】为感谢大家一直以来对××××经典服饰有限公司的支持,同时让更多的人享受便捷、轻松的网上购物通道,我公司承诺只要您直接注册我公司网站会员,即送 30 元购物优惠券,使用下单购买立减。赶快参加领奖吧……

3.【牛仔很忙 微博好礼送】评论＋转发 赢高档男女牛仔裤

我公司为答谢各位世家粉长久的支持和关注,推出"牛仔很忙"好礼送活动以回馈大家,从 20××年 6 月 1 日到 6 月 17 日止,您只需关注@我们＋转发评论此微博＋@5 位好友成为××××经典服饰有限公司的粉丝,即有机会获得由公司赠出的牛仔裤一条,男女款式任君选择。

特别说明：收到中奖通知的亲们,请在有奖转发活动结束后的 7 天之内,把中奖相关信息姓名＋电话＋身份证号＋收货地址私信给我们,若没有私信,则视为自动放弃奖品。

六、抽奖条件和规则

获奖规则：符合以下 3 个条件方可参加抽奖。

(1) 关注@××××经典服饰有限公司。

(2) 至少@转播 5 位好友,转播并评论越多越易中奖。

续表

(3) 听众的被关注数量（粉丝）大于50个。

七、获奖规则：优质评论、转发次数及@好友排名前十者，即可获得本公司赠送的男女牛仔裤各一条；凡是参与微博活动者，按统计系统随机派发奖品，男女牛仔裤任选其一。

七、预期效果

通过新浪、腾讯微博的活动推广，增加公司微博的粉丝数量和关注转发率，在粉丝数量方面最终达到11834人，达到粉丝数量增加500的预期，在活动转发次数方面能够大约达到日转发500次。提高了公司的知名度和影响力。

八、预计中奖人数

2000人。

九、活动支持

×××××经典服饰有限公司微博活动海报，提供奖品和奖品图片。

评价标准及评分表

认真完成每个任务产出表，表述正确、清晰、有说服力，在规定时间内完成并上交。社交类新媒体平台营销策划评分表见表2-12。

表2-12　社交类新媒体平台营销策划评分表

任务产出项目	分值	评价得分
表2-1　任务产出——新媒体平台及分类	10	
表2-2　任务产出——组建团队	5	
表2-3　任务产出——企业基本信息	5	
表2-4　任务产出——论坛营销策划案例思考与分析	10	
表2-5　任务产出——认知论坛营销平台	10	
表2-6　任务产出——论坛营销策划	10	
表2-7　任务产出——微信营销策划	10	
表2-8　任务产出——区别微博与博客营销（拓展）	10	
表2-9　任务产出——微博营销效果分析	10	
表2-10　任务产出——微博营销策划案例分析	10	
表2-11　任务产出——策划微博营销方案	10	
合　　计	100	

一、认识社交类新媒体平台

社交类新媒体平台就是为了便于用户在网络或者移动终端等新媒体上进行与社交相关的活动而形成的一类平台，主要包括微博、微信、博客、论坛等。社交类新媒体平台具有以下特点。

（1）用户体量大。目前，微信全球合计月活跃用户数已达到10亿人，微博月活跃用户数达3.4亿人。可见，微信和微博等社交平台已拥有庞大且活跃度高的用户群。凭借其用户规模的优势，社交类平台已成为人们日常联系和交友不可或缺的工具，成为企业和商家软文推广、信息发布和粉丝交流互动的重要平台。

（2）交流更便捷。微信、微博、论坛等社交类平台打破了传统的交流沟通模式，让人们的交流不受时间和空间的约束，实现实时的无障碍沟通。社交类平台的实时性和便捷性主要体现在两个方面：一方面，企业和商家通过平台实时发布软文及传递有效信息，让用户能够及时了解所需产品的相关资讯和信息；另一方面，企业和商家能够一改往日单向传递的关系，通过平台实现与用户的互动，在了解需求和提供帮助中建立两者的关系，有助于提升用户的体验感及忠诚度。

（3）传播互动性强。在微信、微博、论坛等社交类平台发布软文，用户能随时随地查看软文，并对软文进行点赞、评论及转发。此外，用户还能查看好友对于该条软文的点赞和评论并与之互动，这既能满足用户与企业或品牌方的沟通交流需求，又能满足用户与好友互动分享的社交需求。因此，一条优质的软文在个人社交类平台发布，更容易获取用户信任、被用户分享及多次传播。

二、论坛平台营销策划

（一）论坛营销策划的概念

论坛营销策划就是策划人员利用论坛这种网络交流平台，策划文字、图片、视频等方式，实时发布企业的产品和服务的信息，从而让目标客户更加深刻地了解企业的产品和服务，最终达到宣传企业品牌、加深市场认知度等营销目标的营销策划活动。

论坛营销的几个专业术语

马甲：论坛账号，除主账号之外的账号；

水军：在论坛大量灌水人员，受雇于网络公关公司，为他人发帖回帖造势，以注水发帖获取报酬；

发帖：灌水、注水；

回帖：顶、飘过；

看帖：踩楼；

抢楼：抢沙发、板凳等；

楼主：楼上、楼下。

（二）论坛营销策划

1. 论坛营销策划的基本步骤

论坛营销策划是经过周密而复杂的策划，为了达到某种营销目的而进行的一系列行为。论坛营销往往需要团队协作来完成。策划一个论坛营销方案需要做好准备，按照一定的步骤开展。

第一步：了解需求，明确市场定位。

在论坛营销策划中，用户才是真正的核心，要分析目标用户群体的习惯与活动范围，明确市场定位，确定企业产品适用（服务）的是哪一类人群，这部分用户在哪些论坛聚集。例如，企业经营家居产品，最好选择家居论坛发布。值得注意的是，了解用户需求之后，策划人员应该转换角色来设计方案。例如，企业经营女性服装，策划出的内容最好是以女性的身份去发帖；假如用户主要来自广东，那么帖子内容的语气、用词都要有讲究，目的是不让版主或管理员看出企业是来发广告的。

第二步：选择适合的论坛。

选择适合的论坛，并根据论坛的特点策划营销方案非常重要。除选择有自己潜在客户的论坛之外，策划人员还需要考虑很多因素，要根据实际情况综合考虑。一般会选择人气比较旺的论坛（但是也有弊端，帖子容易被淹没）、有签名功能的论坛、有链接的论坛、有修改功能的论坛。选择好论坛之后，策划人员要熟悉所选论坛的版规，因为不同的论坛都有各自的发帖规则、积分规则、升级规则等，不熟悉版规可能会导致按照策划方案发出去的内容链接被删。

论坛的分类

门户类：新浪、搜狐、网易、腾讯、百度贴吧等；

论坛类：猫扑、天涯、西祠胡同等；

行业类：搜房网、中国智能家居网等；

地域类：小区论坛、大洋网、大渝网等。

虽然论坛资源很多，但并不是随便在一个论坛发布就能取得好的效果。发布信息最好到与行业相关的论坛，这样关注信息的客户就是意向客户，如果行业不相关，有可能会认为是灌水而导致信息被删除，那样就达不到论坛营销策划的目的。

第三步：阶段性的手段和方案策划。

论坛营销策划不仅是论坛推广，只发一个帖子就可以。论坛营销的项目往往是周期性的，比较长，且是由若干个不同的阶段组成。因此在策划论坛营销方案时，需要提前设计好不同阶段的方案和相应的手段，包括不同阶段的传播点，传播平台，传播手段，需要用到的人力、物力等。策划人员需要找到最佳卖点，制造不同阶段的话题，进行互动设计等。好的论坛营销策划方案，就像策划电视剧一样，针对不同的时间制造不同的话题。同时，这些话题应该跌宕起伏，情节牵动人心，不断吸引用户关注。而最理想的论坛营销效果是帖子一出，应者无数。但要想达到这样的效果非常困难，在实际操作中，存在太多的不可控因素。要想让用户主动参与进来，并且积极互动，并不是那么容易的。因此，在进行论坛营销之前，策划人员需要提前设计好帖子的互动情节，必要的时候主动出击，制造气氛，以此来吸引和引导用户参与。

第四步：效果评估指标。

策划出合理的指标要求，做好统计分析，监测效果，同时注意改进。这点相当于一个细致的数据分析和用户群体分析；通过一次营销会总结出很多问题，下次策划时可以借鉴；注意不同领域用户群体的习惯不同，效果评估方式和方法也不一定通用。

2. 论坛营销策划的技巧

1) 账号策划

很多论坛都带有个人签名和上传头像的功能,设计得好也能帮助企业进行营销。虽然签名的字数有限制,但如果能够将推广的信息和联系方式很好地设计成一句话,这样浏览帖子的人就会看到企业的推广广告了。当然,如果字数太多,一定要留下联系方式,为此可以去掉一些关于产品服务的介绍。如果论坛账号允许带链接,就一定要带上。另外,在注册账号时,需要上传头像,这也可以成为一种营销推广渠道,将推广的产品精心制作一幅图片,让别人一看就能知道企业提供的服务是什么,然后在进行发帖或是顶帖时,这个图片就会显示出来,当然,如果论坛营销的主要目的是扩大知名度和曝光率,也可以把头像设置成企业的Logo。

2) 标题策划

浏览论坛的时候,首先接触到的是帖子的标题,因此标题设计非常关键。一个标题价值百万元,这一点毫不夸张,天涯走红犀利哥、小月月所带来的商业价值不止 100 万元,而在其商业价值没有被挖掘出来之前,呈献给网民大众的就是一个帖子的标题,当这个标题被上千万的人点击以后就产生了价值。在策划标题时,首先要新颖,也就是有创意性,要有一定的创意性才会吸引读者。另外,可以从引发产品使用的场景入手,选定一个能引发争议的产品使用场景,以争议点作为标题内容,让读者产生疑惑,进一步想得到答案来吸引网民的注意,引导其点击进入。当然标题党是另一回事,因为点开和把人留住是不一样的。下面简单介绍标题策划的技巧与方法。

(1) 标题撰写的基本原则。撰写标题一定要注意以下 3 个原则:相关性原则,即标题概括的内容要和文章内容一致;简明扼要原则,即简短精练,有高度概括性,标题不宜过长;生动吸引原则,即要新鲜、独特、醒目,不能陈旧呆滞。

(2) 标题撰写应遵循时效性法则、重要性法则、显著性法则、接近性法则、趣味性法则。

怎样用不同的法则撰写标题

1) 如何撰写时效性标题

时效性标题要注意在时间上是最近发生的和内容上应该有新意的。

(1) 结合最新热点事件、节日、季节内容,不仅具有时效性,还能吸引大众对热点的关注,提高文章打开率和转发率。例如,"'看完这 7 条,年薪百万元只是一个小目标'——你离年薪百万元,只差这 7 句话",就是借用"小目标一个亿"这个热点话题。

(2) 结合最新热点事件、节日、季节内容,不仅具有时效性,还能吸引大众对热点的关注,提高文章打开率和转发率。例如,"'当我们在乎节日的时候,我们在乎的是什么'——节日会放大我们的欢喜。然而节日,也会放大我们的脆弱"。

2) 如何撰写重要性标题

这是与人们切身利益密切相关的。

(1) 利益相关。提醒读文章有福利,能够让用户得到经验、干货、好处。这种事情能解决他的什么问题,能给他带来什么样的利益,让他觉得很重要。例如,"3 分钟教会你 3 年没学会的,免费送 100 套绝美 PPT 模板"。

(2) 对比法则。以某方面的差异为基点,通过数字对比,明显的矛盾体对比,与常识相违背制造冲突,突出事件或者文章的重要性,吸引目标客户观看。例如,"月薪3000元与月薪30000元的文案的区别"。

3)如何撰写显著性标题

(1)借用名人。每个人或多或少都有膜拜权威的心理,所以当标题上出现政府部门、名企、名校、名人等字眼,自然就会吸引读者打开它,这种以名企、名人为标题的文章,转化率都比较高。例如,"张小龙、雷军、刘强东等10位大佬,最失效的项目是什么?"。

(2)借用数字。数字,让人首先想到的是文章有效信息含量高低,而且迫切想知道哪几个数据得到了改善,这类话题能够帮读者提炼总结,能激发人们打开文章并获取有价值内容的欲望。另外,数字和汉字有鲜明的区别,适当使用数字可以在视觉上造成冲击,识别度高,吸引读者注意力。借用数字撰写标题可以使用"数字/具有爆点的词+形容词+关键词"格式。例如,将"如何卖掉你的房子"改成"如何在24小时内毫不费力地卖掉你的房子"。

4)怎样用接近法则撰写标题

如何拉近与目标客户之间的距离,可以从4个角度思考并尝试。

(1)地理接近。例如,"过年回到四川,我的画风都变了"就是地理接近的描述。再如,为了更好地突出地理接近的特点,可以将"湖南这30个美丽的景点,此生一定要走完"修改成"此生必去的30个湖南景点,咱张家界占了5个"。

(2)利害接近。例如,将"中国首富向银行心脏插刀,银行破产模式开启"修改成"打劫!中国首富向银行心脏插刀,银行破产模式开启,我们的钱……"。

(3)思想接近。例如,"不知道自己喜欢什么工作,怎么办"就体现了思想接近的标题撰写。

(4)情感接近。例如,"互联网公司的年会更显纷呈"修改成"别人公司开的是年会,你开的只是会"。情感接近法则标题可以用"你""你以为"等词语。

5)怎样用趣味性法则撰写标题

(1)探秘式。看到探秘式标题,读者会很好奇,很想点击进去获知答案,如果内容能够激起读者窥探私密的欲望,他们一般会更愿意作为传播源,向别人推荐文章。例如,"90%的女人都无法拒绝的一种男人",看到这样的标题,你会好奇,什么样的男人会有如此大的魅力?

(2)俏皮式。俏皮式标题最好使用有趣、活泼、流行的词语,这样能吸引更多的用户。例如,某春运购票助手App下载广告的论坛标题就是"我特别擅长两件事,一拖、再拖——拖延是一种逃避,不想面对现实"。文章重点讲述了拖延症的后果:实习生拖延资料提交错过保研、自己晚睡减肥拖延造成三高、朋友拖延错过风头、粉丝春季订票拖延导致倚门等候的奶奶意外过世,总结出"有的时候,我们拖延带来的后果,是无法弥补的",最后提出来,元旦还好,春节的订票就不能拖延了,因为父母在盼着我们回去过年——点出产品广告。

好的标题能够吸引流量,降低转化成本,切记不要出现以下情况。

(1)表达上太费解。很多时候我们想到了好的创意,但表达时,却使用一些复杂的概念和举例,让人觉得很费解,实际上,策划人员应尽量使用容易理解的表达传递信息,见表2-13。

表2-13　表达对比

令人费解的表达	让人1秒内看懂的表达
××龙井，龙井的正确打开方式	正宗雨前龙井其实没那么贵，今天仅售128元
股票不懂短线操作？这里的专家免费提示买卖点	股票总是一抛就涨？这里专家教你怎么办
33元除了买口罩，还能给自己撑起一把"保护伞"	33元即可购买重疾险，可报41种重大疾病

（2）推销意图太强。很多策划出来的标题让人感觉推销意图太强，例如在文案中引导用户行动，但又不给出这样做的理由，而这种负面的感觉会让用户觉得烦躁和抵触，以至于跳过你的文案，根本不点击。要降低推销意图，需要在标题中给出让消费者信服的理由，见表2-14。

表2-14　有无点击理由对比

没有点击理由，推销意图强	给出点击理由，让消费者"相信你"
加盟优家宝贝，创业好选择！	小伙子开家母婴店，在北京三环买了房！
找二手房，就上安居客！	就在昨天，本地超200套二手房降价了，点击抢先看房！

（3）描述不够具体。把一个形容词具体化，消费者就能够更清晰地判断信息的价值，进而产生行动。例如，如果向人推销保温杯，描述"这是一个好杯子，你应该买它"，就不如展示其具体利益，"这个杯子装热水不烫手，你应该买它"。策划人员需要把模糊的词汇变成具体的场景或者描述，见表2-15。

表2-15　笼统和具体表达对比

笼统的表达	具体的表达
低价护肤品哪里找？到这里来看看	那些100元不到的好用护肤品，通通收起来
先进的加密技术，您的信息安全，我们来保护	离职员工带走公司文档图纸，巨额损失如何避免？
女大学生边学习、边创业，半年变土豪！	女大学生边学习、边创业，半年收入近10万元！

（4）卖点不清。用户只看1秒的文案，如果加入很多不同卖点，反而让人难以看懂，因此，好的标题一定要聚焦，主打1个点。

3）主帖策划

企业策划的内容要具有一定的水准，网友看了之后觉得有话要说才可以。主帖策划有以下几个技巧。

（1）长帖短发。一般论坛中看帖的人都是没有耐性的，太长的帖，不管它有多大吸引力，很少有人能够看完。所以一定要长帖短发，长帖短发并不是把帖子尽量缩短，而是将1帖分成多帖，以跟帖或连载的形式发，就像连续剧一样，分多次发帖。但一般情况下不要超过7帖，并且可以每隔一段时间再发1帖，以让他人有等待的欲望。这种发帖方式也便于发广告，在第1帖中不发广告，可以躲过版主的审核，一般审核过的文章，版主不会注意太多，发第2帖、第3帖时，再穿插广告，这样发的广告，存活率比较高。

（2）信息最好是软文。论坛里除了特定的广告区，是不允许发布纯广告文的。有的甚至审核不会通过，即便通过了，发现是广告文也很有可能会被删除。所以，在论坛里发布信息最好是以软文的形式。写一些经验性或故事性的文章，在文章中巧妙地植入产品信息，或是带上你的链接,软文的可阅读性强,且不容易被删除,用户在阅读软文的同时就容易记住产品信息,从而达到营销的目的。

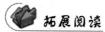 **拓展阅读**   **论坛帖子软文撰写技巧**

在撰写论坛文案时,可以使用以下方式。

第一种:事件式。

事件式是指利用社会和网络关注于某一事件的情况下,借助该事件的力量来宣传本企业的形象和产品,从而赚取高点击和转载率。如5·12汶川地震,王老吉捐款一亿元,并立即借助媒体力量,在各种论坛铺天盖地地予以宣传,其企业形象大幅提升,提高了销售量。有时候也可以策划事件,最典型的例子就是贾君鹏事件,"你妈妈喊你回家吃饭",成了很多场合的知名句式,其实是为了让魔兽游戏不因停止运营冷场而做的炒作行动,这也是典型的集体无聊心理意识的一次检验和证明。其他如芙蓉姐姐、犀利哥(非特别策划)、春哥、凤姐事件,都是网络推手利用论坛炒作的成功之作。

第二种:故事式。

故事式比较符合人们的细腻需求,在进行故事创作时,一定要做好完整的构思,最好将产品的优势和特点加入故事,也可以直接将产品或名称融入故事。例如前面讲解中提到的安琪酵母新品推广案例,就是以故事为载体很好地将产品融入其中进行推广的。

第三种:亲历式。

亲历式类似故事式,这种讲述身边朋友真实的生活故事和体验效果的文章,能够让读者感同身受。例如,"深夜,想到满脸的痘,不禁泪流满面",讲述有关长痘痘的帖子,作为一种亲身经历很容易引发大家的关注,同样长痘痘的人就会有兴趣点击往下看甚至跟帖,楼主接下来还可以利用两三个顶帖继续讲述痘痘给自己带来的困扰,并讲述自己是如何发现产品并验证祛痘功效的,最后就是跟帖讲述自己的使用体验等。这个过程就是亲历式论坛营销策划的典型案例。因为很多人都喜欢看别人的经历、听别人的故事,并且大家更容易接受具体的事例,只要有一个共同感兴趣的点,就很容易引起共鸣,进而成为潜在目标群。

第四种:解密式。

解密式以专业的态度或个人独特的见解,对产品进行客观解剖分析,能够满足网友的片面性观点,能让受众从多个角度认识以往接触的信息。

第五种:求助式。

阐述事情经历,直接提出问题,向大家寻求帮助,内容中自然地植入产品名称。这是一种较为普遍的方式,容易激起人们的好奇心,同时一些人也有好为人师的心理,当看到提问,就急切想要帮助解答,这样就使问题式帖子达到很好的营销效果。

(1) 直接出主帖,就是在主帖上推出软文,如"放眼天下,试问挖掘机技术哪家强?"这一标题的主帖就是介绍想学挖掘机的人到蓝翔技校去学的,其实楼主本身已经给出答案,这种模式比较常见,因而营销效果一般。

(2) 主帖后跟帖的回答,继续以学习挖掘机为例,标题"据说学会操作挖掘机好找工作,请问挖掘机技术哪家强?"的主帖内容主要介绍自己是多么想要学习挖掘机技术,又是多么渴望找到一家挖掘机学校。然后通过马甲来跟帖,跟帖内容可以介绍自己的亲身经历,最好与主帖的背景吻合,描述自己当初找学校的经历以及是如何通过高人指点来到蓝翔技校,又是如何通过在蓝翔技校学习获得国家认可的技能,并成为某企业的技术骨干,如今的生活又是如何得到改善和提高,这种方式的帖子与直接出主帖相比更有说服力,也更容易吸引有意向的人,进而达到意想不到的营销效果。

第六种:分享式。

以快乐分享为主,分享体验效果。能够给网友一定的信息价值。

第七种:幽默式。

以轻松、搞笑、有趣的方式表达,能够给网友带来会心一笑。最具代表性的还是2012年的病毒营销事件"杜甫很忙",让网友在参与改图的过程中获得乐趣,也让围观的网友记忆深刻。

(3) 帖子的质量很重要。帖子的内容不能是赤裸裸的广告和宣传,可以写一些精美的小软文,介绍一些行业相关知识和经验,巧妙地在文章插入链接或是产品名称信息,同时必须是原创,只有高质量的帖子才能引起人们的关注。

(4) 利用热门帖来宣传。一个热门的话题,关注的人肯定很多,这时,你需要做的是,占据前五排其中一个位置,巧妙地在回帖时带上网站的链接,或是在论坛上寻找一些回帖率很高的帖子,再拿到其他论坛进行转帖,并在帖子末尾加上自己的签名或广告进行宣传。

(5) 策划t楼活动。t楼活动就是回复某某个帖子,几楼会有什么样的奖品,可不定期策划举办这些活动,鼓励和吸引更多的人参与,同时可以拿出几件产品作为这次t楼活动的奖品,当然这几件产品要能够说明公司产品的优势和特点,如果参加这个活动的人很多,产品和公司的知名度也会得到提升。

论坛主帖是论坛营销策划的重要组成部分,主帖的策划除以上技巧之外,还有很多技巧,例如,把标题中有争议的场景展开,在一个完整的产品使用场景下,传达产品对于消费者的重要性,并在主帖结尾为回复设置悬念;加入图片,使帖子图文并茂;加入爆点等。策划人员要注意学习与积累,不断提高策划技巧。

拓展阅读　　　论坛帖的类别

[事件帖] 符合网友价值观的具备话题传播力的人物及事件的帖子。
[亲历帖] 讲述网友身边真实的生活故事和体验的帖子。
[攻略帖] 解决网友生活中碰到的疑难问题,给网友带来帮助的帖子。
[搞笑帖] 轻松、有趣,能够给网友带来会心一笑的帖子。
[揭秘帖] 能够满足网友窥探欲望,不同于官方新闻角度资讯的帖子。
[悬疑帖] 能够引发网友好奇心,带来不断猜测和讨论的帖子。
[感动帖] 能够给网友带来视觉或心灵的美好和感动的帖子。
[典藏帖] 具备收藏价值的经典帖子,可能是优秀的网民原创作品(文字、图片、视频、Flash),甚至是经典的广告创意!

4) 回帖策划

回帖会让更多的人注意到你,包括潜在客户,给他们留下好的印象;而有质量的回帖,会给予"精华回帖",从而赢得更多的积分和威望值,为下一步展开营销奠定基础,所以回帖策划也非常重要。

（1）自顶帖策划。这是一种降低负面情绪的回帖。回复内容一般为网民对于产品的"主观"评论，当网民被标题、主帖吸引，查看回复的时候，就是帖子"真实身份"曝光的时刻。拙劣的回复会令网民一眼察觉整个帖子的意图，影响产品传达效果。因此在撰写回复时，要采取发散性思维，声东击西，为产品信息做掩护，将网民可能产生的负面情绪降到最低。

自顶帖很重要，因为所有的帖子都想占据前10位，可以作为免费的广告位，并且浏览量很大。一般论坛都是按照发布和回复时间进行排序，如果是两天前的帖子，现在被顶一下，仍然可以排到第一位，所以很多论坛营销的大多数时间不是在发帖而是在回帖。但是回帖最好不要用发帖账号来回复，回一次、两次没关系，回多了就被认为作弊了。最好的方法是换几个"马甲"和换一个IP，每当帖子下来的时候，可以适当顶一下。

（2）回复别人帖子的技巧。

① 判断是否值得回复。回复别人的帖子也是有技巧的，首先要看那篇帖子有没有意义，如果是垃圾帖，就不用回复，因为它百害而无一利，可能你刚看到就被删了。但是，对于质量高的帖子或论坛管理人员发的帖子，就要顶一下，并且在顶的内容中要加一些赞扬的话语，以建立良好的人际关系。

② 回复有意义的内容。回帖一定要分析楼主帖子的内容，再加入自己的一些思想。通过这样的回帖，可以跟楼主的帖子遥遥相对。自然，楼主帖子的内容是导火索，回帖者就是炸药包，产生的就是爆炸性的跟帖。所以，不必逢帖必回，回复有意义的帖子即可，回复的内容也要是实质性的东西，这样会收到非常好的效果。

3. 论坛营销策划的注意事项

（1）注册账号。根据企业不同产品注册相关论坛账号（即马甲），更有利于产品的推广营销。每个论坛的企业马甲不低于10个，这是保证前期炒作的条件。不同产品、不同营销策划方案需求的马甲数量不定。例如，知名品牌进行论坛营销不需要过多马甲，即可产生效应；而普通企业在论坛推广产品时，则需要多一些马甲配合。

（2）专人负责。企业要在各大型论坛有专门的人员管理账号用于发布帖子、回帖等。很多企业都有专人负责论坛推广，经常发帖、回帖是为了融入论坛核心，从而积累更多的威望，在进行论坛营销时，会有很多资源辅助开展。

（3）积极回复与引导。企业人员要积极参加回复，鼓励其他网友回复，也可以用自己的马甲回复。网友的参与是论坛营销的关键环节，如果策划成功，网友的参与度会大幅提升。通常企业在论坛做活动营销居多，可利用一些公司产品或礼品方式激励网友参与。企业人员要正确引导网友的回帖，不要让事件朝相反方向发展。具体情况具体分析，有时在论坛产生争论也未必是坏事，特别是不知名的企业，通过论坛途径演变成大范围病毒式营销，知名度会有很大提升。

（4）及时和论坛管理员沟通交流。在论坛经常发帖、回帖，和管理员、版主要友好沟通和交流，使论坛营销策划方案顺利开展。

（5）发帖频率。如果每天发一篇帖子，并对回复都认真评论，签名、头像频繁出现，营销效果会很好，每天大量的发帖、回帖有助于论坛账号等级提升，等级提高，限制自然就减少，会更利于企业做营销推广。但注意不要用新ID反复发广告，否则容易降权。

(三)论坛营销策划效果评估

在进行论坛营销时,除处理监测一般的咨询量或销售量等常规数据外,营销策划人员还需要设计一些有针对性的数据。

(1)点击量。帖子点击量是最根本的一个数据,没有人点击观看,后面的一切计划都无法顺利执行。如果点击量过低,第一个可能是标题不够吸引人;第二个可能是论坛的人气太低。

(2)回复量。只有点击量,没有回复量也不行。如果回复量少,第一个可能是主帖内的卖点不够,话题设计得不吸引人;其次可能是发的论坛或板块不对路。

(3)参与ID数。有了回复数、点击数,也不要高兴得太早。因为还需要看看实际的回复ID数。即使回复量再大,但回复的只是相同的几个ID,也是没有意义的。如果参与的人太少,很可能就是上面的几点出现了问题。

(4)传播量。有多少论坛转载了帖子,也是一个很关键的数据,被转载的次数越多,效果越好。通常想让用户自发大量转载比较困难,一般需要自己先组织人员主动传播。

三、微信平台营销策划

目前微信的用户已经超过10亿,对于企业而言,海量用户是一个非常好的营销推广平台。企业开展营销推广策划,常用到的微信工具和资源包括微信公众平台、微信个人号、微信群、微信小程序等。

(一)微信平台的基本功能

利用微信平台策划营销方案,首先需要了解微信平台的基本功能。

(1)社交功能。微信最基本的作用就是社交,微信是好友之间最常用的联系方式。

(2)信息媒介。微信是人们用来传递信息的媒介。

(3)电商平台。微信还是买卖商品的平台,也就是电商平台。

(二)微信平台的营销功能

1. 微信公众号

微信公众号是企业开展营销活动必不可少的工具,策划人员需要了解微信公众号基本功能及其应用,在利用微信公众号进行营销策划的时候,要做到以下几点。

(1)分析用户需求。对于企业而言,要想让公众号为自己带来收益,首先要让公众号满足用户的需求,从而得到用户的认可。所以,在策划工作开始之前,企业应当对目标用户群体进行深入的调研,调研目标用户的特征、需求等。

(2)明确功能规划。要满足用户的需求,就要通过各种各样的功能来实现。所以,在策划工作开始之前,应当根据用户需求调研的结果,并结合企业自身的特色、产品的卖点。

(3)设计页面。要想让公众号给用户留下深刻印象,就要做好页面设计工作。应当根据行业特色、企业特色、产品卖点进行页面设计。

利用微信公众号开展的营销工作主要有以下几点。

(1)用户拉新。推出优质内容的微信营销活动,利用社会化媒体的自传播性,通过网友的转发分享,实现品牌传播和粉丝拉新。

(2)用户转化。开展微信营销活动(如微信粉丝投资送红包),将微信公众号粉丝转化为平台投资用户,提高单个用户投资额。

(3) 用户活跃和留存。通过微社区搭建运营、开展用户运营活动(如每日微信打卡)等形式,促进用户互动,提高用户的黏性。

(4) 信息披露。互联网金融平台开展信息披露既是法律、法规的要求,也是增强用户信任的有效方式,微信公众号是信息披露的重要途径。

2. 微信个人号

在企业营销方面,微信个人号一般最常用的是客户服务工具。企业微信个人号添加用户为好友,互动形式更为多样,能为用户创造更佳的服务体验。策划人员创造出好的内容,通过朋友间的不断转发支持,实现快速传播和全民关注,助力企业营销。例如,企业在制作营销活动微网页时,添加助力一栏,在活动页面输入姓名、手机号码等信息后,点击报名参与,即进入具体活动页面。用户如想赢取奖品,就要转发至朋友圈并邀请好友助力,获得的好友助力越多,获奖的概率也越大。为发挥助力者的积极性,也可以让参与助力的好友进行抽奖。有奖品的吸引,用户就会关注和转发,达到广泛传播的目的,帮助企业收获一定的关注度。

3. 微信群

微信群可以作为用户社群运营和客户服务的载体。相比 QQ 群,微信群不足之处在于功能较少,社群管理较为困难。优势在于用户打开频次更高,用户体验更佳。

4. 微信小程序

微信小程序是很重要的营销工具,利用好微信小程序,也能给企业带来更多引流和盈利。

案例阅读

蘑菇街电商小程序率先推出了视频直播功能,而这个功能带来了高达70%的新客量,蘑菇街电商小程序3个月就获得了300万用户,这与社交、直播功能的对接有巨大的关系。蘑菇街借助小程序强化社交拼团功能,而拼多多则借微信社交流量,主打低价商品,通过裂变式的社交拼团模式,两年半做到了3亿用户量,使淘宝推出特价版App来与之抗衡。再如西柚集、see小电铺、look等,通过内容电商、自媒体电商、小程序+供应链等玩法,沉淀大量用户,获取优质流量,提高变现能力。当然,除电商平台受益于小程序社交效应之外,星巴克等品牌商家也通过小程序电商玩法,以娱乐化的内容营销方式,引起受众共鸣,触发用户分享。另外,没有开发能力的传统商家正借助第三方微信服务商提供技术支撑和营销策略等,快速拥有属于自己的小程序"电商"。

小程序功能的不断更新,给企业带来了更多新的机会,营销策划人员可以设计"公众号+小程序",实现用户的累积和沉淀,通过社交分享、拼团和砍价等营销活动,达到更好的裂变效果,吸引用户主动分享和购买,提升复购率和转化率。另外,从小程序电商运营角度来看,需结合大数据来做精准用户画像分析,从微信流量中锁定和沉淀用户,让小程序电商发挥更大价值。策划人员要在营销上打破传统思维的限制,充分发挥小程序的作用,帮助企业扩大品牌效应,进行市场推广。

微信社群、朋友圈、公众号、小程序等社交应用已经串联了用户的碎片化时间,微信已经成为企业营销的必要工具。

(三)微信营销策划建议

1) 如何增加客户

如何利用微信营销策划增加有效客户,下面给出几点建议。

(1) 拒绝刷粉丝。微信刷粉丝是没有意义的,微信和微博不同,微博是做给别人看的,而微信不是,目前外人是无法了解你的微信实力的。如果互粉是为了获得第二阶梯(即超过500认证),可以尝试互粉,但互粉对企业未来的微信营销毫无意义。

(2) 定位微信方向。微信未来的营销是投递式,不同于微博的广布式,所以微信更需要真实的粉丝,产生真实的反馈。进行微信号受众的初定位,然后针对定位的精准人群去传播二维码。

(3) 快速增加用户的技巧。

① 加入微信聚。微信聚有好几个平台,把微信提交上去,增加曝光率,好奇心会带来很多粉丝。

② 利用社交网站推广。可以通过博客、贴吧、人人、开心网等社交网站,进行软文推广。

③ 微信互推。以大号带小号,以私人号带企业号,把公众号分享到朋友圈,并且说明关注有惊喜,或转发此公众号发出的活动信息,以吸引大家转发并关注。

④ 以微博带微信。利用官方微博的原有受众基数,更新微博头像增加头图二维码推广,并发布全新的关于微信公众号推广的段子,通过微博大号带动,为微信号带来关注用户。

⑤ 利用好摇的功能。摇一摇是一种趣味交友的模式,可以策划美女微信关注计划,通过摇一摇将好奇传递出去,如果策划包装得好,转化率有时会超过50%。

⑥ 漂流瓶推广。漂流瓶活动要采用传递瓶的模式,这样影响力大,传播人群更广。漂流瓶的缺点是转化周期和转化率并不像微信摇一摇那么乐观。

⑦ 设计活动营销推广。如果只是单纯地发广告,例如"关注我吧",这样的转化率基本上为零。相比较而言,营销策划人员可以通过标题党的优势,做些小活动吸引用户关注,例如"关注有惊喜!""关注就有机会赢取30元话费""不关注后悔"等类似的营销话术。

⑧ 借助QQ帮助推广。充分利用QQ群、QQ邮箱、QQ空间、朋友圈等资源,并将QQ头像改成微信二维码,每天发有用的资讯,吸引人们的注意力。

⑨ 其他方式。在名片、传单、T恤、广告衫、海报、户外广告上印微信二维码推广。

(4) 向用户提供有价值的信息。开展微信营销属于"许可式"的,只有在得到用户许可后,才能开始对话,虽然许可的用户可以被明确定义为企业的忠实用户,但他们也可以随时关闭与企业之间的互动。试想一下,如果你关注了20个企业微信,每个企业微信每天向你推送3条信息,那么这些信息就显得有些扰民了,所以如何维系与用户之间的关系将成为微信进一步营销策划的关键。《南方人物周刊》曾经给出一个颇有建树的建议,"提供价值,而非吸引眼球,这是微信的态度,也是它能否成功的关键。"所以在微信营销策划之前,就要树立为用户提供有价值的信息的理念,而并非对我们有价值的信息。

2) 微信营销模式的策划

(1) 模式一:品牌推广——漂流瓶。漂流瓶有两个简单功能:①"扔一个",用户发布语音或文字投入大海,如果有其他用户"捞"到,则可以展开对话;②"捡一个","捞"大海中的漂流瓶,"捞"到后也可以和对方展开对话,每个用户每天有20次机会。微信官方可以更改漂流瓶的参数,使合作商家的推广活动在某一时间段内抛出的"漂流瓶"数量大增,普通用户

"捞"到的频率也会增加。加上漂流瓶模式本身可以发送不同的文字内容,甚至语音小游戏等,如果营销策划得当,能产生不错的营销效果。

 案例阅读   招商银行的"爱心漂流瓶"

招商银行策划过一次"爱心漂流瓶"活动,在活动期间,微信用户用漂流瓶功能捡到招商银行漂流瓶,回复之后,招商银行便会通过"小积分,微慈善"平台为自闭症儿童提供帮助。根据观察,在招行开展活动期间,每捡10次漂流瓶便能捡到招行的爱心漂流瓶1次。但是,囿于漂流瓶内容重复,如果可提供更加多样化的灵活信息,用户的参与度会更高。

(2)模式二:互动式推送微信。策划一对一的推送,企业可以与"粉丝"开展个性化的互动活动,提供更加直接的互动体验。

 案例阅读   星巴克《自然醒》

当用户添加星巴克为好友后,用微信表情表达心情,星巴克就会根据用户发送的表情,用《自然醒》专辑中的音乐回应用户。

(3)模式三:陪聊式对话微信。微信开放平台提供基本的会话功能,让企业与用户做交互沟通,陪聊式的对话更有针对性,需要品牌投入大量的人力成本。

 案例阅读   杜蕾斯的聊天策划

杜蕾斯微信团队专门成立了8人陪聊组,与用户进行真实对话。延续了杜蕾斯微博上的风格,杜蕾斯在微信中依然以一种有趣的方式与用户"谈性说爱"。据杜蕾斯代理公司时趣互动透露,目前除了陪聊团队,还做了200多条信息回复,并开始进行用户语义分析的研究。

(4)模式四:O2O营销模式。用户用手机微信扫描商家二维码,能获得一张电子会员卡,可享受商家提供的会员折扣和服务。企业可以设定自己的二维码,用折扣和优惠吸引用户关注,开拓O2O营销模式。

 案例阅读   深圳海岸城"开启微信会员卡"

深圳大型商场海岸城推出"开启微信会员卡"活动,微信用户只要使用微信扫描海岸城专属二维码,即可免费获得海岸城手机会员卡,凭此享受海岸城内多家商户优惠特权。

(5)模式五:社交分享——第三方应用。通过微信开放接口接入第三方应用,还可以将应用的Logo放入微信附件栏中,让微信用户在会话中方便地调用第三方应用选择内容与分享。

 案例阅读   美丽说×微信

微信用户彼此间具有某种更加亲密的关系,当美丽说中的商品被某个微信用户分享给好友后,相当于完成了一个有效到达的口碑营销。

(6) 模式六：地理位置推送——LBS。微信中基于 LBS 的功能插件"查看附近的人"可以使更多的陌生人看到这种强制性广告。点击"查看附近的人"后，可以根据自己的地理位置找到周围的微信用户。然后根据地理位置将相应的促销信息推送给附近用户，进行精准投放。微信搜索出附近的人之后，使用微信营销精灵自动地一个一个打招呼，当对方回应后就自动成为朋友，积累足够多的好友后，利用微信自带的群发插件进行更多次的广告发送。如果企业推送信息过多，有可能对用户造成信息困扰，制约关注"公众账号"的用户数量，每天三五条推送和每天三五十条推送的感受是不同的。微信的昵称和签名可以设置成广告词，头像和照片墙可以设置成广告图片。

微信一般是在后台运行的，当微信收到消息后，手机系统就会推送通知信息，即使用户不进入微信界面，也能看到所接收到的文字信息。可以任意设定位置搜索附近好友，例如人在广州，但可以把经纬度设定到北京大学，然后查找北京大学附近的人。

 案例阅读   **K5 便利店新店推广**

K5 便利店新店开张时，利用微信"查看附近的人"和"向附近的人打招呼"两个功能，成功进行基于 LBS 的推送。

营销策划人员需要针对不同类型的商家，制定不一样的营销方式。

（四）微信营销效果评估

微信营销效果评估标准有 5 个评估要素和 6 个衡量标准计算方法。

1. 微信营销效果评估要素

微信营销的效果评估，是要确定企业微信营销的目的是什么，例如，有的企业是进行 CRM 客户管理，有的企业是进行产品推广。微信营销效果的评估要素主要包括互动频率、功能受欢迎度、粉丝数、粉丝评价和企业转换率。

（1）互动频率。互动频率是指粉丝对于企业微信公众账号的使用频率，包含内容方面的访问、功能的使用。

（2）功能受欢迎度。微信公众平台的功能有内容功能、营销设计功能、实用功能。内容功能是基于粉丝需求和企业间对应的命令端口和内容页面的功能，例如，粉丝输入企业介绍能看到企业的介绍，粉丝输入资质能看到企业相关资质的介绍；营销设计功能是企业根据自身营销需求而设计的营销功能，例如，外语培训学校用听力测试这个功能和粉丝进行直接互动；实用功能是类似天气预报查询、股票查询等功能和基于企业自身个性化开发的功能，功能受欢迎程度决定了粉丝对企业的依赖程度。

（3）粉丝数。单独追求粉丝数就会失去微信营销的价值，粉丝数的评估要基于企业对微信营销的要求，还有功能的使用情况、企业品牌的传播力度等。

（4）粉丝评价。粉丝评价是企业能直观看到的微信营销效果，是企业微信公众平台上的内容和功能。粉丝如何评价、是不是产生依赖、是不是喜欢，时不时进行粉丝调研就能知道。

（5）企业转换率。企业转换率是企业进行一切营销的唯一现象级标准。因为微信的闭环体系，在企业转换率方面，有企业品牌知晓度的转换，有企业类似 WAP 页访问量的转换，有企业基于微信的产品销售情况的转换，有企业产品咨询量的转换等，随着微信营销的不断发展,企业转换率的要求也会不一样。

2. 微信营销效果衡量标准计算方法

下面是微信营销相关指数的计算方法,其中"＝"是"取决于"的意思,"×"是"关联"的意思。

(1) 粉丝依赖度＝功能受欢迎度×互动频率×粉丝评价。企业粉丝依赖度取决于企业微信公众平台的功能受欢迎度和粉丝互动频率及粉丝评价之间的关联情况。

(2) 互动频率＝粉丝数×功能受欢迎度。企业微信公众平台的互动频率取决于企业微信公众平台的粉丝数和功能受欢迎度之间的关联情况。

(3) 功能受欢迎度＝粉丝数×粉丝评价。企业微信公众平台的功能受欢迎度取决于企业微信公众平台的粉丝数和粉丝评价之间的关联情况。

(4) 粉丝数＝粉丝评价×功能受欢迎度×推广力度。企业微信公众平台的粉丝数取决于企业微信公众平台的粉丝评价、功能受欢迎度及企业对于微信公众平台的推广力度之间的关联情况。

(5) 粉丝评价＝功能受欢迎度×企业自身的服务。企业微信公众平台的粉丝评价取决于企业微信公众平台的功能受欢迎度及企业自身的服务之间的关联情况。

(6) 企业转换率＝粉丝依赖度×粉丝数。企业对于微信营销的转换率取决于企业微信公众平台的粉丝依赖度和粉丝数之间的关联情况。

拓展阅读　　　　其他评价指标

(1) 有效到达率。有效到达率是用户接收到推送的信息并收到提醒的频次。要求可以是100%、90%等。

(2) 打开率。打开率是用户在接收到微信公众号推送的信息后,打开看的比例。

(3) 阅读率。阅读率是用户在接收到信息后,点击进去阅读图文信息的比例。决定用户是否阅读信息的因素有标题、头条配图和概要。标题在14字以内(标题14字以内显示为一行,这样看起来不别扭,视觉上不突兀),概要在80字以内为宜,头条配图要紧扣主题,与概要相得益彰,唯其如此,才能吸引用户点进去阅读。阅读率指标有助于考核企业用户维系能力、用户洞察能力和内容营销能力,在标题拟定、概要提炼和配图选择上要参考用户调查统计结果,要参考与用户日常沟通中收集到的反馈意见,要策划用户真正感兴趣的内容,概要要把正文内容做到恰如其分或巧妙地提炼呈现。

(4) 用户活动参与率。用户活动参与率是用户参与活动的比例。例如,20%算合格,这句话的意思是,假设公众号现在有10000个订阅用户,那么2000个以上用户参与活动才算合格。从这个指标可以看出活动策划的内容是否对用户具有吸引力。有20%以上的用户参与才算合格,怎么统计呢?可以在活动规则上设置,参与活动的规则是发送"活动",在实时消息里搜索"活动"的结果数量就是用户的参与数量,偏差很小。这也可以间接判断出,代运营公司和运营人员是不是给公众号灌了僵尸粉。市场上有很多卖僵尸粉的,建议大家别买,新的公众平台推出后,这种做法会失效,多花心思把目标用户吸引到公众号上才是正道。

(5) 活动期间用户复合增长率。在用户基数比较小的时候,公众号的用户来自微信以外的综合推广手段,例如微博、自有官网、QQ空间、腾讯微博、百度贴吧、新浪微群、豆瓣、人人网、本地论坛、垂直论坛、微信导航。活动期间用户复合增长率是用来判断推广微信号是否有效,并引导用户关注微信的。比较见效的推广手段是在上述社区空间放一段优质内容,内容下方告知用户想知道更多优质内容可以关注微信号。企业在积累了一定数量的用户后,公众号就不再需要用活动来扩大用户订阅量,有了优质的内容,特别是能激发用户分享的内容,用户会在既有数量的基础上自然滚动增长。例如用户订阅量在 1000 以上时,没有活动推广,只有正常图文信息推送,这个时候的用户增长率应该以正常图文信息推送期间的增长量来核算。例如公众号目前有 600 个订阅用户,每 3 天推送 1 条信息,3 天内,用户增长 60 个即为合格。这个用户数量,可以登录公众平台后台首页的每日新增订阅人数那里查看,把内容推送后 3 天的数量相加即为增长量,再除以目前公众号总订阅用户数量,即为活动期间用户复合增长率。在有一定用户数量,又有图文消息推送时,可以通过这个指标判断推送的内容用户是否真正喜欢并积极分享到朋友圈。

(6)链接点击率。链接点击率是用来考核内容运营能力和用户把握能力的。信息正文内容以 300~500 字为宜,不要太长,用户为什么要在阅读后还要点阅读原文进去看?这就看正文给用户什么样的价值承诺和点击引导。公众号的底部可以添加网址链接,给对应网站带去点击流量。网址可以统计点击数,点击数倒推就可以计算出实际阅读数、打开数、有效到达率。

四、微博平台营销策划

微博是最受欢迎的社交应用及营销平台之一,营销策划人员在进行微博营销策划时,需要掌握相应知识。

(一)认识微博及微博营销策划

1. 微博的含义

微博是微型博客的简称,是基于用户关系信息分享、传播及获取的平台。用户可以通过客户端组建个人社区,以 140 个字的文字更新信息,并实现即时分享。微博包括新浪微博、腾讯微博、网易微博、搜狐微博等,微博是中国的 Twitter。微博发布信息快速,信息传播速度快。由于数字限制得以体现的原创性以及广泛化、个体化、平民化、私语化等众多特点更是为微博聚集大量的忠诚"粉丝"。微博营销在企业营销中有着重要的作用,企业需要品牌的建立和宣传,而微博大量的用户刚好可以让企业有一个很好的宣传平台。

2. 微博的主要类型

微博可以分为官方微博、员工个人微博及商品促销微博等。官方微博突出品牌和理念传播,员工个人微博彰显公司文化氛围和组成企业微博"矩阵",商品促销微博用来发布产品促销信息。

3. 微博营销策划的含义

微博营销策划是指通过微博平台,围绕达到一定的营销目标,对某一企业、某一商品或某一活动,激发创意,对企业一定时间内营销活动的方针、目标、战略及实施方案与具体措施进行科学的谋划设计和周密的计划安排,并精心实施,确保目标成功。

(二)微博营销策划原则

(1)有趣原则。新媒体时代,人们都有迅速阅读的习惯,微博只有 140 字,用有趣的方法写消息会引起更多人的兴趣。

(2) 有利原则。在微博营销策划方案中要包含有为潜在消费者提供一定利益的方案，让他们感到"有利可图"，这可以激发他们参与活动的热情。当然，有时提供一些与营销产品或服务相关的行业消息、实用知识或资讯也很有用。

在坚持有趣原则与有利原则的同时，企业需要花费更多的时间与精力设计营销信息创意，让企业的消息、回复看起来更有吸引力。例如促销活动的设计，一定要找到诱人的角度，用短短几句话打动公众，以最低的投入获取最多的关注。

（三）微博营销策划技巧及注意事项

营销策划人员利用微博进行营销策划要注意以下几点。

(1) 微博平台的选择。不同的微博平台有着不同的特点，策划人员在进行微博营销策划时，首先需要选择一个适合的微博平台，不同的微博平台用户，关注度各有不同，与之对应的营销策略也不相同。例如新浪微博用户主要关注状态更新，而开心网微博用户则更关注游戏动态，因此在开心网推广时，可以不采用常规微博的推广模式，而考虑植入式广告的策略。企业可以选择一个流量大、覆盖率高、关注度较多的平台进行推广。

(2) 微博营销定位及目标策划。企业微博的定位是快速宣传企业新闻、产品、文化及互动交流。在策划过程中，一定要注意微博营销目标阐述具体，微博营销目标描述应该数据化、具体化。微博营销策划方案的目标一般可以分为以下3个大的相关指标。

① 微博内容编辑质量，图片相关内容，发送的对象、时间及频率。

② 按照微博营销目标确定增加粉丝的数量和质量，粉丝一定要有针对性，"质"在前，"量"在后。

③ 内容和活动粉丝参与、评论、转发的次数。只有粉丝充分的参与互动，微博营销才会带来应有的效果。

(3) 微博营销内容策划。策划人员重要的工作之一就是对微博营销内容进行策划，内容要有特色和重点，这是做好营销推广的敲门砖。

① 特色——有吸引力。特色就是让微博内容在第一时间吸引用户的注意力，微博字数有限制(140字)，策划人员要充分把握每一个字，内容要具有鼓动性，带有一定的号召力，可以结合目前的流行语。另外，为了突出个性，可以选择一个好的头像。

② 重点——重视营销目的。策划人员策划微博内容时，不能一味做标题党，反而忽视了做微博营销推广的最终目的，微博内容一定要尽可能地多提企业相关产品。此外，还要控制发布频率，让企业微博每天能有10条左右的更新，不要使用自动更新方式，而要人为选择一些较为活泼的话题进行更新。

微博内容的编辑可以按照以下步骤展开。

① 微博内容素材的收集，材料应该包括公司的相关新闻动态、活动详情的介绍、原始的图片、视频等媒体材料。

② 微博内容文字的编辑和撰写，图片的相关处理和美化。

③ ♯建立新话题，@相关用户，告知活动的相关信息和内容。

④ 尽量保持热度，为了让营销的微博消息保持一定的热度，可以有意设置一些问题让别人来答疑，甚至可以掀起一些辩论、争吵，让消息及回复不断地引起波澜，产生震动。甚至，在消息的回复中出现两个相反意见争执不下时，不要惊慌，而是镇定自若地开展引领、说

服,让争论朝着你所期望的方向发展。在营销消息中间穿插各类你感兴趣的热词。通常,10条消息里可以有8条其他资讯,而只要有两条营销资讯即可。当然,如果某条营销资讯引起了较多关注,则可以集中精力对这条营销资讯开展回复与转发,让它尽可能长久地保持热度。

⑤ 充分跟粉丝互动,这里有很多手段和方法,例如,私信、留言、及时的回复。

⑥ 做好相关的内容链接,140字是可以对一个活动、一篇文章大概内容描述清楚的。还要掌握好微博发送的频率和时间规律,一般工作日一天发送10~20条微博,这20条微博须在恰当时间发恰当内容。

 **可以发布的内容举例**

想用内容吸引潜在客户,首先应确定好目标群体,了解他们的职业、爱好、作息规律。微博发布的内容尽量多样化,对受众有价值。内容尽量图文并茂,给受众良好的浏览体验,针对某一特性的内容可以加上"话题"以利于微博搜索。下面列举一些可以发布的内容。

① 介绍品牌故事。用轻松的、幽默的语言展示品牌的特征、来历、发展。

② 介绍自己的团队。如团队成员的介绍、公司会议、聚餐镜头、旅游场景、内部培训、员工工作和休息时间的照片或小故事,这些方法都是通过细节来介绍自己的团队的。

③ 在微博上介绍公司的办公场所。包括生产车间、厂房、办公室、会议室、仓库等,并配以相关的照片或视频,取得直观展示效果。

④ 对公司形象有帮助的正面信息。如公司获得的荣誉、表现企业社会责任的事件等。

⑤ 总经理讲话。总经理的理念、价值观都会对企业的客户产生影响,总经理的微博一般会有更大的影响力,许多用户更愿意直接和亲和力强的总经理在微博上对话。

⑥ 借助第三方言论。转发第三方对企业的评价言论,第三方声音可以是行业内专家、网络媒体方面的强人、粉丝里的意见领袖。借助第三方声音中具有影响力的人,能影响更多的受众。

⑦ 讲述企业销售案例。客户的使用感受和心得、建议等正面信息,都可以到微博上讲述。但是切记要真实,因为"坏事传千里"在互联网上表现特别明显。

⑧ 发布专业化的产品知识。要在微博里表现自己的专业知识,不说外行话。让目标客户知道你是这个行业里最棒的,并且是有企业文化和价值观的,有亲和力,值得信赖!

⑨ 发布企业新产品或促销产品。在官方微博或促销微博发布要有创意,要有带娱乐性质的产品促销信息。

⑩ 加入社会热点话题的讨论,予以评价。评价应是褒义、正确的,大众可以接受的。

(4) 微博营销活动策划。对企业微博来说,内容建设是留人,活动策划是拉人,企业做微博活动要么是吸引新粉丝,要么是加强粉丝互动,提高活性,传递品牌。特别是在企业微博粉丝增长期,活动更是吸引粉丝最行之有效的法宝。策划微博活动要有计划,提前做好准备,一般分为活动定位、活动形式、活动奖品及活动推进4个方面。

① 活动定位。对企业开展活动营销来说,设置合理的营销目标,然后进行不同话题的时效性和趣味性等可参与指标的初步确定,把主题按照企业产品或者服务的主要特质和特

征进行结合,提炼出若干个小话题,通过不断关注粉丝的参与情况进行控制,最终实现优质粉丝的沉淀,实现活动预设目标。这里的重点在于,话题引入讲究循序渐进,逐渐引入有热度的大众话题,过渡到具有一定专业或者产品知识的深度话题,一味强调低门槛是错误的,门槛逐渐提高,可以有效发现优质的用户,在奖项设置上也可以逐渐提高,沉淀真正的潜在用户群体。要知道微博营销的重点在哪里,例如推广食品,就要在关于食品类的微博群中发布信息,提高自身微博的曝光率。

微博营销活动目标一定要清晰,例如到底是拉到店,还是拉进其他群。微博活动策划的方式有很多,但围绕着增加曝光率、提高品牌认知度和忠诚度的中心是不变的,所以活动始终都要记住一点,那就是一切活动的对象都是产品的潜在消费群,而不是围观的芸芸众生。对官方微博活动感兴趣的人,肯定都是对微博营销有一定程度了解的人。

② 活动形式。策划微博活动形式一般分为两种:一种是有奖参与;另一种是友情参与。企业要根据自己的需求合理选择活动形式。

方式一:有奖转发。有奖转发也是目前采用最多的活动形式,只要粉丝通过转发、评论或@好友就有机会中奖,这也是最简单的,粉丝几乎不用花费太多精力。有奖转发现在运用得较多,众多营销者也相应提高了中奖门槛,例如除转发外,还需要评论或@好友达到一定的数量或者其他门槛。

方式二:有奖征集。有奖征集就是通过征集某一问题的解决方法来吸引大家参与,常见的有奖征集主题有广告语、段子、祝福语、创意点子等。调动用户兴趣,并通过获得奖品吸引大家参与。

方式三:有奖竞猜。有奖竞猜是揭晓谜底或答案,最后抽奖。其中包括猜图、猜文字、猜结果、猜价格等方式。这种活动方式的互动性比较好,而且随着趣味性的增加,在促进粉丝自动转发的效果上有很好的表现。

方式四:有奖调查。有奖调查目前应用不多,主要用于收集用户的反馈意见,一般不是直接以宣传或销售为目的。要求粉丝回答问题,并转发和回复微博后,就有机会参与抽奖。

方式五:投票、加关注、评论等友情参与形式。

③ 活动奖品。设计奖品类型时必须量力而行,一定要用自己的产品,例如一等奖是计算机,二等奖是自己的产品。要抓住一切机会宣传自己的产品。

④ 活动推进。一个有效的营销策划方案需要有好的实施保障,微博营销活动推进主要注意以下5个关键点。

关键点一:活动规则策划应该清晰、简单。要想使活动取得最大的效果,一定不要为难参加微博活动的用户去读长长的一段介绍文字,要尽可能简单描述。活动规则简单才能吸引更多的用户参与,最大限度提高品牌曝光率。活动官方规则介绍文字应控制在100字以内,并配以活动介绍插图。

关键点二:把握并激发用户的参与欲望。只有满足了用户的某项需求,激发了他们内心深处的欲望,用户才会积极踊跃地参加活动。激发用户参与欲望最好的方式就是微博活动的奖励机制,其中包括一次性奖励和阶段性奖励,所以官方微博活动奖品的选择很讲究,第一要有新意,第二要有吸引力,第三成本不能太高。微博活动的奖品是印有官方Logo的纪念品之类的,也是很有趣、很能吸引人的。

关键点三:控制并拓展传播渠道。微博活动初期最关键,如果没有足够的人参与,很难形成病毒式营销效应,可以通过内部和外部两种渠道解决,内部渠道就是初期的时候要求自己公司的所有员工参加活动,并且邀请自己的亲朋好友参加。初期积累了一定的参加人数,才会形成马太效应。外部渠道就是要主动联系有影响力的微博账号,可以灵活掌握合作和激励的形式。

关键点四:沉淀粉丝和后续传播。微博活动在文案策划的起始阶段就要考虑到如何沉淀优质粉丝传播的问题,同时鼓励用户去@好友,@好友的数量也有讲究,如果@太多,会导致普通用户遭受@骚扰。另外,通过关联话题引入新的激发点,带动用户自身的人际圈增加品牌的曝光率,促进后续的多次传播。

关键点五:保持活动的全线跟踪,做好数据统计。通过数据的整理及分析,能得出活动进展的状况,在做微博推广时,要对评论、转发、粉丝数等各个细节做好监测,充分掌握活动进展的状态。即使活动结束,也要对总体进行一个概括,总结活动的效果,以便优化活动策划方案。

(5) 微博营销推广方式策划。企业微博的推广方式很多,这里总结一些常用的技巧。

① 开展有奖活动。提供免费奖品是一种营销模式,同时也是一种推广手段,很多人喜欢这种奖品,这种方式可以在短期内获得一定的用户。

② 特价或打折信息。提供限时的商品打折活动也是一种有效的推广方法,例如销售主机或域名的企业微博,可以定时发布一些限时的优惠码,能以低廉的折扣购买,可以带来不错的传播效果。

③ 广告宣传。在一些门户类网站如 Google Adwords、百度推广等平台发布企业微博的广告,增加普通网民的关注度。

④ 企业内部宣传。一些大型企业本身就有不少员工,可以引导企业员工开通微博并在上面交流信息。对于大型企业来说,这样操作可以在短时间内增加企业微博的大量粉丝,当订阅用户增多之后,就有可能在微博平台的首页曝光(例如,新浪微博有 1800 个订户就可以上首页的草根关注排行榜),以吸引更多的用户跟随订阅。

⑤ 合作宣传。联系微博平台的业务员,将企业微博的账号添加到"公司机构"等栏目,并通过实名身份认证。另外,还可以借助名人的微博帮助营销推广,一般是那些活跃的商家名人、社会评论家及一些出名的草根博主。当有新的活动时可以及时@他们,当他们发表一些精彩的内容时,可以进行评论、转发,这样也可以借助名人的力量进行推广。

⑥ 广送邀请。通过邮件或其他渠道,邀请企业的客户、潜在用户注册,并使用指定的注册链接,这样,别人注册之后会自动关注企业微博。

⑦ 加入微博群。根据企业所在的具体行业、具体情况加入相关的微博群。例如,广州的公司就可以加入广州地方群,服装行业就可以加入一些女性、时尚类的微博群,这样才能以更快的速度精准地找到目标客户群体并进行营销推广。

⑧ 链接及发布。营销策划的内容要尽可能链接得更远,链接到品牌的其他社会化站点,如问答平台、视频网站、SNS 社区、淘江湖等,以扩大企业在整个互联网内的知名度和影响力。同时还要注意微博的发布时间和频率。一天当中一般 7:00—9:00、12:00—14:00、18:00—21:00 为黄金时段。一天内微博发布数以 10~15 条为宜。

 **微博营销可以延伸到多方面**

微博除进行日常的营销活动之外,还可以起到寻找并影响客户、售后策划和危机监测等方面的营销功能。

① 寻找并影响客户。利用微博的搜索功能,可以不时搜索一下提出与产品或服务需求有关的帖子,然后对这些需求进行响应或推荐,甚至当潜在客户提出进一步咨询时,耐心地进行回答与引导,以恰当的回复来影响潜在客户的决策。

② 售后策划。如果你的客户中有越来越多的人使用某个微博平台,你就可以利用这个微博客平台进行售后服务。在售后服务过程中,不仅可以即时解决用户使用产品或服务中遇到的问题,还可以更透明、更公开地展示企业的服务水平。

③ 危机监测。注意在微博中经常性地进行危机监测。具体方法是,观察或搜索与你的企业产品或服务相关的负面信息,有的问题可以即时地以最快的速度解决或做出解释,有的问题可以转到相关部门进行专门的处理。在危机没有扩大之前及时发现并进行适当的干预,相比危机已经扩大到难以收拾的地步要好得多。

(四)微博营销效果评估

微博营销效果评估是营销策划方案中的重要组成部分。微博营销涉及的数据大致有微博信息数、粉丝数、关注数、转发数、回复数、平均转发数、平均转发率、平均评论数,涉及的指标有粉丝活跃度、粉丝质量、微博活跃度等。下面重点介绍几个常用的指标。

(1) 微博信息数。每日发布的微博数量,单位是条/天。

(2) 平均转发数。平均转发数=每条信息的转发数之和/信息总数量,一般计算日平均转发数或月平均转发数,单位是次/条,平均回复数与其原理类似。平均转发数(评论数)与粉丝总数和微博内容质量相关,粉丝总数越高,微博内容越符合用户需求,平均转发数和平均评论数就越高,所以这个数据可以反映粉丝总数、内容和粉丝质量的好坏。粉丝基数越大,理论上转发会越高;内容越契合用户,或粉丝中你的目标人群越多,这个数据上升越快。

(3) 平均转发率。平均转发率用于衡量一个微博的活跃度或粉丝活跃度。平均转发率=平均转发数/粉丝总数。

(4) 粉丝活跃度。粉丝活跃度是一个综合数据,一般可以通过平均转发数或平均回复数来衡量。

(5) 微博活跃度。微博活跃度一般是用作与竞品微博或其他微博之间的比较,对于企业理性地看待微博营销的效果具有指导意义。

企业微博营销的成功是多维度的,除自身的微博分析之外,企业微博可以和同行微博进行比较。在比较微博之间运营成功与否的标准时是多维度的,如粉丝数、粉丝活跃度、粉丝构成比例、平均转发数等都应该考虑进去。高质量的粉丝不一定是那些明星、红人或带V的粉丝,而是目标用户中的活跃用户。衡量一个微博运营好坏不能仅凭一个数据,而应该多维度考量。

要理性设计与看待微博营销的数据,从数据中获得更多的信息,反思和指导自己的微博营销。当然,在制订具体的微博营销策划方案时,应该考虑企业的规模。对于大型企业,微博营销应该成为企业整个营销规划中一个不可缺少的组成部分,并应设置一个微博营销团队,其中包含若干个成员,进行相应的分工,并在微博营销中紧密配合。同时,微博营销策划应该与企业整体营销规划中的其他营销手段相配合,以达到最佳的营销效果。对于中小型企业,则视企业规模设定1~5个专职或兼职人员进行微博营销策划。可以根据实际情况,每天安排专人分时段进行相应的信息搜索及监测,然后进行相应地回复、转发或问题处理。

如果可能,无论哪类企业,都可以利用一些监测软件配合人工监测工作,同时可以将相关的信息进行收集、归档,以评价微博的营销效果,并可以将相关信息输出到相应的信息统计及分析系统中。

自我练习

一、判断题

1. 社交类平台打破了传统的交流沟通模式,让人们的交流不受时间和空间的约束,实现实时的无障碍沟通。（   ）
2. 社交类平台能够实现无障碍沟通,但是用户体验感不是很好。（   ）
3. 如果回复别人的帖子,回帖设计一定要分析楼主帖子的内容,再加入一些自己的思想。（   ）
4. 将"33元即可购买重疾险,可报41种重大疾病"修改为"33元除了买口罩,还能给自己撑起一把'保护伞'",表达更清晰,更有说服力。（   ）
5. "简单易上手,功能很强大,分析点位简直完美,主要还免费"这个标题将很多卖点都放进去,效果非常好,是一个卖点清晰的论坛标题。（   ）
6. 俏皮式标题最好采用有趣、活泼、流行的词语,这样能吸引更多的用户。（   ）
7. 官方微博突出品牌和理念传播,员工个人微博彰显公司文化氛围和组成企业微博"矩阵"。（   ）
8. 策划人员发布的营销消息,需要以有趣的方法号召大家参与。（   ）
9. 微博平台不同但关注度是一样的,营销策略也是一样的。（   ）
10. 一份微博营销策划方案必须有可以分析和掌控的具体目标。（   ）
11. 为让营销的微博消息保持一定的热度,可以有意设置一些问题,但不能有辩论、争议。（   ）
12. 策划人员要善于用漂流瓶设计微信营销活动,漂流瓶的优点是转化周期短和转化率高。（   ）
13. 快速增加用户可以进行硬广,例如"关注我吧!",这样的转化率比较高。（   ）
14. 如何维系与用户之间的关系是进一步微信营销策划的关键。（   ）
15. 微博活动策划活动奖品必须量力而行,但奖品类型中一定不要涉及自己的产品。（   ）

二、单项选择题

1. 不属于社交类新媒体平台特点的是（   ）。
   A. 用户体量大 B. 运营成本高
   C. 传播互动性强 D. 交流更便捷

2. 下面说法不对的是(　　)。
   A. 论坛营销策划是经过周密而复杂的策划,为达到某种营销目的而进行的一系列行为
   B. 在论坛营销策划中,产品是核心,一切策划都以产品为出发点
   C. 策划一个论坛营销方案需要做好准备,按照一定的步骤开展
   D. 论坛营销往往需要团队协作来完成
3. 门户类论坛有(　　)。
   A. 新浪　　　　B. 小区论坛　　　C. 搜房网　　　D. 大洋网
4. 撰写标题不包括(　　)原则。
   A. 相关性原则　　　　　　　　　B. 简明扼要原则
   C. 生动吸引原则　　　　　　　　D. 低成本原则
5. 下面说法不正确的是(　　)。
   A. 很多论坛都带有个人签名和上传头像的功能,设计得好也有助于企业营销
   B. 论坛签名中,将推广的信息和联系方式很好地设计成一句话,这样浏览帖子的人就会看到企业的推广广告
   C. 论坛签名中,如果字数太多,宁可去掉联系方式,也要留下关于产品服务的介绍
   D. 为了扩大企业知名度和曝光率,也可以把头像设置成企业的 Logo
6. 论坛标题"别人是《匆匆那年》,我们是《丑丑那年》",利用了(　　)方法。
   A. 探秘式　　　B. 俏皮式　　　C. 重要性　　　D. 时效性
7. 将论坛标题"互联网公司的年会更显纷呈"修改成"别人公司开的是年会,你开的只是会",采用了(　　)标题撰写法则。
   A. 时效性　　　B. 重要性　　　C. 显著性　　　D. 接近性
8. 一直以来,有关如何做好微博营销,众多商家和从业者都在实践中不断摸索。微博(　　)是很多营销策划人员的重要营销选择。
   A. 视频演示　　B. 图片显示　　C. 产品说明　　D. 有奖活动
9. 下面说法错误的有(　　)。
   A. 微信要多刷粉丝,这一点非常重要　　B. 要定位微信方向
   C. 利用社交网站进行推广　　　　　　　D. 可以利用微博带微信进行推广
10. 关于微信营销模式的说法不正确的有(　　)。
    A. 漂流瓶模式本身可以发送不同的文字内容甚至语音小游戏等,如果营销策划得当,也能产生不错的营销效果
    B. 策划一对一的推送,企业可以与粉丝开展个性化的互动活动,提供更加直接的互动体验
    C. 微信可通过微信开放接口接入第三方应用,让微信用户方便地在会话中调用第三方应用进行内容选择与分享
    D. 策划营销模式最好就选择一种,否则成本太高,效果也不会好
11. 在企业微博粉丝增长期,(　　)是吸引粉丝最行之有效的法宝。
    A. 故事　　　　B. 经验　　　　C. 网红　　　　D. 活动

三、多项选择题

1. 属于社交类平台的有（　　）。
   A. 微信　　　　　　B. 微博　　　　　　C. 博客　　　　　　D. 论坛
2. 下面说法正确的有（　　）。
   A. 社交平台能满足用户与企业或品牌方的沟通交流需求
   B. 社交类平台能满足用户与好友互动分享的社交需求
   C. 社交类平台的开放性特点使其不太容易获取用户信任、被用户分享及多次传播
   D. 社交类平台已成为人们日常联系和交友不可或缺的工具
3. 下面这些标题中，（　　）属于显著性标题。
   A. 今年头采的西湖龙井，慈禧太后喝的就是这家的茶
   B. 从硅谷火到中国，每 3 秒就卖 1 个，用过这款榨汁机，你不想碰其他的
   C. 我们找来了国内最有名的侍酒师，给你选了一瓶波特酒
   D. 故宫出了条开运红绳，姚晨、景甜、吴奇隆都在戴
4. 标题撰写应遵循（　　）。
   A. 时效性法则　　　B. 重要性法则　　　C. 显著性法则　　　D. 趣味性法则
5. 策划微博活动的形式有（　　）。
   A. 活动奖品　　　　B. 活动地点　　　　C. 有奖活动　　　　D. 友情参与
6. 微博营销可以延伸到（　　）。
   A. 人力资源管理　　B. 寻找并影响客户　C. 售后策划　　　　D. 危机监测
7. 微信平台最基本的功能有（　　）。
   A. 广告功能　　　　B. 社交功能　　　　C. 信息媒介　　　　D. 电商平台
8. 企业开展营销推广策划常会用到的微信工具和资源包括（　　）。
   A. 微信公众号　　　B. 微信个人号　　　C. 微信群　　　　　D. 微信小程序
9. 利用微信公众号进行营销策划时，要做到（　　）。
   A. 分析用户需求　　　　　　　　　　　B. 明确功能规划
   C. 设计页面　　　　　　　　　　　　　D. 添加更多的用户
10. 以下关于微博内容的编辑说法正确的有（　　）。
    A. 尽量保持热度，可以设置一些问题吸引人来回答
    B. 可以掀起一些辩论、争吵
    C. 在营销消息中间穿插各类感兴趣的热词
    D. 不要插入别的跟营销无关的咨询
11. 微信营销的评估要素包含（　　）。
    A. 互动频率　　　　B. 功能受欢迎度　　C. 粉丝数　　　　　D. 企业转换率
12. 利用微信公众号可以开展的营销工作主要有（　　）。
    A. 用户拉新　　　　　　　　　　　　　B. 用户转化
    C. 用户活跃与留存　　　　　　　　　　D. 信息披露
13. 快速增加微信用户的技巧有（　　）。
    A. 微信互推　　　　　　　　　　　　　B. 利用好摇一摇的功能
    C. 利用漂流瓶进行推广　　　　　　　　D. 借助 QQ 帮助

任务 2　音视频类新媒体平台营销策划

项目任务书

课内学时	4 学时	课外学时	至少 6 学时
学习目标	1. 了解音视频类新媒体平台及营销策划注意事项 2. 明确直播、短视频、音频平台特点及营销推广 3. 能够在营销策划中正确使用音频类新媒体推广平台		
项目任务描述	1. 听教师讲解，熟悉各种直播平台类型，根据情境要求策划直播营销方案 2. 听教师讲解，熟悉各种短视频平台类型，根据情境要求策划短视频营销方案 3. 听教师讲解，熟悉各种音频平台类型，根据情境要求策划并制作音频		
学习方法	1. 听教师讲解相关知识 2. 查阅资料 3. 认真思考、分析		
所涉及的专业知识	1. 音视频平台营销策划的基本原则 2. 直播、短视频、音频平台的特点及营销推广 3. 音视频类新媒体平台营销策划的主要内容		
本任务与其他任务的关系	项目 2 中各个任务是并列关系，是不断地学习与拓展		
学习材料与工具	学习材料：任务指导书后所附的基础知识 学习工具：项目任务书、任务指导书、计算机、笔		
学习组织方式	本任务有部分内容要求每个学生独立完成，有的内容要求学生分小组协作完成		

任务指导书

完成任务的基本路径如下。

听教师讲解，熟悉各种直播平台类型，根据情境要求策划直播营销方案(70分钟) → 听教师讲解，熟悉各种短视频平台类型，根据情境要求策划短视频营销方案(65分钟) → 听教师讲解，熟悉各种音频平台类型，根据情境要求策划并制作音频营销(45分钟)

第一步：听教师讲解，熟悉直播平台的主要类型，能够根据情境要求策划直播营销方案。

(一) 认识直播平台

听教师讲解直播营销平台策划的相关知识，按照要求完成表 2-16。

表 2-16 任务产出——认识直播平台

直播平台	综合类	秀场类	教育类	商务类	游戏类
直播平台名称	一直播				

1. 认真学习直播平台的分类,填写下表。

2. 回忆一场让自己印象深刻的直播,尝试分析这场直播在哪个平台上进行?为什么选择这个平台?

3. 某装修公司新媒体营销策划团队打算尝试一场直播营销,搭建出一个带有公司 Logo 的微型客厅,邀请某明星到场分享自己的装修心得,并现场邀请观众互动提问。分析这场直播的场景、人物、产品、创意分别是什么?

(二)根据以下策划背景及要求设计直播平台营销推广策划方案

1. 策划背景

美心月饼是香港三大名牌月饼之一。深受香港及内地同胞欢迎的美心月饼,一直以严选食材及香港制造驰名。除数十年皆专注于月饼制作外,其所选用的食材全部是顶级之选。每个外皮金黄的美心月饼,也是精选产自"中国湘莲之乡"湖南湘潭,有莲中珍品之誉,为历代皇家贡品,驰名中外的"寸三莲"莲子所煮成的莲蓉,配以上品咸蛋黄焗制而成,可令美心月饼达到皮薄松化、馅料幼滑、莲味清甜、蛋黄油润的境界。除传统双黄黄莲蓉及白莲蓉月饼外,也有低糖月饼、冰皮月饼、卡通月饼等。美心月饼保证全部由香港制造,是香港首个月饼品牌,荣获工业总会颁发的"Q唛优质产品"奖,同时也获得 HACCP(食物安全重点控制)证书及 ISO 9001:2000 品质管制证书,2007 年荣获"香港卓越品牌",并获世界精选 Monde Selection 颁发的"优质奖""超级金奖""优质食品金奖";更有连续 17 年成为全港月饼销量冠军为信心保证。美心月饼心系一处,坚持香港制造,专注每一个细节,全心投入做出最好的中秋味道。美心月饼也在持续创新,创作了多款口味崭新的冰皮月饼,更在奶黄月饼的制作上引入双重烘焗技术,并推出全港首创的流心奶黄月饼,成为城中热话。多年来美心月饼畅销世界各地,至今已营销至中国大陆、中国台湾、美国、加拿大、澳大利亚、新加坡及马来西亚等国家或地区超过80个城市,享誉全球。美心月饼,以心传颂中秋味道。

2．策划要求

中秋节将近,美心月饼计划进行节前直播,请选择合适的直播平台,撰写一份美心月饼直播方案,要求以小组为单位,内容包括但不限于以下内容。

(1) 直播目的:说明方案设计的营销目的。

(2) 直播平台:说明小组所选择的直播平台及理由。

(3) 直播策略:包含直播开场设计、过程设计、收尾设计及营销方式选择。

(4) 直播前期引流推广方式:拟选择的引流方式及理由。

(5) 直播营销效果指标选择。

3．任务执行

以小组为单位进行策划,策划方案填写在表2-17中。

表2-17　任务产出——直播平台营销策划方案

美心月饼中秋节直播营销策划方案

第二步:策划短视频营销方案。

(一) 认识短视频平台

听教师讲解短视频营销平台策划的相关知识,按照要求完成表2-18。

表2-18　任务产出——认识短视频平台

1. 根据产品的功能形态分类,填写表1。

表1　短视频平台分类

短视频平台	工具型	资讯型	社交型
短视频平台名称	小咖秀		

续表

2. 回忆一场让自己印象深刻的营销短视频,填写表2。

表 2　营销短视频

(1) 短视频内容简述	
(2) 发布在哪个平台？为什么选择这个平台	
(3) 这个短视频为什么吸引你	

(二) 制作并发布短视频

学习短视频营销策划的技巧,以小组为单位,自选一个产品,制作一段15～30秒的短视频,然后选择3个短视频平台进行发布,运营这个视频一周时间,使其获得浏览、点赞和转发,按照要求完成表2-19。

表2-19　任务产出——短视频平台营销策划

1. 短视频拍摄的内容(剧本)。			
2. 运营一周后,填写下表。			
比较项目/短视频平台			
视频思路			
运营方法			
运营时间段			
浏览量			
点赞数			
转发数			
分析及结论			

第三步：策划音频平台营销方案。

(一) 认识音频平台

听教师讲解音频营销平台策划的相关知识,按照要求完成表2-20。

表 2-20　任务产出——认识音频平台

1. 认真学习音频平台分类,填写表1。

表 1　音频平台分类

音频平台	综合在线类	垂直有声阅读类	音频直播平台
音频平台名称	喜马拉雅 FM		

2. 回忆一场让自己印象深刻的营销音频,填写表2。

表 2　营销音频

(1) 音频内容简述	
(2) 发布在哪个平台？为什么选择这个平台	
(3) 这个音频为什么吸引你	

(二) 制作并发布音频

学习音频营销策划的技巧,以小组模拟的企业(或企业项目)产品设计一个营销音频,要求有创意,将品牌、产品融入音频内容中,不能直接简单地说出产品卖点;音频录制完成并发到教师指定平台,将音频播放的内容填写在表 2-21 中。

表 2-21　任务产出——音频营销内容策划

评价标准及评分表

认真完成每个任务产出表,表述正确、清晰、有说服力,在规定时间内完成并上交。音视频类新媒体平台营销策划评分表。见表 2-22。

表 2-22　音视频类新媒体平台营销策划评分表

任务产出项目	分　值	评价得分
表 2-16　任务产出——认识直播平台	10	
表 2-17　任务产出——直播平台营销策划方案	30	
表 2-18　任务产出——认识短视频平台	10	
表 2-19　任务产出——短视频平台营销策划	25	
表 2-20　任务产出——认识音频平台	10	
表 2-21　任务产出——音频营销内容策划	15	
合　　计	100	

基础知识

一、认识音视频类新媒体平台

（一）音视频类新媒体平台

音视频类新媒体平台是指在完善的技术平台支持下，让用户在线流畅发布、浏览和分享音视频作品的各种媒体平台。现阶段音视频类新媒体平台主要分为直播平台、视频平台和音频平台（图 2-2）。

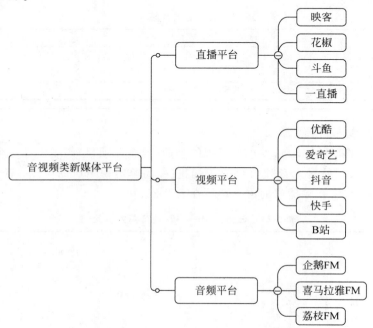

图 2-2　音视频类新媒体平台

（二）音视频营销策划

音视频营销策划是指营销策划人员基于音视频平台，围绕营销目标，以内容为核心、创意为导向，精细策划视频内容，以实现产品营销与品牌传播的目的。

（三）音视频营销策划的基本原则

（1）明确并遵守规则。任何行业都可以做视频内容的运营。但是，所有行业也都要遵守视频运营的法则。最基础的就是一定要按照新媒体运营的规律去做，而不是按照垂直行业的规律去做。另外，无论选择怎样的视频平台进行营销策划，都必须明确该平台的规则，在遵守规则的前提下进行创意策划。

（2）顺应新媒体用户习惯及特征。新媒体时代下，用户浏览的时间越来越碎片化，也更缺乏耐心，尤其是在短视频时代，用户浏览信息的时间一般不会超过30秒。因此，进行视频内容策划就要求短而精，相对于之前长视频的方式，短视频的内容会更难做，因为需要通过更短的时间来吸引人们的注意力。但有时候短短的15～30秒很难说明问题，这就需要策划人员策划的短视频能够迅速吸引受众的注意力，再用长视频让用户知其然且知其所以然。

这样,既满足了碎片化的新媒体需求,也满足了感兴趣用户的求知欲。

(3) 明确用户画像。用户画像,即用户信息标签化,就是企业通过收集与分析消费者社会属性、生活习惯、消费行为等主要信息的数据之后,完美地抽象出一个用户的商业全貌,它是企业应用大数据技术的基本方式。用户画像能够帮助营销策划人员快速找到精准用户群体以及用户需求等更为广泛的反馈信息。策划人员一定要清晰地了解谁是目标用户,目标用户想要看什么,策划出来的营销方案就更加有针对性。

(4) 设计人设。"人设"是网络流行语,完整的说法是"人物设定",这里所说的设计人设就是借用该词说明策划人员在进行视频营销策划的时候,假设或者设计出一个与企业、产品或用户对应的人物形象,起到包装、宣传、推广的作用,吸引大量的关注,从而帮助实现营销目标。例如,企业是卖酒的,可以设计一个嗜酒如命的人,也可以设计一个品酒的高雅人士;企业是做教育培训的,可以策划一个教师、学生,或者是家长的人设;如果是做心理咨询的,可以策划一个心理有问题的患者,也可以是一位心理咨询师……人设的存在,就是为了让用户记忆深刻。如果没有人设,视频营销很难收到好的效果。

二、直播平台营销策划

(一) 认识相关概念

1. 基本概念

直播平台营销策划

新媒体直播是指把活动现场接入互联网,使现场随着事件的发生、发展进程同时制作和播出节目的方式,它利用视讯方式进行 PC 端同步观看和手机端观看、重播和转发。直播是一种新的媒体形式,也是视频的一种内容形式,直播营销就是指企业以直播平台为载体进行营销活动,达到品牌提升或销量增长等营销目的。

直播营销策划就是策划人员在充分调研的基础上,根据新媒体直播平台的特点,围绕营销目标,设计与策划营销方式、策略、活动等,以实现营销目标的一系列营销活动。

2. 直播营销的优势

直播营销是一种营销形式上的重要创新,具有以下极大的优势。

(1) 实现较好的传播与关注。策划直播营销就是策划一场事件营销,除了本身的广告效应,直播内容的新闻效应往往更明显,引爆性也更强。一个事件或一个话题,相对而言,可以更轻松地进行传播并引起关注。

(2) 体现出用户群的精准性。在观看直播视频时,用户需要在一个特定的时间共同进入播放页面,但这其实是与互联网视频所宣扬的"随时随地性"背道而驰。但是,这种播出时间上的限制,也能够真正识别出并精准抓住这批具有忠诚度的目标人群。

(3) 实现与用户的实时互动。相较于传统电视,新媒体直播视频的一大优势就是能够满足用户更为多元化的需求。不仅是单向的观看,还能一起发弹幕吐槽,喜欢谁就可以直接送礼物打赏,甚至还能动用民意的力量改变节目进程。这种互动的真实性和立体性,也只有在直播的时候才能够完全展现。

(4) 深入沟通,情感共鸣。在这个碎片化的时代里,在这个去中心化的语境下,人们在日常生活中的交集越来越少,尤其是情感层面的交流越来越浅。直播这种带有仪式感的内容播出形式,能让一批志趣相投的人聚集在一起、聚焦在共同的爱好上,相互感染,以达成情感气氛上的高潮。如果能在这种氛围下恰到好处地推销品牌,营销效果一定也非常棒。

（二）认识几种直播平台

选择合适的直播平台是进行直播营销策划的关键，我国在线直播平台数量非常多，导致平台选择困难。下面介绍的这些平台从不同的角度有不同的分类方法。

1. 从直播的主要内容来分

1) 综合类平台

目前在网络直播行业所指的综合类平台一般是由游戏、娱乐、户外等集于一体的平台，这类平台在网络直播行业比较有优势，这得益于它的粉丝群体比较大。目前知名度比较高的三大综合类平台有虎牙、斗鱼、熊猫。

这种类型的平台有一个最大的好处就是目标观众比较多，包括游戏、娱乐、户外、美食等各行各业，平台对主播的要求也比较高，竞争比较激烈。因此这种类型的平台主播也比较多，粉丝主要集中在平台一线主播的直播间，新人主播或没有优势的主播很难做出成绩。

2) 秀场类平台

秀场类直播平台主要分为移动端和PC端的平台，相对而言，移动端比PC端的秀场类平台发展得更好一些。这类平台内容形式相对单一、竞争较小。PC端在这种类型中起步比较早，平台也都是一些老平台，例如6间房、秀色、繁星等。其中繁星是酷狗音乐旗下的直播平台。移动端在这种类型的平台中发展得不错，其中有陌陌、映客、花椒、来疯等。移动端直播平台有一个特有的直播功能叫"附近的人"，这个功能能帮助排不到前面展示位的直播吸引很多粉丝。

3) 游戏类平台

游戏类平台主要是直播游戏电竞的平台，这种类型的平台有一定的专业门槛，以爱好游戏和在游戏方面有一定天赋的主播为主，主要有企鹅电竞、触手TV等。因为直播内容的单一性和粉丝年龄段等问题，选择这种类型的平台时主要考虑平台粉丝总数量。游戏类型的主播打赏礼物收入相对于娱乐主播收入要低很多，游戏主播主要靠超高的人气，通过一定的人气转换获得高收益。所以，平台的观众数对于游戏主播很重要。

4) 教育类平台

传统的在线教育平台以视频、语音、PPT等形式为主，虽然呈现形式足够丰富，但互动性不强，无法做到实时答疑与讲解。因此，教育类直播平台应运而生，其中网易云课堂、沪江、cctalk等平台都是直接在原有在线教育平台的基础上增加直播功能；而千聊、荔枝微课等平台则属于独立开放的教育直播平台。

5) 商务类平台

商务类平台观众看待直播的出发点和泛娱乐直播平台不太一样，主播收入方式和泛娱乐直播也不一样。不仅有淘宝直播、苏宁直播等，还有很多电商平台已经上线直播购物平台或正在研发上线。

2. 从用户属性来分

在目前的视频直播领域，按照用户属性，主要分为To C和To B两种平台，其中To C直播平台主要是面向普通网民的，典型代表有斗鱼、熊猫、花椒、一直播、映客等；To B直播平台能为用户创造价值，主要面向企业或者产业大会、沙龙活动这类商务会议的直播，代表有易直播、G直播（展视互动）、微吼直播等。

1) To C 平台

斗鱼:斗鱼可以说是游戏直播的行业老大,lol 和 dota2 主播多,竞争激烈。游戏直播发展已经较为成熟,现在更多地在发展泛娱乐内容。

熊猫:综合直播平台,一开始就以两头并进的方式发展游戏直播和泛娱乐直播,炉石主播实力最强,lol 实力也比较强。自制了较多娱乐节目,请了很多韩国女星和主播助阵。

一直播:走明星路线,通过邀约各类明星来平台直播,带来了不少流量,加上微博等渠道的引流,转化非常可观。

花椒:最初的定位是陌生人交友,目前已经转向泛娱乐的秀场模式,直播内容多元化,"造星计划"和"明星战略"提高了用户的黏性。

2) To B 平台

微吼:微吼是企业直播,有免费和收费两种形式。免费版有诸多限制:单个话题直播 1 小时;历史回放留存 2 小时;最多创建 5 个直播。付费版则是 6000 元/年,不限流量,但是在实际测试中显示,一旦同时观看人数过百,卡顿、延迟情况将频发。

(三)直播营销策划流程及方案组成

策划直播平台营销方案需要有一个完整的设计思路,但是仅依靠思路无法有效实现营销目的,企业新媒体团队必须将抽象的思路具象化,以方案的形式进行呈现。直播营销方案的作用是传达。在直播营销思路及目的敲定后,需要通过直播方案准确地表达,将核心思路传达给新媒体团队所有人及外部直播平台运营人、合作主播、摄像师等。首先,策划人员需要明确策划直播的基本操作流程。

1. 策划直播营销的操作流程

(1) 精确市场调研。策划直播营销最终是要实现一定的营销目标,所以策划人员要深刻地了解用户需要什么,企业能够提供什么,同时还要避免同质化的竞争。因此,只有精确地做好市场调研,才能做出真正让大众喜欢的营销方案。

(2) 分析自身优缺点。做直播平台的营销策划,营销经费充足,人脉资源丰富,可以有效地实施任何想法,但对大多数公司和企业来说,没有充足的资金和人脉储备,就需要充分发挥自身的优点来弥补;一个好的直播营销策划方案不仅是人脉、财力的堆积,更需要充分发挥自身的优点,才能达到意想不到的效果。

(3) 市场受众定位。有价值的营销策划方案一定要能够产生好的结果,策划人员要明确目标受众是谁,他们能够接受什么,这些都需要做恰当的市场调研,找到合适的市场受众是做好整个直播营销策划的关键。

(4) 选择直播平台。直播平台种类多样,根据属性可以划分为几个不同的领域。策划人员要综合考虑目标受众、产品特征等因素来选择直播平台,选择合适的直播平台也是一个关键环节。

(5) 设计良好的直播方案。做完上述工作之后,接下来决定成功的关键就在于最后呈现给受众的方案。在整个方案设计中,需要让产品在营销和视觉效果之间恰到好处。在直播过程中,过分的营销往往会引起用户的反感,所以在设计直播方案时,如何把握视觉效果和营销方式,还需要反复不断地进行商讨斟酌。

(6) 后期有效反馈。营销最终要落实在转化率上,实时的及后期的反馈要跟上,同时通过数据反馈不断地修正方案,将营销方案可实施性不断提高,以求达到最优效果。

2. 直播营销的基本要素

一个完整的直播营销应该包括场景、人物、产品和创意4个基本要素。

(1) 场景。策划人员需要用直播搭建出营销的场景,让观众仿佛置身其中。

(2) 人物。直播方案中需要包含主播或嘉宾的选择,这是直播的主角,他的定位需要与目标受众相匹配,并友好地引导观众互动、转发或购买。

(3) 产品。策划人员需要将企业的产品巧妙地植入主持人台词、道具、互动之中,从而达到将企业营销软性植入直播之中的目的。

(4) 创意。这是营销策划的关键,网民对于常规的"歌舞晚会""朗诵直播"等已经产生审美疲劳,新鲜的户外直播、互动提问、明星访谈等,都可以为直播营销加分。

以上4个要素的综合效果会影响直播的整体效果,因此策划人员在进行直播营销方案策划时,一定要注意将这4个要素有机结合。借助人物、场景、产品组成万能的策略模板,也就是什么样的人(消费者)在什么场所(销售渠道)购买了该产品(直播中展示的产品),并在什么场所(使用场景)使用后获得了什么样的效果(产品功能及效果),而这个人物(消费者)正在通过直播的形式把以上环节展示给屏幕前的观众,让更多的人知道或购买(实现直播目的),另外,创意对直播效果的影响也非常关键。

例如,一款高端手机,采用了双向摄像头设计,且明确了推广卖点为这款手机的双摄像头设计能拍出更漂亮的照片,策划人员可以策划户外运动直播秀,以突出在各场景下的摄影拍照都能够胜任。一款护肤品爆水霜,其成分特点是含水量特别高,能够保持皮肤水嫩,可以策划使用检验皮肤水分的仪器,通过数字直观地表现涂抹爆水霜前后的数值对比,同时又策划了将一瓶爆水霜涂在皮肤上,看其能够产生几克水,来突显这款产品含水量之高。一款手机,其特点是大屏幕,可以策划使用手机打乒乓球的环节等。

3. 直播营销方案的组成

完整的直播营销方案的正文部分由直播目的、直播简述、人员分工、时间节点、预算控制组成。

(1) 直播目的。营销策划方案的正文首先需要传达直播目的,告诉团队成员,通过这场直播需要完成的销售目标、需要提升口碑的关键词、现场期望达到的观众数量等信息。

 案例阅读　　　　　直播营销策划目的描述举例

春节将至的这段时间是老百姓采购年货的主要时间段,为了宣传我公司的春节新品套装,并在春节放假前将我公司天猫店销量提升至6000万元,我们将于近期进行一场网络直播。

(2) 直播简述。方案正文需要对直播的整体思路进行简要描述或以"一页PPT"的形式展示,包括直播形式、直播平台、直播亮点、直播主题等。

(3) 人员分工。直播需要按照执行环节对人员进行项目分组,包括道具组、渠道组、内容组、摄制组等。每个项目组的负责人姓名、成员姓名等,需要在方案正文中予以描述。

(4) 时间节点。时间节点包括两个部分:①直播的整体时间节点,包括开始时间、结束时间、前期筹备时间、发酵时间段等,便于所有参与者对直播有整体印象;②项目组时间节点,方案正文清晰传达每个项目组的任务截止时间,防止由于某个项目组在某环节延期而导致直播整体延误。

（5）预算控制。每一场直播营销方案都会涉及预算，新媒体团队整体预算情况、各环节预期的预算情况都要在方案正文中进行简要描述。当某个项目组有可能出现预算超支的情况时，需要提前知会相关负责人，便于整体协调。

（四）直播营销策划

1. 直播营销开场设计

直播营销开场设计非常重要，因为观众进入直播间后会在1分钟之内决定是否要离开，策划人员进行开场设计的是一定要努力做到引发观众兴趣、促进观众推荐、带入直播场景、渗透营销目的、充分利用平台资源等，常见的直播开场形式有以下几种。

（1）直白介绍。在直播开场时，直接告诉观众直播的相关信息，包括主持人自我介绍、主办公司简介、直播话题介绍、直播大约时长、本次直播流程等。吸引人的环节，如抽奖、彩蛋、发红包等，可以在开场中提前介绍，促使观众留存。

（2）提出问题。开场提问是在一开始制造参与感的好方法。一方面，开场提问可以引导观众思考与直播相关的问题；另一方面，开场提问也可以让主播更快地了解本次直播观众的基本情况。

（3）抛出数据。数据是最具有说服力的，直播主持人可以将本次直播要素中的关键数据提炼出来，在开场时直接展示给观众，用数据说话。特别是专业性较强的直播活动，可以充分利用数据开场，第一时间令观众信服。需要注意的是，直播开场的数据必须真实可靠，否则会引发观众对于直播真实性的质疑。目前各大直播平台均具有弹幕功能，且直播主持人无法选择或设置禁言，一旦主持人抛出的数据有误，会直接导致直播间观众利用弹幕质疑，抛出数据反而会带来一定的负面影响。

（4）故事开场。我们从小就爱听故事，直播间的观众也不例外。相对于比较枯燥的介绍、分析，故事更容易让不同年龄段、不同教育层次的观众产生兴趣，通过一个开场故事，带着听众进入直播所需场景，能更好地开展接下来的环节。

（5）道具开场。主持人可以借助道具辅助开场。开场道具包括企业产品、团队吉祥物、热门卡通人物、旗帜与标语、场景工具等。其中，场景工具根据直播内容而定。例如趣味拍卖直播，可用拍卖作为场景工具；知识分享直播，可以借助书籍作为场景工具；户外运动直播，可以加入足球、篮球等作为道具。

（6）借助热点。上网的人，尤其是参与直播的观众，普遍对于互联网上的热门事件和热门词汇有所了解。直播开场时，主持人可以借助热点，拉近与观众之间的心理距离。

2. 直播过程的策划

与传统电视直播相比，在线直播更具有参与感，观众可以发弹幕与主持人互动、参与评论或质疑，反之主持人也可以根据弹幕内容与网友互动。因而，直播过程的策划很重要的就是直播互动的策划，常见的直播互动的方式有以下几种。

（1）弹幕互动。弹幕互动就是大量以字幕弹出形式显示的评论，这些评论在屏幕上飘过，所有参与直播的观众都可以看到。策划人员可以通过策划网友与主播之间的互动来增强直播的效果。

（2）参与剧情。可以邀请网友一起参与策划直播的下一步的展示方式增强观众的参与感。一方面可以使观众充分发挥创意，令直播更加有趣；另一方面可以让采纳建议者获得足够的尊荣感,以此增强直播的效果。

(3) 直播红包。为了聚集人气,可以策划直播总主播利用第三方平台发放红包或等价礼品,来与更多的观众进行互动。策划直播红包的发放一定要注意以下几步:第一步,要约定时间。一方面通知在场观众抢红包的时间,另一方面暗示观众邀请朋友加入直播等待红包,促进直播人气。第二步,平台说明。除直播平台本身发红包外,主播可以选择支付宝、微信、微博等平台作为抢红包平台,提前告知观众。第三步,红包发放。到约定时间,主播或其他工作人员在相应平台发红包。在红包发放前,主播可以进行倒计时,让"抢"红包更有氛围。除红包外,主播可以用礼物的形式回馈观众,同样可以达到良好的互动效果。

(4) 发起任务。策划在直播中发起任务,类似"快闪"活动。也就是在一个指定的板块,在相同的时间,同时做一系列指定的行为,然后迅速离开。在现实生活中,个人力量有限,但一群人一起做一件事,可以迅速成规模,在引起他人注意的同时满足自我的成就感。在直播中可以发起的任务,包括建群快闪、占领留言区、晒出同步动作等。

(5) 礼物打赏。在以营销为目的的直播中,主播形象与企业形象挂钩,因此有观众送上礼物的时候,一定要第一时间读出对方昵称,予以感谢。

3. 直播收尾策划

直播现场的营销效果取决于开场的吸引程度及进行中的互动程度;直播结束后的营销效果则取决于收尾的引导程度。直播结束后,需要解决的核心问题是流量问题,无论现场观众是过十万人还是过百万人,一旦直播结束,观众马上散去,流量随之清空。为了利用直播现场的流量,在直播结束时的核心思路就是将直播间的流量引向销售平台、自媒体平台和粉丝平台3个方向。

(1) 销售转化。将流量引导至销售平台,从收尾表现上来看,即引导进入官方网址或网店,促进购买与转化。通常留在直播间直到结束的观众,对直播都比较感兴趣。对于这部分网友,主播可以充当售前顾问的角色,在结尾时引导观众购买产品。需要注意的是,销售转化要有利他性,能够帮观众省钱或帮观众抢到供不应求的产品;否则,在直播结尾植入太生硬的广告,只会引来观众的弹幕。

(2) 引导关注。流量引导至自媒体平台,从收尾表现上来看,即引导关注自媒体号。在直播结束时,主播可将企业的自媒体账号及关注方式告诉观众,以便直播后继续向本次观众传达企业信息。

(3) 邀请报名。流量引导至粉丝平台,从收尾表现上来看,即告知粉丝平台加入方式,邀请报名。在同一场直播中积极互动的网友,通常比其他网友更同频,更容易与主播或主办单位"玩"起来,也更容易参加后续的直播。可以在直播收尾时邀请这类观众入群,结束后通过运营该群,逐渐将直播观众转化成忠实粉丝。

4. 直播营销的基本方式策划

为了吸引更多网友观看直播,策划人员需要设计最吸引观众的直播吸引点,并结合前期宣传覆盖更多网友。根据"直播吸引点"划分,直播营销的常见方式有7种,策划人员在设计直播营销方案前,需要根据营销目的,选择最佳的一种或几种营销方式。

(1) 颜值营销。直播经济中,"颜值就是生产力"的说法已经得到多次验证。颜值营销的主持人多是帅气的男主播或靓丽的女主播,高颜值的容貌吸引着大量粉丝的围观和打赏,而大量粉丝围观带来的流量正是能够为品牌方带来曝光量的重要指标。

（2）明星营销。明星经常占据娱乐新闻头版,明星的一举一动都会受到粉丝的关注,因此当明星出现在直播中与粉丝互动时,会出现极其热闹的直播场面。明星营销适用于预算较为充足的项目,在明星选择方面,尽量在预算范围内寻找最适合产品及消费者属性的明星并与之合作。

（3）稀有营销。稀有营销适用于有独家信息渠道的企业,包括独家冠名、知识产权、专利授权、唯一渠道方等。稀有产品往往备受消费者追捧,而在直播稀有营销时,不仅体现在直播镜头给观众带来的独特视角,更有助于利用稀有内容直接提升直播室人气,对企业而言,也是最佳的曝光机会。

（4）利他营销。直播中常见的利他行为主要是知识的分享和传播,旨在帮助用户提升生活技能或动手能力。与此同时,企业可以借助主持人或嘉宾的分享,传授关于产品使用技巧、分享生活知识等。利他营销主要适用于美妆护肤类和时装搭配类产品,如淘宝主播"潮女可可"经常使用某品牌的化妆品向观众展示化妆技巧,让观众学习美妆知识的同时,增加产品的曝光度。

（5）才艺营销。直播是才艺主播的展示舞台。无论主播是否有名气,只要才艺过人,都可以带来大量的粉丝围观,如古筝、钢琴、脱口秀等通过直播可以在该才艺领域获取大量的忠实粉丝。才艺营销适用于才艺所用的工具类产品,例如,古筝才艺表演需要使用古筝,制作古筝的企业则可以与有古筝使用技能的直播达人合作,花椒主播"琵琶小仙小蜜"就经常使用某品牌琵琶进行表演。

（6）对比营销。有对比就会有优劣之分,而消费者在进行购买时往往会偏向于购买更具优势的产品。当消费者无法识别产品的优势时,企业可以通过与竞品或自身上一代产品的对比,直观展示差异性,以增强产品说服力。例如,王自如 ZEALER 在测评手机时,经常会用 iPhone 作为参照标杆来评测手机性能。

（7）采访营销。采访营销是指主持人采访名人嘉宾、路人、专家等,以互动的形式,通过他人的立场阐述对产品的看法。采访名人嘉宾,有助于增加观众对产品的好感度;而采访路人,有利于拉近他人与观众之间的距离,增强信赖感。例如,飞贷户外直播,通过采访路人"3 分钟能借到钱吗",路人的表现让观众感同身受,进而有利于推广飞贷的借贷业务。

总之,策划人员在选择直播营销方式时,需要从用户角度挑选或组合出最佳的直播营销方式,这是一项很重要的工作。

5. 直播前期引流策划

为了使直播收到好的效果,策划人员应在直播前期进行引流策划,主要方式有以下几种。

（1）硬广引流。硬广即硬广告的简称。企业新媒体团队可以利用官方媒体平台,直接进行直播宣传推广。常见的官方媒体平台包括官方网站、认证微博、官方微信公众号等。由于官方媒体平台属于企业的自有媒体,因此可以直截了当地将直播时间、直播账号、参与嘉宾、抽奖与惊喜等详细列出,完整地告知粉丝,并邀请其传达给自己的好友。

（2）软文引流。与硬广告相比,软文突出一个"软"字。从用户角度,在标题、开头、正文等部分看不出任何广告的迹象,阅读到结尾后才能发现真正的宣传信息。软文引流需要注意两个细节:①相关性,软文需要投放到目标用户活跃的平台或账号,否则推广效果会大打折扣;②目的性,虽然是软文,但需要在文末引导用户点击直播间网址或下载直播软件。

（3）视频引流。视频之于文章，正如电视节目之于报纸。由于视频比文章更容易理解，降低了受众的认知门槛，因此越来越多的企业开始利用视频进行宣传推广。当前网民普遍生活节奏变快，没有一个小时以上的完整浏览时间，所以短视频尤其受到用户的喜爱。在新浪微博、今日头条等平台，优秀的短视频可以达到上百万级甚至千万级效果。

（4）直播引流。直播平台通常有"推送""提醒""发布"功能，直播开始时，可以将直播消息直接推送给关注直播间的粉丝。因此，在直播开始之前，企业可以在同一直播平台进行预热，一方面鼓励观众关注直播间，积累原始粉丝；另一方面调试软件与硬件，争取在直播正式开始前达到最佳状态。

（5）问答引流。传统的问答网站包括百度知道、搜狗问问等，用户可以在问答网站获得想知道的答案，企业也可以借助问答网站友好地回答网友问题，同时为企业做宣传。除以上传统问答网站外，知乎问答、头条问答、果壳问答等也可以作为企业宣传与引流的渠道。例如，手机新品推广的直播，在开始前可以在问答网站回复"请推荐一款好用的手机""哪款手机屏幕比较大"等问题，在友好回复的同时宣传直播，引导网友前往直播间。

（6）线下引流。虽然直播营销属于新媒体营销的一部分，但传统渠道的引流效果也不容小觑。如果企业有线下的渠道，如产品体验店、营业厅、线下门店等完全可以借助线下渠道，以海报、宣传单等形式，宣传直播内容，引导线下消费者关注直播。

（五）直播营销效果评估策划

在进行直播营销时，除监测一般的咨询量或销售量等常规数据外，营销策划人员还需要设计一些有针对性的数据，直播效果数据包括品牌口碑数据、目标用户比例、效果数据等。

1. 将品牌口碑数据与直播中的产品进行对比

看直播是否有效地传递了产品理念，让观众对产品感兴趣，对产品优势有了解。可以利用百度指数、大众点评星级、相关问答数量等数据来检验直播方案实施对于产品品牌与口碑的效果。

（1）百度指数。百度指数是以百度海量网民的搜索数据，在针对某款产品的直播活动结束后，如果百度指数曲线出现大幅度上涨，则说明本次直播方案对产品宣传是有效的。

（2）新浪微指数。新浪微指数是基于微博用户行为数据，采用科学计算方法统计得出的反映不同事件领域发展状况的指数。百度指数展示的是网民对于某事件或某品牌的搜索热度，而新浪微指数展示了网民对于某事件或某品牌的讨论热度。

（3）微信指数。微信指数是微信官方提供的基于微信大数据分析的移动端指数，其计算范围不只包括微信搜索数据，还包含公众号文章及朋友圈公开转发的文章。因此，微信指数可以更加综合地显示一家企业或一款产品的口碑情况。

（4）头条热度指数。头条热度指数是根据今日头条热度指数模型，将用户的阅读、分享、评论等行为的数量加权求和得出相应的事件、文章或关键词的热度值。

（5）大众点评。线下服务行业（如饭店、美发店、酒店、电影院等）的品牌口碑情况，通常可以借助大众点评的星级数据进行分析，新媒体营销团队可以统计直播前后的大众点评星级分值，计算直播的效果。但需要注意的是，如果策划人员计划通过直播提升大众点评的口碑星级，那么就需要在直播过程中设计台词，引导网友前往对应的大众点评店铺进行评价。

（6）问答。一场有效的直播方案实施之后，通常会继续吸引对产品感兴趣的网友在互联网中进行讨论,尤其是科技类新产品发布结束后,网友会在百度知道、知乎、头条问答等渠道提问,了解关于产品的更多信息。因此,新媒体营销团队需要在问答类网站进行搜索,统计直播方案实施后的提问数量及回答质量。

2. 将目标用户比例与直播中的用户进行对比

看直播是否精准地覆盖用户,吸引目标用户进入直播间。直播营销的目的,不是直播间观众越多越好,而是精准观众越多越好,只追求观众数量而不追求精准率的直播,很有可能"叫好不叫座",收获了大量人气但没有收获销量或提升品牌。策划人员可以通过以下数据分析进行效果衡量。

(1)自媒体互动数据分析。微博、微信等自媒体平台,在粉丝关注后可以直接推送一条自动回复的欢迎词。直播开始之前可以提前在"被添加自动回复"功能处设置关键词,友好地引导粉丝回复其来源渠道。

(2)页面浏览数据分析。网站或网店通常都具有页面浏览数据统计功能。进入网站或网店后马上退出的用户,往往对企业产品不感兴趣,这类用户并不是企业的目标用户。而进入网站后浏览页面并翻看其他页面的用户,可以认定其对企业或对某一款产品感兴趣,这类用户就是企业营销活动所期望获取的目标用户。

思考分析

A网站平时日均访客数量为1000人(次),精准用户比例约30%;直播活动结束24小时内访客数量达到16000人(次),其中访问时长大于5秒的访客数量为9000人(次),B网站平时日均访客数量为5000人(次),精准用户比例约50%;借助直播活动,在结束后访客数量达到30000人(次),其中访问时长大于5秒的访客数量为10000人(次)。请问:A网站与B网站借助直播营销,哪一个网站总访问量提升比例更大?哪一个网站的精准用户访问量提升比例更大?

(3)问卷抽查数据分析。分析目标用户比例的第三种方法是借助问卷工具抽查调研。这种方法适用于直播结束后建立粉丝社群的企业。新媒体团队可以在问卷网、金数据、麦客网等网站设计问卷,对粉丝的来源渠道、最感兴趣的直播环节等进行调研。随后将问卷发在粉丝群,邀请粉丝填写问卷。为了提升粉丝填写比例,增强问卷调研的有效性,新媒体团队可以利用红包、积分或礼物等,鼓励更多粉丝参与。

3. 将效果数据与直播目标进行比较

企业直播营销需要与新媒体营销的整体目标相结合,而新媒体的整体目标又必须紧扣企业的市场营销总目标。因此,在直播策划之前,策划人员需要准确地提炼出本次直播的营销目标,在直播后将转化情况与目标做比较,分析直播转化效果。直播转化情况根据行业特点及营销目标而定,可以是销售数量、咨询数量、下载/安装/注册数量等。

(1)销售数量。以提升网店销量为目的的直播,可以通过店铺后台的下单数量观察直播效果。一场有效的直播,在直播期间及直播后的发酵期会有明显的销量提升,但是需要强调的是,除销售数量本身之外,企业也可以对下单比例和成交比例进行分析。下单比例是指当日下单人数除以当日浏览人数,如果店铺浏览人数激增而下单人数很少,说明直播向网店引流的目的已经达到,但是由于页面吸引程度不够而导致下单人数减少,后续需要重点提升的是网店页面的设计。成交比例是指当日付款人数除以当日下单人数,如果下单人数多而成交比例少,说明店铺的支付功能可能存在问题,后续需要重点提升的是支付功能,或者更换销售平台。

(2) 咨询数量。传统教育、工业设备行业等通常不通过线上直接成交,仅通过互联网咨询并达成初步意向,随后在线下实现销售。因此,这类行业的转化情况,主要通过咨询数量进行分析。综合直播期间及直播后的QQ咨询数量、网站咨询数量、微信咨询数量等各渠道整体咨询数据,可以得出直播的咨询转化效果。

(3) 下载/安装/注册数量。游戏、软件等行业的营销目标不一定是销售情况,有时会是游戏下载数量、软件安装数量、新用户注册数量等。对这类数字进行直播前后对比,可以计算出直播对下载安装/注册数量的贡献。

三、短视频平台营销策划

(一) 认识短视频营销策划

相对于文字、图像,视频对观众的冲击力更大,能够形成的记忆也更深刻。而且视频对文字、图像来说,更加便于观看与理解,观看时情绪也更加轻松。新媒体时代下,短视频重新定义了视频的长度,充分利用人们的碎片时间,短视频因而越来越火爆;而随着手机越来越智能,人们的使用频率越来越高,短视频的转发率和转发平台也越来越多样化,一条短视频拍好了,可以在多个平台形成宣传效应。加上短视频的趣味性使人们感到更加放松,实现了高传播率。因此,短视频营销方案受到越来越多企业的重视,也会带动企业营销的发展。

关于什么是短视频,目前尚没有一个合适的定义。SocialBeta 将其定义为"短视频是一种视频长度以秒计数,主要依托于移动智能终端实现快速拍摄与美化编辑,可在社交媒体平台上实时分享和无缝对接的一种新型视频形式"。国外比较有代表性的短视频发布平台有 Instagram、Vine、Snapchat 等。国内此类产品的起步稍晚于国外,但已有微视、秒拍、啪啪奇、美拍、微信短视频等先行者做出了探索。短视频的视频长度一般控制在 30 秒以内。

短视频营销策划就是策划人员围绕营销目标,根据目标用户选择合适的短视频平台,策划设计出短视频内容、推广方式等系列活动的过程。

(二) 认识短视频平台

根据产品的功能形态,目前国内主流的短视频平台大致分为工具型、资讯型和社交型三大类。

(1) 工具型。工具型短视频平台均包含修图功能,故该类型的数据不仅是短视频用户,还包括拍照、修图片的用户,UGC 短视频,属于工具应用,代表的短视频平台有小影、faceu、小咖秀、B612 咔叽、美拍、小红唇等。这类短视频平台用户黏性不高,产品容易被复制,对社交平台的依赖性较大。

(2) 资讯型。内容以资讯为主,有大量 PGC,代表性短视频平台有梨视频、B 站、各新闻客户端内嵌小视频,该类短视频平台用户互动性不足,产品易复制,内容同质化程度高。

(3) 社交型。UGC 短视频,重社交属性。代表的短视频平台有秒拍、快手、抖音等,该类平台用户社区的构建与维护成为竞争关键,社区用户黏性有待提高。

(三) 短视频营销的注意事项

1. 明确短视频营销推广的目的，选择恰当的平台

选择平台前应认真思考短视频的定位和营销的目的，全面了解各平台的调性与用户特点，看其与自己的目标用户是否吻合。短视频营销推广的目的是策划方案设计的依据，因此明确营销目的十分重要。例如，营销的目的是获得一定的粉丝量，那么就要做一些能够吸引人的短视频，做得好还能上热搜，粉丝看到作品之后会评论、转发和点赞，慢慢地粉丝就会越来越多。如果想将品牌推广出去，可以选择多个平台发布，最好选择主流平台，像头条、爱奇艺、腾讯之类的，因为很多人都熟悉这些平台，关注的人群也较多，曝光率也高，能够更大限度地推广品牌。

每个平台都有各自的属性及特点，其用户也是。例如，头条的用户男性多一些，比较适合一些科技类、汽车类栏目。而美拍用户偏重年轻女性，比较适合投放美妆类、时尚类栏目。如果短视频是游戏电竞方面的，就更适合 B 站这类游戏用户聚集比较多的平台。另外，平台更欢迎与平台调性一致的内容，但有时候渠道可能有这样或那样的规则，所以策划人员应策划出符合平台规则的短视频内容。视频多渠道分发时，可以视不同平台规则分别剪辑视频。

因此，挑选视频发布平台时切忌盲目跟风，而应该结合自身的品牌调性、用户属性和营销战略的目标，选择合适的平台。

2. 注意短视频发布的频率与时间

短视频发布后，要想获得持续的关注，应该不断地更新短视频，不能今天更新 10 个，明天 1 个都不更新，后天更新 2 个，这样没有规律性地去更新，平台也不会接受，而且播放量不会很好。日更则是为了获得更好的播放量，同时让系统判断你是有良好的运营习惯，从而渐渐地增加曝光度。

短视频发布的时间点需要根据企业的定位人群确定，目前相对来说各平台的时间大致分为 6:00—11:00、16:00—18:00、20:00—23:00，所有视频和文章都离不开这 3 个时间段，大家可以根据自己的内容，先在每个时间段试发，记录每个时间段的数据，然后根据自己的实际情况调整发文时间，让视频和文章的浏览量达到一个极致。

3. 获取渠道资源，多渠道推广引流

平台上一个好的推荐位至关重要，如果能够联系渠道给自己的栏目一个好的推荐位，例如绿色通道等，可以成为自己内容分发重点渠道的依据。想让策划方案吸引更多的粉丝，可以找到平台中活跃的影响者和品牌合作，这是扩大影响力最有效的方式。另外，尽可能与相关领域的其他平台或者企业进行合作，互相引流，实现二次传播或多次传播，将视频的影响力不断扩大，保持热度。因为领域相同，大家能够互相聚合粉丝。策划人员要选择不同的渠道、方式、策略让策划的短视频得到有效推广，使播放量增加，以实现营销目标。

(四) 策划短视频营销方案的技巧

策划是短视频的灵魂。策划出的内容是否符合用户的观看习惯，能不能打动用户心理，这些都直接关系着你的短视频最后投放到市场上的受欢迎程度，下面简单介绍策划短视频营销方案的一些技巧。

1. 品牌用户化策划

品牌用户化策划要求策划人员把自己当作产品的使用者，从用户的角度来设计策划方案。例如,在夏天最火的嘻哈音乐,正是一种年轻、真实的象征,哈尔滨啤酒通过与张震岳热狗的合作,打造出最具年轻化和真实的品牌freestyle,使年轻人同品牌真正地玩儿到一起,让品牌实现了用户化。

2. 标题和封面一定要策划好

标题和封面直接决定视频的生死,一定要洞察人性。每天我们都面对各种信息流,决定我们是否点击一个内容的时间也就几秒,所以标题一定要短,关键字要明显。封面要引人注意,或者勾起大家的好奇心。

每一个短视频的发布都需要确定主题,可以固定每周开一个选题会,让团队进行思想火花的碰撞,对于本周主题和大致风格产生一个较为明确的构思。策划人员在此基础上结合时下热点,融入创意,进而产生稳定、常规的内容。

另外,可以使用#字标签来优化标题,标签是到达目标用户、最大化品牌在社交媒体上的曝光率,并且延长营销战役周期的好方法。使用标签能为品牌带来更多的粉丝,标签的使用对于品牌在短视频平台上的传播尤其重要,因为很多短视频平台的搜索引擎只能搜到带有#字标签的内容,如果不使用标签,就会让短视频策划的内容淹没在海量的信息之中。在标题命名上,可以加上公司或产品名称,或结合流行文化趋势和营销战役主题,打上标签(#),利用话题功能吸引大众增加热度,更易于与粉丝互动。

3. 内容一定要结合产品和诉求

策划人员一定要避免在短视频中硬性推广产品。当然,也可以选择在视频中展示品牌的历史、价值观或使命。策划人员要根据产品的不同调性进行策划,视频可能需要走心的、无厘头的、魔性的、有价值的、吐槽的等形式,但是无论采用哪种形式,需要结合产品价值,策划需要有创意。例如,世界杯期间,阿迪达斯用Vine巧妙展示了世界杯用球进化史,通过球的滚动形象地刻画时间的流逝,同时展现足球的进化,构思巧妙。

4. 策划要有创意

短视频囿于时间的限制,不适宜承载信息量过大的内容。需要在很短的时间内吸引受众的注意力,因此每一秒对于品牌来说都至关重要。策划人员需要表现出创造力、独特性和原创性。在创作题材方面,可以将产品、功能属性等融入创意,结合流行文化趋势或当下热点,撰写一些广为人知的桥段和作品。光是死板地介绍品牌,在短视频平台注定不会引起转发,要想获得用户关注,除了蹭热点,更重要的是要有创意。例如,小米手机就创造了一个和品牌名称相匹配(以小米食材)的短视频。视频中,小米手机上显示的是粮食小米,然后用手一拍,小米立马就从屏幕内洒出来了,把手机扔到沙发上,手机消失了,小米倒是撒了一地。这样的内容制作非常有趣,一提到"小米"这个词,大家就会想起这个视频,同时联想到小米手机品牌。

5. 视频长度要严格控制

视频长度最好控制在5分钟以内,但要注意节奏,便于传播和在无Wi-Fi的情况下打开。根据调查,超过5分钟的视频,95%的人不愿意用流量观看,但是2~3分钟的视频,60%的人还是可以接受直接用流量观看。另外,短视频的节奏一定要快,包袱最好密集。时间太长,容易让观众分心,可能观众没看完视频就关了。既然视频都没看完,又怎么可能会继续分享呢?

6. 强化互动策划

在注意力经济时代,单向的"背书式"传播已经不适应互联网的原住民了。而互动的参与式才是与他们沟通的方式,他们已经不甘心只是默默当一个看客,策划人员应该抓住这样的机遇,让年轻人参与进来,去创造属于他们的品牌内容。让用户充分参与品牌的创意,让品牌影响力延续下去,才能让短视频营销创造乘法效应。要策划与粉丝的经常互动,这不仅能够产生内容创意,还将为品牌收获口碑代言人。定期搜索与品牌相关的TAG(♯),找到用户谈论品牌的相关内容。用企业账号点赞、评论或转发积极正面的内容。

一般策划互动主要有两种方式:①在评论区与用户互动,用户在下面评论,策划人员要主动回复,这样用户就感觉策划人员比较重视他,他就更愿意去看所发布的内容,并且帮助转发和点赞。②引导用户互动。例如,可以在视频中留下问题,让用户发起讨论。积极地把用户活跃度燃起来,这样可以引起评论或吐槽,也可以留住用户,同时用户也会帮助策划人员去分发进行转化。

7. 策划热点内容

策划人员要多关注一些比较流行的热点,所拍的视频内容应尽量多与当天发生的热点相关联,平台会有更高的播放量,用户也会特别关注,这样策划出来的短视频的播放量就会很高。

8. 将产品的制作过程融入创意

例如,可口可乐与国外视频创意达人Zach King合作,在VINE里面用6秒视频植入可口可乐的产品,这一系列视频获得了上万的点赞。同样的例子,CCTV发现之旅、中国南方航空公司联合国内短视频达人@罗休休、@北小诗、@韦海珊等,在微视里面用8秒视频带领用户体验南航,领略澳大利亚珀斯的美景。

(五)短视频平台营销效果评估

短视频效果会因平台不同而有一定的区别,但在一般情况下,对一个短视频策划方案效果的评估,可以从3个维度入手:①单视频分析,即通过视频自有的数据指标对自身进行一个诊断;②同IP视频之间比较,即和我们自己的IP中其他的视频进行对比分析;③外部竞争分析,即同别人的IP进行对比分析。

1. 单视频分析

平时在系统或后台里能看到各式各样的数据指标,不同的平台数据指标往往描述不同,其实不管是什么数据,基本都是在记录两件事情:①短视频内容本身;②观众对短视频内容的反馈。以内容本身为基础,由观众产生这些数据,它们都有自己代表的评估维度,也彼此互相产生影响。

1)短视频内容本身效果评估

(1)初始推荐量。推荐平台会通过平台指数,也就是以往的账号表现,结合标题描述的内容覆盖的人群,进行第一波推荐,这个时候的推荐还没有参考互动的一些指标,决定其基数的就是内容覆盖的人群。所以说,初始推荐量是最能评估内容的热门度的一个指标。怎样查看初始推荐量呢?一般会在内容审核通过以后,在1小时内持续观察后台的推荐量情况。如果其明显较之前的视频初始推荐量少,往往是因为标题内没有热门的词汇,或图片不够吸引人。

那么怎样提升初始推荐量呢?初始推荐量低,很大程度是因为标题内没有热门词汇。

机器可以解析文章内容,而对于视频,机器只能通过标题进行定位。但是为了视频的健康,以及后续需要的数据表现,不应该做标题党,而是内容本身就覆盖热门的内容,标题只是对热门内容的一个描述。

(2)平均播放进度、跳出率、平均播放时长。这3个指标主要说明两个问题:如果跳出率过高、平均播放进度过短,说明标题、头图与内容差距较大,观众进入后与预期不符合,就离开了。由于比率偏低,在很大程度上会被判定为标题党,极大地减少了推荐量。平均播放进度和平均播放时长最直接地体现了视频内容(包括内容节奏的把握等)的吸引力。这里可以和视频时长相结合,分析一般用户都会在什么时间离开,内容里是否有打扰用户、让用户感觉冗长、拖沓的地方。

2)观众反馈的指标

(1)点击率。点击率是指网站页面上某一内容被点击的次数与被显示次数之比,如果把之前提到的内容指标看作"事中"指标,点击率可以说是一个事前指标。点击率代表的是一个视频标题、封面吸引人的程度。在平台内被系统推荐的人对内容本身是没有了解的,评判是否要点开播放视频的依据只有标题和头图两个因素。要提升点击率,就要提升标题和头图的吸引力。要多学习他人优秀的标题范式,头图内要包含吸引人的超级符号。

(2)评论率、收藏率、转发率、涨粉率。这4个比率代表的是内容对观众同我们互动的引导能力,这4个指标的高低也决定了进一步可以带来的推荐比重。

评论率:评论率代表用户在观看视频后愿意进行讨论的意愿,评论率=评论量/播放量×100%。提升评论率,首先在策划内容的时候要考虑内容本身的可探讨价值,例如,存在争议点、对立双方、引发共鸣等。其次,用户需要被引导,需要在内容包括评论等环节对用户进行引导,鼓励用户互动留下自己的意见。当然,我们需要的是有意义的评论,建议删掉"互粉"等无意义的评论,给真正的观众留下一个有意义的意见展示区域。

收藏率:收藏率代表用户在观看视频后进行收藏的意愿,收藏率=收藏量/播放量×100%。收藏率是观众对内容价值的肯定。提升收藏率要考虑提升内容的实用价值,例如提升生活品质、技能等。

转发率:转发率是指用户在观看后愿意向外推荐、分享的欲望,转发率=转发量/播放量×100%。转发的行为背后有两种心理因素:觉得对他人有帮助;或者是可以彰显自己支持的观点,作为意见表达的素材。所以提升转发率,要考虑内容价值的普适性。大家在微信群里是不是经常转发两类内容?一类是搞笑的内容,帮助大家解压;另一类是新鲜事物,没有见过的、能够满足大家好奇心的内容。同时,在内容的表达上,可以表达鲜明的观点、立场,对价值观相同的观众,其转发的概率会有很大程度上的提升。

涨粉率:涨粉率代表用户观看后愿意持续关注、希望持续获得相同内容的意愿。关注成为粉丝是上面所有行为的漏斗过滤下来的结果。也就是说,涨粉率是一个结果量,并不能单纯直接地进行优化。当然这里谈到的是优质的粉丝,也就是同我们表达的内容有相同价值观的、愿意长期关注我们内容的人,而不是互粉来的僵尸粉。

拓展阅读　　　　　　**衡量抖音短视频效果的指标**

点赞率:点赞率=点赞量/播放量。点赞率是抖音作品影响权重最重的一项,所以放在第一位,点赞率越多,推荐量越多,播放量也越多,前期点赞率到5%时,权重就会提高。反之,如果点赞率转化率不高,平台就不会再给你推荐新的用户观看,那么播放量自然就上不去。

互动率:互动率包括回复率和转发率。回复率是粉丝观看后,留言、评论的比例,回复率=回复人数/播放量。转发率是指粉丝观看后,对于作品转发的数量,转发率=转发量/播放量。所以,发布完视频后,一定要及时与留言的粉丝交流,我们经常可以看到一些新建的抖音账号,就算点赞率不高,播放量也一般,作者也对每一条留言进行了回复,即使无话可说,也要回一句"恭喜发财",这就是互动率。

点赞加粉率:点赞加粉率=账户或发布作品带来的加粉数量/点赞量。这个数据的高低关系着视频能否被粉丝加关注,比例越高,说明作品的价值越高。假如作品受到的点赞多,但是加粉非常少,说明作品对用户的帮助不是很大;如果点赞多,加粉也多,说明作品不仅好看,后续的读者还想了解你的更多视频。

播放完成度:播放完成度是指用户观看你的作品内容所用的时间。播放完成度=观看时间/作品时间,完成度越高,说明作品越受欢迎,系统给你分配的推荐越多,播放量也就越多。

垂直度:垂直度是指抖音作者发布的内容是否一直在一个领域,也就是大多数粉丝关注你的核心是否没有改变。

活跃度:抖音号要每天坚持登录、发布作品、点赞留言等操作,不能三天打鱼两天晒网。

健康度:健康度是指抖音作品内容要做到健康、绿色,传播正能量,不抄袭,不违规,不违法。

2. 同 IP 视频之间对比分析

这是指"合横连纵"的对比方法。横向是指同期视频的分析;纵向是指同类视频的分析。

合横就是将同期视频整合起来,进行合并统计。连纵就是和同类的或相似题材的视频进行对比。可以从两点入手:①渠道维度,即同类视频在相同渠道的表现情况;②分析明星视频,即在大部分渠道里表现突出的短视频。

 案例阅读

某个短视频发布在 12 个渠道上,截至目前总计 67 万的播放量,如下图所示。

短视频播放量

头条是首发渠道。这个视频在头条上的播放量有 12 万左右。查看这个视频在不同渠道上的播放量,可以用来评估这个视频全网的影响力。合并后可以看到,播放量上万的渠道有今日头条、美拍、bilibili、搜狐和内涵段子。内涵段子这个渠道以前并不突出，但这期内涵段子竟然是播放量最高的渠道，其他的数据指标，例如用户的评论也非常多。说明这期视频的内容适合内涵段子的人群观看，以后在内涵段子渠道上可以考虑同类题材内容。

案例阅读

下面分析一个小米最新题材的视频，如下图所示。

小米视频播放量

首先，要看同类视频在相同渠道的表现情况。可以看到最近一期视频头条渠道的播放量是1.8万次，从总体表现来讲，基本处于及格线，不低也不高。其他小米主题的视频在头条表现最高是2.2万次，所以本期视频整体来说算是一个正常的表现。

其次，将这几期的渠道表现对比后可以发现，11月4日发布的一期视频在各个渠道的播放量普遍偏高，那么很明显这一期视频就是这个小米主题里的明星视频。明星视频并不仅通过观察一个渠道得出，而是在大部分渠道里都表现突出。可以将本次的视频和明星视频拿出来针对每一个渠道进行对比，例如天天快报、秒拍、爱奇艺等渠道，包括播完率、评论、标题等方面的对比，挖掘出视频的亮点或优势，在今后的拍摄中进一步重点地体现。

3．外部竞争分析

同样的类型、同样的题材在相近的时间发布在相同的渠道上时，就会有比较明显的竞争关系，例如，同样都是美食题材的内容，如果大家发布的时间相近，在一定程度上推荐量会拆分，受到较大影响。此外还跟热点的内容有关，虽然热点内容被关注的可能性很大，但如果大家都在做，就会产生需求过剩的情况，如果发布的时间偏后，对于用户而言就没有新鲜感，也就没有吸引力了。

案例阅读

下面以同道大叔的两个视频为例进行分析。

这两个视频都是发布在天天快报渠道上，第一个视频的发布时间是13:57，第二个视频的发布时间是16:47。这两个视频发布后的竞争情况是：第一个视频，排名在第五位，可以看到在前后 1 小时内有很多偏大的 IP 都进行了视频的发布,郑云工作室较同道大叔晚发了 9 分钟,但发布后 24 小时播放量达到了 7.8 万次,而关八的视频几乎是同时刻通过了审核,进行了发布,发布后 24 小时播放量达到 7.6 万次。虽然分类不同,但是受众是有很大的重合度的,在这个时段发布,并未占很大的优势。再看另外一个视频,发布时间在 16:47,也是在天天快报渠道上,虽然发布时间并不是大家认知中的峰值时间段,但是 1 小时内并没有其他大 IP 发布视频,就有了较好的展示机会,24 小时内的播放量达到了 28 万次。当然这与视频本身的热点性也有关系,但不充分的竞争环境,却给这个视频提供了更多的展示机会。

需要注意的是,营销策划人员在进行方案效果评估设计时,还是应该根据所选择的平台及营销目标,合理地设计评价指标及数据,以便更好地对方案评价与改进。

四、音频平台营销策划

(一) 认识相关概念

音频是一个专业术语,人类能够听到的所有声音都称为音频。音频是除文字、视频之外的传播载体,随着人们生活节奏的加快,一般来说,只是在有闲暇的时间才会看文字内容或视频,其他时间还是会听音频的。例如,宝妈在做饭的时候,上班族在坐车或开车的时候,都会选择音频作为学习和提升知识的主要手段。

音频营销就是以音频为主要传播载体的营销方式,这里的音频主要是指在线音频,在线音频是指通过网络流媒体播放、下载等方式收听的音频内容,主要包括有声读物、网络电台、语音直播、互动娱乐等形式。内容上则涵盖有声小说、人文历史、脱口秀、亲子、相声评书、新闻资讯、商业财经等诸多类型,是一种新媒体营销手段。

音频营销策划就是策划人员通过各种在线音频平台,围绕营销目标,对音频内容、推广方式及策略等进行分析、判断、推理、预测、构思、设计和制订市场营销方案等行为。

(二) 音频平台营销的价值

移动互联网时代,信息的传播变得更加便捷与实时。消费者也在快速适应快节奏的城市生活,习惯利用行车或乘坐公交、地铁等碎片化时间获取信息。其中,电台 FM 成为当下被广大消费者欢迎的一类音频媒体形式,目前一些主流的受用户喜爱的电台类 App 包括喜马拉雅 FM、蜻蜓 FM、荔枝 FM、阿基米德等,其中喜马拉雅 FM 仅用 1 年半的时间就拥有了 1.4 亿的听众用户。不难想象,当用户资源积累得如此庞大,且大范围覆盖了主流消费群体的时候,音频分享平台也将成为品牌主的重点关注渠道之一。那么时下流行的音频分享平台具有哪些特点,消费者的使用场景是什么,它们对于品牌主的营销价值在哪里?

1. 音频形式让广告变得更聚焦

在一般的视觉媒体(如图文信息等)上,用户往往一眼就能看到多个广告,CPM 的效果因此大打折扣,但是音频内容不同,用户同时只能收听一个内容。这就是音频的闭屏特点,这个特点让音频营销的价值更高。音频内容可以来自手机、智能音箱等可携带设备或车载终端等。大部分用户会在上下班途中、在休息时(如午休、睡前床上)收听音频内容,而在这样的场景下,用户更能集中注意力接受音频内容。

2. 用户的多元化,精准的媒介接触

音频媒体平台的受众人群非常多元化,以喜马拉雅为例,有关调研数据显示,70% 的喜马拉雅用户是主流消费人群，20～39岁群体占所有用户的73％。而针对不同的年龄人群，用户的收听内容的需求也非常多元，如脱口秀、情感、汽车、财经、英语等。因此，针对用户多元化的需求，平台也可实现更垂直与精准的人群划分与媒介投放。例如，上汽联合喜马拉雅FM展开的整合营销案例就验证了这一观点，因为调研发现有36.5％的用户会在私家车上使用车载设备收听网络电台。私家车主是具备强消费力的群体，且对汽车厂商的品牌主来说，这更是直接到达目标消费者的优质途径。

3. 更好地与品牌的目标消费者进行互动

除精准的广告到达之外，策划人员还可以策划常开模式的营销，将平台上的用户转化为自己的品牌粉丝也是音频电台的营销价值之一。品牌可以通过打造自己的品牌电台或与已经聚集大量听众的知名主播合作，与用户进行长期的沟通。例如，英孚口袋英语就是很好的品牌自制电台的案例。值得注意的是，在音频平台上，用户的评论互动也非常活跃，关注、评论、点赞、转采随时就可能产生，同时，在平台外的分享、各媒体平台之间的分享、回流就会产生，这对品牌在垂直社区与其他社交媒体交互方面都有较大帮助。

（三）认识主要的音频平台

1）音频平台分类

音频平台按照主要内容可以分为3类。

（1）综合在线音频平台。这类平台内容丰富，种类繁多，形式多样，例如喜马拉雅FM、荔枝FM、蜻蜓FM等。

（2）垂直有声阅读平台。这类音频平台内容以有声书为主，例如懒人听书等。

（3）音频直播平台。主打音频直播，深交属性比较强，例如kilakila（克拉克拉）等。

案例阅读 　　**微信公众号也可以做音频营销**

微信公众号可以做音频营销吗？这可能让大家很意外，因为在我们平常的认知中，微信公众号就是用来发文写文的。其实也有很多以声音为卖点的公众号，而且它们做得相当成功，有十几万甚至上百万的粉丝，例如一个人听、夜听等。这个平台没有什么类别限制，你可以做任何方面的内容，比如诗朗诵、讲故事、读小说，甚至唱歌。只要你的声音有魅力，这就是属于你的声音专属舞台。

2）具体音频平台介绍

策划人员在策划音频平台营销方案之前，要了解各个平台的特点。下面介绍几个音频平台。

（1）喜马拉雅FM。这是一款专做音频分享的知名软件。用户规模大，喜马拉雅营销渠道主要包括应用商店、社会化媒体、硬件/系统分发和活动策划等。它是通过与多个线上线下出版机构合作，获得多部畅销书/网络文学的有声版权，通过与腾讯视频围绕IP开展合作，获得使用腾讯的IP开发孵化音频等相关内容产品的权利，构筑了较强的版权壁垒。目前拥有市场70％畅销书的有声版权、85％网络文学的有声改编权，超过6600本英文原版畅销有声书，为扩大音频营销创造了良好的基础。此外，喜马拉雅为内容创业赋能，不断扶持和孵化原创IP，创新了多种音频营销玩法。

（2）荔枝FM。荔枝FM是一款主打声音互动的软件。荔枝主打品牌播客，发力社群营销,这款软件上玩法众多,例如,K歌交友、配音、语音直播等,支持大家上传自己的声音作品,是一个互动比较好的音频平台。

(3) 蜻蜓FM。蜻蜓FM是一款比较早的音频App,它像一个电台,还可以点播,这个平台目前也很重视传统电台。软件内情感、脱口秀、历史、儿童等板块分明,内容丰富。

(4) 懒人听书。懒人听书功能其实并不算很强大,只是流媒体在电子书阅读上的一个体现。但是这款应用胜在界面简洁、功能实用,并且操作异常简单,真的很适合"懒人们"。

(5) 网易云音乐和豆瓣FM。一开始都是主打小众音乐市场的,网易云音乐在短短4年时间里就吸引了4亿多用户注册使用,软件内的音乐评论功能、歌单功能、分享歌单功能独具特色。豆瓣FM更是因为能够经常播放用户喜欢而没有听过的音乐吸粉无数。这两个软件都是可以让用户自己制作上传音乐的。

除上面介绍的音频平台之外,还有许多的音频平台,策划人员需要进行仔细研究与选择。

(四) 音频平台营销策划注意事项

策划人员在进行音频平台营销策划过程中,需要注意以下几个问题。

(1) 选择好音频平台。音频平台有很多,每个平台都有其平台规则、要求及特点,策划人员需要根据目标用户特征及企业目标需求来进行选择。另外,在制作音频的时候,可以在里面加上联系方式,例如引导用户关注企业相关信息。

(2) 把握音频平台用户特征,进行针对性策划。策划人员也必须了解在线音频平台用户的特征。艾媒咨询相关数据显示,中国在线音频用户不收听语音直播的主要原因,同样与直播内容质量有关,在不收听语音直播的用户群体中,近4成(36.6%)是因为对语音直播内容不认可。艾媒咨询分析师认为,在内容竞争激烈的在线音频市场中,迎合用户追求高质量内容的诉求,对于语音直播,乃至整个音频平台的营销都有重要的意义。

(3) 选择好听的声音,重视语音内容质量。策划人员要注意,声音作为音频平台联系主播与听众的唯一纽带,自然最受听众期待。因此,策划人员一定要选择好主播声音,让其声音优势得到充分发挥,使内容更具有吸引力。因为在听众选择收听运营直播与否的决策中,语音直播内容的质量起到了重要作用,所以策划人员一定要注意内容质量的策划。

(五) 音频平台营销策划技巧

音频的特点是使音频营销更具特色,那么策划人员在策划音频平台营销方案的时候,可以选择一定的营销策略与技巧,下面以喜马拉雅FM为例,介绍几种极具代表性的营销策划技巧。

1. 内容植入式

内容植入式是指策划人员将企业、产品、活动、品牌等信息由主播带入性地植入音频内容中的一种营销策划方式。内容植入是很多企业策划人员做营销方案时都在尝试的方式,但在音频中略有不同。想象一下,听着收音机入睡,在开车时听着收音机,在旅行时听着喜马拉雅FM这样的音频应用,正入迷时,主播带入性地植入品牌,效果肯定比平面媒体、网络广告要好很多,其原因在于主播的意见领袖特征、声音的亲和度、粉丝的忠诚度,这3个要素让音频植入更具特色。

必胜客的音频平台答谢会

必胜客曾经策划了一个在喜马拉雅FM上的品牌年末客户答谢活动,获得了较好的营销效果。喜马拉雅FM"2015你最喜爱的主播评选"活动投票刚刚完成,主播的巨量粉丝需要回馈和安抚,必胜客以此为契机,通过在喜马拉雅FM的内容植入,发起"感谢有你,必胜客请粉丝吃大餐"粉丝答谢活动,为主播粉丝送出免费的必胜客大餐。

必胜客的音频平台
答谢会案例

活动策划分为两个阶段:第一阶段,主播自发在节目中为必胜客做品牌宣传。由于参与答谢活动的42位主播人气超高并在长期创作过程中建立了信任度,所以当他们在当期节目中露出"请吃必胜客"及必胜客新菜品信息时,立即获得了粉丝的积极参与和好评。第二阶段,明星主播、粉丝在社媒上进行互动,吸引更多人跟进参与,形成广泛的自传播,也引爆了粉丝的线下参与。必胜客花极少的费用,就撬动了喜马拉雅平台上42位主播的数十档人气节目,同时引爆数千万人次的集中传播。无论是必胜客品牌宣传还是新菜品曝光,都在此次答谢活动中收到了以一当百的效果。通过热门电台主播带入性地植入品牌,效果会好于传统的平面媒体、网络广告。此次,必胜客联合喜马拉雅FM发起答谢粉丝活动,同时调动主播和粉丝的积极性。最终,喜马拉雅FM平台上排名前50位的主播中有42位主播参与,平均播放量达到49749,其中播放量超过1万的节目有24个,平均点赞数683,平均评论数386。

案例分析:这个方案巧妙地进行了带入性的品牌植入,方案设计得非常好,在内容植入式的音频平台进行营销策划,以下两点技巧值得策划人员借鉴。

(1)事件+时间+产品=创意营销

2015年年底,喜马拉雅FM"2015你最喜爱的主播评选"活动刚刚落下帷幕,同时年底本身也是主播举办感恩活动的密集时刻,必胜客十分聪明地以此为切入点,利用平台上主播有意感谢粉丝支持的角度,发起"感谢有你,必胜客请粉丝吃大餐"活动,赞助喜马拉雅FM平台前50名主播的大餐宴请。

(2)主播参与+粉丝互动=效果营销

由于参与答谢活动的42位主播人气超高,其节目如《糗事播报》大多自带百万级流量,并在长期创作过程中建立了信任度,所以当他们在当期节目中露出"请吃必胜客"及必胜客新菜品信息时,反而大受粉丝欢迎,轻松完成答谢任务。对本次尝到甜头的广告主必胜客来说,它只花了极少的费用,就撬动了整个平台上42位主播的数十档人气节目,同时引爆数千万人次的集中传播。无论是必胜客品牌宣传还是新菜品曝光,都在此次答谢活动中收到了以一当百的效果。

策划人员应注意利用各种方法与技巧巧妙地将品牌内容植入营销方案中,可以策划定制专题节目。例如,根据小黑伞的特点,小黑伞策划人员专门制作了一档关于外出旅游、防晒主题的音频节目,在音频内容中介绍了小黑伞的特性、优惠活动等信息,还介绍了淘宝购买搜索方式等,植入很顺畅。另外,还可以通过提供专属粉丝特权植入内容,也就是采用与特定主播合作定制节目、植入节目的方式,对于营销转化需要设定粉丝特权。例如,小黑伞营销策划人员在进行内容植入策划中,设置了粉丝们找到客服报备自己是采采的粉丝还有额外赠品,这是专属感。节目播出后,播放量超百万次,秒杀开始1分钟就卖出2000把、一天之内卖出近两万把小黑伞,大量粉丝联系客服,表示自己是采采粉丝来支持活动的。

2. 品牌入驻式

品牌直接进入音频平台,建立自己的音频自媒体,这是一种很不错的营销方法,同时也拓宽了企业营销的通路,尤其像喜马拉雅FM这样的平台,其用户具有极高的黏性,品牌不仅是进入微博开个官微,进入微信做个公众号这么简单,在音频平台也可以开通账号,做一个有特色的电台。

企业建立自己的音频电台,要符合自身特色。电台一般有知识攻略型、达人互动型、幽默搞笑型、活动传播型、美文疗伤型等不同的类型,这些都是常见的音频内容形态,策划人员应找准定位,根据企业的特点进行选择。很多品牌纷纷入驻喜马拉雅FM,开设了自己的特色电台,例如杜蕾斯的"杜杜电台",大姨吗的"玛芬电台"等。

3. 主播互动式

主播互动式是粉丝参与感最强的一种音频营销策略。这种策略要求主播与粉丝们一起参与到线上线下的各种活动中,例如,旅行、美食、游戏、观影、展览等,通过主播与粉丝间的零距离互动,有效地进行品牌价值输出。

案例阅读

国内游戏厂商悦世界冠名喜马拉雅FM数档知名娱乐节目,首先在节目中植入悦世界旗下游戏《神域之光》的相关内容,随后掉掉、佳期、NJ早安酱等几位节目主播亲自参与游戏中,并公布自己的角色名及所在区号,以此吸引粉丝关注并参与进来一起游戏。这成为游戏类客户尝试音频营销的一次成功范例。再如掉掉的《非常不着调》栏目来说,活动单期节目播放量高达205709次,点赞4410次,评论750条,吸引了大批粉丝参与游戏,转化率极高。后续由主播发起成立游戏工会,粉丝们纷纷加入,最终竟形成了该游戏在当时人数最多的游戏工会,活动效果由此可见一斑。

从内容植入式、品牌入驻式、主播互动式这3个核心的音频营销方式上,可以延展出非常多的创意内容。

另外像喜马拉雅FM这样的移动互联网公司,在音频上已经不是简单的内容生成平台,一方面,它们通过大数据分析、人群画像等,根据用户的个人偏好、收听习惯进行相对精准的内容推送;另一方面,内容分发不只是发生在智能手机上,而是在包括汽车、卧室、厨房、卫生间等场景中的各种智能硬件中,触达用户在24小时中的各种应用场景。

基于用户数据进行精准推送,以及智能终端的整合,使音频场景化更加丰满。音频切中人的听觉,从闭屏、伴随式的特点上会让很多企业有开电台的冲动,用好现在的音频红利,看那些明星、大V、大咖们都纷纷开了电台,还有很多草根达人也成为音频大咖,通过这些火爆的音频节目进行植入,可以快速地获取粉丝,提升销售转化。

(六)音频平台营销效果策划

与其他平台一样,衡量音频平台营销策划方案是否有价值,同样可以通过数据分析来进行,下面提供一些数据指标作为参考。

(1)平台流量。平台流量就是有多少人进入了所选择的平台来收听所策划的音频内容,也就是发布营销内容的音频平台的访问量。这与建立销售漏斗非常类似,策划人员的任务是尽量用内容吸引用户,确保他们能达到漏斗的底端(即达成购买)。平台页面访问量主要取决于在搜索引擎中的排名、订阅企业信息的用户数量、企业的相关网站关注者的数量及其他因素等。

(2) 用户参与。用户参与就是人们与企业在音频平台上发布的内容互动的时间长度及质量优劣。用户参与通常会转化为反弹率、用户停留在音频平台的企业栏目的时间、放弃率、评论及分享数量等。用户参与情况可以通过跳出率(网友进入相关页面后,并没有继续访问,也就是没有阅读网站的内容)和平均浏览时间等指标来衡量。

(3) 用户分享。用户分享就是有多少用户通过微博、微信及其他媒体平台等分享了企业发布的内容。需要注意的是,一些用户只是将内容标注书签或转发,实际上却并没有收听它,这种情况下,会看到分享数量增长,但这并不意味着这些用户真正参与进来,可以通过社会影响力来衡量,衡量社会影响力的捷径是查看在营销内容附近的"喜欢""转发""分享"等按钮中显示的数字,策划人员需要探究更具体的数字,以便调整营销策略。

(4) 顾客转化率。如果所有的音频平台营销方案都是成功的,营销内容最终应该能够将用户全部转化为顾客。顾客转化率是指营销内容在平台上发布之后,用户从单纯的浏览者转化为企业顾客的比率。顾客转化率的大小取决于用户能否意识到企业希望通过营销方案所达到的效果。营销策划人员可以做出一系列行为来带动用户转化。例如,在设计上加入一个醒目的按钮,上面写着"点击我",或者是在网页上放置相关链接,这些方法都能达到不错的效果。

事实上,无论选择何种平台开展营销策划,衡量该方案是否有价值最终都要围绕营销目标进行,只是在具体数据选择上会根据实际情况有所不同。当然,策划人员应尽量衡量多个指标,以权衡营销方案的效果。另外,在大数据时代,一切营销都要以数据说话,通过数据看营销效果、调整及优化内容营销策略,因此,数据分析工具也很重要。

自我练习

一、判断题

1. 由于短视频很难详细介绍产品,因此,短视频的营销效果没有长视频的好,策划人员尽量不要选用短视频营销方法。( )

2. 直播能够让顾客实现随时随地地播放,真正识别出并抓住这批具有忠诚度的精准目标人群。( )

3. To C 直播平台能为用户创造价值,主要面向企业或者行业大会、沙龙活动类商务会议的直播。( )

4. 直播营销是一种营销形式上的重要创新,有极大的优势。( )

5. 一个好的直播营销策划方案不仅是人脉、财力的堆积,更需要充分发挥自身的优势,才能达到意想不到的效果。( )

6. 如果店铺浏览人数激增而下单人数很少,说明直播向网店引流的目的已经达到,但是由于页面吸引程度不够而导致下单人数减少,后续需要重点提升的是网店页面的设计。( )

7. 方案设计中要让用户充分参与到品牌的创意中,让品牌影响力延续下去,才能让短

视频营销创造乘法效应。   (   )

8. 短视频转发率代表用户观看后愿意持续关注。   (   )

9. 要想有持续的关注,应该注意不断地更新短视频,最好是没有规律性地去更新,效果会更好。   (   )

10. 策划人员要尽可能与相关领域的其他平台或企业进行合作,互相引流,实现二次传播或多次传播。   (   )

11. 虽然音频的用户比较单一,很难实现精准营销,但是音频形式让广告变得更加聚焦。   (   )

12. 策划人员应尽量用一个指标来权衡营销方案的效果,这样会比较明确。 (   )

13. 植入一些火爆的音频节目可以快速地获取粉丝,提升销售转化率。   (   )

二、单项选择题

1. 如果做教育培训,可以策划一位教师、学生或者家长,这种做法称为(   )。
   A. 遵守平台规则   B. 顺应用户习惯及特征
   C. 明确用户画像   D. 设计人设

2. (   )直播平台最大的好处就是目标观众比较多,竞争比较激烈。
   A. 秀场类   B. 游戏类   C. 短视频类   D. 综合类

3. (   )直播平台能为用户创造价值,主要面向企业或产业大会、沙龙活动这类商务会议的直播。
   A. To C   B. To B   C. To G   D. To P

4. 线下服务行业(如饭店、美发店、酒店、电影院等)的品牌口碑情况,通常可以借助(   )进行分析。
   A. 百度指数数据   B. 新浪微博指数数据
   C. 大众点评的星级数据   D. 微信指数数据

5. 关于直播营销策划的基本流程正确的是(   )。
   ①市场受众定位   ②设计良好直播方案   ③精确市场调研   ④后期有效反馈
   ⑤选择直播平台   ⑥分析自身优缺点
   A. ③⑥①⑤②④   B. ③①②⑥④⑤
   C. ①⑥②③④⑤   D. ③⑥②④①⑤

6. (   )展示的是网民对于某事件或某品牌的搜索热度,而(   )展示了网民对于某事件或某品牌的讨论热度。
   A. 新浪指数、百度指数   B. 百度指数、新浪指数
   C. 微博指数、微信指数   D. 微信指数、微博指数

7. 关于短视频的说法不正确的是(   )。
   A. 短视频充分利用了人们的碎片时间,使短视频越来越火爆
   B. 一条短视频拍好了可以在多个平台形成宣传效应
   C. 短视频的长度一般控制在10分钟以内
   D. 短视频的趣味性使人们感到更加放松,实现了高传播率

8. 关于短视频营销策划技巧,以下说法不正确的是(   )。
   A. 策划人员要把自己当作产品的使用者,从用户的角度来设计策划方案

B. 在标题命名上,不要加上公司或产品名称,以免营销目的太明显
C. 策划人员一定要避免在短视频中硬性推广产品
D. 在创作题材方面,可以将产品、功能属性等融入创意,结合流行文化趋势或当下热点

9. 短视频营销标题策划中,(　　)是到达目标用户、最大化品牌在社交媒体上的曝光率,并且延长营销战役周期的好方法。
   A. 标签　　　　　　B. 关键词　　　　　　C. 热点　　　　　　D. 图形

10. 以下关于音频平台营销价值描述不正确的是(　　)。
    A. 音频形式让广告变得更加聚焦
    B. 音频用户单一,这样能实现精准化营销
    C. 更好地与品牌的目标消费者进行互动
    D. 用户的多元化,精准的媒介接触

11. 音频平台营销策划中,(　　)是粉丝参与感最强的一种音频营销策略。
    A. 品牌入驻式　　B. 内容植入式　　C. 主播互动式　　D. 品牌入驻式

三、多项选择题

1. 音视频营销策划的基本原则有(　　)。
   A. 遵守平台规则　　　　　　B. 顺应用户习惯及特征
   C. 明确用户画像　　　　　　D. 设计产品

2. 直播营销的优势有(　　)。
   A. 能实现较好的传播与关注　　B. 能体现出用户群的精准性
   C. 能够实现与用户的实时互动　　D. 能深入沟通,情感共鸣

3. 一个完整的直播营销应该包括(　　)基本要素。
   A. 产品　　　　B. 价格　　　　C. 人物　　　　D. 创意

4. 完整的直播方案应该包括(　　)。
   A. 直播目的　　　　　　　　B. 直播简述
   C. 人员分工与时间　　　　　D. 预算控制

5. 可以使用以下(　　)数据指标将效果数据与直播目的中的目标进行比较。
   A. 销售数量　　　B. 咨询数量　　　C. 页面浏览数据　　D. 下载数量

6. 关于短视频营销策划,以下说法正确的有(　　)。
   A. 短视频的节奏一定要快,包袱最好密集
   B. 用企业账号点赞、评论或转发积极正面的内容
   C. 策划人员要多关注一些比较流行的热点,所拍的视频内容尽量多与当天发生的热点相关联
   D. 将产品是如何制作出来的过程融入创意

7. 关于提升短视频点击率的说法正确的有(　　)。
   A. 要提升标题和头图的吸引力　　B. 多学习他人优秀的标题范式
   C. 头图内要包含吸引人的超级符号　　D. 多加入其他的链接

8. 策划短视频营销方案时,要注意(　　)。
   A. 明确短视频营销推广目的,选择恰当的平台
   B. 注意短视频发布的频率与时间

C. 选择好短视频的制作团队

D. 获取渠道资源，多渠道推广引流

9. 策划人员在进行音频平台营销策划过程中，要注意以下（　　）问题。

A. 选择好用户和产品　　　　　　　B. 选择好音频平台

C. 选择好听的声音　　　　　　　　D. 把握音频平台的用户特征

10. 内容植入式的音频平台营销策划可以通过（　　）途径进行。

A. 事件＋时间＋产品的创意营销　　B. 主播参与＋粉丝互动的效果营销

C. 策划定制的专题节目　　　　　　D. 提供专属粉丝特权来植入内容

任务3　问答类新媒体平台营销策划

项目任务书

课内学时	3学时	课外学时	至少4学时
学习目标	1. 了解问答类新媒体平台及营销策划注意事项 2. 明确问答平台特点及营销推广 3. 能够在营销策划中正确使用问答类新媒体推广平台		
项目任务描述	1. 听教师讲解相关知识点，认识不同的问答平台及特点 2. 阅读案例，结合案例分析问题 3. 根据情境要求进行问答平台营销策划，提交策划方案		
学习方法	1. 听教师讲解相关知识 2. 查阅资料 3. 认真思考、分析		
所涉及的专业知识	1. 问答平台营销策划的注意事项 2. 问答平台营销策划的技巧 3. 百度知道平台营销策划		
本任务与其他任务的关系	项目2中各个任务是并列关系，是不断地学习与拓展		
学习材料与工具	学习材料：任务指导书后所附的基础知识 学习工具：项目任务书、任务指导书、计算机、笔		
学习组织方式	本任务有部分内容要求每个学生独立完成，有的内容要求学生分小组协作完成		

任务指导书

完成任务的基本路径如下。

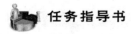

听教师讲解相关知识点，认识不同的问答平台及特点 (45分钟) → 阅读案例，结合案例分析问题 (45分钟) → 根据情境要求进行问答平台营销策划，提交策划方案 (45分钟)

第一步：认识问答平台及问答平台营销。

听教师讲解问答平台营销策划的相关知识，按照要求完成表 2-23。

表 2-23　任务产出——认识问答平台

1. 认真学习问答平台的分类，填写完成下表。

问答平台	综合类	垂直行业类
问答平台名称	知乎	

2. 阅读下面案例并回答和分析相关问题。

知乎是一个问答平台，凭借认真、专业和友善的社区氛围，具有结构化、易获得优质内容等特点。知乎用户群体多元，新兴中产和影响力人群占主流，越来越多的企业纷纷利用知乎平台开展营销推广活动。天猫活动曾经借助知乎平台，成功策划了一场"双11"营销推广活动，并且获得了第 9 届金鼠标奖电子商务营销类银奖。下面看看它们是怎么做的。

知乎天猫"双11"

在"双11"来临之前，天猫与知乎合作开展了一系列网购消费的节日大促活动。天猫借助知乎平台，用知识营销做导购来影响受众消费决策，以此抢占"双11"市场。天猫和知乎洞察到：对于已形成"双11"认知的消费者来说，每年这个时候，都是揣好了口袋中的钱等待着消费。然而面对各式眼花缭乱的品牌大促，上千万个品牌信息狂轰滥炸，哪个是真、哪个是假、哪个才是千年难得一遇的史上最低折扣，忙时代的年轻人早已晕了头。因此，天猫营销策划人员分析得出："双11"消费者比起剁手，他们更需要的是一份剁手教程。基于此洞察点，天猫便联合知乎策划了一场关于"双11"购买教程的促销推广活动，将平台内的促销优惠整理为攻略，以知识分发的形式来影响消费决策，从而实现用户收割。

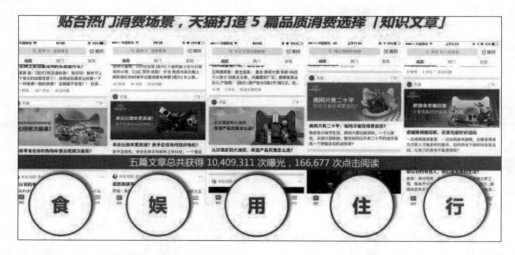

在具体操作上，天猫首先利用品牌提问的方式，围绕祝你"双11"快乐的核心传播抛出问题："你曾经买过的哪件物品带给你的快乐最多？"以此引发关注达到预热目的；同时邀请知乎优秀回答者家居达

续表

人王振博坐镇 Live 特别现场主导讨论"如何趁'双 11'装出理想的家?"借用知乎影响消费决策。在引爆期,除有模有样的消费报告与新择学 H5 之外,天猫还在知乎问答平台上发布了批量的原生文章:"哪些零食在你的购物车里出现频次最高?""单反比微单更高端?新手应该如何选好相机?""从沙漠皮到大油田,保湿产品究竟怎么选?""把健身房搬回家,在家也能好好运动"……策划出批量的有深度的文章,用专业的知识导购,唤起消费者的心智共鸣,影响受众的消费决策,结合深度投放的站内广告位曝光,帮助天猫抢占了"双 11"流量。

(参考资料:根据 http://www.woshipm.com/marketing/1012310.html,如何做好一个品牌的知乎营销,改编。)

通过阅读案例分析以下问题。

(1) 天猫为什么选择在知乎平台上做"双 11"促销引流活动?

(2) 天猫的这次促销引流的营销目标是什么?围绕这个营销目标开展了怎样的活动?

(3) 问答平台营销推广的好处有哪些?

第二步:问答平台营销策划。

以小组为单位,参照第一步中的天猫"双 11"知乎平台营销案例,以本组模拟的企业(企业项目)为研究对象,辅助查阅相关资料,以"6·18"年中购物促销引流为营销目标,任意选择一个问答平台,策划问答平台营销方案,方案包括但不限于以下内容。

(1) 问答平台选择:选择的问答平台是什么?选择这个平台的理由。

(2) 促销引流方案:以表格形式展示出来,包括促销主题、促销活动安排(引流促销至少提前 1 个月)、具体的推广方式及内容策划。

(3) 字数不少于 1000 字。将方案填写在表 2-24 中。

表 2-24 任务产出——问答平台营销策划方案

评价标准及评分表

认真完成每个任务产出表,表述正确、清晰、有说服力,在规定时间内完成并上交。问答类新媒体平台营销策划评分表见表2-25。

表2-25 问答类新媒体平台营销策划评分表

任务产出项目	分 值	评价得分
表2-23 任务产出——认识问答平台	40	
表2-24 任务产出——问答平台营销策划方案	60	
合　　计	100	

基础知识

一、认识问答平台

在工作、生活、学习中,人们都会遇到各种各样的问题,这时候想要解决问题,要么是请教他人,要么是去问答营销渠道平台提问,寻找想要的答案。根据这一点,企业也在问答平台中发现了新的商机,很多商家或企业通过问答平台问答的形式与潜在消费者产生互动,然后植入商家广告,达到宣传目的。

(一)问答平台营销策划的含义

问答平台营销实质上是根据你问我答或一问多答的方式将产品呈现在互联网技术上,目的就是为公司知名品牌或商品开展用户评价、维护保养和消费等正确引导。问答平台营销策划就是在遵守问答平台发问或回答规则,围绕营销目标,策划出营销方案,将企业的产品口碑、服务口碑植入问答里面,达到第三方口碑效应,从而实现营销目的。

(二)问答平台的营销功能

(1)口碑作用。做问答营销,会把消费者关心的问题以问答的形式呈现出来,商家将想表达的内容编撰成网友易于接受的回答内容,发布完成后长期留存在互联网上,对潜在消费者形成消费引导,这就是所谓的口碑。

(2)引流作用。问答平台一般是搜索引擎自己的平台,搜索引擎会给自己的平台更高的权重,如百度知道在百度搜索里位置往往靠前,360问答在360搜索里位置靠前,搜狗问问在搜狗搜索结果中靠前,利用这一点结合关键词优化,可以利用问答推广引流。

(3)品牌提升。一个品牌在互联网上要有丰富的信息积累,而问答平台正是一个能积累大量信息的平台,持续的问答推广也是品牌建设与推广的一个不错的手段。

二、问答平台营销策划

(一)选择问答平台

策划问答平台营销方案,首先要选择问答平台。问答平台一般可以分为以下几种。

(1)综合类问答平台。综合类问答平台是涵盖各行各业各种问题的问答平台,如百度知道、知乎、搜狗问问、搜狐问答、新浪爱问、360问答、天涯问答等。

（2）垂直行业类问答平台。垂直行业类问答平台就是有针对性的与某个区域相关的问答平台。如39健康问答、有问必答、搜房问答、摇篮问答、ZOL问答等。

各个问答平台的用户人群有所不同，在策划方案之前，一定要选对相应的平台。一般在垂直行业类问答平台上回答问题或提问都有权限，所以经常会选择综合类问答平台做推广。同时也会选择广大用户认可的高权重问答平台，当然如果预算多，也可以在各平台上都发布一些，达到全面覆盖的效果。

（二）问答平台营销策划技巧

1. 编辑问答平台的名称

将问答平台的名称编辑为公司或品牌名，这样回答问题会让更多的人了解公司文化和品牌内涵。现在很多企业都有账号图像，点击它可以跳转到官网，也可在企业账号里介绍业务、编辑业务、留电话和网址。企业账号回答问题，可优先展示。

2. 规划好问答营销关键词

问答营销策划中最重要的一点，就是关键词。为什么叫关键词，是因为它对于你达到想要的营销目的很"关键"。搜索引擎根据用户输入的关键词来查找想要的信息，而设计的问题能不能被展示，首先就在于问题的标题中有没有该关键词。

3. 提高问答营销问题的相关性

在提问题、补充问题、答案等地方多次嵌入核心关键字，有利于被潜在用户搜索到，提高相关性排名，使之处于网页搜索前列。经过操作的问答主题，能排列到相关关键词的搜索列表前列，或者网页搜索引用了该问答，则传播的效果会大幅提升。

4. 高质量的传播文案

想要设计出让用户满意的答案，同时还要宣传自己的品牌信息，主要应做到以下几点：从提问者的角度出发，不使用绝对的语气；从个人的角度出发，强调真实感；回答具体、详细，有层次；多角度、多方面的回答；文案最后还要明确引导用户行为。

5. 留下完整的链接

如何能留下完整的链接，点击能直接进入网站，这是最难的。下面几个地方可以尝试参考：在标题处加入链接，在提问的描述中加入网址，利用"问题补充"加入网址，利用"提问者对于答案的评价"等加入网址。另外，因为在百度知道发布站外链接，很难获得通过，因此可以发布百度网盘、百度文库等百度自己的URL，间接导流。

6. 策划内容要软

问答失效或发不上去的根本原因就是内容不合法，有的带有强烈的广告色彩，这种内容即使发上去，也会被消费者认为是有意而为，难以起到提升口碑的作用，所以问答推广的内容要软，软到看不出这是一条广告才行。一个正常的品牌，产生问答内容应该细水长流，执行中可以一个月做几十组，这样循序开展，不宜一开始就规划几百条然后突然停止，这样推广的结果让人一眼就能看出来是人为地推广，而不是自然产生的内容。

7. 重视用户体验

问答平台推广的目的主要是宣传和销售，策划人员要让很多人相信问答推广的内容，是根据实际情况来使用及没有虚假信息的，这就要结合实际来设计如何回答用户，不能有一点夸张的嫌疑。在策划时，要思考是否解决用户的问题、用户是否记得、是否有恶意广告行为。

问答推广内容的策划要注意怎样保持长期有效,要认真解决用户需求,解决用户所提出的问题,并且要高质量地让用户和百度芝麻采纳我们的问题,这就需要不仅解决用户难题,还要扩充相关资料,让用户和百度芝麻体会到我们是专业人员。

8. 跟踪监控问题

针对提出的问题进行回复,太早了平台会认为企业在作弊;太迟了说不定竞争对手抢先回答了。所以,要适时回答、采纳,并不定期检测企业所做的问答,看看是否还在、有多少人顶,看看企业问答的排名情况、转载情况及被关注次数等。通过跟踪、监控,既尽量保证问题能得到充分的展现,也有助于吸取经验教训,为后续的营销策划摸索到更好的方法。

(三) 问答平台营销策划注意事项

(1) 策划人员要努力做到把自己想宣传的内容做得不露声色,把广告做得不像广告,即便竞争对手明知道你是在做广告,但想检举你都找不到理由。

(2) 账号不要连续做广告,连续做广告会受到同行的举报,最好经常来回换着分类回答问题。

(3) 定期更换账号,防止被盯上,从而导致全部被删除。一般来说,对于新号,首先要养半个月至一个月,让系统感觉我们是真实用户在回答,之后可以偶尔回答广告。新号自问自答,容易被系统检测出来,内容会被屏蔽或删除。

(4) 注意回答内容的策划。回答内容不要带有公司任何信息,尤其是电话、网址。如果要带网址,最好账号等级达到七级以上,网址内容跟回答内容相关,以扩展的方式或解释进行说明,并且要保证能打开链接。有时可利用"提问者对于答案的评价"来引出自己想宣传的内容,而不直接出现在问题或回答中,避免广告嫌疑被删除;提问后控制好回答及采纳答案的时间间隔,特别是关于公司及产品的提问,既要避免被竞争对手发现而出现诋毁回答,又要避免被管理员怀疑而导致删除;部分过于明显的广告式提问,应关闭问题而不采纳最佳答案,避免被删除。

(5) 采用追问的方式。追问的时候要尽量符合用户体验,不要一上来就是网址和电话,广告意图太明显会被举报,百度芝麻将删除问题。但是要用文本转载至其他地方还是可以的,前提是账号等级不能低于七级。

(6) 发现竞争对手恶意诋毁自己的问答,一定要通过正规渠道申请删除。例如,百度是通过有权限的账号检举,而搜狐则需要企业出公函。

三、百度知道平台营销策划

问答营销服务平台有许多,下面重点介绍百度知道平台营销策划。

(一) 百度知道平台简介

百度知道是全球领先的中文问答互动平台,是百度旗下的产品。百度知道是一个基于搜索的互动式知识问答分享平台,用户自己有针对性地提出问题,通过积分奖励机制发动其他用户来解决该问题的搜索模式。同时,这些问题的答案又会进一步作为搜索结果,提供给其他有类似疑问的用户,达到分享知识的效果。通过用户和搜索引擎的相互作用,将用户所拥有的隐性知识转化成显性知识,从而实现搜索引擎的社区化。

(二)百度知道平台营销策划技巧

1. 做好提问策划

(1)策划好提问关键词。提问策划中包含关键词,其中包含问题标题和问题补充两个部分,需要在里面穿插网站的关键词,尽量找一些相关的搜索度高的词,或出现频率比较多的词,然后编写问题。

(2)注意提问的口吻。策划百度知道问题,提出问题的时候要揣摩搜索者的心理,采用搜索者的口吻,从他们的角度提出问题。当然要根据企业的产品或服务来提问。

(3)提问要注意字数限制。尽管在搜索问题的时候要写全,但是字数却不是越多越好,最好控制在17～20字。

(4)策划好悬赏方案。悬赏越高,回复数越多,百度知道平台为问题的最佳供给者提供积分奖励,积分由提问者供给。重赏之下必有勇夫,不要吝啬悬赏积分,一般来说积分奖励200分时,效果最好。

2. 做好回答策划

(1)尽量原创,通俗易懂。原创内容的百度知道回答是最好的。

(2)回答内容长度适中。做百度知道的回答时,长的答案肯定要比短的答案好,但也不是越长越好,太长的话,阅读的人会感到厌烦。

(3)排版清晰、整洁。做百度知道的回答时,要分点陈述,突出专业性。

(4)做百度知道的回答时,切记不要短时间用同一账号或用相同的内容回答问题。

(5)回答问题的时候,尽量不要带链接。

无论选择什么问答平台开展营销活动,营销策划人员都要熟悉该平台的规则,做问答平台营销策划时,要明确问答推广的目标、数量、推广节奏等,策划出一套清晰的问答推广建议方案。根据推广需求策划问答话题,根据项目需求编撰可信、可执行的回答内容,选定最佳答案,最后要整理、汇总、分析。不同问答平台开展营销策划,最终获得的效果是一样的。

 自我练习

一、判断题

1. 问答平台营销实质上是根据你问我答或一问多答的方式将产品呈现在互联网技术上,目的就是为公司知名品牌或商品开展用户评价、维护保养和消费等正确引导。(   )

2. 问答平台正是一个能积累大量信息的平台,持续的问答推广也是品牌建设与推广的一个不错的手段。(   )

3. 一般在综合类问答平台上回答问题或提问都有权限,所以经常会选择垂直行业类问答平台做推广。(   )

4. 不要将问答平台的名称编辑为公司或品牌名,这样容易让顾客觉得是在做广告,从而使关注度降低。(   )

5. 要适时回答、采纳,并不定期检测企业所做的问答,通过跟踪、监控,既尽量保证问题能得到充分的展现,又为后续的营销策划摸索到更好的方法。(   )

6. 策划人员要努力做到把自己想宣传的内容做得不露声色,把广告做得不像广告,即

便竞争对手明知道你是在做广告。( )

7. 不更换账号,让系统感觉我们是真实用户在回答,否则容易被系统检测出来,内容会被屏蔽或删除。( )

8. 发现竞争对手恶意诋毁自己的问答,一定要通过正规渠道申请删除。( )

9. 做百度知道的回答时,为了让用户加深印象,短时间最好用同一账号回答问题。( )

10. 做百度知道的回答时,短的答案肯定会比长的答案好,因为太长的话,阅读的人会感到厌烦。( )

二、单项选择题

1. 问答平台营销策划就是在遵守问答平台发问或回答规则,围绕营销目标,策划出营销方案,达到第三方( ),从而实现营销目的。
  A. 营销效应 B. 口碑效应 C. 成本效应 D. 销售效应

2. 以下不属于垂直行业类问答平台的是( )。
  A. 百度知道 B. 搜房问答 C. ZOL问答 D. 有问必答

3. 问答营销策划中重要的一点,就在于问题的标题中有没有( )。
  A. 标签 B. 符号 C. 关键词 D. 热点

4. 以下关于问答营销策划描述不正确的是( )。
  A. 问答平台名称不要有公司信息,但是回答内容要带公司信息
  B. 可利用"提问者对于答案的评价"来引出自己想宣传的东西,而不直接出现在问题或回答中,避免有广告嫌疑被删除
  C. 提问后应控制好回答及采纳答案的时间间隔
  D. 对于过于明显的广告式提问,应关闭问题而不采纳最佳答案,避免被删除

5. 百度知道问答策划时,注意不要吝啬悬赏积分,一般来说积分奖励( )分时,效果最好。
  A. 50 B. 100 C. 150 D. 200

三、多项选择题

1. 问答平台具有( )营销功能。
  A. 口碑作用 B. 引流作用
  C. 品牌提升作用 D. 节约成本作用

2. 问答平台一般可以分为( )。
  A. 平行类问答平台 B. 垂直行业类问答平台
  C. 单一类问答平台 D. 综合类问答平台

3. 关于问答营销策划的技巧,以下描述正确的有( )。
  A. 要提高问答营销的问题相关性 B. 不留下完整的链接
  C. 策划内容要软 D. 重视用户体验

4. 要设计出让用户满意的答案,同时还要宣传自己的品牌信息。主要做到( )。
  A. 从提问者角度出发,不使用绝对的语气
  B. 从个人角度出发,强调真实感;回答具体、详细
  C. 有层次、多角度、多方面的回答

D. 文案最后不要明确引导用户行为
5. 关于百度知道平台营销策划的说法正确的有(　　)。
    A. 策划好提问关键词　　　　　　　B. 最好采用用户的口吻
    C. 提问要注意字数限制　　　　　　D. 策划好悬赏方案

任务 4　自媒体类新媒体平台营销策划

 项目任务书

课内学时	4学时	课外学时	至少4学时
学习目标	1. 了解自媒体平台及营销策划注意事项 2. 明确自媒体平台特点及营销推广 3. 能够在营销策划中正确使用自媒体类新媒体推广平台		
项目任务描述	1. 听教师讲解相关知识点,认识不同自媒体平台及特点 2. 认真阅读案例并进行案例分析 3. 选择自媒体平台并进行人文广告策划及效果分析		
学习方法	1. 听教师讲解相关知识 2. 查阅资料 3. 认真思考、分析		
所涉及的专业知识	1. 自媒体平台营销策划的注意事项 2. 各种自媒体平台营销策划的技巧		
本任务与其他任务的关系	项目2中各个任务是并列关系,是不断地学习与拓展		
学习材料与工具	学习材料:任务指导书后所附的基础知识 学习工具:项目任务书、任务指导书、计算机、笔		
学习组织方式	本任务有部分内容要求每个学生独立完成,有的内容要求学生分小组协作完成		

 任务指导书

完成任务的基本路径如下。

听教师讲解相关知识点,认识不同自媒体平台及特点(45分钟) → 认真阅读案例并进行案例分析(30分钟) → 选择自媒体平台并进行人文广告策划及效果分析(45分钟) → 按组完成策划方案(60分钟)

第一步:认识自媒体平台及自媒体平台营销。
听教师讲解自媒体平台策划的相关知识,组长带领组员分工协作,按照要求完成表2-26。

表 2-26　任务产出——认识自媒体平台

1. 下面给出 6 个主流的自媒体平台,小组讨论并进行合理分工,6 个平台都有成员负责,并且保证每个成员至少负责其中一个平台,进入该平台,注册并了解该平台的基本操作,根据任务要求完成表 1 的填写。组长上交完整的一份,其他同学提交自己负责的部分分析内容即可。

表 1　六大自媒体平台基本操作

平台名称	注册操作流程描述(截图证明)、账号设置	主要功能及发文规范
头条号		
大鱼号		
企鹅号		
百家号		
网易号		
一点资讯		

2. 经过以上训练后,继续完成表 2 关于这六大自媒体平台对比分析。
组长先组织组员讨论学习,然后由个人独立完成表 2 的填写。

表 2　六大自媒体平台对比

对比项平台	主体用户	推荐机制	平台激励措施	开通难度
头条号				
大鱼号				
企鹅号				
百家号				
网易号				
一点资讯				

第二步:自媒体平台营销策划。

(一)阅读案例并分析

【案例 2-1】　由中国酒业协会主办的五粮液"老酒回家"活动联合今日头条发起重温"酒"时光——我与老酒的故事有奖征文活动,引爆用户关注参与,共征集 636 篇"老酒故事",阅读超 137 万人次。同时,财经、文史等多元兴趣圈层的头部达人也加入其中,从多角度解读"老酒"价值,创作优质内容共 42 篇,总推荐量高达 1023 万次,并以文章的真实共鸣斩获品牌消费者的深度认可与盛赞。优质内容不断拔高品牌价值,本次投放期间,五粮液品牌影响力上升 57.8%,跻身头条食品饮料品牌排行榜第一名。

【案例 2-2】　云南白药自媒体平台广告。她说:"我读初中时很喜欢一个男生,有一天,他不知道为什么就被打了,一个人坐在操场上很可怜的样子。我就买了一堆云南白药去帮他擦,就这样默默的大家都没有说话,后来他成了我的男朋友。但……他永远不会知道是我叫人去打他的!"他说:"我读初中时很喜欢一个女生,有一天,我突然就被打了,一个人坐在操场上装出可怜的样子。她就买了一堆云南白药来帮我擦,就这样默默的大家都没有说话,后来她成了我的女朋友。她一直以为我不知道人是她叫来的。但……我就是喜欢她的傻!"

仔细阅读以上案例后,完成表2-27。

表2-27 任务产出——自媒体营销策划案例分析

1. 五粮液依靠什么受到了广大客户的青睐?
2. 云南白药的软文广告为什么能获得认可并得到广泛传播?
3. 应该如何在自媒体平台上打造内容,如何在内容中植入广告?
4. 除课堂学习中提到的有关内容打造的方法之外,你还知道哪些切实可行的自媒体平台内容打造技巧或方法?
5. 你知道哪些在内容打造方面较为成功的案例?请列举3个典型案例。

(二)撰写软文广告并发布

选择自己负责的一个写作平台,根据本组所模拟的企业的产品或品牌,为其撰写一篇软文广告,字数不得少于300字,并将其发表,一个星期之后,观察并记录内容阅读量及转发率,分析效果,并完成表2-28。

表 2-28　任务产出——自媒体营销策划方案设计

1. 软文广告内容。
2. 内容阅读量、转发率截图及效果分析。

评价标准及评分表

认真完成每个任务产出表，表述正确、清晰、有说服力，在规定时间内完成并上交。自媒体类新媒体平台营销策划评分表见表 2-29。

表 2-29　自媒体类新媒体平台营销策划评分表

任务产出项目	分　值	评价得分
表 2-26　任务产出——认识自媒体平台	20	
表 2-27　任务产出——自媒体营销策划案例分析	30	
表 2-28　任务产出——自媒体营销策划方案设计	50	
合　　计	100	

基础知识

一、认识自媒体平台

（一）自媒体的概念和特点

1. 自媒体的概念

自媒体英文为 we media，即自己的媒体，由美国人谢因波曼与克里斯·威理斯于 2003 年提出，是指普通大众经由数字科技与全球知识体系相连之后，一种提供与分享他们本身的事实和新闻的途径。

自媒体从意义上可以分为广义自媒体与狭义自媒体两个概念。广义自媒体是指在信息传播渠道、受众、反馈渠道等方面区别于传统媒体，区别于第三方。传统媒体是把自己作为观察者和传播者，而自媒体则是指个人或群体创作。狭义自媒体是指以单个的个体作为新闻制造主体而进行内容创造的，而且拥有独立用户号的媒体。

2. 自媒体的特点

与传统媒体相比,自媒体具有平民化、个性化、方便性、即时性、互动性强等特点。

(1) 平民化。平民化是自媒体最根本的特点,从"旁观者"到"当事人",每个人都有自己的媒体宣传平台,每个人都可以通过互联网成为新闻传播的主体或是表达自己的观点。

(2) 个性化。自媒体时代个人能够更真实、尽情地表达自我,展现出不同的个人风格、思维方式、生活方式。企业通过个性化风格,提高线上销售转化、改进网站风格及广告,从而提升品牌辨识度。个性化是企业营销和推荐系统中的一个关键指标。

(3) 方便性。传统媒体需要投入大量的人力、物力去维护,并且需要通过严格的审查,门槛极高。而自媒体的门槛低,操作简单,不用大量的时间和精力,不用专业的媒体知识也可以成为一个"媒体人"。

(4) 即时性。传统营销局限于特定的时间和地点,针对一小部分人,而互联网技术的发展打破了这个限制,在很短的时间内信息既能上传至多个平台,又能最大限度地把营销落实到每一个人身上。

(5) 互动性强。自媒体的另一个显著特点是交互性强,通过转发、评论、点赞等形式,传播者可以与用户交换意见,形成联系。

(二) 自媒体平台的特点

用户在自媒体平台上可以对文字、图片和视频等内容进行发布和传播,并可通过自媒体平台上传、转发至其他媒介。自媒体平台的用户广泛,许多企业或个人通过媒体开放平台或者其他互联网协作平台媒体来进行营销,以及公共关系和客户服务维护与开拓。自媒体平台中的内容大多由用户自愿提供(UGC),部分为自媒体平台邀约产生,而用户与站点不存在直接的雇佣关系。传播的内容量大且形式多样;每时每刻都处在营销状态、与消费者的互动状态,强调内容性与互动技巧;需要对营销过程进行实时监测、分析、总结与管理;需要根据市场与消费者的实时反馈调整营销目标。

近年来,自媒体平台的发展取得了突破性的进步,从根本上说这取决于其传播主体的多样化、平民化和普泛化等特点。

(1) 多样化。自媒体营销平台的传播主体来自各行各业,内容的提供者涵盖了普通个人、企业、政府机构、媒体,因此提供的内容覆盖面更加广泛,内容包括天文、地理、科技、时政、音乐、艺术、生活、宠物,五花八门,异常丰富。另外,入驻的行业精英和专业人士在一定程度上对于新闻事件的综合把握可以更具体、更清楚、更切合实际,从而保证了自媒体平台内容的真实性和可靠性。

(2) 平民化。自媒体营销平台的大多传播主体来自社会底层,自媒体营销平台的传播者因此被定义为"草根阶层"。这些业余的新闻爱好者相对于传统媒体的从业人员来说体现出更强烈的无功利性,他们的参与带有更少的预设立场和偏见,他们对新闻事件的判断往往更客观、公正。

(3) 普泛化。自媒体营销平台最重要的作用是将话语权授予草根阶层和普通民众,它张扬自我、助力个性成长、铸就个体价值,体现了民意。这种普泛化的特点使"自我声音"的表达越来越成为一种趋势。随着社会各界对网络力量的重视,自媒体平台的力量也在突显,自媒体平台成为越来越多的草根阶层发声地。

（三）自媒体平台的种类

目前，我国中小企业自媒体营销发展迅速，利用相关自媒体平台进行广告投放，进行相关衍生品的销售，将自媒体平台上巨大的用户流量转化为销售数额。国内的自媒体平台主要有头条号、大鱼号、百家号、企鹅号、搜狐号、一点资讯、趣头条和网易号等。各个自媒体平台的优点、特点各有不同，如头条号的门槛低、流量大、用户多，而百家号和搜狐号就比较适合做品牌的关键词，在运营时要根据平台特点运作，使品牌传播和产品推广达到最优。

1. 头条号

头条号是北京字节跳动有限公司开发的一款基于数据挖掘的推荐引擎产品，属于新闻资讯类写作平台，它为用户推荐有价值的、个性化的信息，提供连接人与信息的新型服务，是国内移动互联网领域成长最快的 App 之一，头条号的用户年龄主要为 24～55 岁，男性为主，同时具备较强的消费能力和旺盛的消费需求。

头条号的特点：①高精准推荐。基于用户兴趣行为，进行个性化智能分发，机器通过分析每个用户的特征与文章的特征将两者进行匹配，实现个性化精准推荐，推荐内容不仅包括狭义上的新闻，还包括音乐、电影、游戏、购物等资讯。②大流量、高黏性。目前今日头条的 DAU（daily active user，日活跃用户数量）为 4 亿多，单用户日均使用时长超过 76 分钟，单用户日均启动约 9 次。③根据用户的阅读习惯推荐。今日头条的阅读数由推荐决定，而不是粉丝数，因此粉丝少也可以获得高阅读量。④注重原创权利。具有领先的消重保护机制，保护原创内容。

2. 大鱼号

大鱼号是阿里文娱体系为内容创作者提供的统一账号。它实现了阿里文娱体系一点接入，多点分发，多重收益。内容创作者一点接入大鱼号，上传图文/视频可被分发到 UC、优酷、土豆等，获得多产品、多平台的流量支持。阿里文娱在原有 10 亿元内容扶优基金上，再追加 10 亿元纯现金投入，为创作者提供合计 20 亿元纯现金扶持，进一步激励优秀原创作者及短视频创作产出。

大鱼号的特点：①为优质原创作者打造了创作激励计划，包含大鱼奖金、广告分成和大鱼独家激励 3 部分，平台给予的扶持及单价还是比较高的。②大鱼号采取星级等级制度，很多权限是需要达到等级才能开通。③平台对内容的质量要求很严格，一旦封号，就是永久封禁，没有解封机会。④大鱼号的用户主要以青年男性为主。

3. 百家号

百家号创立于 2016 年 9 月，是中文搜索引擎百度为内容创作者提供的内容发布、内容变现和粉丝管理平台。百家号支持内容创造者发布文章、图片、视频作品，并计划在未来支持 H5、VR、直播、动图等更多内容形态。提交的内容可以通过手机百度、百度搜索、百度浏览器等多种渠道进行分发。

百家号的特点：①流量大，百度权重高。作为百度的新闻源，在百家号运营内容会推送到百度搜索引擎上，甚至是百度首页，因此内容展现量还是比较高的，并且通过关键词，可以增加企业在百度的收录，对企业做 seo 也是一种不错的选择。②收益多。一是为内容创造者提供广告分成、原生广告和用户赞赏等多种变现机制；二是收益单价也是比较理想的，在百家号有 1 万人次阅读量收益有几十元，并且连续输出爆文的话，账号权重能有效提升，很多权限也能高效开通。③粉丝管理。每一篇百家号文章，在首页左上角醒目位置都有标志，引导用户进入作者的个人主页并对作者进行关注。作者可根据百家号提供的工具分析粉丝的人群属性,并通过个人主页针对粉丝展开各种运营活动。

4. 企鹅号

企鹅媒体平台于 2016 年 3 月 1 日开通,企鹅号属于腾讯平台,主要面向腾讯客户端进行内容推送,是腾讯"大内容"生态的重要入口。腾讯提供 4 个方面的能力,即开放全网流量、开放内容生产能力、开放用户连接、开放商业变现能力,平台的"核心策略"为精品内容孵化、版权保护和 MCN 计划。

企鹅号的特点:①全平台、快速分发和推荐。媒体/自媒体在企鹅媒体平台发布的优质内容,通过手机 QQ 浏览器、天天快报、腾讯新闻客户端、应用宝、腾讯视频、微信新闻插件和手机 QQ 新闻插件等进行一键分发,通过微社区等形式,帮助媒体/自媒体人实现与粉丝的互动,方便快速地沉淀其粉丝群,更快捷地建立起与粉丝的连接,实现粉丝资源积累。②注重内容。企鹅号推出的百亿计划,包括 100 个精品短视频孵化项目,以及遍布全国的 337 个城市合伙人,扶持区域优质内容,并且制定清退规则,自 2019 年 4 月 1 日起,针对产出内容低质、内容发布不活跃等问题进行系统性排查,对存在问题的达人予以清退,被清退的达人将无法再参加"达人计划",且当月结算也会被取消。③版权保护。企鹅号坚持盗版内容不合作-零流量原则,建设版权管理系统投诉平台,7×24 小时监控,并配以法务团队专业维权,一旦出现搬运、推广信息的内容,首先会发出警告,一直不改就会被封号,从而保证内容创作者的创作体验。④在"试运营"阶段,试运营通过后,才会有推荐量。

5. 搜狐号

搜狐号是搜狐打造的分类内容的入驻、发布和分发全平台,也是集中搜狐网、手机搜狐网和搜狐新闻客户端 3 端资源大力推广的平台。搜狐号的账号分为 4 类:个人自媒体、媒体、企业/机构、政府。同时作为百度的新闻源,在百度的搜索权重占比高,其用户以社会人群为主。

搜狐号的特点:①搜狐自媒体是一个免费的自媒体平台,与其他自媒体相比,搜狐自媒体可以在文章中插入网站链接,同时也可以做新闻源收录,作为一个免费的新闻源平台,对于网络推广是非常有效的。②搜狐号的账户申请容易,几乎无门槛,内容审核易通过。③搜狐自媒体平台发布文章可以在搜狐网、手机搜狐网、搜狐新闻客户端 3 端同步展示,公信力强,用户对搜狐的内容信任度也比较高。④搜狐号的内容容易被百度收录,提高知名度和曝光度也相对比较容易,因此流量较好。⑤开通收益较难。搜狐号的收益系统由广告(即流量分成)、移动端推广和 PC 端推广 3 个部分组成,搜狐号对开通收益的条件作了较严格的限制,需满足以下几点:入驻平台≥60 天;近 60 天内,账号无违反平台相关规定的行为;申请广告分成要求上月阅读量≥2 万次;申请移动推广要求账号累计发文超过 30 篇。

6. 一点资讯

一点资讯于 2013 年 7 月在苹果和安卓应用商店上线,主要根据用户的搜索动作进行推荐,采用的是宽进严出的方式。主要内容有时政新闻、财经资讯、社会热点、军事报道、家装设计、育儿常识、星座命理、出游旅行、野史探秘、太空探索、未解之谜、前沿科技资讯、探索未知新世界。

一点资讯的特点:①面对媒体制作人较好。一点资讯在问题反馈上优于其他任何平台,自媒体作者遇到问题可以及时获取反馈,效率很高。②是一款高度智能的资讯客户端,可任意搜索并订阅内容,并能自动分析你的兴趣爱好。③属于算法分发制度,质量好,能获得高流量。④冷启动无须依赖已有粉丝数量,流量较小。

二、自媒体平台营销策划的基本要求

(一)自媒体平台营销策划的含义

自媒体平台营销是指组织/个人利用自媒体平台进行品牌的传播、产品的发布和促销或与目标群体进行互动交流,提升目标群体对企业或产品认知度的一种新型营销方式。自媒体平台营销策划是利用自媒体平台,为了达成特定的网络营销目标而进行的策略思考和方案规划。其基本步骤:①分析市场环境、竞争对手、自身环境、目标用户等;②确定自媒体平台营销活动所要达到的目标;③围绕目标进行方案策划;④协调人、财、物的资源配合,实施方案;⑤对自媒体平台营销活动进行评价、改进和提高。

1. 企业 SWOT 分析

通过分析,明确企业的机会与优势,明确企业所处的威胁和劣势,有的放矢地采取措施。

2. 竞争对手分析

了解同类型竞争对手的数量,各自的风格、产品策略、渠道策略、价格策略、推广策略等,以及正在开展的营销活动。

3. STP 策略

通过市场分析,进行市场细分,并确定目标市场和目标用户,确定自己独特的形象。

4. 自媒体营销推广的目标

自媒体平台营销推广的目标有建立品牌、提升品牌形象、提高企业(产品)曝光度、销售促进与提高、树立与维护企业形象等。

5. 选择自媒体平台推广方式

自媒体平台推广方式与指标的制定,如表 2-30 所示。

表 2-30 自媒体平台推广方式与指标

自媒体平台	推广方式	推广指标	资金
头条号			
大鱼号			
企鹅号			
百家号			
网易号			
一点资讯			

6. 自媒体平台推广方案的实施

(1) 进度安排。根据方案的要求规划进度,分阶段制定考核目标。

(2) 人员安排。根据方案的任务明确分工,制定相应的考核目标。

(3) 资金安排。合理筹划资金,提高推广绩效。

(4) 风险预防。对可能存在的风险提前进行安排。

7. 评估与优化

在实施的过程中收集反馈,持续改进。

(二)自媒体平台营销策划的基本要求

美国西北大学市场营销学教授唐·舒尔茨(Don Schultz)于20世纪90年代提出"网络整合营销4I原则",即趣味原则(interesting)、利益原则(interests)、互动原则(interaction)及个性化原则(individuality),4I原则完全从用户角度出发,以吸引用户注意力,鼓励用户参与为基本目标,对自媒体营销的发展具有重要指导意义和实用价值。赵占波(2015年)根据移动互联时代消费者行为趋势,提出了4Ds,即需求(demand)、动态(dynamic)、传递(deliver)、数据(data),要求聚焦用户需求,利用互联网工具掌握和预测用户需求,利用社交媒体平台获取和创造用户需求,动态多点沟通,通过向客户积极传达产品信息,将产品的各项价值更加便利地传递给客户,并且企业可以利用互联网大数据,通过用户画像,分析其消费行为,为企业的营销提供科学决策和支持。

根据自媒体平台的特点,在策划自媒体营销时,有以下几方面基本要求。

1. 整体规划

(1) 在进行自媒体平台营销前,首先要有准确的定位,确定营销方向和目标,找到一两个能让人记住的差异点,根据方向和目标设计平台形象,发布营销内容,重点是挑选自己熟悉的领域。

(2) 为品牌起一个合适的名字,完善简介、头像等资料。

(3) 根据受众方向,不断深化垂直范畴,在确定范围内深挖素材,组合创新。

2. 合理安排

合理安排是指有计划地进行内容更新、广告投放,保持账号的活跃度,定期对评论进行管理。善于使用平台提供的数据分析功能,不断进行调整和提升。在制订计划上可以将长、中、短期相结合。例如,短期计划,每天更新一篇文章;中期计划,2个月内粉丝量达到5000人,阅读量累计达到5万次;长期计划,通过自媒体运营完成品牌推广、销售转化等。

3. 多平台、多渠道结合

由于各自媒体平台各有优劣,受众有叠加,因此可以多注册几个自媒体平台号进行营销。

(1) 借助别人的渠道,可与自媒体大号进行协作。

(2) 借用自媒体平台背后的优势,尽量将其他媒体链接起来,为用户提供便利。例如,在大鱼号上注册,就可以将阿里的文娱平台链接起来;在百家号上注册,则要善于利用百度的优势,提高企业的seo。

4. 内容优质

自媒体平台能将内容和粉丝衔接起来,优质的内容是重要前提,但很多企业的自媒体推广,基本上就是产品信息和企业信息简单的冷冰冰展示,在自媒体上会缺少沟通,因此有人性关怀、有情感、有故事、有场景的营销更会获得粉丝的青睐。

三、自媒体平台营销策划的注意事项及技巧

(一)自媒体平台营销策划的注意事项

(1) 内容要合乎平台要求。在众多自媒体平台中,充斥着伪原创、谣言、虚假新闻,尽管在短期内能获得较高的关注度,但是对于长期发展及企业的声誉都会有一定的损害。

当前各平台对内容的要求较高,如大鱼号平台中账号的评分项包括"内容原创度、内容质量度",涉嫌抄袭、发布不良的内容将被封号,并且不能再使用。而一点资讯在审核内容时,一旦发现有2个以上的疑似广告内容,就不能发布,因此重视平台规则十分重要。

(2)部分平台注重文章的首发性,可以获得高的推荐量。不仅要坚持内容原创,还要提升内容质量、内容健康度。图片大小合适、美观,文章不涉及违规内容或黄赌毒;不用夸张的标题吸引读者点击。

(3)保持更新。建议每天定时更新,保持更新,账号会升级,等级越高,获得曝光和推荐的机会就越多;在选题上,可以与当前时事、热点相结合。

(4)内容垂直。根据定位和专业领域,深挖内容,文章内容越垂直,推荐量越大、越精准。

(5)增加互动。当有人评论文章后,要及时回复。也可以去评论别人的文章,达到较多的认可,为自己带来流量。

(6)在运营百家号和搜狐号时,内容应含热门关键词,有话题性,根据用户搜索的习惯推荐文章,标题要有吸引力,但不能假大空。

(7)合适的发布时间。建议空闲时间段进行发布,有助于提高文章阅读量。

(二)自媒体平台营销策划的技巧

(1)保持新鲜感。自媒体营销需要保持定期更新,通过优质的更新,对用户进行持续的刺激,让用户长久保持趣味性。自媒体平台的定期更新,也可以培养访问者定期访问的习惯,提高用户的黏性。

(2)保持与用户的互动。用户的参与是体验经济的中心思想。用户参与自媒体的活动,首先是拉近了与用户之间的联系,让用户不再被灌输信息,能主动输出传播信息,成为自媒体的一部分。此外,用户的参与,也使自媒体具有更好的口碑,更容易成功。用户的参与,体现着"用户为王"的服务理念。

(3)整合营销。在自媒体平台上进行营销时,企业不仅可以整合线上多渠道,而且要整合线下渠道,线上线下联动,多种营销方式组合,能够使营销活动快速传播、扩散,影响力更大。

四、自媒体平台营销效果策划

(一)自媒体平台营销效果评估指标

不同的自媒体平台评估指标体系稍有差异。传播和互动是自媒体营销效果评估指标的重点,在进行营销活动时,应当先明确可测量的营销目标。综合各自媒体平台给出的评估指标,可以使用如表2-31所示指标评价营销效果。

表2-31 自媒体平台营销效果评估指标

指标	项目
曝光量	文章量,粉丝数
	阅读量
	粉丝阅读量
	累计阅读量

续表

指 标	项 目
互动性	评论量
	回复或跟帖数量
	舆情的正面、负面、中性的数量与比率
内容质量	未通过/全部发文数
	推荐量
品牌建设	知名度、美誉度变化、品牌号召力
	网络舆论的数量,正面、负面、中性的数量
收益分析	累计收入
	图文收益
	视频收益
	问答收益
	其他
支出分析	广告费用
	其他

（二）自媒体广告效果评估指标

自媒体广告评估指标有广告展示量、广告点击量、广告浏览量、广告转化率及推广费用等,如表 2-32 所示。

表 2-32　自媒体广告效果评估指标

指 标	内 涵
广告展示量	包括开屏广告、内容资讯、文字广告、推荐页广告、图片广告、视频广告、富媒体广告等
广告点击量	用户点击广告的次数
广告浏览量	用户通过点击广告进入被推广网站的比例
广告转化率	进入推广网站的用户最终购买的比例
推广费用	CPM/CPC/CPR/CPA/CPT/GD

五、主要的自媒体平台营销策划介绍

如何通过自媒体平台的营销获取粉丝,节约成本,并且获得较高的转化,每个平台的操作不尽相同,下面以头条号、大鱼号作为模板进行介绍。

（一）头条号的营销策划

1. 策划广告营销策略

（1）区域开屏广告（CPT/GD）。CPT 按时间付费,GD 则是保量广告。在 CPT 模式下,广告为轮播形式,按天售卖,静态开屏 3 秒,动态开屏 4 秒（gif）,视频开屏 5 秒,可选择链接至落地页,常规尺寸 640mm×920mm（根据手机屏幕大小尺寸有变动）,根据区域定价,如定向湖南静态开屏 225000 元/天,定向湖南动态/视频开屏 300000 元/天,定向长沙静态开屏 90000 元/天,定向长沙动态/视频开屏 120000 元/天。在 GD 模式下,广告为轮播形式,广告主按需求的展示量进行购买,一天最低 100cpm（千次曝光）,这种广告方式保证曝光量，对企业来说自主性更强，如图2-3所示。

（2）信息流广告。以内容资讯方式传递品牌信息，可支持小图、大图、组图、视频形式，投放较为灵活，提供6种用户属性定向（年龄、性别、地域、平台、网络环境、手机品牌）、10种用户行为分析（阅读、点击、评论、收藏、分享、关闭、顶踩、查看详情、播放、查看头条号）及兴趣关键词定向。同样提供CPT和GD两种计费方式，在左下角标有"广告"字样的提示，如图2-4所示。

图2-3　头条开屏广告

（3）今日头条提供无广告标签的内容推送"号外"，能够精准推送客户，支持CPM，支持定向。文章得到推荐后，即可使用，"号外"可用于品牌造势（预热）、集中报道（上线）、口碑传播（吸粉）。"号外"的费用较低，付费方式灵活，100＋的展示量为100元，对于经费紧张的企业和个人较为友好。

图2-4　头条信息流广告

2. 头条号营销策划注意事项

（1）内容第一位。入驻平台时，首先要定位清楚，选择好自己的垂直领域深耕（图2-5），尽可能保持日更，坚持原创，切忌不要搬运别人的内容，可以结合当下时事热点（图2-6）、用户生活中的痛点及感兴趣的内容去写（图2-7）。

（2）写好标题。广告学之父大卫·奥格威认为标题比正文多5倍的阅读力，应当把最大的消息灌注在标题中。在写标题时，应该抓住消费者的注意力，简洁明了，有针对性，避免迷阵式、假大空的标题，避免成为标题党。一般标题应当控制在20～40字，过长则不能全部显示。

（3）利用好平台提供的多种内容形式。头条号提供文章、问答、小视频及视频功能，因此在制作内容时，可以结合使用（图2-8）。文章要做到图文并茂，杜绝过长的文字描述，图片清晰，大小合适。

（4）使用商品链接。头条号具有电商工具箱功能，可以开通橱窗，当头条号指数达到650，粉丝超过2000时，就可以开通头条号商品功能，暂时头条号仅支持天猫、京东和其他一些商家的商品链接。

项目❷ 新媒体平台营销策划

 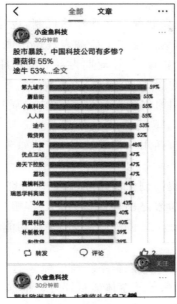 

图 2-5　内容垂直　　　　图 2-6　结合热点　　　　图 2-7　找到痛点

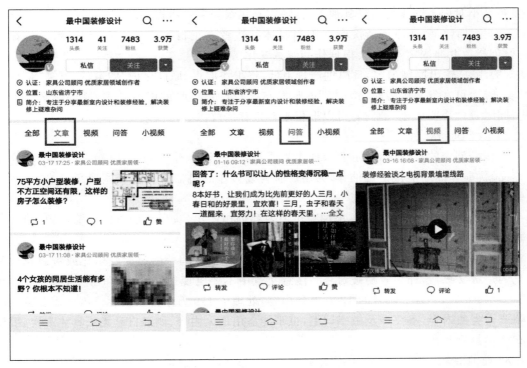

图 2-8　多种形式打造平台号

（二）大鱼号的营销策划

1. 大鱼号成长机制

大鱼号星级评定是针对平台运营状况的客观评估机制，也是对运营者所创作的内容价值的综合评估。大鱼号的评选标准为内容在 UC 端表现得出账号综合指数，满分 1000 分，降序排序。综合指数包含以下 4 个指标，统计周期为每个自然月。

（1）创作活跃度，包括所发布的图文、短视频、图集数量。

（2）原创作品的质量，包括声明原创图文、短视频的作品质量。

（3）UC 端的影响力，包括图文、短视频、图集的消费量。

（4）内容受粉丝的喜爱程度，包括用户消费时长，互动如分享、评论、收藏、点赞、订阅，活跃粉丝数量等。

大鱼号要提高"星级"，就需要提高创作活跃度、用户认可度、内容优质、原创、垂直度，运营健康度几项运营指数，在运营大鱼号之前可以进入 UC 客服学习（http://kf.uc.cn/self_service/web/faqs-1000016076.html），以了解大鱼号的基本功能和常见问题。

2. 大鱼号账号运营策划

大鱼号平台的推荐机制为机器推荐，推荐系统通过标签的形式对机器进行抓取和推荐，推荐主要参考内容本身的优质度和账号的总体质量评分。根据大鱼号的成长机制和推荐机制，策划人员在运营账号时可采取如下策略。

1）坚持原创

（1）取得高原创指数的办法＝坚持创作产出内容，在大鱼号平台首发。首发后，保证至少发布 2 小时内不同步更新到其他平台，评定高星级概率也将提高。

（2）假如曾是"伪原创活泼者"，则当媒体制造者真正自主产出后，原创指数将逐渐提高，原创指数并非固定不变，会根据作品诚意变化。

（3）坚持输出原创内容，且原创产量不低，将很快取得"原创保护"的邀约，开通"原创保护"功能后，可在发布内容时"声明原创"，发布已"声明原创"的内容越多，原创指数提升越快。同时，已"声明原创"的内容可以取得平台推荐加权。

2）内容质量

在作品创作的过程中，一定要保证作品质量，坚持创作有价值、有内涵、有深度、有意思的作品，优质作品才能被平台推荐，为用户所喜爱。作品机器推荐量和阅读量越高，评定高星级机会越大。

（1）提高质量指数的办法：添加有价值内容创作产出，减少泛低质内容输出，杜绝运营违规举动。

（2）尽量保证文章安全性，杜绝出现违规行为，不要去写一些过度娱乐化或带有花边色情化的边缘文章，这样很容易被封号。注意文章中不要出现违禁词，大鱼号平台在 2019 年处罚、封禁了 7.89 万个账号 1200 万条内容，处理了 1.9 万条侵权内容。因此需要特别注意不要写劣质内容，不要涉及敏感词汇，也不能盗用他人内容，如果自己无法具体掌控，可以用在线工具检测。

3）垂直领域

保证作品质量的同时，也一定保持账号的垂直度，让审核人员看到你的专业性。坚持在同一个垂直领域持续更新作品，创作专注度越高，内容专业性越强，评定高星级机会越大。

投其所好,深入了解粉丝喜好与诉求,持续创作粉丝喜好的内容,作品阅读量及订阅转化越高,评定高星级机会越大。

(1)单一领域发文,至少是坚持在某一阶段内某一领域发文,这样比较有利于内容垂直度的提高。

(2)不要发布与领域无关的内容。发布与领域无关的内容不仅不能维护好内容垂直度,而且吸粉不精准,不利于转换变现。

4)用户关注

(1)强化粉丝运营,提高用户指数的办法=持续创作读者/观众/粉丝偏好的内容。

(2)优质内容是吸引粉丝的关键。

(3)强化粉丝运营,积极回复留言评论,不要敷衍粉丝。尊重每一位留言的读者,耐心答疑解惑,作者的高涵养和高素质也会带来更多的流量。平台对读者用户的负面反应设置了较高权重,假如内容让读者/观众/粉丝产生厌烦情绪(表示为用户点击"不喜好、回绝推送、告发低质"等举动数据),不但会使用户指数下调,质量指数也会同步下调。

5)账号活跃

(1)提高活跃指数的办法=高频率的产出,避免阶段性断更。

(2)产量是考验一个账号是否有持续创作力的指标。坚持每天更新,每月至少创作30篇文章或视频作品,创作越多,评定高星级机会越大。原创图文内容(系统识别,非账号原创标签)保持每周更新2~3篇,或原创视频内容坚持每周更新1篇,都有利于提高账号活跃指数,阶段性断更会降低分数。

(3)平台将依据内容质量度动态调整单日可发文篇数的上限,所以持续产出优质内容有利于提升内容产量,从而提高活跃指数,见图2-9。

任务名称	达成任务积分值	完成次数/每日次数上限	获取积分情况
发表作品1次	2	0/10	积分
发布原创标作品	5	0/10	积分
回复UC用户评论	5	0/100	积分
作品首次获得推荐	5	0/10	积分
单个作品阅读10w+	600	0/10	积分
作品获得UC用户点赞	1	0/100	积分
作品被UC用户分享	1	0/100	积分
参加公益活动征文	11	0/10	积分
UC粉丝数量每增加100个	10	0/100	积分

图2-9 大鱼号平台任务

3. 大鱼号广告策划

(1)自媒体中内容为王,广告也应当符合粉丝的阅读习惯和要求,自然的植入,以体验类文章为主,如结合场景,说明是如何使用本产品,使用后解决了生活中、工作中的哪些问题,让粉丝们真正感受到这个产品的价值。另外,资讯类的广告也受用户欢迎。

案例阅读　　　　鸿顺温泉小镇目前正在热销中

乐居网 ▪ 大鱼号
25分钟前 新浪乐居官方大鱼号

鸿顺温泉小镇项目由山东鸿顺集团开发建设,定位于"新中式"风格,强调中国传统文化与居住环境的融合,体现中国传统建筑的精神。目前项目洋房在售户型为136～230m²,价格区间为8200～13000元/m²,优惠买一层送负一层,剩余20套房源。高层在售面积为138～142m²,价格区间为7500～8500元/m²,剩余房源在100套左右。别墅在售户型为分为两联排、三联排、四连排(户型一样,院子大小不一样,赠送院子),面积为209～245m²,价格区间为14500～18500元/m²,剩余房源28套左右。项目目前销售政策为商贷99折,全款97折,具体可咨询项目售楼处。[购房资讯轻松享,快来关注乐居网大鱼号]

(2)一般在文章末尾留下广告,不会影响用户的阅读体验,纯文字的形式平台审核也会通过,可以留下联系方式、微信号、公众号或二维码(图2-10)。平台审核严格的时候,最好避免出现敏感字眼,如"微信"二字。

(3)巧用配图。生动、精准的配图可以吸引阅读者的注意力,加深对文章的理解;在配图上可以加上含公司名称、网址的水印,用户在阅读文章时,会注意到水印内容(图2-11),但要简洁,否则会引起读者的反感,平台审核也不会通过。

图2-10　图片设置

图2-11　图片水印

(4)开通商品推广功能。当大鱼号星级等于5星,且符合商品推广类型时,大鱼号作者可在文章中添加淘宝、天猫、淘宝客链接,内容制造者可在大鱼号后台的账号状态中查看,如图2-12所示。

(5)写商品推文。为商品写推文时,内容要具有故事性,字数不少于500字,一篇文章中最多可添加10个商品,建议以3～5个最佳,不得只堆砌商品,文章内容和商品必须具有

图 2-12　大鱼号商品推广开通条件

强关联性；文章顶部不能插入商品卡片；不得添加图片质量差、品质感差的商品；文章内容不得有夸张、过度宣传的用词（图 2-13）。

在大鱼号中添加商品时，需要注意以下几点。

① 商品名称。字数限制在 20 个汉字以内，可适当突出商品信息，但不可出现打折、免赠等信息。

② 商品图片。选择背景干净的图片，图片不可出现水印、Logo、联系方式等信息。

③ 推荐理由。字数限制在 30~100 个汉字以内，不可和正文内容重复，尽量突出商品亮点。

4. 大鱼号营销效果分析

（1）通过大鱼号后台可以查看图文/视频/图集数据，即内容分析、用户分析、舆情分析及我的星级，通过后台查看推荐、阅读、评论、点赞、分享、收藏等信息分析图文、视频的变化趋势；粉丝数据，即累计粉丝数、新增粉丝数、取消关注数、净增粉丝数，从而了解账号的运营状况，各内容的受欢迎程度，通过分析，发扬优势，弥补不足。

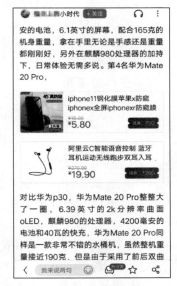

图 2-13　商品链接

（2）商品推广数据可通过大鱼号后台查看商品曝光数据，并了解转化率。

 自我练习

一、判断题

1. 狭义自媒体是指以单个的个体作为新闻制造主体而进行内容创造的，而且拥有独立用户号的媒体。　　　　　　　　　　　　　　　　　　　　　　　　　（　　）

2. 自媒体平台中的内容大多由自媒体平台邀约产生，部分为用户自愿提供（UGC），用户与站点存在直接的雇佣关系。　　　　　　　　　　　　　　　　　　　（　　）

3. 各平台号给内容制造者提供收益,搜狐号的收益系统由广告(即流量分成)、移动端推广和 PC 端推广 3 个部分组成。（　　）

4. DAU 是指日活跃用户数量。（　　）

5. MCN 模式是一种多频道网络的产品形态,将 PGC 内容联合起来,在资本的有力支持下,保障内容的持续输出,最终实现商业的稳定变现。（　　）

6. 4Ds 要求聚焦用户需求,其内容为需求(demand)、动态(dynamic)、传递(deliver)、时期(date)。（　　）

7. 头条号的收费广告形式有开屏广告、信息流广告、"号外"。（　　）

8. 大鱼号开通商品推广功能的条件是星级达到 4 级,且符合商品推广类型。（　　）

二、单项选择题

1. 自媒体运营的核心是（　　）。
   A. 展示量　　　　B. 内容　　　　C. 流量　　　　D. 浏览量

2. 以下不是自媒体特点的是（　　）。
   A. 互动性强　　　B. 个性化　　　C. 方便性　　　D. 全球化

3. 企鹅号的内容不可以分发至（　　）平台。
   A. 手机 QQ 浏览器　B. 天天快报　　C. 今日头条　　D. 应用宝

三、多项选择题

1. 搜狐号的账号分为（　　）。
   A. 个人自媒体　　B. 媒体　　　　C. 企业/机构　　D. 政府

2. 头条号开通橱窗的条件为（　　）。
   A. 头条号指数达到 650
   B. 近 60 天内,账号无违反平台相关规定的行为
   C. 申请广告分成要求:上月阅读量≥2 万次
   D. 粉丝超过 2000

3. 属于自媒体平台营销效果评估指标的有（　　）。
   A. 广告点击量　　B. 粉丝数　　　C. 推荐量　　　D. 阅读量

4. 大鱼号的评选标准为内容在 UC 端表现得出账号综合指数（　　）。
   A. 创作活跃度　　　　　　　　　B. 原创作品的质量
   C. UC 端的影响力　　　　　　　 D. 内容受粉丝的喜爱程度

项目3

新媒体方式营销策划

营销人员开展新媒体营销策划,除能够选择恰当的新媒体平台并根据平台特点进行方案设计之外,一个有价值且有创意的营销方案还是要讲究方法与技巧的,这就要求策划人员能够设计出不同的营销方式,使方案个性化而又与产品紧密相连,有效地实现营销目标。

新媒体营销方式,就是基于特定产品的概念诉求与问题分析,选择恰当的方法与技巧对消费者进行针对性心理引导的一种营销模式。从本质上来说,它是以内容策划为核心,通过企业软性渗透的商业策略在新媒体形式上的实现,通常借助特定的方法与技巧进行表达与舆论传播,从而使消费者认同某种概念、观点和分析思路,以此达到企业品牌宣传、产品销售目的的一种营销策略。新媒体营销方式有很多种,其策划的过程就是策划人员围绕营销目标,根据产品特点来选择一种或多种营销方式,进行创意与设计,从而在适合的新媒体平台上有效实施方案的一系列过程。新媒体营销方式有很多种,我们将选择常用的几种进行学习。

需要注意的是,不同的营销方式之间是可以融合在一起使用的,并没有明显的分隔,营销人员在熟悉各种不同的营销方式之后,清晰了解企业自身的优势,根据企业品牌定位选择适合企业的营销方式,最终使营销效果更佳。本项目主要介绍互动营销、病毒营销、饥饿营销、事件营销、情感营销、IP营销、借势营销、跨界营销8种常见的新媒体营销方式。

任务1 互动营销策划

互动营销方式

 项目任务书

课内学时	3学时	课外学时	至少2学时
学习目标	* 1. 了解互动营销的含义及其特点 2. 明确互动营销策划的含义及其成功的基础 3. 能够利用恰当的方法与技巧策划互动营销方案		
项目任务描述	1. 听教师讲解相关知识,阅读案例并分析 2. 认真学习相关知识,查找资料,分析策划的成功基础 3. 根据情境要求,按组完成策划方案		

续表

学习方法	1. 听教师讲解相关知识 2. 查阅资料 3. 认真思考、分析
所涉及的专业知识	1. 互动营销的含义及特点 2. 互动营销策划的含义及成功基础 3. 互动营销策划的注意事项及技巧
本任务与其他任务的关系	项目 3 中各个任务是并列关系,为项目 4 任务完成打基础
学习材料与工具	学习材料:任务指导书后所附的基础知识 学习工具:项目任务书、任务指导书、计算机、笔
学习组织方式	本任务部分内容要求每个学生独立完成,部分内容要求学生分小组协作完成

 任务指导书

完成任务的基本路径如下。

听教师讲解相关知识,阅读案例并分析(30分钟) → 认真学习相关知识,查找资料,分析策划的成功基础(15分钟) → 根据情境要求,按组完成策划方案(90分钟)

第一步:认识互动营销。

听教师讲解互动营销的含义及特点,按照要求完成表 3-1。

表 3-1　任务产出——互动营销的含义及特点

扫描右侧二维码,观看案例,结合案例回答以下问题。
1. 什么是互动营销?

世纪佳缘中秋营销案例

2. 分析互动营销的特点。

3. 分析有道的这个 H5 互动营销策划方案为什么能迅速得到推广?(拓展)

第二步：互动营销策划。

1. 互动营销成功的基础

认真学习相关知识，查找资料，完成表 3-2。

表 3-2 任务产出——互动营销成功的基础

扫描以下二维码，了解 361°动态互动游戏营销方案：用户在首页面画一个小人，绘画很随意，想怎样画就怎样画，没有任何限制，大家可以充分发挥想象。点击确认，给小人穿上 361°运动鞋后小人能够前行（是真的动起来），小人会经历跨栏，与另一个自己"战斗"，以及战胜妖怪，所有过程动态感都很强。

阅读案例并体验之后，分别从互动营销方案策划的 3 个基本要素消费者属性、互动内容和渠道、反馈机制分析该方案成功的原因。

2. 策划互动营销方案

请为本组所选定的模拟企业（若是企业真实项目，则按照真实项目要求开展此后任务，此步骤可省略，由指导教师统一安排）选择 1—2 月中任意一个节日为主题，可以按照 COOOOO 互动营销策划流程（注意搭建的方案根据实际情况包括但不限于任务书中的几个方面），策划一个互动营销方案，将方案搭建的基本思路填写在表 3-3 中。（可参看样例）

表 3-3　任务产出——互动营销策划方案基本思路

一、主题
二、营销目标
三、互动营销定位 1. 目标人群定位 2. 互动形式定位
四、创意策划 1. 主题理念 2. 互动形式 3. 推广形式 4. 推广时间

样例：

"和你一起做早餐"肯德基互动营销策划方案

一、主题

"一起做早餐"肯德基互动营销。

二、营销目标

引起目标群体对早餐的重视，宣传品牌产品的营养健康理念，扩大影响力，提升产品销售。

三、互动营销定位

（1）目标人群定位：25～40岁上班族。

（2）互动形式定位：以地铁LED大屏幕为媒介，建立与目标人群的互动；应用先进的红外感应装置，在隐蔽处捕捉互动人群的一举一动。

四、创意策划

主题理念：结合"早餐与健康营养"这一社会热点，引发关注。

互动形式：通过地铁LED大屏幕，消费者可以通过自己的手，在LED大屏幕上完成肯德基"被蛋卷"早餐的制作过程。这一有趣的形式，引起了不少地铁上班族的兴趣。消费者在现场模仿肯德基（KFC）"被蛋卷"早餐的制作过程中的打鸡蛋、搅面粉、煎蛋饼、包鸡肉等动作，以零时差的方式即时体现在大屏幕上，同时触发相应的音效反馈，让人们在经过地铁的大屏幕前时，有身临其境地体验在厨房里制作蛋卷的过程。

推广形式：目前都市人的生活节奏很快，往往忽视对早餐营养的关注。肯德基（KFC）此次推出的"被蛋卷"早餐系列，是专门针对上班族这一群体，而地铁是上班族的首选工具，故而选择在地铁站内，在实现推广新产品的同时，引起大家对营养健康的重视，从而实现宣传推广、提升产品销售等营销目标。

推广时间：3个月。

评价标准及评分表

认真完成每个任务产出表，表述正确、清晰、有说服力，在规定时间内完成并上交。互动营销策划评分表见表3-4。

表3-4 互动营销策划评分表

任务产出项目	分 值	评价得分
表3-1 任务产出——互动营销的含义及特点	25	
表3-2 任务产出——互动营销成功的基础	25	
表3-3 任务产出——互动营销策划方案基本思路	50	
合　　计	100	

基础知识

一、互动营销策划的概念

互动是指双方互相动起来。新媒体互动营销是一种在各种新媒体平台上实施的双向营销方式，要求企业在营销过程中充分利用消费者的意见和建议，用于产品或服务的规划和设计，在消费者与企业的互动中，让消费者参与到产品及品牌活动中，拉近与企业之间的联系，不知不觉中接受来自企业的营销宣传。

新媒体互动营销策划是基于企业和用户的需求，通过各种推广及虚拟运营服务，为企业提供了全方位、多层面的信息化整体解决方案。就是用设计一种有效的方式将企业和消费者持续连接在一起。互动营销策划的关键是如何实现企业与消费者的双方互动，包括前期的策划、中期的执行、后期的统计与预估等，是一种从开始到结束贯彻始终的策略筹划。

二、互动营销的特点

基于新媒体的互动营销更加吻合互动营销的理念，主要特点表现在以下四个方面。

（1）互动性强。互动营销作为一种相互作用的体系，特别强调互动营销者与目标顾客之间的"双向信息交流"，以克服传统市场营销中"单向信息交流"方式的营销者与顾客之间无法沟通的致命弱点。新媒体具有开放、自由、双向式的信息沟通特点，企业与顾客之间可以实现一对一的信息交流和直接沟通，企业可以根据目标顾客的需求进行生产和营销决策，在最大限度地满足顾客需求的同时，提高营销决策的效率和效用。

（2）反馈性好。互动营销活动的关键是为每个目标顾客提供直接向营销人员反馈的渠道，企业可以凭借顾客反应找出不足，为下一次互动营销活动做好准备。新媒体的方便、快捷性使顾客可以方便地通过新媒体平台直接向企业提出建议和购买需求，也可以直接通过新媒体获取售后服务。企业也可以从顾客的建议、需求和要求的服务中，找出企业的不足，按照顾客的需求进行经营管理，以减少营销费用。

（3）随时随地性。互动营销活动强调在任何时间、任何地点都可以实现企业与顾客的"信息双向交流"。新媒体的全球性和持续性的特性，使顾客可以在任何时间、任何地点直接向企业提出要求和反映问题，企业也可以利用新媒体实现低成本的跨越空间和突破时间限制，与顾客的双向交流，这是因为利用新媒体网可以自动地全天候提供网上信息沟通交流工具,顾客可以根据自己的时间安排从任意新媒体平台获取信息。

(4) 效果可测定。互动营销活动最重要的特性是其效果可测定。新媒体作为最直接的简单沟通工具,可以很方便地为企业与顾客在进行交易时提供沟通支持和交易实现平台,通过数据库技术和网络控制技术,企业也可以很方便地处理每一个顾客的订单和需求,而不用管顾客的规模大小、购买量的多少,这是因为新媒体的沟通费用和信息处理成本非常低廉。因此,通过新媒体可以实现以最低成本最大限度地满足顾客需求,同时了解顾客需求,细分目标市场,提高营销效率和效用。

总之,新媒体时代下的互动营销方式焕发出了惊人的生命力,互动营销是一种一对一的营销方式,可以根据客户或潜在客户的要求进行合理的变动和调整,具有更高的精准度和针对性,它比一般的直接营销效率更高、效果更好。

三、互动营销方式的策划

(一) 互动营销方式策划的基本思路

如何做出一份有效的互动营销策划方案,营销人员需要按照一定的流程进行。一般而言,可以按照 COOOO 互动营销策划流程(图 3-1)进行,也就是通过不断地与客户进行密切的沟通(communication),确定互动营销目标(objective),并在了解品牌定位的基础上进行互动营销定位(orientation),发挥创意(originality),做出可执行(operation)互动营销方案。

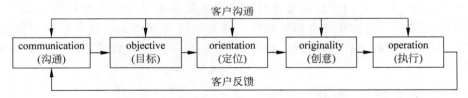

图 3-1　COOOO 互动营销策划流程

这个模型表现策划流程从目标制定到项目执行,体现策划全过程;以客户沟通为起点,并贯穿项目策划的始终。

1. 沟通把握需求

好的互动方案一定是以客户为中心,在全面了解客户需求的基础上进行创作发挥的,因此,与客户的有效沟通是方案成功的前提。如图 3-2 所示,从项目目标的确立到项目的执行反馈,沟通贯穿了方案的始终。很多时候,我们抱怨工作不利,问题往往不是出在水平上而是出在沟通上,如果客户经常摇头,就说明没有事先沟通清楚。

2. 明确互动营销目标

策划团队在做互动营销的过程中,要找准商业目标,因为互动营销需要注意的地方非常多,他们在找准商业目标的过程中,所有的沟通本身都能够建立在有目标的基础上,而且他们可以非常清晰地知道自己想要解决什么问题,例如,日本有一个生产饮料的厂商抓住每个妈妈都希望给自己孩子补充营养的心理,通过在网站上问卷调查的方式让妈妈回答相关问题,从而获得她们所关心的结果。之后,厂商会根据这些问卷来建立资料库,方便日后向这些妈妈提供她们所需要的产品。

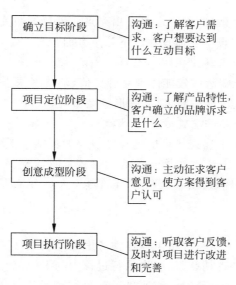

图 3-2 互动营销策划的沟通

无论是以提升品牌认知度、客户忠诚度还是提高市场占有率等为营销目标,都要事先确定并紧紧抓住。同时还要考虑每个互动品牌所具有的个性,不同成长阶段的品牌,其某一方面的互动目的往往会相对突出。例如,产品淡季促销,要做到品牌信息的到达得以持续;新产品上市就要提高消费者对新产品的认知;而若是成熟品牌,就要巩固品牌形象,培养客户忠诚度。

3. 互动营销定位

互动营销定位有两个方面:一是人的定位,即互动目标对象的定位;二是事的定位,即互动形式本身的定位。人的定位也就是目标人群的定位,要了解产品特性,明确品牌诉求,取决于产品本身的市场定位,产品的目标消费群是谁,决定了我们要与哪部分人发生相互作用;事的定位则取决于本次互动营销的目标,在多大的地域范围内以多大的程度影响目标人群。事的定位主要是指互动规模的定位,包括地域跨度(全国、区域、城市)和时间跨度(全年、月季、短期)。

4. 创意策划

互动创意策划工作就是发现的过程,而不是拼命地想点子,要深入了解产品,建议找和产品有关的人聊一聊。首先要考虑消费者而非产品,把所有的资料都放在手边,要想有效率,就记住:思考时,不写作;写作时,不思考。如果你真的准备好可以动笔,应该就不必再费思量。对产品的彻底了解就像满载的能量,能使灵感源源不断涌出,很多最后写到方案里的东西,是在计划阶段就已经决定好了的。营销人员在进行互动创意策划的时候,首先,要把握目标客户群体的喜好,需要考虑的问题包括:他们经常出现的场所是哪里,经常接触的媒体或者媒介有哪些,他们的生活方式及价值观是什么,与企业的品牌主张有哪些结合点,他们可能对哪些互动的体验活动产生兴趣,参与的目的是什么等。其次,要找到关键的互动点。要有好的创意,需要想办法,可以模仿跟进,拼凑创造,也可以采用头脑风暴的方法由主创人员牵头,进行创意的碰撞,然后去粗取精等。最后,要设计出互动的形式与内容。

互动策划不一定要面面俱到，但一定要突出亮点。创意案的关键是要突出方案亮点，在可操作范围内追求创新。亮点主要体现在以下几个方面。

主题理念：如结合社会热点，能引发关注。

互动形式：互动设计有新意或较能体现品牌价值，消费者乐于接受。

场务人员：现场工作人员素质高，对品牌形象增值明显。

搭建设计：符合活动产品的品牌诉求。

执行案在有亮点的基础上还应尽可能地详尽。一般包括以下 11 个部分：①活动背景；②活动目的；③活动对象；④活动主题；⑤活动形式；⑥活动时间和地点；⑦传播方式；⑧项目执行（包括项目排期规划、项目流程、项目管理、人员分工等）；⑨费用预算；⑩意外防范；⑪效果预估。

5. 项目执行

策划贯穿项目始终，不论是从项目可操作性考虑还是从执行质量控制考虑，策划人员都必须与执行人员及客户保持密切联系，指出执行过程中的不规范现象，同时根据实际执行情况及客户反馈调整项目规划，并及时予以改进。项目结束后评估该项目是否达到预期策划目标。策划人员在方案执行的过程中要注意关注方案的可操作性、质量控制及客户反馈，如图 3-3 所示。

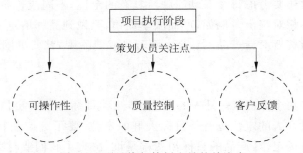

图 3-3 项目执行策划人员的关注点

（二）互动营销策划方案成功的基础

一个成功的互动营销策划方案应具备以下几个要素。

1. 消费者属性

通过已有数据或市场调研，对消费者进行分析，了解消费者的年龄层、社会角色、收入水平、分布区域、家庭状况等信息，对消费者的全面了解有助于与消费者进行有效互动沟通。

2. 互动内容和渠道

根据消费者属性和产品属性，可以指导互动营销制作相应形式和相应风格的内容，同时根据消费者的区域分布及喜好，有助于构建全面的互动渠道，从渠道上接触消费者，从内容上触动消费者。

3. 反馈机制

互动双方需要有反馈机制的相互影响，没有反馈机制的互动，营销就无法持续，企业需要消费者反馈产品及服务的改进意见，消费者需要企业提供便利的服务和额外的激励，良性而恰当的反馈机制有助于企业与消费者之间保持有效而持久的沟通。

(三) 互动营销方案策划的注意事项与技巧

1. 选择互动营销的发布途径

企业开展新媒体互动营销的路径有很多,主要集中在官方网站、门户网站、虚拟社区、网上商城、娱乐平台等。

(1) 官方网站开展互动活动。官网是企业的权威网站,也是企业形象的象征。企业通过官方网站上活动的开展,吸引消费者在企业网站上参与活动发表见解,拉近和消费者之间的距离,增进企业和消费者的情感,使消费者在活动中重新认识企业,并通过自己的网络社交关系传播企业品牌。

(2) 与门户网站联合。门户网站是提供某类综合信息的应用系统,目前门户网站的业务包罗万象,门户网站逐渐发展成为一个集门户、资讯、博客、视频、社区、微博等多样化产品为一体的媒体平台,成为网络世界的"百货商场"或"网络超市"。门户网站多样化的功能和庞大的信息量吸引了众多网友的关注,所以门户网站是企业与消费者互动的优良土壤。

(3) 与虚拟社区结盟。虚拟社区是一群用计算机网络进行沟通的人们组成的团体,他们彼此有某种程度的认识、分享信息、如同对待朋友般彼此关怀。如天涯网、开心网、人人网等。虚拟社区借助活动、事件、话题等刺激用户和粉丝的情感神经,让用户真正能由内而外地参与到营销活动中,并让用户在参与活动的过程中,与关系网上的好友通过转帖、日记、照片、视频等传播方式进行互动传播。虚拟社区因为其较大的用户黏性和较强的互动性,具有极强的商业价值,也逐渐成为企业进行网络互动营销的主阵地。

(4) 与网上商城合作。随着电子商务的逐步推进,B2C 网上商城渐渐发展成熟。如淘宝网、京东商城、凡客诚品、当当网、卓越网等呈现百花争艳的态势。网上商城拥有海量的外部社区、论坛、门户等资源,吸引了大量的消费者在里面搜寻、观摩、评论、交流。尤其是网上商城里的各种促销活动,更是引发了众多消费者的参与。

(5) 牵手娱乐平台。这是一个娱乐化的时代,新媒体为我们提供了各种娱乐平台,如电影、音乐、游戏、聊天工具等。在这些娱乐平台上都聚集了大量的网友,而且很多网友对这些娱乐工具形成了依赖。企业可以与这些娱乐工具合作,通过一定形式与附着在这些娱乐工具上的网友进行互动和深度沟通,潜移默化地影响用户,提升品牌的认知度和美誉度。

营销策划人员可以根据企业自身的情况综合运用各种资源,采取多样化的互动方法,从而使新媒体互动营销取得更好的效果。在一定程度上,不同的新媒体平台具有不同的用户群和宣传效果,所以,在企业进行网络互动时,可以综合利用上述提到的各种路径,多层次、全方位地引导网友参与互动。

2. 互动营销方案设计技巧

(1) 方案要体现平等的参与性。网络互动营销平台的内容策划以互动参与为基本前提,处处体现平等的参与性,以吸引消费者亲自参与和体验。如在线小游戏、上传视频或图片、知识答题等,都是网络互动营销平台常用的互动形式。在参与的过程中,让消费者对产品产生认知和好感,从而认可该品牌。

(2) 互动方案要具有趣味性。消费者是否愿意进入互动营销平台并参与其中的活动,在很大程度上取决于其内容能否吸引他们,引起他们的兴趣。因此,新媒体互动营销在内容设计上应尽量体现出趣味性,以此吸引尽可能多的消费者参与并使之产生好感。例如,

Flash 小游戏的玩法难度较低,具有较强的趣味性,任何人都可参与并且乐于参与。这不仅可使营销平台集聚越来越多的人气,而且在消费者愉快的参与中潜移默化地将品牌和产品信息传递给他们。

(3) 重视用户体验。企业想要打造一场好的互动营销策划,关键就在于用户体验。互动营销要让消费者自己动手,百闻不如一次体验,引发互动的最高级形式是消费者的体验和创造。未来的品牌是半成品,一半由消费者的体验、参与来确定。营销的方式也将借助丰富的泛媒介平台,以单向信息推送、包装为多样化有趣的"体验"。品牌将来需要传达的不仅是其定位、主张、价值、活动资讯等,而是需要用消费者"体验"的包装,将上述需要传达的内容整合,请消费者参与进来。

(4) 抓住共同利益点,实施奖励。只有抓住共同利益点,找到巧妙的沟通时机和方法才能将消费者与企业紧密地结合起来。而一定的奖励是通过互动营销方式吸引人气的重要途径。愉快的参与、体验加上诱人的物质奖励,是消费者愿意主动参与其中的重要保障。奖励形式应有多种,如随机抽奖、积分累积兑奖、活动排名奖励等;奖品应包括现金、计算机、MP3 等实物奖品,还应包括游戏点卡、QQ 秀、游戏道具等虚拟奖品。

(5) 将娱乐与营销巧妙融合。娱乐化能有效地吸引消费者的注意力,引发他们的互动。消费者可在娱乐的同时不知不觉地受到感染,接受企业所传达的信息。娱乐性虽然非常重要,但要时刻记住决不可为了娱乐而娱乐,而是为了营销而娱乐。企业最大的悲哀是花钱请消费者娱乐过了,消费者却不知道企业是在营销什么。所以,"娱乐"与"营销"一定要巧妙地融为一体。

(6) 借助热点事件推动事件炒作,加入资讯信息。策划人员借助热点事件来策划互动营销,能够很快地吸引用户的注意。消费者虽然抗拒生硬的广告和推销,但他们需要所需求的产品的相关资讯。直接推销类的互动营销吃"闭门羹"的概率很大,如果化身为免费为消费者提供的资讯,那么,亲和性就会大增,甚至能引发他们自觉的口碑传播。如强生婴儿用品公司微型网站将网站内容设计成"以资讯为主,以产品为辅",90%以上的内容是从科普的角度为母亲们讲述婴儿皮肤的特点,以及如何洗护保养,只有很少部分介绍产品。该网站在新浪网亲子中心投放后,强化了产品品牌形象,消费者的反响也很好。

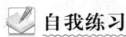 自我练习

一、判断题

1. 新媒体互动营销是一种在各种新媒体平台上实施的双向营销方式,让消费者参与到产品及品牌活动中,拉近与企业之间的联系,不知不觉中接受来自企业的营销宣传。(　　)

2. 互动营销策划的关键是如何实现企业与消费者的双方互利,重点是中期实施过程中的策略筹划。(　　)

3. 互动营销活动能够有效地吸引目标群体的注意,但是效果不太好测定。(　　)

4. 互动参与既是从用户处寻求更大注意力投入的方式,也是验证用户是否对品牌形成了真实印象的佐证。(　　)

5. 相比过去被动坐在屏幕前的时代,今天的用户更希望参与,而非简单被动地被触达。(　　)

6. 好的互动方案一定是以创意为中心,在全面分析市场情况的基础上进行创作发挥的。（　　）

7. 每个互动品牌都具有自己的个性,但是不同成长阶段的品牌,其互动的目的是一样的。（　　）

8. 互动创意策划工作就是拼命地想点子的过程。（　　）

9. 营销人员在进行互动营销策划时,可以考虑综合各种路径,多层次、全方位地引导网友参与互动。（　　）

10. 互动策划不一定要面面俱到,但一定要突出亮点。创意案关键是要突出方案亮点,在可操作范围内追求创新。（　　）

二、单项选择题

1. 互动营销强调（　　）。
   A. 企业与相关企业之间只是交易和竞争的关系
   B. 企业和消费者之间交互交流的双向推动
   C. 企业对消费者的单项推动
   D. 以上均正确

2. COOOO 互动营销策划流程不包括（　　）。
   A. 通过不断地与客户进行密切的沟通　　B. 确定互动营销目标
   C. 进行互动营销定位　　D. 把握平台与场地
   E. 做出可执行互动营销方案

3. COOOO 互动营销策划流程说明以（　　）为起点,并贯穿项目策划的始终。
   A. 做出可执行互动营销方案　　B. 确定互动营销目标
   C. 通过不断地与客户进行密切的沟通　　D. 进行互动营销定位

4. 互动营销中的事的定位主要是指（　　）的定位。
   A. 互动规模　　B. 互动时间　　C. 互动地域　　D. 互动人群

5. 关于互动营销方案策划描述不正确的有（　　）。
   A. 方案要体现平等的参与性
   B. 互动方案要具有趣味性
   C. 重视用户体验
   D. 通过产品手段提高参与门槛,是做好互动营销的一个关键

三、多项选择题

1. 互动营销的特点有（　　）。
   A. 互动性强　　B. 反馈性好　　C. 随时随地性　　D. 效果可测定

2. 互动营销定位包括（　　）。
   A. 人的定位　　B. 事的定位　　C. 产品的定位　　D. 价格的定位

3. 互动营销方案执行阶段,策划人员关注的点有（　　）。
   A. 可控制性　　B. 可操作性　　C. 质量控制　　D. 客户反馈

4. 一个成功的互动营销策划方案应具备以下（　　）要素。
   A. 消费者属性　　B. 产品属性
   C. 互动内容和渠道　　D. 反馈机制

5. 企业开展新媒体互动营销的路径有很多,包括(　　)。
   A. 官方网站　　　　B. 门户网站　　　　C. 虚拟社区　　　　D. 网上商城
6. 以下关于互动营销方案设计技巧,描述正确的是(　　)。
   A. 抓住共同利益点,实施奖励
   B. 将娱乐与营销巧妙融合
   C. 借力热点事件推动事件炒作,加入资讯信息
   D. 互动方式要有难度

任务 2　病毒营销策划

病毒营销方式

📋 项目任务书

课内学时	3 学时	课外学时	至少 2 学时
学习目标	1. 了解病毒营销的含义及特点 2. 明确病毒营销策划的含义及成功基础 3. 能够利用恰当的方法与技巧策划病毒营销方案		
项目任务描述	1. 听教师讲解相关知识,阅读案例并分析 2. 认真学习相关知识,查找资料,分析策划的成功基础 3. 根据情境要求,按组完成策划方案		
学习方法	1. 听教师讲解相关知识 2. 查阅资料 3. 认真思考、分析		
所涉及的专业知识	1. 病毒营销的含义及特点 2. 病毒营销策划的含义及成功基础 3. 病毒营销策划的注意事项及技巧		
本任务与其他任务的关系	项目 3 中各个任务是并列关系,为项目 4 任务完成打基础		
学习材料与工具	学习材料:任务指导书后所附的基础知识 学习工具:项目任务书、任务指导书、计算机、笔		
学习组织方式	本任务部分内容要求每个学生独立完成,部分内容要求学生分小组协作完成		

 任务指导书

完成任务的基本路径如下。

听教师讲解相关知识,阅读案例并分析(30分钟) → 认真学习相关知识,查找资料,分析策划的成功基础(15分钟) → 根据情境要求,按组完成策划方案(90分钟)

第一步：认识病毒营销。

听教师讲解病毒营销的含义及特点，按照要求完成表3-5。

表3-5　任务产出——病毒营销的含义及特点

扫描右侧二维码，观看案例，结合案例回答以下问题。

1. 什么是病毒营销？

2. 病毒营销有哪些特点。

3. 分析有道的这个H5营销策划案为什么能迅速得到推广？（拓展）

有道翻译

第二步：病毒营销策划。

1．病毒营销成功的基础

认真学习相关知识，查找资料，拓展阅读，完成表3-6。

表3-6　任务产出——病毒营销成功的基础

＃假人挑战＃游戏盛行网络的时候，需要多人参与，每个人摆好不同的造型后，不眨眼、不出声，一动不动就像玻璃橱窗里的假人模特，然后由摄影师一镜到底地拍下全过程，故而得名"假人挑战"，人数越多，难度越大，越考验团队之间配合的默契程度，扫描右侧二维码，观看视频。

秒拍曾经联合微博掀起全民＃假人挑战＃热潮，几十位明星艺人参与＃假人挑战＃，参与挑战的艺人在各种环境下，定格戏剧化的精彩一幕，导致秒拍App当月下载量瞬间激增。当时国内短视频平台并没有大量同类视频，秒拍通过从国外引进这一热门视频进行传播，瞬间占据了"假人挑战"的推广红利，在国内形成了声势浩大的传播。而"假人挑战"如此受粉丝们喜爱，除趣味性十足之外，秒拍官方的发起以及几位明星艺人的参与互动，让这个游戏和秒拍得到了更多粉丝的关注。秒拍的这次病毒营销可以称得上一个经典。

假人挑战

阅读以上案例，分别从病毒营销方案策划的独创性、利益点、传播关键点3个基本要素分析秒拍的病毒营销方案为什么能成功。

2. 病毒营销方案策划基本法则

认真学习病毒营销方案策划的 6P 基本法则,查阅资料,完成表 3-7。

表 3-7 任务产出——病毒营销方案策划的 6P 基本法则

途牛病毒营销案例

7月30日,在成都市区的十字路口,出现了一个安静的美胖子,只见他就地坐在自己带来的"沙滩"上,身穿性感紧身泳裤,露着销魂的啤酒肚,一脸惬意地望向远方。什么车水马龙、围观拍照都无法打扰这位胖大哥的小世界。这幅画面被定格成一张黑白照片:只见在那闹市之中,马路上有堆"沙滩","沙滩"上有个赤裸半身的胖大哥,而照片上则醒目地写着"只要心中有沙,哪里都是马尔代夫"。很快,这张照片就占领了微信朋友圈和微博,知名艺人、大 V 纷纷加入转发,更有不少媒体跟进报道,一场围绕"只要心中有沙"的讨论开始了,人们纷纷佩服这种苦中作乐的精神,胖大哥因此得名"沙滩哥"。

8月7日,沙滩哥在微博发出两张对比图:前一张就是一星期前在社交媒体疯传的马路沙滩照;后一张是沙滩哥以同样的姿势和穿着坐在真正的沙滩上,背景变成了美丽的蓝天白云,配文则为"只要心中有沙,昨天马路,今天马代"。看来,沙滩哥好像真的去马尔代夫了!这下,一石激起了千层浪,各大品牌开始了各种模仿。例如,陌陌的"只要心中有陌陌,昨天孤独,今天群嗨"。还有一群网友纷纷把金星、范冰冰、新晋国民老公宁泽涛,甚至奶茶妹妹和东哥这对夫妻档都 PS 成沙滩哥。短短时间内,#被玩坏的沙滩哥#成为微博热门话题,累计阅读达到 693 万次。大众的参与性在不知不觉中被调动起来了,人们也只是觉得自己在讨论一个社会热点,谁也没想到,这其实是途牛网精心策划的一场营销。

接着,沙滩哥在微博上发文感谢途牛网让自己的作品得到发展。沙滩哥是一位行为艺术家,这次坐在马路上的行为就是他的作品,可他怎么就跟途牛网扯上关系了呢?

在微博发出后第二天,一支名为"只要心中有沙"的视频蹿红,里面竟然记录了沙滩哥去马尔代夫的全过程,当途牛旅行网的品牌 Logo 出现在结尾时,人们恍然大悟:原来沙滩哥的马尔代夫之旅是由途牛网赞助的。紧接着,途牛在官网上推出模仿"马路沙滩哥"的活动:网友只要发微博带上#牛牛的沙滩 style#这一话题,就有可能通过途牛网实现"从马路躺到马代"式的艺术梦想。为了能免费去马尔代夫,网友们也真是各种"拼了",微博上有各种"不忍直视"的图片,以及各种欢乐的评论:例如有担心自己身材不好的网友说"我只有一块腹肌,不会影响市容吧",还有担心沙子会涨价的。

当天,途牛网的百度指数飙升到 6 万,同比上涨 23%,而途牛的相关微博话题也一跃成为新浪微博旅游类话题榜第一名,累计阅读量达 1700 余万次。途牛网的这次病毒营销,火了自己,火了沙滩哥,还让马尔代夫变得更热门了。但是,世界上有沙滩的地方那么多,为什么就偏偏选在马尔代夫呢?原来,在这件事发生前两个月,途牛网首家境外目的地服务中心——马累服务中心在马尔代夫开业了。正所谓开船要趁涨潮,行动要看时机,就是在这个节点上,途牛网正好借力了"沙滩哥"这一热点,上演了一场"梦想成真"的病毒营销好戏。

仔细阅读案例,按照病毒营销方案策划的 6P 基本法则对途牛的这次营销方案进行点评分析。(可参看样例)

3. 策划病毒营销方案

请为本组所选定的模拟的企业(若是企业真实项目,则按照真实项目要求开展此后任务,此步骤可略,由指导教师统一安排),以 3—4 月中的一个节日为主题,根据 6P 基本法则,策划一个病毒营销方案,将方案搭建的基本思路填写在表 3-8 中。【可参见本任务样例】

表 3-8　任务产出——搭建策划病毒营销方案的基本思路

一、主题   二、方案简述   三、6P 组合策略   (一)定位   目标人群: 营销目标: 媒介习惯: (二)关联   借势点: 传播渠道: (三)乐趣   (四)传播   传播形式: 传播内容: 传播过程: (五)参与   (六)转化   转化方法: 转化目的:

样例:

"瓷娃娃关爱中心,全国高校公益行"病毒营销策划方案。

关注"瓷娃娃"公益行动病毒营销方案

一、主题

瓷娃娃全国高校公益行 校门 style 公益传播活动

二、方案简述

为了引起人们对于"瓷娃娃"的关注,新旗公司创始人肖剑策划了一场病毒营销。此次营销的主旋律是关注"瓷娃娃"的公益活动,拟通过网络视频的形式、病毒营销的方式进行推广。

三、6P 组合策略

（一）定位

（1）目标人群：18～30 岁的年轻人群；收入不高；热爱公益。考虑到大学生是最具活力的群体，因此该病毒营销方案决定以这个群体为目标群体。

（2）营销目标：让更多人了解和关注脆骨病人群，为他们募款。

（3）媒介习惯：爱淘宝、爱音乐、关注网上有趣视频、白天上课晚上上网。

由于此次活动是相对边缘的营销活动，很难引起全民参与，因此，要达到病毒营销好的效果，必须要强化关联性，引发大规模的关注与转发，肖剑决定通过网络视频的方式推广这个活动。

（二）关联

公益（非公益，名人可能就不参与）、地理位置、共同经历的且熟悉的校门、穿越、天气。

（1）借势点："校门"。为了与目标人群产生更多的关联，引起大学生及毕业生的关注，选择"校门"这个兴趣点，因为校门是一个学校的名片，这里有很多大学生的美好回忆。如果他们在网上看到了自己久违的母校，会更愿意在社交网络和微博上与大家分享，这样就会有更多的人关注瓷娃娃。

（2）传播渠道：视频网络及各大新媒体平台。

（三）乐趣

动听旋律、神同步节奏、恶搞、容易学可以跟着跳。

围绕这几点策划视频的拍摄内容，要能够吸引目标群体的关注，根据他们的特点，肖剑创意了跟目标对象有关联并且有趣的视频内容：视频里，唯一的主角，唯一的"舞蹈动作"就是双手上下摆动，双腿不停跳跃；唯一的行头就是运动衣、牛仔裤；唯一的变化就是不同的大学校门。

（四）传播

文案创意、人人、微博（校园、媒体、草根大号）、Print（《人民日报》《京华时报》等）、TV（央视、地方卫视等）、电台。

（1）传播形式：线上为主，线下为辅。

（2）传播内容：视频的开头有"瓷娃娃关爱中心,全国高校公益行"的字样；在结尾处，还呼吁大家登录"瓷娃娃爱心小铺,10 元拍下新年大礼包"。命名为"260 秒神奇穿越全国 11 个城市所有高校"。

（3）传播过程：在新媒体平台上播出，引起各种渠道关注与推广，形成病毒传播。

（五）参与

邀请明星、网络红人、媒体参与互动，再掀活动高潮。

这个历经 3 个月时间做出在不同大学门口跳跃后剪辑成的一个连贯的视频，通过地理位置的分享，以及共同经历且熟悉的校门让全国高校在校生或是毕业生都产生关联性，加之后期剪辑的穿越及天气变化、旋律动听、节奏神同步、又有些恶搞、容易学等特点，使视频很快就在网络掀起轩然大波。

（六）转化

转化方法：预设收口，在结尾处，还呼吁大家登录"瓷娃娃爱心小铺，10元拍下新年大礼包"。

转化目的：产生病毒传播，引起更多人的关注，实现公益。公益视频播放量2600多万次，捐款1元送春节礼包，捐款突破16.5万元。

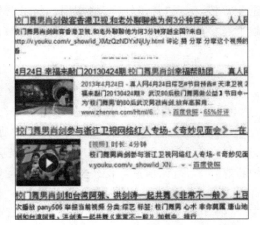

该视频在新浪微博、人人网、豆瓣、天涯和猫扑等社交网络上疯狂转发累计播放上2600万次。主流媒体中央电视台、《人民日报》，以及地方频道的东方卫视、浙江卫视等多家媒体相继做了报道，加上杨幂等众多明星的免费加盟，以及网络大V的参与，整个视频可以说是达到了全民共享、共同参与的地步。最终实现捐款突破16.5万元，收到了非常好的推广效果。

 评价标准及评分表

认真完成每个任务产出表，表述正确、清晰、有说服力，在规定时间内完成并上交。病毒营销策划评分表见表3-9。

表3-9 病毒营销策划评分表

任务产出项目	分 值	评价得分
表3-5 任务产出——病毒营销的含义及特点	20	
表3-6 任务产出——病毒营销成功的基础	20	
表3-7 任务产出——病毒营销方案策划的6P基本法则	30	
表3-8 任务产出——搭建策划病毒营销方案的基本思路	30	
合　　计	100	

 基础知识

一、病毒营销策划的概念

病毒营销是指发起人将最初产品信息传递到用户后，依靠用户自发地分享转发，将信息迅速向周围扩散的营销方式，由于它的原理跟病毒的传播类似，所以称为病毒营销。

病毒营销策划（也可称为基因营销策划或核爆式营销策划）是营销人员通过创意、设计，发出企业、产品、服务等独特的营销信息，利用公众的积极性和人际网络，使这些信息像病毒一样传播和扩散，被快速复制传向数以万计、百万计的观众，营销信息像病毒一样快速复制，迅速传播，短时间内传向更多的受众，从而实现企业营销目的的一种营销方式策划。

也就是说，病毒营销是通过提供有价值的产品或服务，"让大家告诉大家"，通过别人为企业宣传，实现"营销杠杆"的作用。病毒营销已经成为新媒体营销最为独特的营销方式，被越来越多的企业成功采用。

二、病毒营销的特点

新媒体环境下的病毒营销方式，具有区别于其他营销方式的一些特点。

（一）病毒营销的主要优点

（1）费用低廉。利用新媒体便利的互动传播特性，策划人员制订一套合理的营销方案与传播亮点（能吸引大众进行口碑传播的亮点），并借用诸如"门户网论坛/E-mail/QQ"等各种新媒体平台，让信息广泛传播开。如果运作恰当，甚至是不花一分钱宣传费，就能传播数百万人。

（2）传播高效。传统媒体发布广告的营销方式是"一点对多点"的辐射状传播，实际上无法确定广告信息是否真正到达了目标受众。但病毒式营销是自发的、扩张性的信息推广，它并非均衡地、同时地、无分别地传给社会上每一个人，而是通过类似于人际传播和群体传播的渠道，消费者将产品和品牌信息传递给那些与他们有某种联系的个体。例如，目标受众读到一则有趣的 Flash，他的第一反应或许就是将这则 flash 转发给好友、同事，无数个参与的"转发大军"就构成了成几何倍数传播的主力。

（3）高效率的接收。传统媒体投放广告有一些难以克服的缺陷，如信息干扰强烈、接收环境复杂、受众戒备抵触心理严重。以电视广告为例，同一时段的电视有各种各样的广告同时投放，其中不乏同类产品"撞车"现象，大幅减少了受众的接受效率。而那些可爱的"病毒"信息，是受众从熟悉的人那里获得或是主动搜索而来的，在接受过程中自然会有积极的心态；接收渠道也比较私人化，如手机短信、电子邮件、封闭论坛等（存在几个人同时阅读的情况，这样反而扩大了传播效果）。

以上几个方面的优势，使病毒式营销方式尽可能地克服了信息传播中的噪声影响，增强了传播的效果。

（二）病毒营销的缺点

（1）营销对象有很强的局限性。病毒式营销是一种常用的新媒体营销方法，常用于进行与新媒体有关的市场推广、品牌推广等，在新媒体各种平台上，这种"口碑传播"更为方便，可以像病毒一样迅速蔓延，因此病毒式营销成为一种高效的信息传播方式。但一旦脱离了新媒体平台，病毒式营销便失去了传播蔓延的捷径，不太适用于新媒体平台以外产品的推广。

（2）实际效果受到公司规模的制约。采用病毒营销方式比较成功的案例，大都是一些大型知名公司，因为大型公司有实力提供各种免费资源以实现其病毒性传播的目的，其中很多病毒式营销方法对于小型企业可能并不适用，例如免费邮箱、即时通信服务等，但病毒式营销的基本思想是可以借鉴的。小型企业虽然难以在很大范围内造成病毒式营销的传播，但在小范围内获得一定的效果是完全可以做到的。

（3）对营销方案的创意要求较高。病毒式营销需要独特的创意，精心设计方案。最有效的往往是独创的。独创性的计划最有价值，跟风型的计划有些也可以获得一定效果，但要做出相应的创新才能更吸引人。同样一件事情、同样的表达方式，第一个是创意，第二个是跟风,第三个做同样事情的则可以说是无聊了,甚至会惹人反感,因此病毒式营销之所以吸引人,就在于其创新性。

(4) 不正确的使用会违反公共道德、误导大众,产生负面效应。在现实新媒体环境中,常常出现"病毒营销"被误用的现象,许多虚假信息、恶意信息通过"病毒营销"的模式被广泛传播,对于社会和有关个人产生很大的不利影响。营销人员在策划病毒营销方案的时候一定要把握好这一点。

三、病毒营销方式的策划

(一) 病毒营销方式策划的基本思路

营销人员策划病毒营销方式需要有一定的思路,主要包括以下几个方面。

(1) 病毒营销方案的规划和设计。病毒营销方案规划,包括营销目标计划、用户价值分析、内容策划、传播方案、预期效果等。在进行方案规划时,应确认方案符合病毒营销的基本思想,即传播信息和服务时对用户是有价值的,且这种信息易于被用户自行传播。

(2) 独特的病毒营销创意。病毒营销需要独特的创意。在设计方案时,一个特别需要注意的问题是,如何将信息传播与营销目的结合起来?如果仅仅是为用户带来了娱乐价值或实用功能、优惠服务而没有达到营销的目的,那么这样的病毒营销计划对企业价值不大。反之,如果广告气息太重,可能会引起用户反感而影响信息的传播。

(3) 信息源和传递渠道的设计。虽然病毒营销信息是用户自行传播的,但是这些信息源和信息传递渠道需要进行精心的设计。

(4) 原始信息发布。原始的大范围信息传播是从比较小的范围内开始的,如果希望病毒营销方法可以很快传播,那么对于原始信息的发布也需要经过认真筹划。原始信息应该发布在用户容易发现,并且用户乐于传递这些信息的地方(如活跃的网络社区、微信公众号、微信群等),如有必要,还可以在较大范围内去主动传播这些信息,等到自愿参与传播的用户数量比较大之后,才能让其自然传播。

(5) 病毒营销效果跟踪管理。当病毒营销方案设计完成并开始实施(包括信息传递的形式、信息源、信息渠道、原始信息发布)之后,病毒营销的最终效果实际上是自己无法控制的,但并不是不需要进行这种营销效果的跟踪和管理。实际上,对病毒营销的效果分析非常重要,不仅可以及时掌握营销信息传播带来的反应,还可以从中发现这项病毒营销计划存在的问题,以及可能的改进思路,这些经验的积累将为下次病毒营销计划提供参考。

(二) 病毒营销策划方案成功的基础

一个成功的病毒营销策划方案应具备以下几个特点。

(1) 独创性。最有效的病毒营销是具有独创性的特点,模仿跟风虽然能够吸引传播,但并不能获得最大的传播效果。保持病毒营销方案的独创性,是满足大众好奇心理及炫耀心理的极佳途径。

(2) 利益点。利益点包含满足大众对于新鲜事物的好奇心和为大众提供优质的产品的两个方面,为大众提供传播的支撑点,并在传播中植入营销利益点,缺乏营销利益点的传播无法为产品增加曝光。

(3) 传播关键点。病毒营销的原始信息应发布在利于酝酿、传播的平台,通过传播平台和与病毒营销信息相关的影响力人群,可以高效地把病毒营销信息传播出去。

(三)病毒营销方案策划的注意事项与技巧

1. 把握基本点

如何策划好新媒体时代的病毒营销方式,首先需要把握以下几点。

(1)要以用户为中心,创建有感染力的"病原体"。这里的"病原体"就是指好的、有价值的内容与创意。营销策划人员要以用户为中心,考虑如何将信息传播与营销目的有效结合起来。

(2)在爆破点介入,找到"易感染"人群。策划人员要寻找传播的爆破点,在爆破点介入,因为如果每次传播的节点都是平行的,是很难让用户注意到你的,所以,要想取得好的传播效果,就要寻找传播的爆破点。并且在"病原体"创建之后,病毒营销的关键就是找到易感染人群,也就是早期的接受者,他们愿意主动传递信息,能影响更多的人群。

(3)要重视内容而不是只重视渠道。新媒体时代下消费者习惯发生了改变,这就要求我们从单纯的重视传播渠道向重视传播内容转变。例如,沃尔沃欧洲的一个重卡汽车品牌做了一次病毒营销,当时非常火,取得了很好的传播效果。这个营销视频也是贴合汽车上市的一个节点去发布的,视频播出后,卡车的购买者增加了50%。

(4)注意对传播过程进行把控与引导。病毒营销的传播过程中会不断有更强大的声音加入推波助澜,策划人员要设计把控和引导事件向既定的方向发展,病毒营销的传播过程通常呈S形曲线,即在开始时很慢,当其扩大至受众的一半时速度加快,而接近最大饱和点时又慢下来。针对病毒营销传播力的衰减,一定要在受众对信息产生免疫力之前,将传播力转化为购买力,方可达到最佳的销售效果。

2. 把握病毒营销基本法则

病毒营销的核心在于用户和口碑。所以策划的方案一定是用户自发转发,而不是纯粹靠一些大号帮忙转发。病毒营销策划存在6P法则,策划打造一场优质的病毒营销活动,策划人员需要深思熟虑营销全程的每个关键点,把握好方案的可行性、对传播人群进行精确分析、把各种资源进行有效配合、有效控制好传播,遵守6P法则,运用一定的技巧,最终实现方案的可量化。

(1)定位(position)。这是病毒营销的第一步,也是传播和聚粉的前提,定位不准确,你的营销就没有方向。定位包含竞争、触媒分析、目标人群、预期营销目标等内容,或至少应该包含以下3个方面。

目标人群:年龄、收入、兴趣爱好等。

营销目标:预计达到的实际目的。将目标数字化,有目标,就会有更强的执行力。

触媒分析:目的是确定目标人群的媒介使用习惯,包括最关注的媒体有哪些、经常使用哪些媒体、在线时长、在线时段等。需要强调的是,定位的主要目的之一是帮助营销获取目标人群的画像,在病毒营销策划之前,必须清楚地知道,未来帮助营销传播内容的目标人群有怎样的习惯,然后有针对性地予以满足、刺激、引导,使传播效率最大化。

(2)关联(parallel)。关联是传播内容本身与可利用的各种元素相结合的过程,包括借势点、传播渠道等。

借势点:关联人群的兴趣爱好和生活方式、时事热点和预见热点结合、流行和流行语、纪念日、比赛、热门综艺,天气、共同经历过的、明星、星座、性别、年龄、地理以及关联人群的正负向情感认同(亲情感动的;经典的,伤感的,失恋回忆的;爱国的,民族尊严的;励志的,激励人心的感情的,伟大爱情的;漠视的;恐怖的)、公益的(打拐、贫困、患病孩子的梦想、癌症、动物保护、帮助弱势群体的)、健康知识的、食品安全的等。

传播渠道:主要是在充分考虑传播人群的前提下,所选择的人群活跃、传播速度快、便于参与等关键影响元素的渠道。

关联过程可以借助头脑风暴去展开,把可以利用的各种有利元素进行关联。目的就是发掘可以激发大家兴趣、认同的传播点,以使信息在传播之初获得最广泛的关注和认同。

(3) 趣味(pleasure)。趣味主要是针对传播内容来呈现的关键环节,趣味在整个方法体系中举足轻重,它需要大家注意,在整个传播过程中,需要对内容的趣味性进行有效的把控,使内容具有搞笑、惊艳、亲民、爆料、认同等关键点,大家参与信息传播与否,基本靠这些关键点来刺激。

另外,有争议也可以带来传播人群的广泛讨论,但一般不建议将具有争议的内容作为传播内容,因为争议本身就有不确定性,它极易给最终传递的价值带来损伤,且不利于控制。

(4) 传播(push)。传播分为有效的传播形式和传播内容两个方面。

传播形式:病毒营销突出速度和实效性,所以最常见的传播形式是借助互联网传播,特别是借助社会化媒体传播。但选择哪种传播形式,需要考虑传播人群,考虑他们的触媒习惯。另外,电视媒体在一定程度上具有更高的公信力,传播速度也非常迅速,如果能让电视媒体配合信息传播扩散,效果一定会成倍提升。

传播内容:病毒营销最常见的传播内容是,将信息制作成视频、趣味海报或漫画(图片)、H5等;匹配不同的传播渠道和传播人群,进行内容传播。

需要指出,病毒营销的传播是多批次、成阶梯展开的。

大多数病毒营销的传播过程分为三轮以上开展。

第一轮,信息被发现和放大,通常是借助于传播内容最紧密的一批大号去传播,将信息迅速向周围扩散。

第二轮,相关领域的 KOL 或明星名人等,发现信息,开始分享内容,并将事件进一步放大。

第三轮,官媒加入报道行列,对事件的真相进一步刨根问底,挖掘事件背后的内容,并宣告真相。这个时候,传播信息已经达到人尽皆知的地步,病毒营销基本可以宣告成功了。

(5) 参与(play)。参与过程是病毒营销轮番造势的末端环节,这个时候需要整个传播信息获得再传播、二次推广,以及更进一步与目标用户的互动。参与过程中,往往是一些重量级的官媒、明星、名人加入传播序列。参与过程一般是为了让事件真相浮出水面,进而引起大家的共鸣,让大家关注事件背后的真相。

(6) 转化(promote)。转化是最终营销成果的验收环节,病毒营销真正的价值(目的)其实在传播信息之外,例如冰桶挑战,它表面上展现给大家的是接受冰水醍醐灌顶,但实际的核心价值是通过冰桶挑战事件,引起大家对一种罕见病的关注,并为公益筹集善款。

转化的最终目的是帮助事件之外要传递的核心价值获取美誉度、知名度、粉丝、浏览量、转发量等内容。

另外，需要注意的是，6P并不能完全替代营销步骤，可以作为营销人员策划方案的参考。而每种营销方案都有其对应的特殊执行情况，每种营销方式都有可以遵循的方式和方法，它们有助于我们拓宽思路，但绝不是制胜的法宝，要想获取营销的成功，必须根据实际情况策划与之对应的营销方案。

自我练习

一、判断题

1. 病毒营销是通过提供有价值的产品或服务，"让大家告诉大家"，通过别人为企业宣传，实现"营销杠杆"的作用。（　　）

2. 策划人员制订一套合理的营销方案与传播亮点，让信息广泛传播开。如果运作恰当，甚至不花一分钱宣传费就能传播数百万人。（　　）

3. 病毒营销方式是"一点对多点"的辐射状传播，实际上无法确定广告信息是否真正到达了目标受众。（　　）

4. 病毒营销成为一种高效的信息传播方式，比较适用于传统平台的产品推广。（　　）

5. 病毒营销需要独特的创意，并且精心设计病毒营销方案。最有效的病毒营销往往是独创的。（　　）

6. 当病毒营销方案设计完成并开始实施之后，病毒营销就算结束了。（　　）

7. 通过传播平台和与病毒营销信息相关的影响力人群，可以高效地把病毒营销信息传播出去。（　　）

8. 新媒体时代下消费者习惯发生了改变，策划病毒营销方案只要重视传播渠道就可以了。（　　）

9. 针对病毒营销传播力的衰减，一定要在受众对信息产生免疫力之前，将传播力转化为购买力，方可达到最佳的销售效果。（　　）

10. 病毒营销方案的最终目的就是大量地传播信息。（　　）

二、单项选择题

1. （　　）发起人将最初产品信息传递到用户后，依靠用户自发地分享转发，将信息迅速向周围扩散的营销方式。
  A. 事件营销　　　B. 病毒营销　　　C. 饥饿营销　　　D. 情感营销

2. 以下关于病毒营销方式描述不正确的是（　　）。
  A. 营销对象没有限制，效果好
  B. 实际效果受公司规模制约
  C. 对于营销方案的创意要求较高
  D. 不正确地使用会违反公共道德、误导大众，产生负面效应

3. 当病毒营销方案设计完成并开始实施之后，需要进行（　　）。
  A. 病毒的复制　　　　　　　　　B. 广告的大量投入
  C. 营销效果的跟踪和管理　　　　D. 引导、反馈与降低成本

4. 以下关于病毒营销策划说法正确的是(　　)。
   A. 病毒营销的核心在于有大号帮忙转发
   B. 策划人员需要把握好方案的可行性,对传播人群进行精确分析
   C. 策划人员要整合好各种资源,因为病毒营销的传播是一次性的
   D. 病毒营销策划 6P 法则是完全可以替代营销步骤的
5. 病毒营销策划的 6P 法则是指(　　)。
   A. 产品、价格、渠道、促销、权利、公关   B. 产品、价格、渠道、促销、权利、定位
   C. 定位、关联、趣味、沟通、传播、产品   D. 定位、关联、趣味、参与、传播、转化

三、多项选择题
1. 病毒营销的主要特点有(　　)。
   A. 难以控制   B. 费用低廉   C. 传播高效   D. 高效率的接收
2. 营销人员策划病毒营销方式需要有一定的思路,主要包括(　　)。
   A. 病毒营销方案的规划和设计   B. 模仿好别人的病毒营销创意
   C. 信息源和传递渠道的设计   D. 原始信息发布
3. 一个成功的病毒营销策划方案应具备以下(　　)特点。
   A. 独创性   B. 利益点   C. 传播关键点   D. 有趣点
4. 如何策划好新媒体时代的病毒营销方式,首先需要(　　)。
   A. 以用户为中心   B. 在爆破点介入,找到"易感染"人群
   C. 重视内容而不是只重视渠道   D. 对传播过程进行把控与引导
5. 以下关于病毒营销策划正确的说法有(　　)。
   A. 定位不准确,营销方案就没有方向
   B. 关联是传播内容本身与可利用的各种元素相结合的过程,包括借势点、传播渠道等
   C. 最好将具有争议的内容作为传播内容,能带来很好的传播
   D. 转化是最终营销成果的验收环节,病毒营销真正的价值其实在传播信息之外

任务 3　饥饿营销策划

饥饿营销方式

项目任务书

课内学时	3 学时	课外学时	至少 2 学时
学习目标	1. 了解饥饿营销的含义及特点 2. 明确饥饿营销策划的含义及成功基础 3. 能够利用恰当的方法与技巧策划饥饿营销方案		
项目任务描述	1. 听教师讲解相关知识,阅读案例并分析 2. 认真学习相关知识,查找资料,分析策划的成功基础 3. 根据情境要求,按组完成策划方案		

续表

学习方法	1. 听教师讲解相关知识 2. 查阅资料 3. 认真思考、分析
所涉及的专业知识	1. 饥饿营销的含义及特点 2. 饥饿营销策划的含义及成功基础 3. 饥饿营销策划的注意事项及技巧
本任务与其他任务的关系	项目3中各个任务是并列关系,为项目4任务完成打基础
学习材料与工具	学习材料:任务指导书后所附的基础知识 学习工具:项目任务书、任务指导书、计算机、笔
学习组织方式	本任务部分内容要求每个学生独立完成,部分内容要求学生分小组协作完成

 任务指导书

完成任务的基本路径如下。

听教师讲解相关知识,阅读案例并分析(30分钟) → 认真学习相关知识,查找资料,分析策划的成功基础(15分钟) → 根据情境要求,按组完成策划方案(90分钟)

第一步:认识饥饿营销。
听教师讲解饥饿营销的含义及特点,按照要求完成表3-10。

表3-10 任务产出——饥饿营销的含义及特点

从最早在小红书的第一条关于猫爪杯的日记出现,到抖音上面猫爪杯流量居高不下,再到星巴克官微持续的发酵。星巴克的猫爪杯一直遭到疯狂抢购。

一位叫"无锡星巴克伙伴"的抖音网友上传的试用视频火了,随后被安利到了微博上,不少网友为了得到这样一个猫爪杯而大打出手,所以一些小伙伴就调侃疯抢星巴克猫爪杯为"圣杯战争"。有的人为了能拥有这样一个杯子通宵排队。

从营销效果来看,百度指数"星巴克""猫爪杯"关键词直线飙升,而"星巴克猫爪杯"这个组合关键词搜索量更是飙升到36354次,比"星巴克"品牌名搜索量16727的两倍还多。新浪微博上,"星巴克猫爪杯"话题的阅读量为8184.2万,讨论量为5.5万条,"猫爪杯"话题的阅读量为5193.9万,讨论量为7万条。抖音上,"猫爪杯"话题有602.1万次播放;小红书上,"猫爪杯"有3146篇笔记,"星巴克猫爪杯"的内容则有2582篇日记。

因此,从数据来看,星巴克猫爪杯是真的很火,并且各个平台的效果都很不错,网络用户还自主进行内容创作并传播。而针对这一情况,星巴克官方微博却发布这样一个消息:

感谢朋友们对我们樱花季新品#猫爪杯#的厚爱,抱歉我们无法让每个人都拥有一只"喵",但这绝不是所谓的"饥饿营销"。

续表

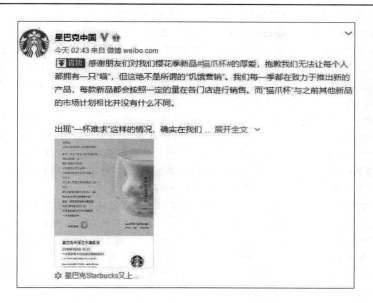

1. 星巴克的猫爪杯是饥饿营销吗？为什么？

2. 分析星巴克的猫爪杯为什么能够取得那么好的营销效果？

第二步：饥饿营销策划。
1. 饥饿营销成功的基础
认真学习相关知识，查找资料，拓展阅读，完成表 3-11。

表 3-11　任务产出——饥饿营销成功的基础

　　2011 年，皇茶在广东江门创立，创始人是"90 后"聂云宸。因未能及时将"皇茶"注册为商标，出现了很多仿冒的山寨品牌。不得已，2016 年将皇茶更名为喜茶，英文名为 HEYTEA，并成功注册商标。以喜茶为代表的茶饮新品牌确实获得了短期内的成功，顺利地将产品卖给了年轻群体，在新一代消费者中掀起热潮。喜茶的创始人聂云宸也向公众公开了上海旗舰店的营业额：每天销售额能达到 8 万元，平均每天能卖 4000 杯。他还称，喜茶每间门店的月营业额均可超过 100 万元，生意最好的时候还会超 200 万元。

　　喜茶能够在众多新生代茶饮品牌中杀出重围、拔得头筹，离不开其对饥饿营销的有效实施。喜茶的

续表

定位最初就是"网红茶",目标直接瞄准年轻人,不论从商标到门店的风格都与市场定位紧密契合,力图将"年轻化"的品牌形象贯彻到各个方面和细节,打造专属于它的品牌定位。

喜茶通过新媒体和舆论相结合的方法进行品牌宣传。每开一家新分店前,势必要利用各种网络红人、网络推手大范围在各种大V及微信号上投放软文广告,在各大城市最有名的与生活或时尚相关的栏目进行专题介绍,传统媒体与新媒体联合发挥作用。这是喜茶一贯采用的营销手段,其看中了微信号等面向年轻人群体的特征与喜茶的市场定位相符,从而让"喜茶"两个字尽最大可能地出现在公众的视野里。例如,喜茶在登陆上海前,就开始进行预热暖场,通过各种公众号,例如,24HOURS、咖门、Voicer等发布方方面面与喜茶相关的文案。例如,24HOURS一次性介绍了喜茶的特色杯盖等包装方面的巧思、最近的优惠促销,最后提到排长队渲染了店铺门口的火爆。因而在珠三角引发了一场有关喜茶的巨大风潮,提升了品牌知名度。由此可见,喜茶先通过媒体宣传,给各地消费者留下好印象,然后通过顾客间的口碑相传,让顾客接收"喜茶就是好喝、好体验"的积极观念。

喜茶定期就会开展一次合作宣传,不遗余力将品牌炒热。喜茶能为购买者带来高性价比。当前市场上不少高品质茶饮品牌的价格都在35元上下,堪比星巴克,喜茶的定价略微低一些,平均25~30元,但品质及原材料丝毫不输其他饮品。喜茶还注重细节,例如,市场上凡是奶盖产品由于采用吸管,茶和奶盖的味道是完全分开的,消费者品尝到最后往往会觉得比较腻,所以消费者一直对奶盖产品持两极态度。为了解决这个问题,喜茶发明了旋转杯盖并申请了专利,其一,能避免在打开盖子时奶茶溢出瓶盖,其二,可以使牛奶和茶的味道完美融合。

喜茶建立标志性的"排队"文化,只要有喜茶的地方都会有排队的现象,喜茶CEO聂云宸也承认,排队者中有80%是出于好奇心,根据有关统计,正式从排队到最终拿到做好的奶茶时间最长可达7个小时,时间一长,这种"排队"逐渐成为一种文化,在人群中等上两三个小时,再等个20分钟,才能喝上一杯奶盖喜茶,这一整套体验下来,形成了一种仪式感,像一个活动、一个游戏,好像在一步步晋级,最后通关一样。消费者甚至感到通过这个活动认识了新朋友,获得了成就感,可以向好友炫耀,还可能通过这个仪式让自己有新的体验和领悟。喜茶成功走红后,"发朋友圈""排队""打卡"接二连三成为被不断提起的标签。

喜茶充分利用大众的好奇和从众心理,塑造一种"不喝一次就out"的观点。其独有的小清新包装、新颖的装潢、精心选用的原料及不可忽视的长队,意料之中在各大媒介广泛流传,促成二次传播。愈加刺激了消费者的消费欲望,带动更多消费需求。

喜茶在营销过程中制定了一些控制条件,试图延长等待时间,还制定了限购规则、取餐控制与购买条件控制等,例如,每个号码只能购买2杯,为了抵制黄牛,又制定了新的购买条件——实名登记,即购买喜茶的消费者必须提供自己的身份证,这些举措刺激了消费者的购买心理,形成火热的排队现象。

不得不承认喜茶将饥饿营销发挥到了极致,但是饥饿营销是一把双刃剑,喜茶应该对饥饿营销把握好一个"度",定期进行市场调查,分析消费者的心理;还可以通过观察竞争对手的市场活动,得到参考和借鉴。对喜茶来说,既然消费者质疑排队的虚假性以及消极制作和黄牛炒价的故意性,不论是否有意为之,喜茶都应该尽可能地减少这种现象,尽量避免在应用饥饿营销过程中出现的问题给喜茶带来更大的负面影响。

(参考资料:根据https://www.sohu.com/a/316564530_120155340 全面解析喜茶爆红的市场营销策略改编。)

阅读以上案例和相关资料,分别从饥饿营销方案策划的心理共鸣、量力而行、宣传造势、审时度势4个基本要素分析喜茶的饥饿营销方式。

2. 策划饥饿营销方案

请为本组所选定的模拟的企业(若是企业真实项目,则按照真实项目要求开展此后任务,此步骤可省略,由指导教师统一安排)选择 5 月中任意一个节日为主题,策划一个饥饿营销方案,将方案搭建的基本思路填写在表 3-12 中。(可参看样例)

表 3-12　任务产出——饥饿营销策划方案基本思路

一、营销主题
二、营销目标

三、饥饿营销方式策划
1. 市场分析
2. 宣传造势
3. 营销策略
(1) 限价
(2) 限量
(3) 限时
……

样例:

小米手机新品上市饥饿营销方式策划

一、营销主题
小米手机新品上市推广。

二、营销目的
在 3 天时间内,实现新品销售 10 万台及以上,维护品牌形象、提高产品附加值。

三、饥饿营销方式策划
(一)市场分析
小米手机是小米公司(全称北京小米科技有限责任公司)研发的一款高性能发烧级智能手机。小米手机坚持"为发烧而生"的设计理念,将全球最顶尖的移动终端技术与元器件运用到每款新品,小米手机超高的性价比也使其每款产品成为当下最值得期待的智能手机。

(二)推广前造势
(1) 利用用户论坛的互动来带动忠实粉丝帮助口碑宣传。
(2) 召开发布会,进行线下推广。凭借创始人雷军自身的号召力,他自称是乔布斯的超级粉丝,高调宣传并召开一场酷似苹果的小米手机发布会,引起众媒体与手机发烧友的关注。
(3) 利用微博造势。新闻发布会在线下做推广,同时在线上让忠实粉丝推广口碑。小米的微博阵地有两个:一是总裁雷军本人的微博,他利用自己在 IT 产业的影响力不断发声,发挥微博营销的优势,小米手机发布之前,策划人员通过与微博用户的互动,促使很多人对小米手机表示很感兴趣,同时,雷军每天发微博的数量控制在两三条。在小米手机发布前后,雷军不仅要利用自己的微博高密度宣传小米手机,还要频繁参与新浪微访谈,出席腾讯微论坛、极客公园等活动。二是充分发挥雷军朋友的影响力,他们纷纷出面在微博里为小米手机造势。因为,作为 IT 界的名人的朋友,他们中的很多人也是名人,每一个人都拥有众多的粉丝,使微博的营销被充分运用。

注意：产品发布后，小米继续策划了发微博送手机的活动，以及分享图文并茂的小米手机测评等。

（三）营销策略

1. 限价策略

本次新品上市推广，将手机定价为1999元，对于这款高配手机来说，这个价格体现了高性价比。从成本角度看，没有降价的空间，也不会考虑降价销售。对产品有足够的信心和进行了充分的市场分析是小米做出这一定价决策的依据。

2. 限量发售

（1）小米手机的正式版尚未发布，先采用秒杀的形式出售工程纪念版。

（2）小米手机工程机的秒杀正式开售3天，每天200台，限量600台，每台价格比正式版手机优惠300元。注意：提前将此消息公布，并且要求小米论坛达到100积分以上的才有资格参与秒杀活动，这样使客户精准率提高，销售给之前就已经关注小米手机的发烧友们。同时能让更多的人对小米手机充满好奇，越来越多的人想买一台，拥有一台小米手机好像身份的象征。

（3）适时跟踪与制造热点。例如，针对"小米手机是偷来的"这一传闻一直出现，官方不对这类传闻予以澄清或辟谣，引起了米粉与魅族支持者的口水战，这样小米又出现在网民的视线之内，增加小米手机"神秘"的色彩。

（4）没有资格参与活动的米粉可以等待此后的预订。同样预订前，要在论坛中进行造势。例如，传言小米手机正式版的预订限量1万台，没有资格的限制。然后传言预订日需要500积分的米粉才有资格预订，使小米论坛里热闹起来。消息遮一半露一半，让媒体跟着跑，让粉丝跟着追，然后在万众瞩目下发布新产品。而且在新产品发布之后，出现货源不足的情况，让消费者买不到。

3. 限时策略

（1）在小米手机正式发售后不久，公司开始限制出售手机，造成市场供不应求，达到控制市场的目的，利用消费者"得不到的才是最好的"的心理因素，有意降低产量，以期达到调控供求关系、制造供不应求的"假象"、维持商品较高售价和利润率，同时也达到维护品牌形象、提高产品附加值的目的。

（2）通过新浪微博，开创了线上销售的新渠道，新浪微博销售策略如下。

① 5万台1999元16G小米手机在新浪微博专场开放购买，仅限新浪微博预约用户参与。预约、抢购、付款环节均在新浪微博平台完成，发货及售后由小米网负责。

② 每个微博账号仅限购买一台，填写完收货信息并生成订单即视为抢购成功。

③ 支持微博钱包在线支付，用户在预约后提前开户及预充值。在下单后24小时内支付，小米网将参照支付顺序在2日内发货。

④ 本次预约和抢购活动均支持PC和移动端（移动端只支持微博钱包余额支付）。

⑤ 参与微博预约，即可拥有小米手机专属勋章。

评价标准及评分表

认真完成每个任务产出表，表述正确、清晰、有说服力，在规定时间内完成并上交。饥饿营销策划评分表见表3-13。

表 3-13　饥饿营销策划评分表

任务产出项目	分　值	评价得分
表 3-10　任务产出——饥饿营销的含义及特点	30	
表 3-11　任务产出——饥饿营销成功的基础	30	
表 3-12　任务产出——饥饿营销策划方案基本思路	40	
合　　计	100	

基础知识

一、饥饿营销策划的概念

饥饿营销是指商品提供者有意调低产量,以期达到调控供求关系、制造供不应求"假象"、维持商品较高利润率和品牌附加值的目的。

饥饿营销策划是指营销人员在通过一系列的方法努力做到一种能让消费者感受到企业产品的独特性(与市场上同类竞争产品区别开来),并利用这种"独特性"故意保持一定的市场"不满足"状态,从而有意识地营造一种产品供不应求的市场紧俏气氛,使消费者因为一时难以购买到产品而产生急切求购的心理,从而达到较长时间内保持旺盛的购买欲望,实现营销目标。

饥饿营销是新媒体营销的重要方式之一,随着商品经济的飞速发展,"饥饿营销"策略逐渐被众多商家所应用,广泛地运用于商业领域中。

二、饥饿营销的特点

饥饿营销是一把双刃剑,具有一定的优点与缺点。

(一)饥饿营销的优点

1. 提升产品的品牌形象,增加产品的附加值

企业实施饥饿营销方式,由于产品被企业赋予时尚、品质、地位等内涵,同时,产品的发行数量较少,只能满足少数人的需求,进而造成一种供不应求的抢购状态。面对其他没有购买到该产品的顾客,购买到的顾客会产生一种"荣耀"心理。这种营销方式使消费者对该品牌产品持续保持较高的热情和购买欲望,无形中提升了产品的品牌形象,增加了产品的附加值。

2. 降低产品的营销费用和生产费用,为企业节约成本

其实,一开始对商品感兴趣的消费者并不是那么多,但是,当这些消费者周围的人整天看见他们在排队抢购、在谈论、在网上发帖甚至组成粉丝团跟竞争对手产品的粉丝掐架的时候,这种宣传的感染力就变得不可估量了。首先,这是消费者自发的传播;其次,这种传播不用丝毫的成本而且持久进行。于是,这些人的行为就会促使周围的人群去关注他们所关注的商品,进而采取和他们一致的行动,即他们也开始关注这种商品或品牌,甚至去排队抢购。这就使顾客主动关注企业的产品,而非被动地了解产品信息,这就大幅减少了企业的营销费用。

3. 为企业开发潜在的市场

饥饿营销表面上看似是对消费者需求的有限满足，但是，由于潜在消费需求被企业持续地刺激，顾客的消费欲望没有降低，反而会不断提高。从产品生命周期的角度看，无论怎么调整方法，都无法避免市场的衰退。饥饿营销本质上是拉长了整个销售周期。所以，还必须在衰退前用新的产品或服务代替，刺激更多的消费者购买产品，这也是汽车、苹果一代代更新的原因。

4. 加快资金的回收和减少库存

饥饿营销对正常的商品上市到退市的高开低走的规律进行了改变，通过宣传造势激发消费者强烈的购买欲望，认为控制商品供求在量上的关系，成功地实现了某种型号的商品从上市到成熟再到下架时全时段的供不应求及价格稳定，并且通过饥饿营销制造紧张气氛，持续支撑商品的高价格和高利润。这种旺销局面，有利于企业和经销商在较短的时间内完成每一批产品的销售，以最快的速度回收资金，加快了资金周转率。

（二）饥饿营销的缺点

任何一种营销方式，在突出某一方面的优点的同时，往往也隐匿着一些不为人知的缺点，营销策划人员分析营销方式的缺点、避免缺点，是使营销方案获得最大的优势、最大的收益的关键。

1. 长期实施"饥饿营销"，可能会造成顾客流失

由于"饥饿营销"策略的实施是建立在消费者求购心切、求新求快的心理基础上的，企业在营销推广时，可能会在短期内利用信息不对称这一消费者弱势，人为制造紧张气氛，造成局部供不应求状况，进而通过加价来实现企业的营销目标。这种做法或许可以在一开始吊一吊消费者的胃口，但如果企业过度"饥饿营销"，那么当消费者的耐心被消耗殆尽时，也就对企业失去了信赖，进而转向其他产品。

2. 对建设长久的知名品牌不利

相对于饥饿营销对品牌形象的维护来说，饥饿营销对品牌的依赖更为明显，正是因为有了这样一个足以让消费者饥饿的品牌，饥饿营销才能持续运作下去。但是，饥饿营销对品牌有一些消极影响。每一次当消费者费尽千辛万苦买到梦寐以求的产品的时候，他们对这个产品背后的品牌并没有什么正面积极的评价，更没有什么情感上和忠诚度上的提升，更多的是对这种营销的无奈和忍受，这种无奈和忍受慢慢地消耗着弥足珍贵的品牌忠诚。当消费者对于品牌的忠诚被消耗殆尽或当他们有了更多的选择时，他们便会毫不犹豫地选择离开，这时候饥饿营销的副作用得以集中体现。

3. 拉长了产品的销售周期

为了制造供不应求的紧张气氛，企业即便能够生产供应大量的商品，也不能在短时间内全部上市，而是要分批销售，这等于拉长了商品的销售周期。我们知道，对市场竞争来说，时机和时间是非常关键的资源，如果错过了销售时机，后来者和模仿者会蜂拥而至，更新的替代品也会出现，对企业的商品而言将是巨大的威胁和挑战。当然，如果企业的商品能维持长久的技术优势或别的优势，这种威胁还可能不够明显，问题是在技术扩散和技术门槛越来越低的今天，这种情况又有多大的可能性呢？

4. 实施饥饿营销难度很高

很多企业看到了饥饿营销的成功,也看到了饥饿营销原理的简单,却没有进一步考察它的实施难度。饥饿营销对于产品、品牌、市场竞争和整合营销等方面的要求其实很高,是一项系统工程,并非任何企业、任何产品、任何时候、任何场合都适合采取这种策略。如果企业实施不当,不仅可能希望落空,而且极有可能事与愿违,销量下降、份额降低、形象受损。

三、饥饿营销方式的策划

(一)饥饿营销方案策划成功的基础

1. 心理共鸣

产品能够满足消费者的需求点是策划饥饿营销方式的基础,企业必须保证其拥有足够的市场潜力,才能保证有足够的市场空间来运行相关的营销策略。策划人员要通过不断探究人们的欲望,塑造产品的功能性利益,得到消费者的认可与接受,并且要具备足够的市场潜力,才能使饥饿营销得以有效地实施。在整合产品的功能点、品牌形象、表现形式、与消费者的沟通方式等方面与消费者达成心理上的共鸣,使消费者认同品牌文化,响应品牌号召,这是饥饿营销运作的根本。

2. 量力而行

饥饿营销这把双刃剑在使用恰当时,会对品牌价值及品牌影响力有进一步提升,但长时间的饥饿营销,一味地拔高消费者的胃口,注定会消耗部分消费者的耐心,一旦突破其心理底线,效果便会适得其反,轻则消费者转移目标至竞争对手,重则导致拉低品牌价值,失去品牌号召力,因此把握好尺度是实施饥饿营销的重中之重。

3. 宣传造势

不同消费者的欲望阈值不同,从饥饿营销的实施到能够吸引更多消费者的关注和行动,欲望的引导和激发是饥饿营销实施过程中非常重要的一条主线。从主要宣传点的制定到各平台根据不同性质延展出的不同的宣传内容,各个媒介渠道在不同的宣传阶段中分别扮演什么角色,使用什么话术,都要做到软硬兼施,选择有度,才能行之有效。

4. 审时度势

在市场经济环境下,同类产品中消费者的目标并非一家品牌,在实施饥饿营销时,消费者的消费行为会受到竞争对手市场活动的影响,从而引发的转移购买目标、品牌忠诚度降低等情况时有发生,因此,企业营销人员必须密切关注市场环境的变化,尤其是竞争对手的营销策略的变化,以及由此引发的消费者的购买心理和购买行为可能发生的变化,提高企业的快速反应能力,制订切实可行的营销方案。

(二)饥饿营销策划的技巧与注意事项

1. 把握好产品的"饥饿度"

随着市场经济的发展和信息的传播,现在越来越多的消费者已经了解和认识了"饥饿营销"的销售方式,他们不会为了某一品牌的产品而去等待那么长时间或非要加价去买。一旦超过他们内心的底线,他们便会转向其他同类产品。因此,策划人员设计饥饿营销时,一定要注意把握好分寸。

(1)限量。发行量少而有限的产品,往往引来更多的关注。策划促销方案的时候,不搞铺天盖地,而是讲求适量,甚至限量销售,总要给市场留点"空",让顾客们有点儿"饥饿感"。这样,不仅能满足顾客追求个性化的消费心理,刺激购买欲望,而且能使企业的产品一直保持旺销的势头。小米手机被称作中国首款高性能发烧级智能手机,它的零售价格是 1999 元,这个价格远远低于苹果的 iPhone,因此小米手机成为"性价比最高的智能手机"而受到了消费者的关注。自 2011 年 8 月 6 日在北京举行发布会以来,小米手机一直很高调,2011 年 8 月 29 日的"工程机感恩回馈活动",2011 年 9 月 5 日小米量产机预订,这些都让人们对小米手机更为好奇且期待——到底小米手机能否够得上之前这一评价。然而,当 2011 年 10 月,小米手机正式上市后,消费者却发现自己买不到小米手机,这是为什么?小米手机一机难求,消费者望之兴叹。这正是小米公司的饥饿营销之道,商品提供者有意调低产量,以期达到调控供求关系、制造供不应求的假象,从而达到维护品牌形象、提高产品附加值的目的。"限量版"是典型的饥饿营销:越是不容易得到的,就越能激发人们的购买欲望。形成小批量供应和预示供货紧张的做法,也能够刺激和提高顾客访问店铺的频率。

(2) 限时。饥饿营销的核心思想是制造"来之不易"的体验。由于人们珍惜的东西往往是难以随时得到的东西,所以限时饥饿营销法通常能够充分满足买卖双方的需求:卖方获得可观的利润,买方得以彰显身份和地位。由于微博更新快、速度快、传播广的特征,许多企业运用微博大行"限时饥饿营销"之道。它们故意在微博上发布产品的相关信息,然后规定产品购买的预定时间,或者是限时网拍、秒杀活动等。全球领先的团购网站 Gilt Groupe 是限时饥饿营销的高手。Gilt Groupe 是一家针对女性消费者的限时团购商,女性消费者消费能力很强,但虽有消费欲望,却缺乏消费乐趣。Gilt Groupe 的团购产品为奢侈品和品牌产品,价值不菲,但折扣大,对感性消费的女性来说,这简直就是天大的诱惑,饥饿感瞬间会爆发。值得称道的是 Gilt Groupe 每周的销售只有 20 起,采用先到先得的模式,持续 36 个小时。但是,其所有销售的产品只有在销售正式开始的时候才会露面。Gilt Groupe 一般会提前一周通过电子邮件告知会员什么时间会销售哪些设计师或哪个品牌的服装、配件等,但不告知其具体信息,这无疑充分吊起了顾客的胃口。于是,商品一上架,立马就被抢购一空。据说,每当 Gilt Groupe 开卖时便会出现这一场景,数以万计的时尚达人们准时守候在计算机前,静候当天的"抢购比赛"。这一招,国内的很多购物网站都在使用,利用人们喜欢跟风、喜欢便宜的心理,推出秒杀、午休抢购等促销措施,引得大量顾客特别是女顾客纷纷购买,甚至不管需要不需要。以俏物悄语为例,它的"限时特卖会"能够风靡的秘诀很简单:正品、低价及抢购的紧迫感。每天 12:00 准时开抢,货品有手袋、服装、鞋类、化妆品等,折价在 1~5 折,俏物悄语的"限时特卖会"改变了人们排队等待只为抢购一款手包或一支香水的经历。看到自己心仪的商品,只需登录网站,输入并点击即可。

2. 规划好开展饥饿营销的步骤

(1) 规划好产品或服务。策划围绕的产品本身一定要好。从规划的产品或服务开始,企业策划团队必须认真讨论其产品或服务是否具备饥饿效应,是不是目标消费者在苦苦寻找的,如果是,那就是饥饿营销成功的第一步。产品再好,也需要有消费者的认可与接受,拥有足够市场潜力,饥饿营销才会拥有施展的空间,否则一切徒劳无功。不断探究人的欲望,以求产品的功能性利益、品牌个性、组织和品牌形象与消费者达成心理上的共鸣,这是"饥饿营销"运作的根本。

(2) 引起关注。想成功实施饥饿营销,首先要引起用户的关注,如果用户对你的产品一点兴趣都没有,何来饥饿一说？让大家对产品关注,建立初步的认识是成功的第一步。通常"免费"和"赠送"是最能吸引用户的手段。

（3）建立需求。仅仅是引起用户的关注还不行,还要让用户发现自身对产品有需求。如果大家只是关注,自身却没有需求,不想拥有,仍然达不到目的。

（4）建立期望值。成功引起用户关注后,还需要再加一把火,帮助用户建立一定的期望值,让用户对产品的兴趣和拥有欲越来越强烈。

（5）设立条件。最后一步,设立得到产品所需要的条件。

3. 策划高质量的文案

策划人员要明确客户群体,研究潜在客户群体特征,了解客户想得到的内容,为创建内容提供方向,并且针对用户群体的特点创建高质量内容,能迅速地满足用户需求,其中,文字、图片、视频、动画、漫画、游戏等都可以作为内容的载体。

策划人员需要根据自身特点创新传播方式,将推广渠道分布在不同的载体,从而利于大规模传播。为了更好、更快地传播,可以在多个媒体源发布内容,吸引更多网站转载、更多人点击。

做好线上线下的宣传造势,制造产品话题,制造产品的期待,让产品本身就能带有某些话题性。再加上利益引导,进行促销宣传等。要策划控制好销量,注意灵活应变,并能随时根据实际市场情况来调整方式。从品牌支持、培训支持、物流支持、广告宣传支持、营销策略支持、区域保护支持等十大方面完善服务体系,以做到人性化服务。

总之,饥饿营销也是一把双刃剑,利用不好,可能造成消费者群体性的反感,由爱生恨,对产品销售造成严重打击。

自我练习

一、判断题

1. 饥饿营销策划就是指营销人员故意策划市场"不满足"状态,使消费者因为一时难以购买到产品而产生急切求购的心理,从而达到较长时间内保持旺盛的购买欲望,实现营销目标。（ ）

2. 使消费者对该品牌产品持续保持较高的热情和购买欲望,无形中提升了产品的品牌形象,增加了产品的附加值。（ ）

3. 饥饿营销本质上是缩短了整个销售周期。所以,还必须在衰退前用新的产品或服务代替,刺激更多的消费者购买产品。（ ）

4. 饥饿营销不利于企业和经销商在较短时间内完成每一批产品的销售,延长了资金周转率。（ ）

5. 饥饿营销使用不当,轻则消费者转移目标至竞争对手,重则导致拉低品牌价值。（ ）

6. 所有产品都能开展饥饿营销,饥饿营销能给企业带来丰厚的收益。（ ）

7. 饥饿营销的关键就是策划人员要能引起用户的关注,主要用户关注了即可。（ ）

8. 饥饿营销也是一把双刃剑,利用不好,可能造成消费者群体性的反感,由爱生恨,对产品销售造成严重打击。（ ）

9. 饥饿营销的最终目的就是要提高价格,让品牌产生附加价值。（ ）

10. 饥饿营销有一个很重要的特点,就是唯一性。   （   ）

二、单项选择题

1. （   ）商品提供者有意调低产量,以期达到调控供求关系、制造供不应求"假象"、维持商品较高商品利润率和品牌附加值的目的。
   A. 情感营销　　　　B. 病毒营销　　　　C. 饥饿营销　　　　D. 借势营销

2. 以下关于饥饿营销说法有误的是（   ）。
   A. 长期实施"饥饿营销",可能会造成顾客流失
   B. 缩短了产品的销售周期
   C. 实施饥饿营销难度很高
   D. 可以为企业开发潜在的市场

3. 饥饿营销的核心思想是制造"（   ）"的体验。
   A. 容易获取　　　　B. 便宜　　　　　　C. 来之不易　　　　D. 良好服务

4. 想成功实施饥饿营销,首先是要引起（   ）。
   A. 合作商的关注　　　　　　　　　　　B. 竞争对手的关注
   C. 媒体的关注　　　　　　　　　　　　D. 用户的关注

5. 关于策划高质量的饥饿营销文案,以下说法错误的是（   ）。
   A. 策划人员要明确客户群体
   B. 策划人员需要根据自身特点,创新传播方式
   C. 新媒体饥饿营销不要使用线下方式造势,效果不好
   D. 要策划控制好销量,注意灵活应变

三、多项选择题

1. 关于饥饿营销的说法正确的是（   ）。
   A. 提升产品的品牌形象,增加产品的附加值
   B. 可以降低产品的营销费用和生产费用,为企业节约成本
   C. 可以为企业开发潜在的市场
   D. 长期实施"饥饿营销",不会造成顾客流失

2. 关于饥饿营销方案策划成功的基础有（   ）。
   A. 心理共鸣　　　　B. 量力而行　　　　C. 宣传造势　　　　D. 审时度势

3. 策划人员设计饥饿营销时,一定要注意把握好分寸,主要包括（   ）。
   A. 限价　　　　　　B. 限量　　　　　　C. 限时　　　　　　D. 限人

4. 下列采用饥饿营销手段的是（   ）。
   A. 商家对换季产品打折销售
   B. 某房产商推出新楼盘时故意调高售价
   C. 某手机品牌在推出新产品的首天实行限量发售
   D. 某小吃店每天限量供应特色小吃30份

5. 规划好开展饥饿营销的步骤需要注意（   ）。
   A. 建立需求　　　　　　　　　　　　　B. 规划好产品或服务
   C. 引起关注　　　　　　　　　　　　　D. 设立条件

任务 4　事件营销策划

事件营销方式

项目任务书

课内学时	3 学时	课外学时	至少 2 学时
学习目标	1. 了解事件营销的含义及特点 2. 明确事件营销策划的含义及成功基础 3. 能够利用恰当的方法与技巧策划事件营销方案		
项目任务描述	1. 听教师讲解相关知识，阅读案例并分析 2. 认真学习相关知识，查找资料，分析策划的成功基础 3. 根据情境要求，按组完成策划方案		
学习方法	1. 听教师讲解相关知识 2. 查阅资料 3. 认真思考、分析		
所涉及的专业知识	1. 事件营销的含义及特点 2. 事件营销策划的含义及成功基础 3. 事件营销策划的注意事项及技巧		
本任务与其他任务的关系	项目 3 中各个任务是并列关系，为项目 4 任务完成打基础		
学习材料与工具	学习材料：任务指导书后所附的基础知识 学习工具：项目任务书、任务指导书、计算机、笔		
学习组织方式	本任务部分内容要求每个学生独立完成，部分内容要求学生分小组协作完成		

任务指导书

完成任务的基本路径如下。

听教师讲解相关知识，阅读案例并分析（30分钟） → 认真学习相关知识，查找资料，分析策划的成功基础（15分钟） → 根据情境要求，按组完成策划方案（90分钟）

第一步：认识事件营销。

听教师讲解事件营销的含义及特点，按照要求完成表 3-14。

表 3-14　任务产出——事件营销的含义及特点

下面介绍 2018 年世界杯营销黑马——华帝的事件营销案例。

华帝并没有成为世界杯赞助商,也没有花重金投放广告,而是在 5 月 31 日的《南方都市报》发布了这样一条整版广告。

> 若法国国家足球队在 2018 年俄罗斯世界杯夺冠,凡是在 2018 年 6 月 1 日 0:00 至 2018 年 6 月 30 日 22:00 期间购买华帝"夺冠套餐"的消费者,一律按所购"夺冠套餐"产品发票金额退款。

广告一出,华帝立刻成为世界杯"头条帝",每一次法国队赢球,华帝都成为话题焦点,众多媒体、自媒体都在报道,所有人都在茶余饭后讨论,品牌曝光量大得惊人,华帝的这次事件营销策划很好地激发了消费者参与,结果不仅带动了刷屏的曝光,还帮助华帝在世界杯营销中拔得头筹,带动了其超过 10 亿元的销售额。随着法国队成功夺得 2018 年俄罗斯世界杯冠军,正如华帝之前承诺,第一时间就宣布:法国队夺冠,华帝"退全款"正式启动。这个举动再一次获得满堂喝彩和口碑。

续表

　　而有人说华帝打赌输了，陷入赔钱危机，其实不然，根据其官方消息，在这个活动期间，华帝总销售额预计约为 10 亿元，这里面 2.3 亿元是同比增长的，而其中只有 7900 万元存在退款可能。一方面，并不是所有华帝产品都参加了"夺冠套餐"活动；另方面，很多活动期间购买产品的人选择了拿赠品，不参与免单活动；而且，退款只是相当于把产品送给了消费者，这个价值仅为成本价，不能按售价去算；退款还可能是退各种抵用现金券。由此可见，华帝的这场事件营销是非常成功的案例。

（参考资料：根据 https://www.sohu.com/a/24156767_238003 世界杯最大赢家！华蒂"奇冠退款"营销强势解读改编。）

1. 结合案例分析什么是事件营销及其特点。

2. 为什么华帝的这次事件营销能够取得那么好的营销效果？

3. 参照该案例，借助最近的一场运动会，结合本组模仿的企业及其产品策划一场事件营销，简单描述你的创意。（拓展）

第二步：事件营销策划。
1. 事件营销成功的基础

认真学习相关知识，查找资料，拓展阅读，完成表 3-15。

表 3-15　任务产出——事件营销成功的基础

　　疫情期间，为响应国家"停工不停学"的号召，全国超 2 万所中小学、1200 万学生开启直播网课的学习模式。而钉钉凭借强大的功能，被教育部选中，成为教师直播及学生在家上课的主要 App，本以为有了教育部的推荐，钉钉将走上"App 生巅峰"，让人没想到的是，钉钉却因此在软件评分上惨遭滑铁卢，一度被一群小学生组团打一星差评。

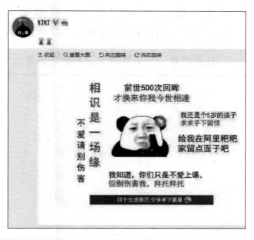

续表

在事情发酵后,很多公众号拿钉钉求饶的表情包和视频及阿里大家庭的回复,赚了一波 10 多万。而钉钉又根据自己热搜的时间点,巧妙地揉进了自家 Logo 的解释,一方面回应了之前黑钉钉的 Logo 是"蝙蝠",另一方面也算是在最热的时刻再次做了一波品牌宣传。

而钉钉恰恰利用这场"一星"和"五星"的较量,很巧妙有效地进行了一场营销推广,以"求饶"的方式拉近了与用户之间的互动,在获得用户好感的同时,还进一步增加了曝光度,让更多公司和学校看到钉钉,扩大了用户群体,并且借此次疫情,进一步拓展了自己的社交属性。钉钉抓住了年轻人的注意力,B 站搜索"钉钉",钉钉在 B 站上的粉丝已经有 50 多万,钉钉团队制作的一条名为《钉钉本钉,在线求饶》的歌曲,已经有超 1800 万的播放量。使其成为 B 站的又一大网红,而 B 站的群体一向更加年轻化。

事实上,看钉钉的那支《钉钉本钉,在线求饶》的视频时会觉得很尴尬,感觉这"网感"实在是表现得有些刻意,但播放数据说明了更年轻的群体也许就喜欢这种风格。从营销角度来看,钉钉抓住了机遇,对普通企业而言,能够借鉴的其实还是它在面对年轻用户时的姿态和调性。此次事件营销非常成功,推波助澜的推广使钉钉在学生群体中得到了高热度。

阅读以上案例,查阅相关资料,分别从事件营销方案策划的四个基本要素——相关性、心理需求、大流量、趣味性点评钉钉的这一事件营销策划。

2. 策划事件营销方案

请为本组所选定的模拟的企业(若是企业真实项目,则按照真实项目要求开展此后任务,此步骤可省略,由指导教师统一安排)选择 6—7 月中任意一个节日或事件为主题,策划一个事件营销方案,将方案搭建的基本思路填写在表 3-16 中。(可参看样例)

表 3-16 任务产出——事件营销策划方案的基本思路

一、营销主题
二、营销目标
三、事件营销策划
1. 市场分析
2. 平台选择
3. 事件策划
四、效果评估
……

样例：

逃离北上广事件营销策划

一、营销主题

"一场说走就走的旅行"征稿。

二、营销目标

拉新，扩大新世相和航班管家的知名度，阅读数量 30 分钟破 10 万次，3 小时破百万次，涨粉 10 万。

三、事件营销策划

1. 市场分析

目标群体：文艺青年，想做而一直没有做，一直犹豫的事；没有勇气去做自己想做的事，去体验探索一场未知的旅行，生活是充满未知与勇气的。逃离北上广快节奏、压力大的生活，来一场说走就走的未知旅行。很多情绪上、情感上的认同直击用户内心，周五上午会更有冲动去参加此次活动。

活动内容：新世相与航班管家共同的活动应该是要围着机票展开。"一场说走就走的旅行"征稿，投票选出前 20 名送机票。

2. 平台选择

新世相、航班管家的微信、微博的宣传。微博上对活动进行直播，在一直播 App 平台进行直播。目的是使用户的参与度更高，增加了活动的真实性。

3. 事件策划

创意设计：借"逃离北上广"这一热点事件进行策划。

(1) 文章的题目要有号召力，明确了活动举行的地点和时间限制，短小精悍，对用户的把握更精准。文案标题——买好了 30 张机票在机场等你：4 小时后逃离北上广，不出现"送""给"这些词汇。

(2) 设计风格。文章介绍活动要很清楚，文章海报的设计依旧是红黑字体，红色给人的感觉是热情、奔放、激情。文章中类似的数字和能激发人勇气的词语都用黑色粗体加深。而且红色字体更加突出重点和急迫感。

(3) 活动策划。

① 活动形式。30 张机票要通过恰当的方式送出去，不要采取用户完成某个任务后才送机票的方式，而是让用户主动来选择机票，然后去探索性地完成任务。这样的策划使活动增强了用户的自主性，完成任务让活动更好玩、更有趣。另外，采用给后台回复的前 500 个人发送集合地点，也是为了活动的顺畅进行。

② 活动流程。微信后台回复逃离北上广→获得机票集合地点→赶往机场活动未知地方门票完成任务(前 30 个人)。

其他的人(准备出发的人)可后台回复"我出发了"→记录你的故事。

做了了不起事的人也可在后台留言。

③ 地点选择。30 张机票的持有人都选择了北上广三个城市吗？这三个大城市生活压力更大，用户会想要逃离。当然，大城市的选择会有更大的影响力。选择 30 个不同的

目的地,活动有创意的地方正是给30个人安排了各具特色的任务(听、看、读、写、说),而30张机票中,每个人拿到的是未知的旅程,更具刺激性,也有利于带来后续的活动以及持续的热度。

④ 时间选择。活动时间选择在周五上午,持续4个小时?周五上午8:00,人们刚开始上班却想要逃离的时候,可以和周六日的假期连在一起确保活动有时间去进行。活动限制4个小时来到北上广的机场,增加了用户参与活动的主动性与急迫性。说走就走的旅行刻画得入木三分,真正做到了"说走就走"。

四、效果评估

达到预期目标:阅读数量30分钟破10万,3小时破百万,涨粉10万;用户感觉本次活动很酷,激励很多人去参加、转载,更多的是用户情绪上对"想做却又不敢做"的心里认同感,达到了品牌宣传推广的目的。

评价标准及评分表

认真完成每个任务产出表,表述正确、清晰、有说服力,在规定时间内完成并上交。事件营销策划评分表见表3-17。

表3-17 事件营销策划评分表

任务产出项目	分 值	评价得分
表3-14 任务产出——事件营销的含义及特点	30	
表3-15 任务产出——事件营销成功的基础	30	
表3-16 任务产出——事件营销策划方案的基本思路	40	
合　　计	100	

基础知识

一、事件营销策划的概念

事件营销就是利用有新闻价值、社会影响以及名人效应的人物或事件,通过策划、组织等技巧来吸引媒体、消费者的兴趣和关注。

事件营销策划就是营销人员通过策划、组织和利用具有名人效应、新闻价值以及社会影响力的人物或事件,引起媒体、社会团体和消费者的兴趣与关注,以求提高企业或产品的知名度、美誉度,树立良好品牌形象,并最终实现营销目的。

事件营销策划需要集新闻效应、广告效应、公共关系、形象传播、客户关系于一体,通过把握新闻的规律,制造具有新闻价值的事件,并通过媒介投放和传播安排,让这一新闻事件得以扩散,从而达到营销的目的。当一个事件发生后,它本身是否具备新闻价值就决定了它能否以口头形式在一定的人群中进行传播,只要它具备的新闻价值足够大,那么就可以通过适当的途径被新闻媒体发现,或以适当的方式传达给新闻媒体,然后以完整的新闻形式向公众发布。

二、事件营销的特点

1．成本低

事件营销一般主要通过软文形式来表现,从而达到传播的目的,所以事件营销相对于平面媒体广告来说成本要低得多。事件营销最重要的特性是利用现有的非常完善的新闻机器,来达到传播的目的。由于所有的新闻都是免费的,在所有新闻的制作过程中也是没有利益倾向的,所以制作新闻不需要花钱。事件营销应该归为企业的公关行为而非广告行为。虽然绝大多数的企业在进行公关活动时会列出媒体预算,但从严格意义上来讲,一件新闻意义足够大的公关事件应该充分引起新闻媒体的关注和采访的欲望。

2．风险性

事件营销的风险来自媒体的不可控制和新闻接受者对新闻的理解程度。虽然企业的知名度扩大了,但市民一旦得知了事情的真相,很可能会对该公司产生一定的反感情绪,从而最终伤害到该公司的利益。另外,借势用力本来就是事件营销的核心所在,那么事件营销也就存在被别人借鉴的可能,存在着一些不可预测的风险,营销做得越大,风险也就越大。

3．多样性

事件营销是国内外十分流行的一种公关传播与市场推广手段,它具有多样性的特性,它集合了新闻效应、广告效应、公共关系、形象传播、客户关系于一体来进行营销策划,多样性的事件营销已成为营销传播过程中的一把利器。

4．新颖性

大多数受众对新奇、反常、变态的事件感兴趣,事件营销往往是通过当下的热点事件来进行营销,也就是拿当下最热的事件来展现给客户,因此它不像那些过剩的宣传垃圾广告一样让用户觉得反感,而事件营销更多地体现它的新颖性,以吸引用户点击。

5．效果明显

一般通过一个事件营销就可以聚集到很多用户一起讨论这个事件,然后很多门户网站都会进行转载,效果显而易见。

三、事件营销方式的策划

（一）事件营销方案策划成功的基础

1．相关性

事件营销的策划需要在事件本身的新闻传播价值和产品的相关性之间寻找平衡点,在事件营销中,新闻的传播力往往和事件的产品相关性呈反比关系,想要满足新闻的传播价值,在产品相关性方面则要降低,以减少在传播过程中发布硬广告的嫌疑;想要借助新闻的传播力直接加大产品或品牌的曝光,新闻的传播价值就会降低。因此在策划事件营销时,要从产品的实际特性出发,延展策划出具有较高新闻传播价值的事件。

2．心理需求

事件营销的策划是否能够引起消费者的行动,其关键因素是事件是否满足消费者的心理需求。在策划事件时,应关注目标消费者的地域特点、年龄层、流行文化、社会角色、收入水平等。只有洞察消费者的心理需求,才能策划出切中消费者需求的事件营销。

3. 大流量

在事件中出现名人、社会热点等大众熟知的信息时,这样的事件往往具有较高的新闻传播价值,名人与社会热点等本身受大众的关注度较高,在某个时间点,某个地域范围内,大家的关注点都集中于此,当把产品与大流量进行关联时,可以有效地提升产品或品牌的曝光。

4. 趣味性

每一天都有很多的事件发生,但是不可能每一件事都成为热点。而言论自由,让事件呈现出百家争鸣的势态,一般来说,如果某事件具有一定的可观性和趣味性,那么这个事件就可以作为事件营销策划的素材。

(二)事件营销策划操作流程

1. 明确事件营销的目标

一个明确的目标,不仅对营销本身具有指导作用,也是营销能否成功的重要前提。事件营销的目标是指特定的事件营销活动所要完成的沟通任务和所要达到的沟通程度,这是开展事件营销活动首先要解决的问题。事件营销的目标必须以事件策划者的产品类型、目标市场、潜在顾客等作为依据。

事件营销的目标按照策划企业的产品生命周期不同分为以下几种。

(1)向受众提供信息——信息型事件营销。信息型事件营销是企业在刚刚进入一个行业或新产品上市阶段最常用的事件营销手段,目的是让受众了解这一企业或产品的功能、价格、产地以及使用状况等方面的信息,使他们对企业和产品有初步的了解。

(2)使受众产生购买欲望——说服型事件营销。当产品处于成长期时,企业常采用说服型事件营销方式。一般是通过突出产品某一方面的特征,促使受众产生特殊的品牌联想,从而形成一种有利于产品销售的品牌优势。

(3)强化品牌形象——强化型事件营销。当产品处于成熟期或衰退期时,消费者由于消费习惯会对某个品牌产品念念不忘,针对这种情况的营销就是强化型事件营销。强化型事件营销的目的就是增强消费者对品牌的回忆和理解,以强化品牌形象。

2. 选择事件营销的目标受众

事件营销的目标受众应该是产品的潜在消费者。做这一步工作的目的是避免发生无效的事件。事件营销的主要目标就是品牌产品的细分市场。事件营销应该是在科学分析的基础上做出的决定,而不是单纯为了吸引大家的注意力而片面追求轰动。企业的潜在消费者是否关注了这个事件,这才是事件营销成败与否的关键。

3. 选择事件营销的方式

可以成为事件的企业工作环节有很多,例如企业的命名、历史、规模,人员招聘、使用、变动,人员的工作状态,财务状况,物品、厂房、机器等的变动情况,认证、荣誉和市场地位变化,规划、重点人物等的影响,营销策划人员在策划时应根据自身情况选定。

4. 理解并选择媒介

(1)理解并选择媒体。事件营销就是通过制造新闻事件,吸引媒体注意,通过媒体传播,达到预期的宣传目的。因此,理解媒体是进行事件营销的前提。由于各个媒体纷纷变被动为主动,积极寻觅各类新闻事件,这给善于制造新闻的企业提供了更大的宣传机会,因此,企业可以利用自己身处新闻之中而得到了更多关注的这一事实,来达到自己的宣传目的。

事件营销策划时,应注意不同的媒体业务有交叉,但一般来说不同的媒体是服务于不同市场的,因此,企业在进行事件营销时,首先要确定自己的目标受众及目的,然后明确选择哪种媒体,让新闻的接受者达到自己的目的。

(2)解读并选择好新闻事件。新闻事件就是社会上新近发生、正在发生或新近发现的有社会意义的能引起公众兴趣的重要事实。新闻事件是一种投入产出效益非常可观的营销手段,也是事件营销的"载体"。策划人员一定要明确所选择的新闻要有代表性和显著性、要有让目标群体感兴趣的点,新闻要新鲜,能提供与众不同的信息;新闻应是难得一见、鲜为人知的事实,越贴近公众,新闻性越强。新闻要有针对性,紧扣某一事件,策划人员要在第一时间对事件做出反应。

5. 事件营销的计划制订

(1)事件营销人员。事件营销的计划中应该包括的人员有事件具体执行者、新闻媒体通报信息者、具体回答新闻媒体和公众采访者、咨询者、新闻媒体收集者、公众舆论分析者、应对紧急变化负责人等。

(2)事件营销的必需品。主要包括事件具体需要的道具安排,对新闻媒体和公众需要发布的企业背景资料,收集、分析媒体报道、舆论的专业工具等。

6. 事件营销的时间安排

安排事件营销的时间时必须考虑宏观和微观两个方面的因素:宏观因素是指要考虑新闻事件策划、进行的大致时间安排。一方面要考虑企业的整体品牌宣传计划;另一方面要与社会媒体关注焦点相配合。微观因素需要充分发挥媒体在不同的小时间周期内最大的作用。

7. 事件营销的预算编制

事件营销的费用主要包括事件本身需要的费用、工资费用、办公费用、设备器材费用、实际活动费用等。

8. 建立事件营销风险评估表

建立事件营销风险评估表,见表3-18。

表3-18 事件营销风险评估

序号	风险类型	预警(高、中、低)	可能会出现的表现	目前已采取措施	目前状况	负责人	备注
1	是否脱离企业品牌主题						
2	媒体是否不感兴趣						
3	是否会引起公众反感,带来负面报道						
4	是否违反法律、法规						
5	是否会引起竞争对手采取措施						

9. 控制事件衰变量,修正方案执行

我们必须了解,一个事件从发生开始,它的内容是在不断"缩小"的,一个成功的事件营销就是必须注意到这些环节,并通过精心地策划,努力增强事件的新闻性。

10. 事件营销的效果评估

营销策划中,对于事件营销效果的评估如图3-4所示。

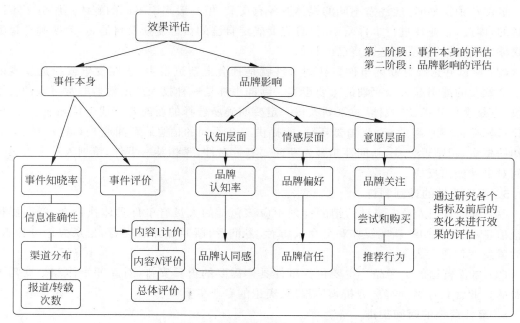

图 3-4　事件营销效果评估体系

（1）事件营销的事前评估。主要有专家意见法和直接测试法。

（2）事件营销的事中评估。主要有数量统计法、普通公众调查法和顾客调查法。

（3）事件营销的事后评估。

（三）事件营销策划的注意事项及技巧

1. 巧用借势

所谓借势，是指企业及时地抓住广受关注的社会新闻、事件及人物的明星效应等，结合企业或产品在传播上欲达到的目的而展开的一系列相关活动。例如利用明星的知名度去提升产品的附加值，可以借此培养消费者对该产品的感情、联想，来赢得消费者对产品的追捧；策划借助赞助、冠名等手段，通过所赞助的体育活动来推广自己的品牌等。

2. 将品牌与事件联系起来

企业利用社会上有价值、影响面广的事件，不失时机地将其与自己的品牌联系在一起，来达到借势发力的传播效果。企业还可以通过与相关媒体合作，发表大量介绍和宣传企业的产品或服务的软性文章，以理性的手段传播自己。

3. 制造新闻事件

所谓"制造新闻"，又称新闻策划，是对新闻活动的一种创意性的谋划。通过营销人员大脑的创造，从企业实际及营销需求出发，按照新闻规律，将一件本来可能不具备新闻价值的事件赋予其新闻性，"制造"新闻事件和新闻热点，吸引新闻媒体注意和报道，以此来树立企业和品牌形象，营造企业良好的外部发展环境，创造产品市场，培养、培育消费需求，从而达到与其他企业的产品竞争、销售产品的目的。

企业新闻策划与媒体新闻策划的区别：媒体新闻策划是寻找新闻、发现新闻；而企业新闻策划则是在寻找、挖掘企业经营过程中的新闻的同时，大量的人为制造或利用新闻事件，吸引新闻媒体和受众的注意力。然后由记者或内部策划人员站在客观公正的立场上，用事实说话,用事实报道,造成新闻现象与效应。

企业的新闻策划是策划人员或媒体的记者站在第三者的立场上用新闻事实说话,或者用公益活动感召消费者,不是自己说自己好,而是让公众、消费者说好;新闻与广告比较,最大的好处是容易拉近与消费者的距离、可信度高、感召力强、容易产生轰动效应。此外,新闻策划相对而言费用较低,甚至可以不花钱,而广告往往要投入巨资。

但需要注意,对事件营销策划要谨慎、适度。有的企业切入点很好,但是过度渲染会让公众产生审美疲劳。相反,如果企业能做到不偏不倚,以客观的表述加上诚恳贴心的提醒,会让整个事件营销获得巨大的成功。

4. 洞察用户情绪,促进用户参与

好的事件营销,要找到一个大众情绪洞察,通过某种社会现象,挖掘出背后人群的普遍痛点,再进一步进行概念包装。例如滴滴 vs 新世相"逃离北上广"事件营销项目时,其背后的情绪洞察其实是这一代年轻人的社会压力以及对自我价值的思考和探索,这无论是对于一线"北上广"用户,还是对于准一线及二、三线用户都能产生共情,所以大众都会去关注这件事,代入自己,参与思考和讨论。

也就是说,所有刷屏级事件的源头,都来自某种被抑制的社会情绪,事件就是给这种情绪一个出口,让用户来参与表达。

5. 从情感层面引发共鸣,帮助用户代入

营销人员可以通过大数据等信息精确找到事件的具体表现源头,通过具体的情景和设置让用户参与到具体活动环节当中。在整个事件操作过程中,营销策划人员需要预埋下若干"创意点",这些创意点通常就是一个个具体用户场景,释放用户的表达欲,让用户从关注转化为参与行动。用户在代入事件角色之后,便可以通过一系列的分享裂变设置,引导其拉动更多身边好友参与,事件的影响力就被不断地推动起来了。

6. 从观念层面表达态度,让用户反思

用户参与过后,在事件营销的收尾部分,需要提炼出关于这个事件洞察的态度主张,让各类用户都可以通过这些态度主张来表达自己的立场和情绪。例如,在"逃离北上广"的事件中,能够总结出几条不同典型特征人群的观点立场,什么样的人适合在大城市、什么样的人适合在小城市、在大城市如何面对未来、在小城市如何面对自我价值实现,这一系列的观点会再一次将用户情感转化为行动,帮助传播事件。这些通过事件总结出来的态度和观点,只需要使用户觉得能够代表他、有冲动帮助品牌传播即可。

整个过程中,企业可以作为一个植入者和参与者的角色,配合解决问题,以产品优惠的方式合作并互动,在事件中"推波助澜",收割品牌知名度,甚至美誉度。

自我练习

一、判断题

1. 事件营销策划需要集新闻效应、广告效应、公共关系、形象传播、客户关系于一体。

(   )

2. 事件营销中,新闻的传播力往往和事件的产品相关性呈正比。 (   )

3. 一般通过一个事件营销就可以聚集到很多用户一起讨论这个事件,然后很多门户网站都会进行转载,效果显而易见。　　　　　　　　　　　　　　　　　　　　（　）

4. 当产品处于导入期时,消费者由于消费习惯而对某个品牌产品念念不忘,强化型的事件营销其目的就是增强消费者对品牌的回忆和理解,以强化品牌形象。（　）

5. 事件营销的目标是指特定的事件营销活动所要完成的沟通任务和所要达到的沟通程度,这是开展事件营销活动首先要解决的问题。　　　　　　　　　　　　　　（　）

6. 事件营销就是单纯为了吸引注意力而片面追求轰动。　　　　　　　　　　（　）

7. 事件营销策划时,应注意不同的媒体有业务交叉,要确定自己的目标受众及目的,然后明确选择哪种媒体,明确让新闻的接受者达到自己的目的。　　　　　　　　（　）

8. 一个事件从发生开始,它的内容是在不断"增大"的,营销人员需要通过精心地策划,努力增强事件的新闻性。　　　　　　　　　　　　　　　　　　　　　　　（　）

9. 事件营销的精髓是挖掘"新闻点",通过新闻点的预埋形成连续的传播声浪,形成公关影响力。　　　　　　　　　　　　　　　　　　　　　　　　　　　　　（　）

10. 事件营销应该是负面性的,这样就能使事件得到数万媒体和公众的关注,以提高品牌知名度,同时保持良好的声誉。　　　　　　　　　　　　　　　　　　　（　）

二、单项选择题

1. （　）利用有新闻价值、社会影响以及名人效应的人物或事件,通过策划、组织等技巧来吸引媒体、消费者的兴趣和关注。
　　A. 饥饿营销　　　　　B. 病毒营销　　　　　C. 情感营销　　　　　D. 事件营销

2. 事件营销中的"事件"要具有（　）才能更好地发挥作用。
　　A. 新闻价值　　　　　B. 娱乐价值　　　　　C. 情感价值　　　　　D. 稀有价值

3. 事件营销策划的一般流程是（　）。
①明确目标　②选择目标受众　③选择方式　④选择媒介　⑤制订计划
⑥时间安排　⑦预算编制　⑧风险评估　⑨控制事件　⑩效果评估
　　A. ②①③④⑤⑥⑦⑧⑨⑩　　　　　B. ①②③④⑤⑥⑦⑧⑨⑩
　　C. ⑤②①③④⑥⑦⑧⑨⑩　　　　　D. ①②⑦③④⑤⑥⑧⑨⑩

4. 当产品处于（　）时,企业常用的事件营销方式一般是通过突出产品某一方面的特征,促使新闻受众产生特殊的品牌联想,从而形成一种有利于产品销售的品牌优势。
　　A. 导入期　　　　　B. 成长期　　　　　C. 成熟期　　　　　D. 衰退期

5. 事件营销的事中评估方法不包括（　）。
　　A. 数量统计法　　　　　　　　　　B. 普通公众调查法
　　C. 专家意见法　　　　　　　　　　D. 顾客调查法

6. 关于事件营销策划说法不正确的是（　）。
　　A. 好的事件营销,要找到一个大众情绪洞察
　　B. 从情感层面引发共鸣,帮助用户代入
　　C. 从观念层面表达态度,让用户反思
　　D. 不要制造新闻,会让客户反感

三、多项选择题

1. 事件营销方案策划成功的基础包括(　　)。
   A. 相关性　　　　B. 心理需求　　　C. 大流量　　　D. 趣味性
2. 事件营销的特点有(　　)。
   A. 低成本　　　　B. 安全性　　　　C. 多样性　　　D. 新颖性
3. 事件营销的目标按照策划企业的产品生命周期不同分为(　　)事件营销。
   A. 宣传型　　　　　　　　　　　　B. 说服型
   C. 强化型　　　　　　　　　　　　D. 信息型
4. 可以成为事件的企业工作环节有(　　)。
   A. 企业的命名、历史、规模　　　　B. 人员招聘、使用、变动
   C. 人员的工作状态、财务状况　　　D. 认证、荣誉和市场地位
5. 事件营销的计划中的人员有(　　)。
   A. 事件具体执行者　　　　　　　　B. 新闻媒体通报信息者
   C. 新闻媒体收集者　　　　　　　　D. 应对紧急变化负责人
6. 策划事件营销的技巧有(　　)。
   A. 对新闻活动进行创意性的谋划
   B. 强化渲染新闻事件,吸引更多注意
   C. 将其与自己的品牌联系在一起,达到借势发力的传播效果
   D. 抓住广受关注的社会新闻、事件和人物的明星效应

任务 5　情感营销策划

 项目任务书

情感营销方式

课内学时	3 学时	课外学时	至少 2 学时
学习目标	1. 了解情感营销的含义及特点 2. 明确情感营销策划的含义及成功基础 3. 能够利用恰当的方法与技巧策划情感营销方案		
项目任务描述	1. 听教师讲解相关知识,阅读案例并分析 2. 认真学习相关知识,查找资料,分析策划的成功基础 3. 根据情境要求,按组完成策划方案		
学习方法	1. 听教师讲解相关知识 2. 查阅资料 3. 认真思考、分析		
所涉及的专业知识	1. 情感营销的含义及特点 2. 情感营销策划的含义及成功基础 3. 情感营销策划的注意事项及技巧		
本任务与其他任务的关系	项目 3 中各个任务是并列关系,为项目 4 任务完成打基础		

续表

学习材料与工具	学习材料：任务指导书后所附的基础知识 学习工具：项目任务书、任务指导书、计算机、笔
学习组织方式	本任务部分内容要求每个学生独立完成，部分内容要求学生分小组协作完成

 任务指导书

完成任务的基本路径如下。

听教师讲解相关知识，阅读案例并分析（30分钟） → 认真学习相关知识，查找资料，分析策划的成功基础（15分钟） → 根据情境要求，按组完成策划方案（90分钟）

第一步：认识情感营销。

听教师讲解情感营销的含义及特点，按照要求完成表3-19。

表3-19　任务产出——情感营销的含义及特点

用抖音扫描以下两个二维码或搜索关键词"沈腾、安慕希、过年"，查看安慕希的这一情感营销策划案例。

1. 结合案例分析什么是情感营销及特点。

2. 评价与总结安慕希的这个情感营销案例策划的亮点。

第二步:情感营销策划。

1. 情感营销成功的基础

认真学习相关知识,查找资料,拓展阅读,完成表3-20。

表3-20 任务产出——情感营销成功的基础

下面是华为为EMUI系统"健康使用手机"功能拍摄的一部名为《你的陪伴,无可取代》的广告短片中的一个截图,让小朋友假扮成他们的爸爸妈妈,还原日常中家长"沉迷"手机的模样,让众多的父母从中看到自己的影子,引发反思。作为国产手机中的佼佼者,华为一直致力于打造一个有温度的品牌形象。这次主题为《你的陪伴,无可取代》,就是很好的体现:熟悉的人物关系、最平常不过的话题,以及困扰大多数家庭的手机问题,华为用这一系列的生活化的场景,一下子就拉近了与用户的距离。

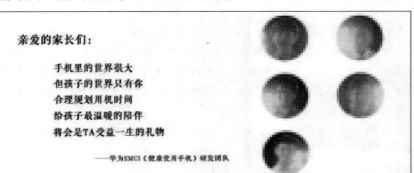

分析案例,查阅相关资料,分别从情感营销方案策划的5个要点产品命名、情感宣传、情感价格、情感氛围、形象设计点评安慕希的情感营销方式。

2. 策划情感营销方案

请为本组所选定的模拟的企业(若是企业真实项目,则按照真实项目要求开展此后任务,此步骤可省略,由指导教师统一安排)选择8—9月中任意一个节日为主题,策划一个情感营销方案,将方案搭建的基本思路填写在表3-21中。(可参看样例)

表3-21 任务产出——情感营销策划方案的基本思路

一、营销主题
二、营销目标
三、情感营销策划
1. 市场分析
2. 平台选择
3. 情感策划
四、效果评估
……

样例：

江小白情感营销方式策划

一、营销主题

"我是江小白，生活很简单"。

二、营销目标

塑造品牌形象，进行品牌推广，提升竞争力，提升销量。

三、市场分析

（1）竞争分析。江小白是重庆的一家新兴企业，既没有百年传承，也没有历史底蕴，品牌推出需要有自己的企业文化及特色，建立自己的品牌影响力。

（2）产品分析。江小白是重庆江小白酒业有限公司推出的低度高粱酒。

（3）目标消费群体。20～38岁新生代都市青年。在选择白酒方面，与中老年消费者偏爱传统白酒不同，时下的年轻人更青睐轻口味的"小酒"，为了与产品特性及目标人群相符，品牌提倡简单、纯粹的生活态度和价值取向，营销主题为"我是江小白，生活很简单"。

四、情感营销方案策划

江小白公司针对青年消费群体，围绕产品年轻化的定位进行情感营销。

（一）平台选择

各大新媒体平台，重点是各大自媒体平台。

（二）方案策划

方案一：酒瓶"自媒体"：借酒言情。

（1）时间选择：七夕节。

（2）活动形式：推出表达瓶新品，所谓表达瓶，是指消费者可以在江小白发布的 H5 互动（微信搜索江记酒庄私人定制小程序）页面上写下想说的话，甚至上传照片，定制专属的江小白表达瓶。将原本属于消费者内心独白的话语，印在瓶身上。如果某位消费者定制的表达瓶通过筛选，该表达瓶就会被投入生产，这位消费者也就成为江小白的"代言人"。

通过这种形式让目标群体积极地实现从被动接受"语录"到主动创造"语录"的转变，并将瓶身打造成超级"自媒体"，尽情抒发情感，同时还将这种有意思的"玩法"广泛传播。在这个过程中，不仅收获了海量创意十足的文案，还轻轻松松实现了市场推广。

方案二：江小白的语录瓶。

与表达瓶不同，语录瓶上的文案由生产方设计，代表江小白品牌人物所要表达的思想与情感。设计的语录要击中消费者的内心。

方案三:约酒与"拾人饮":有酒共饮。

在分析 20~38 岁新生代都市青年的特征时,发现他们身上存在两个共性的"痛点":一是城市孤独症,这种孤独感在下班后尤其明显;二是急于向上的焦虑症。有鉴于此,江小白的情感营销策划了"同城约酒大会",即邀请同城不同领域的爱酒之人聚集在一起品酒、娱乐,互相交流,沟通感情,疏解压力。

通过连续多次举办这项活动,逐渐形成自身的品牌影响力。

方案四:"十人饮"聚餐有我。

如果说同城约酒大会属于结交新朋友的"有酒共饮",那么江小白的另一款产品——"十人饮"则致力于构建旧相识之间的"把酒言欢"。这款白酒产品的净含量为 2L,单瓶重达 2kg,但酒精度只有 25 度,属于超低度酒的标志性产品,非常适合亲友聚会、部门聚餐和团队建设饮酒。

"大海航行靠舵手,感情交流靠喝酒。"十人饮产品力求成为一些企业开展团队建设时使用量最大的单品。

(三)营销效果评估

通过策划系列情感营销活动,使江小白的"我是江小白,生活很简单"的品牌形象深入人心,销量大增。

评价标准及评分表

认真完成每个任务产出表,表述正确、清晰、有说服力,在规定时间内完成并上交。情感营销策划评分表见表 3-22。

表 3-22 情感营销策划评分表

任务产出项目	分 值	评价得分
表 3-19 任务产出——情感营销的含义及特点	30	
表 3-20 任务产出——情感营销成功的基础	30	
表 3-21 任务产出——情感营销策划方案的基本思路	40	
合　　计	100	

基础知识

一、情感营销策划的概念

情感营销是通过心理沟通和情感交流,赢得消费者的信赖和偏爱,进而扩大市场份额,取得竞争优势的营销方式。

如今是一个情感消费时代,消费者购买商品时所看中的已不单单是商品质量、价格这些因素,更多的时候是一种感情上的满足、心理上的认同。而情感营销策划就是把消费者个人的情感差异和需求作为企业营销推广的战略设计。情感营销策划就是以消费者内在情感为诉求,通过激发和满足顾客的情感体验来实现营销目标的规划和设计活动。情感营销策划的核心是站在消费者的立场上考虑问题,密切关注消费者的需求,为消费者提供满意的产品服务,消费者对于满足其实际心意的产品和服务会产生积极的情绪和情感,能够提升消费者对企业的满意度和忠诚度。

情感具有两面性,也就是肯定性和否定性,情感营销策划要做的就是使消费者产生肯定性情感并使之持久和增大,同时又要促使否定性情感转向肯定性情感。

二、情感营销的作用与特点

(一)情感营销的作用

1. 营造更好的营销环境

随着情感消费时代的到来,消费行为从理性走向感性,消费者在购物时更注重环境、气氛、美感,追求品味,要求舒适,寻求享受。情感营销不仅重视企业和消费者之间的买卖关系的建立,而且强调相互之间的情感交流,因而致力于营造一个温馨、和谐、充满情感的营销环境,这对企业树立良好形象、建立良好人际关系、实现长远目标非常重要。

2. 提高消费者的品牌忠诚度

市场竞争日益激烈,是否有优秀的品牌已成为企业竞争成败的重要因素。一个好的品牌能建立顾客偏好,吸引更多的品牌忠诚者。但是品牌忠诚的建立除了有过硬的产品质量、完美的产品市场适应性和营销推广策略外,在很大程度上与消费者的心理因素有很密切的关系。情感营销正是以攻心为上,把顾客对企业品牌的忠诚建立在情感的基础上,满足顾客情感上的需求,使之得到心理上的认同,从而产生偏爱,形成一个非该企业品牌不买的忠实顾客群。

3. 有利于提升竞争力

争夺顾客除注意商品质量上乘、包装新颖、价格公道外,更重要的是要实施情感营销。通过钟情于顾客,对顾客真诚、尊重、信任,处处为顾客着想,从而赢得顾客的好感和信任;通过优质的服务,不断提高企业声誉,树立企业良好的形象,这样,企业在市场竞争中必然取胜。

(二)新媒体情感营销策划的特点

1. 以用户需求为中心

新媒体环境下营销传播的显著变化,表现为传播者和信息接收者之间的传统单向线性结构被打破,每个人都可以通过新媒体平台将个人观点信息传递出去,用户也具有了对信息接收、关注和分享的主动权。因此,策划人员在进行情感定位、情感内容传播之前,首先明确新媒体环境下的情感营销传播,出现主体思维逆转,即企业在进行情感营销传播之前,必须以用户需求为中心。

2. 策划优质内容是关键

在新媒体环境下,优质内容更加成为提高用户注意力的关键,策划人员需要通过差异化、情感化的优质内容,打动用户的内心。同时,由于传播渠道非常广泛,缺乏经济实力的小众品牌也能将自己的优质内容通过各种可选择的传播渠道传播出去,从而让目标消费者拥有接触和了解自身品牌的机会。例如喜茶、小罐茶等小众品牌,正是用差异化的品牌定位,借助走心创新的情感营销传播策略,在众多大品牌竞争的营销战场上突出重围,从而成为新媒体上活跃的网红品牌。

新媒体环境中,情感营销的关键词在于"攻心"。"攻心"的武器是能让用户产生认同感的内容,富有感情色彩的走心内容才是打动用户的制胜法宝。例如,999感冒灵《总有人偷偷爱着你》、网易云音乐年度歌单、《人民日报》军装照H5、新世相"逃离北上广",这些情感营销传播活动分别从温情故事、怀旧心理、创意表现、策划线下情感任务等多个内容层面获得用户认可。此外,情感主张也更加多样。Gröppel-Klein、Andrea的研究表明,消费者情感是有多种诉求的,情感营销的作用在于通过广告、宣传、服务、产品表现等一系列环境的影响,满足消费者内心的情感诉求。

三、情感营销方式的策划

(一)情感营销方案策划成功的基础

(1)产品命名。产品名字是消费者记住和传播的核心信息,产品名字需要与产品的属性相关联,需要能被目标消费者接受并能及时联想到名字带来的文化、思想、感情上的触动,因此产品的命名同时需要符合产品的目标人群定位以及产品定位,不恰当的名字毫无触动消费者感情的作用。

(2)形象设计。形象设计包括商标Logo设计、产品外观设计与颜色设计,商品Logo需要与产品属性相结合,同时需要满足易看、易理解、易记忆等特点,根据产品属性及消费者偏爱设计的产品形状更容易引起消费者的注意,不同的颜色搭配同样能触动消费者在接触产品时的感情。

(3)情感宣传。具有人情味以及宣扬某种思想文化的广告,通常能够提高产品形象,抵销消费者对广告的本能抵触。同时企业公关要求企业设身处地地为消费者着想,加强与消费者的感情交流,让消费者对企业及其产品从认识阶段升华到情感阶段,最后达到行动阶段。

(4)情感价格。情感价格由能满足消费者情感需要的价格、品牌影响力及产品自身组成,合适的情感价格可以增强产品及品牌的影响力,达到提升情感营销效果的作用。

(5)情感氛围。为消费者提供舒适优雅、具有感染力的营销环境,一方面能够提升产品及品牌的格调,另一方面消费者在无形中更容易接受来自品牌的消费信息,从而购买正在犹豫或根本不打算购买的产品。

(二)情感营销方案策划的注意事项及技巧

1. 抓住用户痛点进行策划

在情感营销的前期策划阶段,将消费者的痛点找出来,找到自己的产品能解决他们哪些麻烦,是做好情感营销的一个最佳切入口。否则,任凭情感手段再高明,消费者也依旧不明所以。营销人员如果从自我视角出发去策划营销方案,容易高估用户对产品的理解,让用户看不懂你做的广告,也看不懂你写的文案,例如,一瓶洗洁精的情感营销方案,就应该定位于家庭主妇群体,你的营销核心也应该是阐明洗洁精能给主妇们清洗碗筷带来的切实好处。例如更清洁、泡沫更少、残留物更少。而不是用一堆大数据和消费者看不懂的专业名词,来表明产品有多好。

2. 情感定位清晰

现今新媒体时代让情感营销有了更广阔的传播平台和更快速的传播方式,但是在人们头脑中能够留下深刻印象的却并不多。其原因在于企业对自身的品牌定位随大流,缺乏情感标识的显著性。例如,厨电品牌大都将自己定位为温暖居家的形象,运动品牌则将其包装成能量活力的象征等。品牌对自身情感定位的同质化,会让品牌情感标识的显著性变弱,从而影响情感营销的传播效果。

3. 注意情感元素的设计

为了让情感营销传播取得更好的效果,引发用户共鸣和认同,在营销传播信息中巧妙设计情感元素并让用户"动情"是情感营销传播的普遍方式。但有些情感营销传播内容时使用情感表现过分煽情。过度地渲染情绪、营造情感氛围,甚至内容与自身产品割裂或无联系,这种情况容易导致用户在接受完"情感洗礼"后,虽然当时内心被触动且情绪被调动,但是遗忘度很大,容易造成对企业品牌或者产品信息印象的缺失。

市场营销传播中有许多体现品牌价值观的信息,难免有一小部分的价值观出现偏差,如拜金主义、贪图享乐、崇洋媚外等。例如,奥迪二手车一则广告就因为涉及"物化女性"的不良价值观,遭到广大网民的批评。这个广告讲述了一对新人在婚礼上准备进行宣誓仪式,婆婆突然冲上台粗鲁地对新娘的脸部做各种检查,检查没有问题后开心地对着儿子比了个OK 的手势,短片最后出现奥迪汽车的广告语:重要决定必须谨慎,奥迪二手车 4S 店,官方认证才放心。视频一出,便立刻引起广大网民的反对,新媒体平台上充斥着谴责奥迪物化女性的抗议声。品牌主传递给用户的情感信息内涵,除了产品的功能性表现,还包含由自身品牌的价值观、历史传统等构成的统一"形象"。一旦情感信息的价值观出现偏差,将会直接影响到企业进行情感营销传播中的信息内涵,给营销的传播效果和社会造成不良后果。

4. 情感主张的策划

情感营销策划方案中需要一个贯穿主旨的情感主张。如何选择最恰当的情感主张,又如何能让这个情感主张直击用户的心灵。要注意以下几点。

首先,情感营销中的情感主张与产品或品牌本身要紧密相连。

其实很多企业和品牌都曾做过情感营销,但真正让消费者记住,或是影响深刻的却寥寥无几。很主要的一个原因,便是企业选择的情感主张很随便,与产品和品牌本身并没有太大的关系。例如盲目跟风,自己的产品和服务与爱情是八竿子打不着的关系,却也要在情人节到来之际凑个热闹,试问这类情感营销怎么能打动用户的心。南方黑芝麻糊可以说是经典情感营销的代表之一,一提到它,消费者脑海里就会冒出家的味道和童年的味道。情不自禁地会想家,想起自己的小时候。该品牌的情感营销之所以如此深入人心,便是因为他们将产品和温情以及家的味道紧密结合,传递出了品牌关爱相随的诉求。一切顺理成章,深得人心。而与品牌弱相关的情感营销只有一个结果,那就是用户压根儿不知道产品能满足他们哪一类诉求,自然也就不会选择该产品。

其次,需要深刻的洞察,捕捉那些尚未或较少被商业开发的人类共有情感。

当满屏都在讴歌自由和梦想可贵、珍惜当下、不要轻言放弃之类的情感主张的时候,你就不要再去重复强调。因为这类千篇一律甚至可以说泛滥成灾的情感主张,消费者真的提不起兴趣,更别说打动他们了,因为他们早已经免疫或麻木了。例如日本武藏野银行成立60 周年之际推出了短片《测谎仪》,获得了 2012 年 ACC 日本广告节银奖。故事由测谎仪引起,一正一负,一真一假,在对比中传递了品牌的诉求:家乡人应该选择家乡的银行,亲密人之间真诚相待。几乎每个人每天都要撒谎,对自己抑或对他人,撒谎甚至成为一种语言和社交技巧。这是一个社会人性层面的深刻洞察,却被武藏野银行洞察到,并运用到情感营销中。因为视角更独特,更深刻地攫取了人性深处的东西,该银行的此次情感营销才能成为经典之一。

这也是营销人员在做情感营销策划时需要下工夫的地方。人心是很难言喻的东西,善于挖掘、善于捕捉、善于发现,才能唤起和复苏更多消费者深眠心底的声音。

总之,情感营销之所以能打动人,是因为其中的情感主张触动到人们内心潜在的情感需求,情感主张的具体类型可以概括为以下五种。

(1) 情爱温暖型。在企业进行情感营销的内容传播中,亲情、爱情、友情这三大主题是最常见的情感主张类型,如果在商业信息传递中将亲情、爱情、友情恰如其分地应用,那么就很容易引起用户内心的亲切感,引发用户表达出最原始的情感,这条商业信息也就更容易被用户所接收,对企业产生情感共鸣,对企业品牌产生依赖和认同感。

(2) 情感沟通型。直接的情感表达和沟通,避免了信息主题表达不明显、用户理解能力有限,或其他环境因素的干扰,造成品牌未能通过情感营销传播与用户产生有效沟通。因此,一些品牌在新媒体上进行情感营销传播选择直接表达的方式,例如表达关怀、致谢,以及向用户诉说商品带来的安全方便等。

(3) 怀旧情结型。"人们总是难以忘记以前珍贵的体验,常常会情不自禁地沉醉在昔日美好经历的回忆之中。"策划人员把怀旧情怀作为营销传播创意的来源,目的是希望通过怀旧的方式激起用户心灵深处的回忆和昔日美好体验的感觉。怀旧型的情感主张,通常在品牌周年日等具有历史感和回忆感的日子里被品牌主作为重点使用对象。例如,2017年是肯德基进入中国的第30年,在周年庆之际,肯德基发起"价格重回1987年"相关活动,在新媒体上引起网友集体怀旧。

(4) 诙谐幽默型。将幽默作为情感营销传播内容的主题,是运用幽默手法制作出特殊场景的商业信息,幽默主题的商业信息不仅可以有效缓解用户内心的抑郁和压力,还可以避免用户对广告的逆反心理,让用户在轻松有趣的氛围中感知商业信息。以幽默为主题的情感营销传播,将企业价值观或产品的内涵,通过风趣、戏谑的表现方式传达给用户,让用户在失去防备抵触并且心情愉悦的环境下接收商业信息,从而更好地实现商业信息的传播目标。

(5) 恐惧情绪型。恐惧情绪的情感营销传播内容是将用户情绪引入恐慌的切入点适度地放大,然后再通过真实的信息进行传播,这些带有恐惧元素的商业信息会在一定程度上让用户产生震惊和恐慌。但是情感营销传播中的这种恐惧需要与理性相伴随,在人们产生恐惧的心理以后巧妙地提出解决办法,让用户的恐惧感得到解决。例如,父亲节当天杜蕾斯发出一张文案角度独特的海报,"致使用我们的竞争对手产品的顾客——父亲节快乐"。这样的表达方式十分巧妙,既对目标用户心理上产生了一定的压抑感,又以戏谑的方式调侃表达,避免了恐惧情绪让用户难以承受形成的负面影响。

另外,情感主张经常是由一个生动的故事内容表现出来。例如,2017年11月,唯品会为品牌九周年纪念日特别推出品牌短片《开不了口的爱》,成为当年社会化营销中将情感融入内容制作的典范。贯穿短片始终的背景音乐是唯品会代言人周杰伦的代表歌曲《开不了口》,在一首歌的时间里创作了六则关于爱情、亲情、友情以及同学、同事之间的温情故事,通过男友约会迟到,实际上是在准备求婚礼物、女老板开会时没给职场妈妈布置工作,实际上为妈妈批了请假条等六个结局"惊喜"的温情小故事,感化用户内心。在短片结束时出现的文案"每个惊喜背后,都是开不了口的我爱你"成为点睛之笔,呼应短片主题的同时对应唯品会的"惊喜"品牌主张。

5. 选择新媒体情感营销传播渠道

各种新媒体平台(如微信、微博、豆瓣、知乎、抖音等),都是各品牌主进行情感营销传播的重要阵地。除线上利用新媒体进行营销传播外,地铁、商场、电梯间、机场等线下渠道也因为直接接近消费者,成为情感营销传播的重要场景。线下渠道也越来越成为社会化整合营销传播的重要构成,策划人员可以通过线下发起营销事件,通过线上进行扩散传播,最终形成线下与线上联动的传播效果。

线上渠道推广主要包括以下几个方面。

(1) 官方微博、官方微信。微信是国内目前使用人数最多、覆盖面最广的新媒体之一,官方微信发布信息的方式相对于其他平台可以拥有更多流量;在官方微博上,通常由官微运营者发起情感营销项目的相关话题,炒热场景气氛,带动网友转发,从而获得更多网友关注。

(2) KOL(关键意见领袖)软文投放。通过 KOL 将营销信息进行扩散传播,成了各大品牌主投放商业信息的重要手段。情感营销传播是一种品牌通过一系列活动影响用户情绪的传播过程,情绪作为一种认知经验有很强的主观性,也容易受到外界的影响而改变。因此 KOL 在情感营销传播中的作用十分明显,当他们关注、评价、分享甚至主动参与情感活动,对普通用户来讲就是一种情绪上的渲染。KOL 将情感信息以自己的理解加以分享转发,能够再一次在传播渠道中掀起涟漪,影响用户的心理情绪。

(3) 主流新媒体传播。通过图文视频作品等方式将情感营销传播内容投放到其他主流新媒体上,达到营销传播目的。

线下联动线上新型渠道主要包括以下两方面。

(1) 地铁广告。地铁广告作为户外广告的一种代表性的表现形式,是新媒体环境下情感营销传播最常使用的重要场景之一。地铁广告之所以受到重视,除了因为人流量大、信息覆盖面广,还因为地铁广告的受众呈现明显的特征。2017 年 3 月,网易云音乐利用地铁做了一次大型的情感营销传播活动,与杭港地铁合作发出"乐评专列"。网易云音乐的工作人员从其音乐 App 后台精心筛选出 85 条高质量的音乐评论,将它们印满杭州地铁 1 号线与整个江陵路地铁站。然后再通过线上媒体曝光、朋友圈扩散等方式引起广泛关注,一时间成为新媒体平台上关注的焦点。

(2) 快闪店(pop-up shop)。快闪店是一种时间短暂、不在同一个地方长久停留的品牌店。它常常被设置在人流量较大的商业区,一般营业时间只有几天。快闪店虽然开设在线下,但是常常能将消费者的注意力从线下带到线上,快节奏的时尚概念、脑洞大开的创意表现,常常让快闪店在短时间内创造话题引爆线上新网络,形成线下联动线上、线上影响线下共同为品牌造势的热门现象。例如,2017 年 5 月 20 日上海静安区的愚园路,在各大品牌以甜蜜爱恋为主题抢占消费者注意力之际,泰笛鲜花反其道而行,开了一家名为"分手花店"的快闪店。分手花店只在"520"当天营业 24 小时,目标消费者是失恋人群,开店目的是为失恋人群在"520"当天找到一个宣泄感情的出口,以排解他们失恋后的忧郁心情。商家接受采访时透露分手花店取得了良好的营销传播效果,在营业的唯一一天里,花店人流量达到 10 万,花店里 8 万支花全部提前售罄,同时线上达到 2000 万以上的流量数据,这是线下联动线上的一次大胆的尝试。

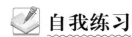 自我练习

一、判断题

1. 情感营销把顾客对企业品牌的忠诚建立在情感的基础上，满足顾客情感上的需求，使之得到心理上的认同，从而产生偏爱，形成一个非该企业品牌不买的忠实顾客群。（   ）

2. 争夺顾客关键在于除注意商品质量上乘、包装新颖、价格公道外，实施情感营销只是辅助，必要性不强。（   ）

3. 产品的命名同时需要符合产品的目标人群定位及产品定位，不恰当的名字毫无触动消费者感情的作用。（   ）

4. 具有人情味及宣扬某种思想文化的广告，通常能够提高产品形象，抵销消费者对广告的本能抵触。（   ）

5. 营销人员一定要从自我视角出发策划营销方案，这样用户才能看懂你的文案。（   ）

6. 情感价格越高，越能加强产品及品牌的影响力，达到提升情感营销效果的作用。
（   ）

7. 情感营销传播中的这种恐惧需要与理性相伴随，在人们产生恐惧的心理以后巧妙地提出解决办法，让用户的恐惧感得到解决。（   ）

8. 情感营销传播内容一定要深化煽情，极力渲染情绪，营造出情感氛围，才能让用户接受由情感带来的营销推广，加深对企业品牌或产品信息的印象。（   ）

9. 情感营销策划要做的就是使消费者产生肯定性情感并使之持久和增大，同时又要促使否定性情感转向肯定性情感。（   ）

10. 情感营销策划的核心是站在企业的立场上考虑问题，围绕以企业为中心为消费者提供满意的产品服务。（   ）

11. 策划人员可以通过线下发起营销事件，通过线上进行扩散传播，最终形成线下与线上联动的传播效果。（   ）

二、单项选择题

1. （   ）是通过心理沟通和情感交流，赢得消费者的信赖和偏爱，进而扩大市场份额，取得竞争优势的营销方式。

    A. 饥饿营销　　　　B. 病毒营销　　　　C. 情感营销　　　　D. 事件营销

2. 新媒体环境中，情感营销的关键词在于（   ）。让用户产生认同感的内容，富有感情色彩的走心内容才是打动用户的制胜法宝。

    A. 攻心　　　　　　B. 价格　　　　　　C. 产品　　　　　　D. 描述

3. 关于商品 Logo 设计描述不正确的是（   ）。

    A. 与产品属性相结合

    B. 要有含义，难以理解，便于提升品牌档次

    C. 容易记忆，容易看

    D. 根据产品属性及消费者偏爱设计

4. 情感营销策划方案中需要一个贯穿主旨的(　　)。
   A. 情感元素　　　B. 情感价格　　　C. 情感主张　　　D. 情感氛围
5. 肯德基在周年庆之际发起"价格重回 1987 年"相关活动,这采用了(　　)情感主张的策划方式。
   A. 诙谐幽默型　　B. 情感沟通型　　C. 情爱温暖型　　D. 怀旧情结型
6. 情感主张经常是由一个(　　)表现出来。
   A. 有趣的短视频　　　　　　　　B. 生动的故事内容
   C. 有力的宣传　　　　　　　　　D. 感动的解说
7. 情感营销的线上推广渠道不包括(　　)。
   A. 官方微博与微信　B. KOL　　　C. 抖音快手　　　D. 快闪店

三、多项选择题

1. 情感营销具有(　　)。
   A. 营造更好的营销环境的作用　　B. 提高消费者的品牌忠诚度的作用
   C. 有利于提高企业竞争力　　　　D. 有利于降低企业的成本
2. 情感营销方案策划成功的基础有(　　)。
   A. 产品命名　　　B. 形象设计　　　C. 情感宣传　　　D. 情感氛围
3. 情感营销方案策划中应注意(　　)。
   A. 抓住用户痛点进行策划　　　　B. 情感定位清晰
   C. 注意情感元素的设计　　　　　D. 注意情感主张的策划
4. 情感价格由以下(　　)因素组成。
   A. 能满足消费者情感需要的价格　B. 品牌影响力
   C. 产品渠道　　　　　　　　　　D. 产品自身
5. 以下关于情感主张策划描述正确的是(　　)。
   A. 情感主张要与产品或品牌本身紧密相连
   B. 捕捉尚未或者较少被商业开发的人类共有情感
   C. 收集有价值的社会热点融入情感中
   D. 渲染情绪触动用户感情
6. 情感主张主要有(　　)类型。
   A. 情爱温暖型　　B. 情感沟通型　　C. 怀旧情结型　　D. 诙谐幽默型

任务 6　IP 营销策划

 项目任务书

IP 营销方式

课内学时	3 学时	课外学时	至少 2 学时
学习目标	1. 了解 IP 营销的含义及特点 2. 明确 IP 营销策划的含义及成功基础 3. 能够利用恰当的方法与技巧策划 IP 营销方案		

续表

项目任务描述	1. 听教师讲解相关知识,阅读案例并分析 2. 认真学习相关知识,查找资料,分析策划的成功基础 3. 根据情境要求,按组完成策划方案
学习方法	1. 听教师讲解相关知识 2. 查阅资料 3. 认真思考、分析
所涉及的专业知识	1. IP营销的含义及特点 2. IP营销策划的含义及成功基础 3. IP营销策划的注意事项及技巧
本任务与其他任务的关系	项目3中各个任务是并列关系,为项目4任务完成打基础
学习材料与工具	学习材料:任务指导书后所附的基础知识 学习工具:项目任务书、任务指导书、计算机、笔
学习组织方式	本任务部分内容要求每个学生独立完成,部分内容要求学生分小组协作完成

 任务指导书

完成任务的基本路径如下。

听教师讲解相关知识,阅读案例并分析(30分钟) → 认真学习相关知识,查找资料,分析策划的成功基础(15分钟) → 根据情境要求,按组完成策划方案(90分钟)

第一步:认识IP营销。

听教师讲解IP营销的含义及特点,按照要求完成表3-23。

表3-23 任务产出——IP营销的含义及特点

2019年第一部超级IP电影《大黄蜂》上映,许多观众对这部影片的期待甚至超过了变形金刚本身。作为炙手可热的电影,变形金刚本身就是超级IP,此次《大黄蜂》也与国内领先电商平台京东联手,联合20余家授权品牌打造站内的超级IP日活动。

续表

这不是京东第一次与变形金刚合作。早在2017年,变形金刚原始版权方孩之宝(玩具、动画版权方)就以京东物流车为原型打造了第一个中国籍变形金刚形象——红骑士。

从12月开始,大黄蜂在红骑士的保驾护航下,直接进入北京市区街道,与粉丝近距离接触。一路上更有仿真音效让在场粉丝沉浸其中,北京街道瞬间化身电影场景。

作为唯一一部20世纪80年代在中国上映的外国动画片,对不少中国消费者而言,变形金刚象征着童年和情怀。变形金刚系列电影除带来全球超高的票房外,更带火了其衍生玩具市场。在《大黄蜂》系列上映之际,京东与孩之宝、变形金刚电影系列版权方派拉蒙三方共同携手进行联合推广;在此次超级IP日上,正式推出了首位中国籍变形金刚——红骑士玩具,并于12月在孩之宝京东旗舰店公开售卖,红骑士正式成为变形金刚家族的一名成员。

京东联合松下、海澜之家为这次大黄蜂超级IP日拍摄制作了宣传视频《红的任务5》;此外,你还可以在京东、知乎、虎扑等多个渠道和其他变形金刚粉丝一起探讨关于变形金刚中国30周年的话题。

京东的这一系列动作可谓是循序渐进,在《大黄蜂》电影上映之际IP大热,推出实体中国变形金刚,带热产品实际销售,激活商业转化模式;对变形金刚粉丝而言,这些限定商品的贩卖,让他们在看完电影后,多了一个来京东打卡的理由。对消费者而言,可以心满意足地花钱支持自己喜爱的商品,这就是京东赋能IP的共赢之处。

另一方面,京东超级IP日的影响力不仅在于销量的增加,同样还帮助更多品牌塑造其在中国年轻消费群体中的形象。

京东提供了高质量筛选过的合作方,减轻了他们寻找、谈判和营销的成本,高效地促成了一个品牌合力、流量合力、产能合力的价值聚合体。给京东站内带来了差异化的产品及营销场景。在整个项目中,不仅提升了京东的品牌好感度,也帮助品牌提出IP营销解决方案,帮助电影获得更好的话题声量,帮助京东各业务争取更多粉丝及流量新客,帮助用户聚集电影当期的优惠好物,实现多方共赢。

除了变形金刚,京东超级IP日还拥有多个经典案例。

在电影中,2018年年初,京东巧妙地将自己的无人机产品与广告牌植入《环太平洋:雷霆再起》剧情当中,京东的吉祥物JOY,也被打造成了机甲战士的形象,深受年轻人的青睐。

京东还和环球影业开启了IP和衍生品合作。

除了电影IP,火爆全球的LINE FRIENDS萌宠也与京东合作,几个卡通形象携手京东JOY齐聚北京,上演了一场萌宠版的《北京欢迎你》。

还有不得不提到的,京东首次与国际顶级艺术大师草间弥生合作,"以爱之名"提升整体的品牌调性。

无论是哪一个IP,你都可以看出,在高度契合京东特性的营销场景里,京东已探索出与顶级IP合作营销的新方式。京东每一步都策划得很稳,通过超级IP、销售场景、实际产品的三打通,京东为自己的产品带来了实际转化,在场景中深化产品形象,让超级IP真正"燃"起来。

续表

这也给其他品牌一个启示：IP营销不仅是一场流量的转化，也不再是简单的周边衍生品的贩卖，而是在一次次的深挖探索中发现IP的更多商业价值和创新合作模式，赋予IP更多的可能性。

（参考资料：https://www.sohu.com/a/286726430_487881 教科书级别的IP营销案例，都是怎么玩的？）

1. 结合案例分析什么是IP营销及IP营销特点。

2. 在策划IP营销方式时需要注意什么？分析京东IP营销策划给你带来的启示。

第二步：IP营销策划。

1. IP营销成功的基础

认真学习相关知识，查找资料，拓展阅读，完成表3-24。

表3-24 任务产出——IP营销成功的基础

《春风十里不如你》这部剧很火，其实"春风十里不如你"这句话，要火过这部热播剧。这句话，最早出自冯唐诗作《春》，原是一句诗文。后来因为深入人心，就成了一句脍炙人口的网络用语。随后优酷把它制成了青春爱情剧，由当红小生和花旦主演；而歌手李建以同名歌曲献唱电视剧时，它又成了一首歌。

从一句话，衍生出了一首歌、一部剧，从文本形式变成了影视形式和音乐形式，跨越了书本、网络以及电台。它早已突破了常规认知中以出版为主来体现版权的IP形式和外延，甚至网友不花一分钱，就可以在优酷上追剧。

而就在《春风十里不如你》热播的时候，杰士邦拿下了《春风十里不如你》作者冯唐手书文案的使用权。杰士邦策划了一场非常优秀的IP营销，首先在该剧热播期间，制作并持续更新了具有文艺小清新特色的三部"衍生剧情"的短视频，以故事搏流量。借势IP，随后深度再造结构IP，有内涵，有能多平台适应的外延，紧随其后，它把产品巧妙地暴露在这个环境中，不是硬邦邦地链接产品，而是以IP感极强的"青春限量版礼盒"的形式穿插其中；这个《春风十里不如你》联名的礼盒里除了产品本身，还有春风十里系列书签、原作者冯唐的明信片，并配有青春系列福袋、文艺帆布包等青春周边物品。有了这三幕自然过渡的扎心小剧，以及"杰士邦×冯唐"的联手背书，再结合这个"青春限量版产品"，就再也不觉得违和了，所以当刚需用户青年男女面对这所谓限量版的青春周边，萌生强烈的购买念头也就不足为奇了。

春风十里不如你

续表

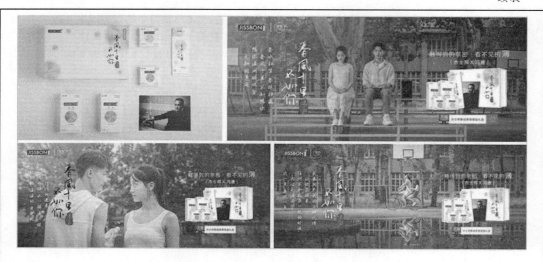

分析案例,查阅相关资料,分别从 IP 营销方案策划的 3 个要点人格化内容、原创性、持续性点评杰士邦的这个"春风十里不如你"的 IP 营销方式。

2. 策划 IP 营销方案

请为本组所选定的模拟的企业(若是企业真实项目,则按照真实项目要求开展此后任务,此步骤可省略,由指导教师统一安排)选择 9—10 月中任意一个节日为主题,策划一个 IP 营销方案,将方案搭建的基本思路填写在表 3-25 中。(请参看样例)

表 3-25　任务产出——IP 营销策划方案的基本思路

一、营销主题 二、营销目标 三、IP 营销策划 1. 市场分析 2. 平台选择 3. IP 策划 四、效果评估 ……

样例：

统一小茗同学的 IP 营销策划

一、营销主题

小茗同学"认真搞笑,低调冷泡"。

二、营销目标

"95 后"年轻消费者。

三、市场分析

中国市场上的茶饮料在 2011 年以后一直不温不火,对于"95 后"来说,气泡饮料和 VC 水等功能饮料已基本满足了他们的需求。喝茶,听上去,既不时髦,又不实惠。而日本的 Qoo 果汁,在中国大热的小黄人,还有中国台湾地区的张君雅小妹妹,他们在本土市场的表现都非常出色,而根本卖点是品牌本身鲜明有趣的卡通形象。但是,在中国,很少有哪个饮料品牌的形象有那么鲜明的人性化。而除了品牌调性不够鲜明人性化,现有市场上的饮料品牌早已趋于同质化,尤其是茶饮料,看上去包装五光十色,给消费者的感觉却并无太大差异。

四、IP 营销方案策划

（一）IP 下的品牌创意

小明是一个在学生时代无处不在的名字。在各种应用题、算术题、英语对话、中文造句,他们家的水池总是很难灌满水,他经常要扶老奶奶过马路,经常和家里人一起分苹果……回忆起来感觉特别亲切。于是,借了同音的"茗",统一将冷泡茶新品命名为"小茗同学"。

小茗同学从以人为本的洞察出发,在心理上就首先贴近了消费者,再转换成独特有效的营销机会,小茗同学绝非卓别林或周星驰的"搞笑"体系,小茗同学就是品牌专属的"认真搞笑",属性鲜明诙谐。"冷"是整个品牌沟通中的关键词。小茗同学的"冷"着眼于认真搞笑的冷幽默,如此统一的冷泡制茶工艺也与之呼应,两者的结合,诞生了"认真搞笑,低调冷泡"这句品牌标语。

（二）平台选择

各大新媒体平台。

（三）营销策略

（1）在自媒体上用一轮搞笑的海报开始预热。同时,在各大校园内开展了校园包装创意大赛,以及各种以"小 ming 同学"为主题的线下活动吸引校园消费者。

（2）紧接着,推出 7 月的宣传大戏——小茗同学独家冠名大型明星校园体验式真人秀节目《我去上学啦》,在节目里各种深度植入。

（3）以正在悸动年龄的"95 后"为主题,打造了一支《小茗同学冷泡 NEW 上市》广告片,在东方卫视和爱奇艺双平台

进行了传播。

(4) 制作鬼畜风微表情在 TVC 上线；同时，小茗同学和秒拍合作，号召人们模仿小茗同学的鬼畜表情和动作，上传到秒拍，和原 TVC 无缝匹配，参与活动。通过互动活动掀起消费者们的模仿高潮和参与热度。

通过以上推广，小茗同学已经是统一品牌当之无愧的战略性明星产品。社交网络上，它已成为毫无疑问的小网红。

(5) 小茗同学与 QQfamily 合力推"漫画瓶"将萌贱逗趣进行到底。

统一旗下的饮料品牌小茗同学与腾讯旗下的 QQfamily 达成战略合作，双方将联合推出"搞笑剧场 32 幕"系列漫画，并将印在 5 亿瓶"小茗同学"瓶身上。当青年"小茗"遇见卡通家族 QQfamily，两大 IP 的碰撞将吸引更多的年轻用户。

(6) 创意内容互动。据悉，除联手 QQfamily 推出 5 亿瓶带有双方联合 IP 形象的 32 款搞笑系列漫画瓶外，统一还将与 QQ、QQ 空间、天天 P 图、腾讯视频等多个腾讯产品进行基于创意内容的深度合作。小茗同学后续还将为广大消费者送上大量的表情包及搞笑视频，众多创意 IP 内容都将在线上或线下活动中呈现。另外，小茗同学在新上市的漫画瓶中，将同步推出"揭盖扫码赢红包"的互动活动。每个漫画瓶的盖中都将附带一个唯一的视觉码，扫描视觉码后将得到"小茗""同学""认真""搞笑""低调""冷泡"6 组词中的一个，集齐全部 6 组词即可获得 666 元现金红包大奖；集齐"认真""搞笑""低调""冷泡"4 组词，也将获得 0～66 元不等的现金红包奖励。实现了品牌未来的娱乐社交营销。

(7) 小茗同学与武汉各高校合作开展直播营销大赛。

#认真搞笑校园茗星 show#

@小茗同学与武汉等地各高校合作开展校园直播营销大赛。小茗同学的玩偶形象、主色调及活动风格植入活动中的每一个环节。

(8) #小茗同学陪你踢出趣#

@小茗同学与@KT足球官方微博推出动漫足球教学动画，把足球教学融入动漫中，@小茗同学萌贱风格得以延展。

小茗同学官方微博发布关于足球教学动画的微博。

五、营销效果分析

同类产品中小茗同学的市场占有率达到 2.4,品牌认知度已经超过 30%。

(参考资料:https://www.sohu.com/a/311823474_120143783 火爆多年的超级 IP 小茗同学做对了什么?略改动。)

评价标准及评分表

认真完成每个任务产出表,表述正确、清晰、有说服力,在规定时间内完成并上交。IP 营销策划评分表见表 3-26。

表 3-26　IP 营销策划评分表

任务产出项目	分　值	评价得分
表 3-23　任务产出——IP 营销的含义及特点	30	
表 3-24　任务产出——IP 营销成功的基础	30	
表 3-25　任务产出——IP 营销策划方案的基本思路	40	
合　　计	100	

基础知识

一、IP 营销策划的概念

IP 的英文为"intellectual property",即知识财产,包括音乐、文学和其他艺术作品、发现与发明,以及一切倾注了作者心智的语词、短语、符号和设计等被法律赋予独享权利的"知识财产"。最初,IP 统指知识产权中可以被改编为电影、影视剧的"文学财产",但如今,IP 被定义为能够单凭自身吸引力,挣脱单一平台的束缚,在多个平台上获得流量进行分发的内容。对于 IP 来说,它们既是产品,又是内容,可以是一句话、一个概念、一个人、一个公众号、一个名字、一个表情包、一个类似于 papi 酱、咪蒙一样的网红。更是其他品牌希望进行整合营销的对象。

IP 营销就是利用 IP 融入企业品牌或者产品中,借助 IP 实现营销目的的一种营销方式。IP 营销策划就是营销人员策划将 IP 注入品牌或产品中,赋予产品温度和人情味,持续产出优质内容来输出价值观,通过价值观来聚拢粉丝,粉丝认可了价值观,实现了身份认同和角色认同,从而信任产品,通过 IP 这一沟通桥梁大幅降低了人与品牌之间和人与人之间的沟通门槛,能够仅凭自身的吸引力,挣脱单一平台的束缚,在多个平台上获得流量,进行分发的内容,从而实现营销目的。

二、IP 营销的特点

1. 商业前景的确定性

由于 IP 有天然的自发力,能够自然而然地创造大量的粉丝。IP 营销实施中不需要给它过多的东西,不需要投入更多的广告。

 案例阅读

《魔兽》电影,首日预售票房已高达约 1.41 亿元。午夜场票房达 5500 万元。而在海外市场第一轮上映的 20 个国家中勇夺 19 个票房冠军。这是什么概念? 就是《魔兽》本身就是一个超级优质的 IP。十多年的时间,已经积累数以亿计的忠实粉丝,在他们的眼里,《魔兽》不只是一个游戏,而是多了一个交友的新世界,是承载了整个青春记忆的盒子,所以它成为社会现象级的热点,众商家纷纷求合作沾光。《魔兽》这个 IP 的商业价值毋庸置疑。

在商业前景的确定性上,以 IP 为卖点的产品拥有更大的优势。

2. 跨界领域协同效益性

IP 具有很大的感染力,比较容易实现跨界领域的系统效益。

 案例阅读

大鹏因为网络剧《屌丝男士》大获成功,然后拍了电影《煎饼侠》。《煎饼侠》被评为"年度最具网络热度 IP",此后同名的酷跑手游与《煎饼侠》同时上线,5 日内手游下载量破百万,次日留存率高达 50%,付费率达到 15%。而其所涉及的全线 IP 产品的衍生品(影视、漫画、游戏、实物等)也都被充分开发。因受欢迎程度高,"煎饼侠手游"这个符号出现在新浪微博热门搜索、微博首页横幅广告、360 手机助手首页、IOS 热搜上,受到网友的热烈追捧。同时许多渠道厂商纷纷找上门,主动要求将煎饼侠手游接入他们的平台,并承诺大量推广。

有 IP 的产品可以更好地和粉丝联动,两个或以上市场的协同整合使产品的市场潜力更大。

3. 纵向延伸性

优质 IP 都具有强大的生命力,拥有可纵向延伸的优势。例如《哈利·波特》的目标受众是纵向固定的,它突破了传统的品牌营销思路,只细分到一个市场,目标受众也是一群人,所以客户总是进进出出。而《哈利·波特》始终瞄准某一受众群来打造品牌,随着受众群的成长,品牌也随着一起成长,在作品中,哈利·波特一年一年地长大,读者、观众也在一年年地长大,多数受众不仅没有疏远主人公,而且影响着周围的人,使得哈利·波特迷越来越多。可见,优质的IP是一个文化产业链贯通的过程,当它慢慢崛起,就会从一个IP发展成一个IP体系,从一个品牌发展成一个品牌集群,再从一个主体出现无数衍生品。这样只要应用得好,盈利和变现就不难了!

三、IP营销方式的策划

(一) IP营销方案策划成功的基础

(1) 人格化的内容。人格化是通过一些文化创作手段,赋予虚拟或实物以情感、情绪,拥有像人一样的性格或感情。通过人格化的IP营销,可以建立品牌与消费者之间的互动关系,使品牌更有温度,而非冰冷的文字说明。

(2) 原创性。IP的原意中有知识产权的含义,把IP扩展至营销范畴,IP营销同样需要在表达风格呈现形式以及承载的精神文化上具备原创性和独特性,模仿抄袭的营销方式则会拉低企业的品牌价值。

(3) 持续性。IP的建立需要持续的人格化内容输出,通过长期持续的内容输出可以把IP打造得更为立体鲜活,增加IP营销的价值。

(二) IP营销方式策划的注意事项与技巧

首先要理解IP营销的两个本质意图:一是通过持续优质的内容生产能力建立IP势能;二是通过IP势能实现与用户更低成本、更精准、更快速的连接。

1. 品牌与IP属性相合

对企业而言,不是抱上了优质IP的大腿,粉丝就会立马围绕着你热议、讨论并购买。IP虽然有粉丝积累,如何将这些粉丝转化为品牌粉丝才是问题所在。积累一定粉丝之后,就要知道具体清晰的粉丝画像和喜好,按照粉丝的嗜好去打造他们愿意接受的产品,然后直接在社交渠道上变现。

产品是IP的载体,没有好的产品,即使有再强的IP,也是不可持续的,归根结底,产品是IP与用户建立的基础。在寻找合作IP和平台时,首先要对自身品牌定位明确,例如,品牌的目标是什么?品牌目前存在哪些问题?现状如何?想要通过IP联合营销达到什么目的?如何传播?用户是否精准?例如当和一个动漫迷妹谈足球,会吸引她吗?

契合的品牌和IP合作可以把IP的粉丝转化为品牌的粉丝,IP能够帮助品牌拓宽消费人群,扩大品牌的影响力,带动品牌的销量。在内容趋精品化的当下,用户对内容的审美在不断提升,其对内容的营销也已经形成了一定的认知。这就决定了品牌在营销过程中不仅要和内容合作,更要懂内容内核。

案例阅读

在《忘不了餐厅》中,与《忘不了餐厅》合作的养生堂(农夫山泉),在节目中的"低调",以及在节目外拍摄了两支关于阿尔茨海默症的公益广告《爱不会忘记》的用心,在将观众对节目的关注转换到对现实生活中存在的阿尔茨海默症人群关怀的同时,品牌价值理念也自然而然地传递给了公众。

毫无疑问,纪录类和人文类 IP 对品牌的信任价值传递和营销突围助力是可观的。作为品牌方,基于对节目内容的理解与懂得,通过更贴合自身诉求的、有情感、有温度、有精神价值的营销,既能实现与内容恰如其分的融合,也更利于让用户和公众通过品牌与内容的陪伴而获得共鸣感。

品牌与内容价值观能够契合,并持续建立具有温度的品牌人设,以鲜明的、稳定的品牌形象陪伴受众,在与受众的长情陪伴中,与其建立情感共鸣,已然让品牌与内容都有了更多的叙事空间。

2. 持续不断地创新

IP 势能的建立离不开强大的内容力,在内容策划上要持续不断地创新,不仅在产品上,还要在用户体验上创新,现在的"80 后""90 后""00 后"的主流消费人群的心理很难把控,他们对于品牌忠诚度越来越低,只有不断地创新,生产出更多的内容,才能吸引住这些年轻的消费者。

消费人群随着生活水平的日益提高,精神和物质上的丰富,对商品的价值的侧重点越来越注重品牌的人格化、个性化,企业不缺足够的受众群体,只是缺少了合适的内容去和企业的品牌相结合,引起消费者的共鸣与认同感。新媒体时代下,消费者越来越愿意为符合自己价值取向的品牌溢价付费。这也造就了以人为本的营销的更多可能。因此,IP 营销策划要从用户的群体与精神层面出发,打造出符合用户群体与精神认同的内容。

3. 精准定位,多平台引流

IP 营销传播要取得更有效的效果,必须整合电视、计算机、手机、平板这些屏,把 IP 原生内容融入跨屏当中,实现 1+1>2 的效果,开创营销新局面。

超级 IP 的一个很重要的特征就是自带流量,不受任何媒体、平台和行业的限制,具有无限的延展性。这就需要从一开始就定位于多屏发展,最大化内容的价值,实现全方位引流。例如罗辑思维除在微信上分发内容外,还在优酷发布视频节目,在喜马拉雅发布音频,除此之外,还涉足图书出版,投资 papi 酱等其他 IP。

当然,跨平台发展并不意味着内容的泛化不受约束,而是在坚守原有用户定位基础上的多渠道分发,IP 营销策划时需要注意的一点是,定位一定要精准,了解消费者的需求和喜好。

4. 多 IP 跨界共创,以持续提升品牌力

让品牌从"被看见"到"被喜欢",以持续提升品牌力。

显然,当营销和内容的边界被打破,甚至变得相辅相成,头部高质 IP 可赋能品牌营销,现象级品牌营销也能自带内容传播力,双方互为作用力、共荣共生。

5. IP 多触点全链路营销,实现效果转化

新媒体环境下消费习惯发生了改变,消费者遇到喜欢的内容会发布短视频平台,遇到喜欢的明星也会购买周边。基于内容和用户心智而延展出的娱乐消费场景越来越多,自然也给予了品牌营销更多更好的思路与抓手。

案例阅读

2019 年暑期档,腾讯视频 IP 大剧《全职高手》以正能量、热血、高燃的内容在年轻群体中引发了强烈共鸣。以内容合作伙伴身份与剧版《全职高手》进行合作的苏宁易购,不仅将"燃!就现在"的品牌主张与高燃剧情进行贴合,实现内容与品牌调性的深度勾连;同时也在线下开辟体验店,于购物节当天令粉丝与前来探店的剧中角色明星进行现场互动,强化用户好感;此外,苏宁易购还制作了创意广告视频,并通过朋友圈进行投放,在激活粉丝关注和讨论的同时,也将这股热度直接转化为购买力。

苏宁易购通过打通内容、娱乐、社交、消费等多个场景,勾连线上线下,让注意力分散而且稀缺的用户可随处与 IP 和品牌产生联系,实现品牌与用户的更多沟通与触达,也成功串联起品牌营销从内容体验到效果的转化,实现了全链路场景化营销和全方位获益。

IP 营销很好,但同时也是有风险的,因为它是有生命周期的,因为你的 IP 并不能长久下去,营销人员在策划 IP 营销方式时一定要把握好 IP 的生命周期,不能只是道听途说,需要真的了解透彻,才能读懂其中的含义。同时做好产品,否则再好的 IP,到最后也可能是事与愿违。

拓展阅读:口碑营销方式

自我练习

一、判断题

1. IP 被定义为能够单凭自身吸引力挣脱单一平台的束缚,在多个平台上获得流量,进行分发的内容。　　　　　　　　　　　　　　　　　　　　　　　　　　(　　)

2. IP 是有知名度的著作,是其他品牌希望进行整合营销的对象,必须是知名度非常高的内容。　　　　　　　　　　　　　　　　　　　　　　　　　　　　(　　)

3. 有 IP 的产品可以更好地和粉丝联动,两个或以上市场的协同整合使产品的市场潜力更大。　　　　　　　　　　　　　　　　　　　　　　　　　　　　　(　　)

4. 优质的IP是一个文化产业链贯通的过程,会从一个IP发展成一个IP体系,从一个品牌发展成一个品牌集群,再从一个主体出现无数衍生品。（　　）

5. IP营销实施中需要投入更多的广告,否则效果不会很好。（　　）

6. 策划IP营销方式不太需要具有原创性,模仿就能产生比较好的效果,因此,IP营销成本较低。（　　）

7. IP营销需要注重内容的策划,要在内容策划上持续不断地创新,不仅是在产品上,而且在用户体验上都要创新。（　　）

8. IP营销的跨平台发展意味着内容的泛化不受约束,完全可以实现多渠道分发。（　　）

9. IP营销做得好就可以一直长久下去,所以营销策划人员一定要用心策划。（　　）

10. 超级IP的一个很重要的特征就是自带流量,不受任何媒体、平台和行业的限制。（　　）

二、单项选择题

1. （　　）营销人员策划将IP注入品牌或产品中,赋予产品温度和人情味,持续产出优质内容来输出价值观,通过价值观来聚拢粉丝,粉丝认可了价值观,实现了身份认同和角色认同,从而实现营销目标的赢得方式。
   A. 饥饿营销　　　　B. 病毒营销　　　　C. 情感营销　　　　D. IP营销

2. 在商业前景的确定性上,以（　　）为卖点的产品拥有更大的优势。
   A. 情绪　　　　　　B. 价格　　　　　　C. IP　　　　　　　D. 事件

3. 关于IP营销方式策划说法不正确的有（　　）。
   A. 通过人格化的IP营销,需建立起品牌与消费者之间的互动关系
   B. IP的建立需要持续的人格化内容输出
   C. 契合的品牌和IP合作可以把IP的粉丝转化为品牌的粉丝
   D. 只要IP好,不需要企业产品多好,都能将IP粉丝有效地转化为企业粉丝

4. （　　）是IP的载体。
   A. 产品　　　　　　B. 价格　　　　　　C. 渠道　　　　　　D. 促销

5. IP营销策划要从（　　）出发。
   A. 企业产品与品牌　　　　　　　　　B. IP内容打造
   C. 宣传平台与渠道　　　　　　　　　D. 用户群体与精神层面

三、多项选择题

1. IP营销的特点有（　　）。
   A. 商业前景的确定性　　　　　　　　B. 横向延伸性
   C. 跨界领域协同效益性　　　　　　　D. 纵向延伸性

2. IP营销方案策划成功的基础有（　　）。
   A. 情绪化内容　　　B. 人格化内容　　　C. 原创性　　　　　D. 持续性

3. IP营销方案策划中应注意（　　）。
   A. 品牌与IP属性相结合　　　　　　　B. 持续不断地更新
   C. 精准定位,多平台引流　　　　　　D. 多IP跨界共创,提升品牌力

4. IP营销策划的本质包括(　　)。
   A. 通过IP宣传品牌形象
   B. 通过持续优质的内容生产能力建立IP势能
   C. 通过IP势能实现与用户更低成本、更精准、更快速的连接
   D. 通过IP将粉丝进行转化
5. 超级IP具有以下(　　)特点。
   A. 自带流量　　　　　B. 不受平台与媒体限制
   C. 不受行业限制　　　D. 具有无限延展性

任务7　借势营销策划

借势营销方式

项目任务书

课内学时	3学时	课外学时	至少2学时
学习目标	1. 了解借势营销的含义及特点 2. 明确借势营销策划的含义及成功基础 3. 能够利用恰当的方法与技巧策划借势营销方案		
项目任务描述	1. 听教师讲解相关知识,阅读案例并分析 2. 认真学习相关知识,查找资料,分析策划的成功基础 3. 根据情境要求,按组完成策划方案		
学习方法	1. 听教师讲解相关知识 2. 查阅资料 3. 认真思考、分析		
所涉及的专业知识	1. 借势营销的含义及特点 2. 借势营销策划的含义及成功基础 3. 借势营销策划的注意事项及技巧		
本任务与其他任务的关系	项目3中各个任务是并列关系,为项目4任务完成打基础		
学习材料与工具	学习材料:任务指导书后所附的基础知识 学习工具:项目任务书、任务指导书、计算机、笔		
学习组织方式	本任务部分内容要求每个学生独立完成,部分内容要求学生分小组协作完成		

任务指导书

完成任务的基本路径如下。

听教师讲解相关知识,阅读案例并分析(30分钟) → 认真学习相关知识,查找资料,分析策划的成功基础(15分钟) → 根据情境要求,按组完成策划方案(90分钟)

第一步：认识借势营销。

听教师讲解借势营销的含义及特点，按照要求完成表 3-27。

表 3-27　任务产出——借势营销的含义及特点

梅德赛斯-奔驰 C 级车

BMW 宝马 3 系车

奥迪汽车

Jeep 中国

捷豹汽车

马自达

以上各图是各种轿车在高考前夕所做的营销推广策划案，看图并学习、查阅相关资料，结合案例分析以下问题。

续表

1. 什么是借势营销？借势营销有什么特点？
2. 在策划借势营销方式时需要注意什么？分析以上借势营销策划给你带来的启示。

第二步：借势营销策划。

1. 借势营销成功的基础

认真学习相关知识，查找资料，拓展阅读，完成表 3-28。

表 3-28　任务产出——借势营销成功的基础

"大陆人吃不起榨菜"话题借势
2019 年 8 月初，中国台湾财经专家黄世聪先生在节目上发表可笑言论，称大陆涪陵榨菜股票一路下跌，是因为大陆人吃不起榨菜，由此说明中国大陆经济低迷，并把"涪（fú）"读成了"péi"。此言论一出，迅速登上微博话题第一，引起热议。被点名的品牌方乌江涪陵榨菜迅速响应舆论热潮，发布回应官微，质疑这一荒诞结论的同时，大气表示【买不起，送！】。 更有意思的是，品牌方在后续更新的微博中称为感谢专家"为传播中华文化做出的贡献"，已将榨菜安排邮寄至台北，一番操作圈粉无数。 

续表

这一波操作之后,涪陵榨菜立刻成了热搜,有人把金项链吊的坠子或玉牌,换成了一包涪陵榨菜,粗糙简单的PS非常符合当下社交媒体的流行梗。

这次@涪陵榨菜 抓住了刷屏的机会,10亿元广告费真的到手了,或者说这个机会是涪陵榨菜新媒体营销团队的杰出成果。

分析案例,查阅相关资料,分别从借势营销方案策划的3个要点合适的热点、反应速度、创意的策划点评涪陵榨菜的借势营销方式。

2. 策划借势营销方案

请为本组所选定的模拟的企业（若是企业真实项目，则按照真实项目要求开展此后任务，此步骤可省略，由指导教师统一安排）选择11月中任意一个节日为主题，策划一个借势营销方案，将方案搭建的基本思路填写在表3-29中。（请参看样例）

表3-29 任务产出——借势营销策划方案的基本思路

一、营销主题
二、营销目标
三、借势营销策划
1. 市场分析
2. 平台选择
3. 借势策划
四、效果评估
……

样例：

蓝月亮的借势营销策划

2018年年初，152年一遇的超级蓝血月出现，可谓月全食血月＋超级月亮＋蓝月三景合一的天文奇观。众多品牌紧紧抓住机会在互联网上开展借势营销，其中蓝月亮品牌表现尤为突出。

一、营销主题

借势"超级蓝血月"这一事件，推广品牌。

二、营销目标

品牌推广，增强关注度。宣传品牌内涵构成，提升品牌立体形象和品牌形象塑造。

三、借势营销策划

（一）借势前期推广

（1）蓝月亮提前结合新闻热点进行预热，在微博上@央视新闻、@中央气象台，希望制造话题，引起用户的参与。

（2）将传统营销玩法植入关注、转发和点赞蓝月亮微博内容有机会参加抽奖；鼓励粉丝晒出泥萌的蓝月亮，图片拍摄奖品是蓝月亮推出的新品；蓝月亮为最新一代洗衣液素材做好准备，号召粉丝参与全民图，针对入选作品送出奖品。

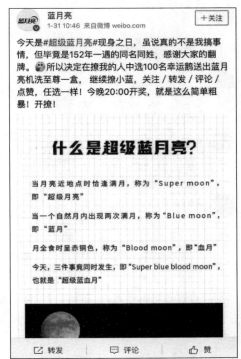

（二）借势策划

1. 建立与之相关联的内容

蓝月亮与月亮有着天然、深厚的品牌联系，蓝月亮品牌与超级蓝血月在名称上形成了关联点，消费者在赏月时更愿意看到蓝月亮搭便车借势。导致网友热议蓝月亮霸屏。

要想成功借势，首先就需要找到事件关联点，关联点可以是产品品牌、产品技术、目标顾客、行业动态、名人、社会事件等方面。

2. 传播途径多样化

为了成功借势，蓝月亮借助网站、官方微博、微信朋友圈、短信、视频、论坛等新媒体元素开展营销活动，与网友及时、充分互动，迅速捕获消费者或粉丝的注意力。

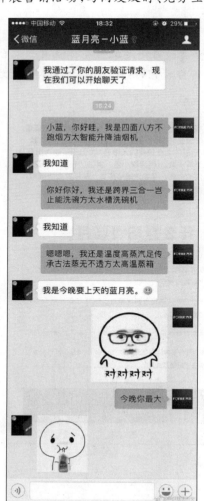

3. 把握借势的时效性

蓝月亮在天文奇观出现之前就开始布局借势、造势；当天更是多次更新微博内容，层层推进借势策略，使借势效果最大化。出现超级蓝血月当天，蓝月亮在微博上6次更新内容与网友进行互动，最后一次在零点跟粉丝说晚安。

4. 开展个性化营销活动

（1）在网络上开展参与活动有赠品等营销活动，扩大品牌知名度，培养品牌忠诚度。

（2）跨行业品牌互动。蓝月亮充分利用蓝微博的抱团优势，在超级蓝血月景观出现当天，一口气带12个品牌一起上天，如汇源果汁、东阿阿胶、爱玛电动车与滋源等，这种跨界品牌互动体现了蓝月亮品牌宣传方面的借势新思维，即借助别的品牌来宣传自己的品牌。

（3）玩转图片，利用网络进行病毒式营销。在超级蓝血月景观出现当天，洗衣液飘在空中的图片所传达出的反差形象激发了大众的笑点，这张蓝月亮的借势海报瞬间在朋友圈刷屏，品牌宣传效果甚佳。

四、营销效果分析

借势海报，瞬间取得1246条留言和2774条转发的好成绩。

评价标准及评分表

认真完成每个任务产出表，表述正确、清晰、有说服力，在规定时间内完成并上交。借势营销策划评分表见表 3-30。

表 3-30 借势营销策划评分表

任务产出项目	分 值	评价得分
表 3-27 任务产出——借势营销的含义及特点	30	
表 3-28 任务产出——借势营销成功的基础	30	
表 3-29 任务产出——借势营销策划方案的基本思路	40	
合　计	100	

 **基础知识**

一、借势营销策划的概念

借势营销是将销售的目的隐藏于营销活动之中，将产品的推广融入一个消费者喜闻乐见的环境里，使消费者在这个环境中了解产品并接受产品的营销手段。

每当有大事件发生就是营销人员特别忙碌的时候，追热点、赶方案、抓紧在黄金时间完成热点的借势营销企划执行。犹太经济学家威廉立格逊说，一切都是可以靠借的，可以借资金、借人才、借技术、借智慧。这个世界已经准备好了一切你所需要的资源，你所要做的仅仅是把它们收集起来，运用智慧把它们有机地组合起来。借势营销策划就是营销人员通过媒体争夺消费者注意力，借助消费者自身的传播力，依靠轻松娱乐的方式潜移默化地引导市场消费。换言之，便是通过顺势、造势、借势等方式策划，以求提高企业或产品的知名度、美誉度，树立良好的品牌形象，并最终促成产品或服务销售的营销策略。

在营销活动中，"借势"就是借助人物、事件等本身的社会效应以达到推广产品的目的，所以，借势营销中，可以借助的手段是多方面的。借助大众关注的社会热点、娱乐新闻、媒体事件等，借势营销是一种比较常见的新媒体营销模式。

二、借势营销的特点

1. 投入成本低，效果可控

借势与造势不同，企业在进行造势时，投入的成本较高，花费时间较长，且效果有不可控性。企业花重金造势，消费者却不买账的例子屡见不鲜。而热点化事件本身就具有吸引力，一旦暴露在受众面前，便成为受众热议的话题，受众会不自觉地关注并参与到其中，并进行二次传播。策划人员若能够搭上这班车，恰到好处地借热点话题事件进行品牌传播，会增加品牌曝光度，并且品牌关注度也会有所提升，传播效果可控制在一定的范围内。

2. 契合受众心理，为培养品牌粉丝铺路

生硬传统的关于企业形象、企业优惠折扣等信息在新媒体平台上发布很难吸引受众的注意力。借助热点事件能够契合消费者心理，引起消费者共鸣，并在多次的借势中让消费者记住品牌，认可品牌优势。例如，北京获冬奥会举办权，杜蕾斯微博1分钟做出反应——滑到家了。当即杜蕾斯微博粉丝纷纷参与其中，评论和转发，并参与了杜蕾斯微博的有奖赠送活动。杜蕾斯很好地将热点与产品卖点相结合，加之后续营销活动，激发粉丝的参与热情的同时，也让受众感受到这是一个有趣又有"内涵"的企业，杜蕾斯的知名度节节攀升。

3. 有利于品牌推广

由于热点事件的高关注度，因此借势营销做得好，可以迅速获得更多的用户关注，获得更多客户信任，最终提升销售业绩，达到品牌推广的效果，提升品牌知名度，为企业创造更多的价值。

4. 优质内容能传达品牌个性，并增强品牌联想

一个热点事件爆出，各企业纷纷进行借势，根据自身品牌个性会有不同的表意形式，这也是一个体现品牌个性的好机会。好的传播具有美感，表达品牌个性的同时，还能提高目标用户对本品牌的鉴赏力，悉心培养受众的需求和欲望，增强品牌联想。当某试衣间视频刷屏事件和冥王星照片的热点几乎同时出现的时候，百度说"寻找美好的，总能超越荒谬的"，用一张图显示两个热点事件分别在百度的搜索次数，将"美好"与"荒谬"对比，传递了百度"用事实数据给予大众正能量"的品牌正面形象，既借了热点，又让人们对百度精准的搜索引擎产生合理的联想。

5. 传播路径多样化，引爆速度快

一个受众喜闻乐见的热点在网络上的传播速度非常快，会产生蝴蝶效应。若策划人员借势创造出更具趣味性、生动性的内容，也会引发大规模的传播行为。并且传播路径多样化，在各种平台上都能够寻找到该内容的身影，能短时间内迅速增加品牌的曝光率，进而达到提高品牌知名度的目的。

三、借势营销方式的策划

（一）借势营销方案策划成功的基础

1. 合适的热点

消费者身边每天都有各种各样的信息，各种大小不一、类型各异的热点不断出现，这就需要企业对这些热点进行筛选，筛选出适合自己产品定位人群的热点，进而策划相应的营销活动。

2. 反应速度

在如今信息泛滥的时代，合适的热点会稍纵即逝，一个社会热点的平均寿命不超过3天，尤其是在互联网上。当企业需要策划借势营销时，需要在社会热点出现的第一时间策划出相应的传播方案，因为大众只会对最先跟进热点借势的内容有好奇心。

3. 创意的策划

对于日常热点事件，企业在跟进时可以把恰当的产品信息进行改动，迅速制作出传播内容。针对大型热点事件或企业自身、同行业热点事件等，需要进行周密的活动策划，从前期策划、中期传播，到后期收尾每一步都需设计传播点并植入产品信息内容。

(二)借势营销方式策划的注意事项与技巧

1. 把握快、准、狠 3 个基本点

想要做好借势营销策划,首先一定要抓住 3 个关键点,也就是快、准和狠。因为,那些汹涌而来的注意力来得快,去得也非常快,想要借助它们并没有那么容易。快、准、狠 3 个关键点的具体内容如下。

(1)快。"快"就是反应快,能够在出现热点事件的时候第一时间去借势,这个时候需要以小时甚至以分钟为单位。例如,2014 年 5 月 20 日上午 11:16 的时候,李晨和范冰冰通过微博公布了他们的恋情,并且配文"我们"。这是一个热点,而在这个热点出现的时候,真正的借势营销策划高手需要多长时间反应呢?是一天?还是一个小时?都不是,仅仅只有 9 分钟,这位借势营销策划高手就是杜蕾斯。在热点事件出现之后的 9 分钟,杜蕾斯通过微博发布了一张借势营销的海报,并且配文"你们!冰冰有李!"。

(2)准。"准"也就是要抓准热点事件。在热点事件出现之后,这些事件并不适合所有品牌,品牌的个性和形象是相对稳定的,也是在不断发展的。无论追随什么热点,都需要考虑该借势营销是否符合品牌的调性,从长远看是否有利于品牌形象的发展,符合品牌传播目标和品牌发展策略。

那么,营销策划人员在做借势营销策划的时候就需要准确地判断,哪些热点事件可以被用来借势,哪些热点事件不能用来借势。一般来说,可以被用来借势的事件分为七大类,包括节日类、赛事类、娱乐类、行业类、时政类、灾难类和负面类。其中,节日类是最安全的,而时政类和灾难类事件是最危险的,想要借这类事件的势一定要慎重,因为稍有不慎,就有可能适得其反。

策划人员尽量选择正面的、能够给公众传递有价值的网络热点。同时尽量避免一些负面的具有灾难性的热点事件,如重庆公交坠江事件。一味想着事事蹭热点,可能会引起品牌定位模糊,甚至引发公众的反感。所选的事件必须符合企业的品牌形象和核心价值,使目标客户通过借势营销记住企业的产品或品牌,不会随着热点的消逝而毫无印象。例如浦发银行借势清明节和公众对当前社会"过劳死"现象的关注,推出了主题为《我们的故事从没钱开始》的借势营销方案,使公众在借势关注浦发银行的同时,向公众倡导激情工作、健康生活、多陪家人的生活理念,体现浦发银行的人文关怀,拉近与公众的距离,提高企业形象。

(3)狠。"狠"就是必须建立自己品牌与所借之势的关联性,要将品牌或产品跟热点事件巧妙并合理地结合到一起。只有建立起品牌或产品与热点事件之间的联系,借势营销策划才能够起到应有的效果,否则就只是徒增笑料罢了。

2. 如何择势

选择合适的网络热点是成功策划借势营销的第一步,可参考以下方法。

方法一:有些舆情监测、社会化媒体监控系统可以捕捉到一些新闻点的热度。

方法二:可以在微博热门排行榜、百度热搜榜等人工观察监测,不要总是盯着前 10 名,前 50 名、100 名的热点,价值也很大,可以进行预判,提前做一些准备工作。

方法三:如果人力、精力跟不上的团队,那就只好紧盯一些借势做得好的品牌,例如杜蕾斯、宝马中国、可口可乐等,每个行业都有佼佼者。也可以去看看大家都关注到了哪些热点,做一个跟风者,当然这也考验了企业自身的敏捷反应程度。

3. 如何用势

营销人员在策划借势营销方案时,一定要用好"势",好不容易找到一个借势的热点,自己也花心思做了图文,不能仅仅在微博、微信上发表就算结束。还需要注意以下几点。

(1) 设计好与借势对象的连接点。借势营销不是生拉硬拽的"蹭"热点,而是通过巧妙的连接,能够把想要传递的营销信息潜移默化地植入热点事件中,进而传递给目标客户。因此,借势营销能否成功最关键的因素,就在于是否设计好产品或品牌与借势对象的连接点,使目标受众不会产生反感和排斥,反而感到有趣并愿意在社交平台上进行互动和分享。总结出以下 3 种类型的连接策略。

① 音形变换。这种策略是将品牌名称或特性的全部,或者部分汉字进行造句、拆解、谐音等处理,从而与借势对象产生联系。中国电信借势小猪佩奇的案例,通过谐音"佩奇"和"配齐"来宣传让消费者购买多个成套商品。

② 造型处理。这种策略是将借势对象的外在形式进行处理并植入。这种方法操作起来相对简单直接,但不能很好地体现产品或品牌的核心价值,因此这种策略最好结合其他策略一起使用。如果企业想在第一时间进行借势营销,但考虑到时间的紧迫性而没有好的创作灵感时,可以单独使用此策略。例如,可口可乐的借势营销案例,只是把刘翔跳栏的剪影直接放在品牌标志性的红色背景上。

③ 特征连接。特征连接是借助所选网络事件寓意内涵来体现产品或品牌特性。这种策略要求企业能够抓住两点:一是充分挖掘产品或品牌的特点;二是对借势载体的特征进行全方位的思维发散。通过对这两方面的深入挖掘,在两者的内涵上建立巧妙的联系,能够让目标客户在关注网络热点的同时记住你想要宣传的产品或品牌特性,因此这种策略也是 3 种策略里实施难度最大的,但同时也是借势效果最好的。例如,QQ 浏览器借势刘翔退役,抓住了 QQ 浏览器运行速度快的特性与刘翔跑步速度快的特征,并通过 12.88 秒与 0.35 秒进行对比,使消费者在关注刘翔退役这一网络热点的同时一下子就记住了 QQ 浏览器"快"的特性。

总之,造型植入是使用频率最高的策略,因为实施起来相对简单,只要在图文海报上加入借势载体的形象特征,就可以做到简单的借势,例如最近走红的小猪佩奇,很多产品或品牌都是使用造型植入的策略,把小猪佩奇的卡通形式进行不同程度的处理,来设计借势方案。音形变换策略使用得最少,主要是因为这种策略要看借势载体和产品或品牌的"缘分",有些品牌的名称或产品特性具有得天独厚的优势,通过简单的谐音、造句等处理,就能够巧妙地与借势载体建立联系,例如在借势刘翔退役的案例中,"去哪儿"这个品牌的借势连接点就是"飞人不会离开,只是收齐翅膀,不管去哪儿,梦想都在",这段文字巧妙地把品牌名称进行造句处理,从而与刘翔退役建立关系。为了提高企业的借势效果,建议策划人员选取上以"特征连接、造型植入为主,结合企业特征选择性使用音形变换"的组合借势策略。

(2) 借势要注意一致性和稳定性。热点事件天天不同,但品牌的形象和个性是稳定的,这就要求借势时严守一致性,创意必须形散而神不散,否则极易造成向受众输出不同信息,造成对品牌认识的不统一。另外,若能将追热点稳定在一个较高的频率和水准,并且在每次追热点的同时与消费者进行游戏互动和奖品激励,进行个性化的活动营销,那么品牌形象会在长期的塑造过程中潜移默化地被消费者接受。

(3) 适时促进时机转为商机。借势营销要审时度势、因势利导、见缝插针、打短平快,适时把时机转化成商机,提高"势能"的转化率、利用率、增值度。例如,在高考季出租车公司举行"专车爱心送考"活动,为公司树立了良好形象;商家不失时机地在开学季强势推出文具、书包等学生用品,借机销售。

4. 创意策划出优质的文案

(1) 创意文案构思巧妙。创意文案要构建出具有关联性的创意主题,构思巧妙、顺理成章,使人产生联想。创意文案的表达内涵是创新元素的奇特组合,契合点的设计要有新意,做到天衣无缝、不留痕迹,火热传播的引爆点要恰到好处,借势效果自然天成。

(2) 创意图文感悟智慧。借势营销方式重在原创和创新,借势的实质不是简单效仿与跟风、不是简单借题而重在发挥,策划人员需要运用智慧去寻找能够引起消费者共鸣的话题,以新颖且具亲和力的方式博得消费者的关注,企业制作传播的各种创意图文等都能带给消费者一种悟性或一种领悟意境。

5. 整合平台与激励推广

(1) 整合优质的新媒体平台。一个媒体是否优质,除了看这个媒体的影响力和关注度,还要看这个媒体的覆盖人群和借势营销的目标人群之间的相关度高低,优选到达率高、目标人群覆盖率高的新媒体平台。例如与微信、新闻类门户网站等平台相比,QQ、B站、抖音等平台在年轻用户群体中覆盖率较高。因此企业为了达到更好的传播效果,应该在正确分析企业目标客户的基础上,选择性地整合搭建新闻类、社交类、直播类、短视频类传播平台。

(2) 刺激目标客户在关系链之间的传播力度。为了使借势营销实现大范围的裂变式传播,可以通过锦鲤抽奖等礼品激励、游戏搞笑等娱乐功效、直击心灵的情感共鸣等方式,刺激用户在搭建的平台间主动分享传播积极性,从而最大化地放大传播效果,实现裂变式传播。例如支付宝在2018年国庆节前夕策划的锦鲤营销,借势网络热词"锦鲤"的同时,以抽取集全球独宠于一身的幸运锦鲤的方式,提供免费全球吃住玩的激励措施,刺激微博用户关注支付宝官方微博账号并主动转发,最终,支付宝在国庆期间涨了1000多万的粉丝,同时后续引发了全国各地商户策划的各类"锦鲤抽奖",都在一定程度上实现了裂变式传播。

总之,借势营销方式无疑是一把双刃剑,它既是新媒体传播手段下的低成本、高效益的营销方式,又是一种蕴含风险的营销活动。策划人员在策划这种营销方式时,借势与借力要理性,不要盲目跟风,不要借机炒作与作秀,要讲究职业伦理和职业道德,遵守国家相关法律;要积淀"识势"的借势功底,使之恰到好处,尽善尽美。

 自我练习

一、判断题

1. 借势营销策划通过顺势、造势、借势等方式策划,以求提高企业或产品的知名度、美誉度,树立良好的品牌形象,并最终促成产品或服务销售的营销策略。( )

2. 借势投入的成本较高,花费时间较长,且效果具有不可控性。( )

3. 借助热点事件能够契合消费者心理,引起消费者共鸣,并在多次的借势中让消费者记住品牌,认可品牌优势。( )

4. 对于日常热点事件,营销策划人员在跟进时不要改动产品信息,直接制作出传播内

容效果更好。   (   )

5. 无论追随什么热点,都需要考虑该借势营销是否符合品牌的调性,从长远看是否有利于品牌形象的发展,符合品牌传播目标和品牌发展策略。   (   )

6. 任何热点都可以拿来用,在开展借势营销策划的过程中可以任意选择。 (   )

7. 借势营销策划中,一定要建立自己的品牌与所借之势的关联性。   (   )

8. 借势营销方式是新媒体传播手段下的低成本、高效益并且没有风险的营销方式。
(   )

9. IP营销做得好就可以一直做下去,所以营销策划人员一定要用心策划。 (   )

10. 借势时严守一致性,创意必须形散而神不散,否则极易造成向受众输出不同的信息,造成对品牌认识的不统一。   (   )

二、单项选择题

1. (   )将销售的目的隐藏于营销活动中,将产品的推广融入消费者喜闻乐见的环境里,使消费者在这个环境中了解产品并接受产品的营销手段。
   A. IP营销   B. 事件营销   C. 情感营销   D. 借势营销

2. 借势营销的特点不包括(   )。
   A. 投入成本低,但是效果不可以控制
   B. 契合受众心理,为培养品牌粉丝铺路
   C. 有利于品牌推广
   D. 优质内容能传达品牌个性,并增强品牌联想

3. 想要做好借势营销策划,首先一定要抓住的关键点不包括(   )。
   A. 快   B. 准   C. 狠   D. 稳

4. 在借势营销策划中,(   )热点是最安全的。
   A. 节日类   B. 时事类   C. 灾难类   D. 政治类

5. (   )是使用频率最高的策略,实施起来相对简单,只要在图文海报上加入借势载体的形象特征即可。
   A. 音形变换   B. 造型处理   C. 特征链接   D. 产品植入

三、多项选择题

1. 借势营销的特点有(   )。
   A. 传播路径多样化,引爆速度快
   B. 有利于品牌推广
   C. 契合受众心理,为培养品牌粉丝铺路
   D. 优质内容能传达品牌个性,并增强品牌联想

2. 借势营销方案策划成功的基础有(   )。
   A. 合适的渠道   B. 合适的热点   C. 反应速度   D. 创意的策划

3. 策划借势营销如何选择合适的网络热点(   )。
   A. 通过舆情监测、社会化媒体监控系统
   B. 在微博热门排行榜、百度热搜榜等人工观察监测
   C. 大量的宣传与推广
   D. 紧盯一些借势做得好的品牌

4. 营销人员在策划借势营销方案时,一定要用好"势",需要注意( )。
   A. 借势要注意一致性和稳定性　　　B. 设计好与借势对象的连接点
   C. 适时促进时机转为商机　　　　　D. 创意策划出优质的文案
5. 设计好与借势对象的连接点的连接策略主要有( )。
   A. 产品植入　　　B. 音形变换　　　C. 造型处理　　　D. 特征连接

任务 8　跨界营销策划

跨界营销方式

项目任务书

课内学时	3 学时	课外学时	至少 2 学时
学习目标	1. 了解跨界营销的含义及特点 2. 明确跨界营销策划的含义及成功基础 3. 能够利用恰当的方法与技巧策划跨界营销方案			
项目任务描述	1. 听教师讲解相关知识,阅读案例并分析 2. 认真学习相关知识,查找资料,分析策划的成功基础 3. 根据情境要求,按组完成策划方案			
学习方法	1. 听教师讲解相关知识 2. 查阅资料 3. 认真思考、分析			
所涉及的专业知识	1. 跨界营销的含义及特点 2. 跨界营销策划的含义及成功基础 3. 跨界营销策划的注意事项及技巧			
本任务与其他任务的关系	项目 3 中各个任务是并列关系,为项目 4 任务完成打基础			
学习材料与工具	学习材料:任务指导书后所附的基础知识 学习工具:项目任务书、任务指导书、计算机、笔			
学习组织方式	本任务部分内容要求每个学生独立完成,部分内容要求学生分小组协作完成			

任务指导书

完成任务的基本路径如下。

听教师讲解相关知识,阅读案例并分析(30分钟) → 认真学习相关知识,查找资料,分析策划的成功基础(15分钟) → 根据情境要求,按组完成策划方案(90分钟)

第一步:认识跨界营销。
听教师讲解跨界营销的含义及特点,按照要求完成表 3-31。

表 3-31　任务产出——跨界营销的含义及特点

知乎为了推广新上线的"知乎知识市场",每隔一小时就在微博发布一张和热门品牌跨界合作的纯文字海报,联手网易云音乐、网易考拉海购、蚂蜂窝、链家、天猫以及饿了么在微博发"喜糖"。通过跨界营销的方式宣传知识市场的开业大促。

网易云音乐×知乎:在网易云音乐里发现力量,在知乎知识市场里找到信仰:网易云音乐来推送我几首燃爆全场的音乐吧,我分享你几个干货满满的 Live,用网易云音乐听完歌,再来知乎知识市场学知识,感觉自己有使不完的劲儿,猛到没边儿。

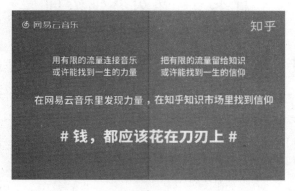

饿了么×知乎:点饿了么喂饱肚子,点知乎喂饱脑子。用饿了么网上订餐点外卖喂饱肚子,用知识市场买知识喂饱脑子。平时都是你发优惠券,现在知识市场开业大酬宾,我也要过过发优惠券的瘾。

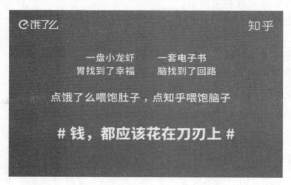

蚂蜂窝×知乎:用蚂蜂窝查攻略去看远方,用知乎学知识去追理想。知识市场开业大吉,见面好礼任你选!蚂蜂窝自由行你要不要来逛一下?以后买知识,就像去你家查攻略买旅行产品一样简单。

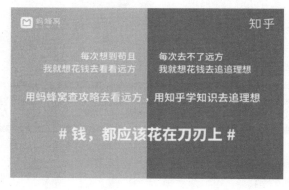

续表

网易考拉海购×知乎：用网易考拉海购花自己的钱宠爱自己，用知乎付费咨询花自己的钱为己解惑。我跟你讲，好多人都说海淘的事儿找你准没错，又好又方便。但是你要不要跟他们说说，买知识的事儿找我准没错。

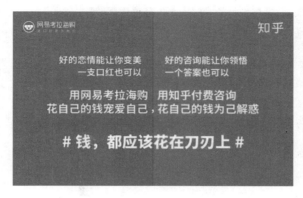

天猫×知乎：用天猫过上理想中的生活，用知乎成为理想中的自己。

最爽不过清空天猫购物车，最开心不过找到兴趣变成知识。所以啊，遇到喜欢的东西千万别错过，遇到感兴趣的 Live 就快下手。都是 7 天无理由退款，怎么造都放心。

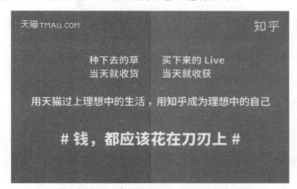

链家×知乎：挑更好的房子去链家，挑更好的知识来知乎。

再过一会就该下班回家了，我的知识市场里有关于房子的不同 Live，有人教你如何买房签合同，有人教你用不同灯光改变家装效果。希望能给正在找房子的人一些帮助，让每一个人都能找到理想中的房子，愿所有漂泊的心都有家可归。

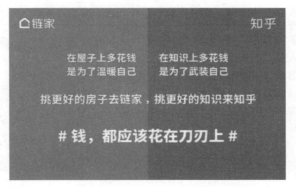

续表

这场跨界的品牌"互撩"活动,不仅吸引了大量网友关注评论,还有许多其他品牌自行加入"互撩"的行列中。也许细心观察知乎这一轮跨界合作的海报不难发现,合作品牌均与人们的衣食住行相关,而知乎作为知识平台,此次联合各家"生活消费 App"玩跨界,最大的目的便是推广前不久刚刚推出的"知乎知识市场"。网友纷纷表示,这广告得给 99 分,多 1 分怕你骄傲!

(参考资料:https://www.sohu.com/a/142022168_505826?qq-pf-to＝pcqq.c2c 知乎与六大热门品牌微博互撩,略改动。)

阅读案例并查阅相关资料,结合案例分析以下问题。

1. 什么是跨界营销?跨界营销有什么特点?

2. 在策划跨界营销方式时需要注意什么?分析以上跨界营销策划给你带来的启示。

第二步:跨界营销策划。

1. 跨界营销成功的基础

认真学习相关知识,查找资料,拓展阅读,完成表 3-32。

表 3-32　任务产出——跨界营销成功的基础

2019 年,《人民日报》与李宁跨界合作,推出多款联名潮品,李宁在衣服上印满了《人民日报》,并且李宁以多类型风格的方式,推出了一系列的联名款,这次联名合作,真是让大家都感到意外又惊喜的联名,可以说是真正的"报款"。

首先,李宁以多类型风格的方式,推出了一系列的联名款。

(1) 简约联名 Logo 款。一件简单的黑白 T,加上此次的联名 Logo,在衣服上进行点缀修饰,瞬间整个衣服的格调就变得特别有范!

(2) 老报纸剪报款。将老报纸上有关"李宁"的信息做成剪报的样式,再通过各种镂空、拼接等处理,设计成一款充满复古情怀的印花设计,很有年代感!不仅仅是衣服,还推出一个帽子款。

(3) 报童喊话款。把李宁和《人民日报》两者的Logo组合在一起,设计成一个喊话的造型,并且采用荧光绿突出图标的独特性,增添了不少的趣味感。

(4) CBA场边记者马甲实用款。延续李宁CBA场边记者马甲的实用主义理念,同时还将材料进行升级,改成更加适合日常街头穿搭的风格,穿上这件小马甲,你就是这条街最靓的仔。

接着,《人民日报》社开设了创意体验馆——"有间国潮馆"。

在新中国成立70周年之际,为迎接5.10中国品牌日,《人民日报》新媒体还开设了创意体验馆"有间国潮馆",真正让国潮力量走进大众的心里。

续表

在国潮馆内,还设有多个独立展区,乐舞飞天、盛世华服、皮影小剧场、不潮急诊室、机器人舞等,真是惊艳了全场!每一个角落都充满国潮风范,把中国风展现得淋漓尽致。

同时还有阿云嘎、那吾克热、马俊等明星,穿着此次联名服饰前去探馆打卡。

李宁这次与《人民日报》的合作,就是一次锦上添花的选择。《人民日报》的参与,不仅凸显李宁的时尚潮牌,更展现了官方媒介也有"新潮""有趣"的一面,与年轻人玩在一起,打造潮流风格,也不在话下。

总之,民族运动品牌中国李宁联手官媒大佬《人民日报》社开启的这场跨界营销,双方不仅将各自经典的品牌元素(Logo、报纸版图)运用到服装风格上,《人民日报》新媒体为此开的一间快闪店——"有间国潮馆",充分展示与中国李宁合作的一系列潮品。李宁与《人民日报》的联手带来不少惊喜,进行自我品牌升级,李宁走向了国潮之路,将中国传统元素结合设计,再加上当下年轻人所追求的潮流生活,完美地进行了融合,向全世界展示出,彻底颠覆了对于李宁这个品牌的印象,成了国人心中的国潮品牌,还让全世界看到了中国创造与中国设计的力量!一系列产品的上线,得到了国潮迷们的热情疯抢。并且该系列的鞋子还出现了代购炒高价的现象,特立独行的风格、卓尔不群的气质,似乎成了当下独一无二的潮品,一时间引来无数观众前去打卡,其火热的程度可想而知。

(参考资料:https://new.qq.com/omn/20190515/20190515A0Q2K1.html 李宁和《人民日报》联名款,竟然有点好看,略改动。)

分析案例,查阅相关资料,分别从跨界营销方案策划的3个要点跨界伙伴、契合点、系统化推广点评这个李宁与《人民日报》的跨界营销方式。

2. 策划跨界营销方案

请为本组所选定的模拟的企业(若是企业真实项目,则按照真实项目要求开展此后任务,此步骤可省略,由指导教师统一安排)选择12月中任意一个节日为主题,策划一个跨界营销方案,将方案搭建的基本思路填写在表3-33中。(可参考样例)

表3-33 任务产出——跨界营销策划方案的基本思路

一、营销主题
二、营销目标
三、跨界营销策划
1. 市场分析
2. 平台选择
3. 跨界方式策划
四、效果评估
……

样例:

"气味图书馆"×"大白兔奶糖"跨界营销策划

一、背景分析

2019年是大白兔品牌诞生60周年,也是气味图书馆走过的第十个年头。在物资不丰富的年代,经典的白兔Logo、特色的可食纸衣、奶香浓郁的奶糖味等成为"60后""70后""80后""90后"四代人最美好的童年记忆。气味图书馆从"凉白开"系列香氛开始,逐渐开启国民记忆的大门。气味图书馆创始人娄楠石认为,气味可以记录故事,与某种特定的情感产生连接。对不同的人而言,同样的气味可能记录着不一样的故事,所以每一款气味囊括了许多私密又奇特的内容。气味图书馆和大白兔联名香氛产品的推出,是极具创新的一次尝试。以中国几代人共同的回忆为出发点,打造中国人专属的"国民香",唤醒大家的快乐记忆,是气味图书馆"来点孩子气"快乐童年系列香氛发布的初衷,也是两大国民品牌同样的夙愿。作为老品牌大白兔,品牌概念老了、产品概念跟不上了,为了吸引年轻消费者,通过跨界营销的方式来实现。以此提高品牌知名度及销售量。

所以,从2015年起,大白兔以每年跨界合作1~2个品牌的节奏,开始以更年轻的姿态出现在大众视野。而且这些跨界,都覆盖在年轻人消费品率最高的食品饮料、化妆品以及服饰这几个领域里。

二、营销主题

"气味图书馆"×"大白兔奶糖"联名——大白兔奶糖味快乐童年香氛系列产品发售。

三、营销目标

通过跨界营销的方式来实现,以此提高品牌知名度及销售量。

四、跨界营销策划

(一)活动时间

借助 6 月 1 日儿童节,于"六一"前夕开始。此次跨界选择在"六一"前夕开始进行,主要目的是能够唤起众多国人的儿时记忆,更加突出品牌特色。

(二)跨界营销策略

(1)产品设计上突出形象记忆。快乐童年系列香氛有大白兔全程参与创作,包装形态上延续了气味图书馆一直以来的简洁路线,其标识设计上则使用了大白兔的产品印象,用红、蓝、白的色调搭配突出表达了儿时记忆里对"大白兔奶糖"的形象记忆。

本次与大白兔跨界合作的快乐童年系列香氛横跨多个品类,包括香水、沐浴露、身体乳、手霜、车载香氛等,甚至联合定制了一款"一包大白兔"的大白兔香氛礼包,将关于大白兔奶糖的童年记忆融入多个生活使用场景,力求带用户找回属于儿时单纯的快乐。

(2)利用从线上当下火爆的短视频平台,举办抖音线上挑战赛"来点孩子气"。

(3)线下开展抓糖机活动。

（4）线上发售好评如潮。

气味图书馆与大白兔的跨界合作也引起了多方关注和讨论。微博话题#大白兔香水#，单日热度破2.5亿，彭昱畅、袁娅维、周洁琼、袁姗姗、朱星杰等一众明星也被这款满怀记忆的香氛俘获，参与微博话题进行讨论。

五、营销效果分析

"气味图书馆"与"大白兔奶糖"联名的消息一经发出，便获得众多网友关注，并迅速登上了微博热搜排行榜。而此次跨界联名推出的一系列概念性香氛产品"大白兔奶糖味"香氛，于天猫一经开售，仅10分钟便售出14000多件，其限量610份的香氛礼包，3秒内便被抢夺一空。而"大白兔香氛礼包"首发限量610件，3秒内全部售罄，销售排名香水行业第一位。

据了解，此次跨界正值"气味图书馆"10周年和"大白兔奶糖"60周年，而此次气味图书馆选择通过对大白兔奶糖进行气味化诠释，也很好地带给了消费者美好纯真的质朴感受，再次深耕了国民香氛品牌的烙印，为用户深化了国民品牌认知。而此次跨界也是大白兔推出润唇膏后，在"嗅觉经济"市场的第二次尝试，旨在提高大白兔在年轻消费者心中的认知，为品牌的年轻化提供动力。其举办的抖音线上挑战赛"来点孩子气"最终曝光人次达10.6亿次，而其线下铺设的抓糖机参与人数也达到10多万人次。

 评价标准及评分表

认真完成每个任务产出表，表述正确、清晰、有说服力，在规定时间内完成并上交。跨界营销策划评分表见表3-34。

表3-34 跨界营销策划评分表

任务产出项目	分值	评价得分
表3-31 任务产出——跨界营销的含义及特点	30	
表3-32 任务产出——跨界营销成功的基础	30	
表3-33 任务产出——跨界营销策划方案的基本思路	40	
合　计	100	

 # 基础知识

一、跨界营销策划的概念

前面讲新媒体营销思维的时候提到，新媒体营销策划需要具备跨界思维，跨界不仅是一种营销策划思维，在这种思维指导下的跨界营销也是新媒体营销的一种常用手段及方式。

跨界营销作为一种营销创新，根据不同行业、不同产品、不同偏好的消费者之间所拥有的共性和联系，把一些原本毫不相干的元素进行融合、互相渗透，进行彼此品牌影响力的互相覆盖，并赢得目标消费者的好感。

跨界营销策划就是营销人员把两个或两个以上不同领域的非竞争性品牌,基于市场目标的一致性,联合使用品牌要素,策划出新颖、有趣、有利、个性等各种创意并以此引发消费者的注意和兴趣,引导其对产品及品牌产生内在共鸣,以达到延伸和发展品牌核心价值、实现用户体验互补、增强差异化竞争优势等营销目的的策划活动与过程。

二、跨界营销的特点与原则

1. 跨界营销的特点

跨界营销作为一种营销手段需要双方品牌的目标消费者达成一致,但跨界的品牌同时需要有互补及反差,跨界营销的主要特点就是"和而不同",相似的品牌量级、相似的目标人群,但同时具有某方面的反差效果。

首先,关于跨界营销的优点,就是通过强强联合的方式让企业品牌推广的协同性更强,还能通过互补关系得到更多的资源,避免企业产品出现被替代的情况,各大行业的强强联合突破了发展局限,自然就可以更深层次地来了解不同客户群体的需求,也能更好地了解消费者的消费意愿,推广营销的方向就会更加精准。

其次,跨界营销的主要缺点就是没有找到更为精准的合作对象,也没有联合更高端品牌进行合作,就没有办法在产品功能和品牌上形成互补关系,更好地促进相互渗透融合,让品牌的立体感和优势价值得到更好的展现。

2. 跨界营销的原则

很多企业采取跨界营销并没有达到企业所预想的结果,这其中的原因主要表现在两个方面:一是将跨界营销简单地理解为联合促销,单纯地认为任何两个不同行业品牌的联合,采取互助的促销就是跨界营销。二是在实施的过程中忽视了对双方各自品牌、产品、消费群体、资源等方面的研究,使跨界营销在实施的过程中无法实现预期的想法。因此策划跨界营销方式需要在对跨界营销认识正确的前提下,遵循以下原则。

(1) 资源匹配。资源匹配是指两个不同品牌的企业在进行跨界营销时,两个企业在品牌、实力、营销思路和能力、企业战略、消费群体、市场地位等方面应该具有的共性和对等性,只有具备这种共性和对等性,跨界营销才能发挥协同效应。

(2) 品牌效应叠加。品牌效应叠加是指两个品牌在优劣势上进行相互补充,将各自已经确立的市场人气和品牌内蕴互相转移到对方品牌身上或传播效应互相累加,从而丰富品牌的内涵,提升品牌整体影响力。对每一个品牌来讲,其都诠释着一种文化或一种方式、理念,是目标消费群体个性体现的一个组成部分,但是这种特征单一,同时由于竞争品牌和外界因素的干扰,品牌对于文化或方式、理念的诠释效果就会减弱,而通过跨界营销就可以避免这样的问题,如"英雄配好剑"这句话的道理一样,如果将"英雄"和"好剑"视为两个不同的品牌,那么"英雄"只有配上"好剑"才能体现"英雄"的英武,而"好剑"只有被"英雄"所用,"好剑"的威力才能得以淋漓尽致地发挥,两者的相互补充才能互相衬托,相得益彰,发挥各自的效果。反之,则起不到这样的效果,只是在浪费各自的价值。

(3) 消费群体一致性。每个品牌都有一定的消费群体,每个品牌都在准确地定位目标消费群体的特征,作为跨界营销的实施品牌或合作企业,由于所处行业的不同、品牌的不同、产品的不同,要想跨界营销得以实施,就要求双方企业或品牌必须具备一致或者重复消费群体。

(4) 品牌非竞争性。跨界营销的目的在于通过合作丰富各自产品或品牌的内涵,实现双方在品牌或在产品销售上的提升,达到双赢的结果,即参与跨界营销的企业或品牌应是互惠互利、互相借势增长的共生关系,而不是此消彼长的竞争关系,因此这就需要进行合作的企业在品牌上不具备竞争性,只有不具备竞争性,不同企业才有合作的可能,否则跨界营销就成为行业联盟了。

(5) 互补原则。非产品功能互补原则是指进行跨界相互合作的企业,在产品属性上两者要具备相对独立性,合作不是对各自产品在功能上进行相互的补充(如相机和胶卷、复印机与耗材),而是产品本身能够相互独立存在。各取所需是基于一种共性和共同的特质,如基于产品本身以外的互补(如渠道、品牌内涵、产品人气或消费群体)。

(6) 品牌理念一致性。品牌作为一种文化的载体,其代表特定的消费群体,体现着消费群体的文化等诸多方面的特征。品牌理念的一致性就是指双方的品牌在内涵上有着一致或者相似的诉求点或有相同的消费群体、特征。只有品牌理念保持一致性,才能在跨界营销的实施过程中产生由A品牌联想到B品牌的作用,实现两个品牌的相关联,或两个品牌之间在特定的时候画上等号。

(7) 用户为中心。从4P到4C,现代营销的工作中心出现了一个巨大的转变,企业的一切营销行为都从过去围绕企业和企业产品为中心向以消费者为中心转变,从过去关注自身向关注消费者转移,解决销售只是一种手段,而关注消费者需求,提供消费所需才是企业的真正目的,企业更多强调消费者的体验和感受,因此,对跨界营销来讲,只有将所有工作基于这一点上才会发挥其作用。

三、跨界营销方式的策划

(一) 跨界营销方案策划成功的基础

1. 跨界伙伴

跨界合作的关系是不同品牌,并且一定是某个方面存在互补性而非竞争性。互补性不仅是产品功能的互补,更重要的是彼此品牌覆盖用户群体的互补。合作双方的用户群都有潜在需求,通过跨界营销,双方的用户群同时了解两个品牌,使参与合作的品牌都能得到最大限度的曝光。

2. 契合点

跨界营销合作双方可以来自不同行业的不同品牌,双方合作的出发点是双方用户群对双方品牌都有需求,营销关键点就是找出双方品牌的共鸣点,从而让双方用户觉得两个品牌非常自然地结合在一起,进而自然接受了营销信息,最大化促进了销售。

3. 系统化推广

跨界营销的目的是彼此通过合作达到单方面不能达到的影响力,在合作宣传中需要双方合力开展系统化、全面性的推进营销活动。跨界双方的共同点或营销中的共同利益,在推广渠道、推广内容、内容形式及传播周期等方面达成一致,系统化地进行全面推广。

(二) 跨界营销方式策划的注意事项

跨界营销是通过多个品牌相互联合,最终形成"1+1>2"的营销效果,营销人员策划一个跨界营销方案时,如果只是停留在"联合推广"上,没有充分发挥多品牌合力,最终会导致总体效果不佳,所以在策划方案的时候要做到以下几点。

1. 明确跨界营销目的

跨界营销所要达到的最终结果,自然是双方品牌在营销上的双赢,但如果把目标细分,主要有以下几点。

(1) 相互借势品牌元素。跨界营销的精髓在于互相借用对方积累的品牌资产,为自己的品牌调性带来新的元素,如果企业的品牌老化了,想要变得更受年轻人欢迎,那就可以寻找年轻人的品牌进行跨界合作;如果想要更有技术感,自然就可以找技术品牌跨界推广。跨界营销能够加深品牌印象,并且为品牌带来新的元素,以找到营销的新突破口,带来新的活力、新的增长。

(2) 扩大渠道覆盖。由于渠道的不同,每个品牌所能够覆盖的群体都有不同,跨界营销可以让你的品牌借用双方的渠道资源覆盖到更多的目标人群。

这个原理其实跟公众号互推差不多,尽管是同一类目标人群,但对方品牌的渠道也许正能达到你的渠道盲区。例如网易云音乐与农夫山泉的跨界中,网易云音乐属于线上渠道,农夫山泉属于传统的线下渠道,跨界营销就能让两个品牌触及以前难以触及的用户,见图3-5。

(3) 引爆市场话题。跨界营销更多的是作为事件营销来操作,有很强的快闪性质,这也意味着双方品牌会在短期内集中资源引爆市场声量,引发用户关注。而跨界营销更注重内容上的新奇有趣,品牌之间的互补反差萌,就如六神花露水与RIO联合推出了一款花露水风味鸡尾酒,能够通过话题引发自传播,有足够的噱头让大众讨论,见图3-6。

图3-5 网易云音乐与农夫山泉跨界营销

图3-6 六神花露水与RIO跨界营销

(4) 突破场景流量。抢占用户场景在移动互联网语境下显得尤其重要,而跨界营销能抢占用户的使用场景,进一步争夺用户注意力。依旧拿网易云音乐与农夫山泉的跨界例子来说,用户喝水的时候自然能通过瓶身联想到网易云音乐,而用户使用网易云音乐的时候,也会因为联合推广联想到农夫山泉。也就是说,网易云音乐抢占了用户喝水的场景,而农夫山泉抢占了用户听音乐的场景,突破了原有品牌的场景流量。

2. 寻找恰当的跨界品牌

选择合适的品牌是策划跨界营销最为关键的一步,我们可以通过用户场景分析来选择合适的品牌。

(1) 通过用户分析画像筛选品牌。首先需要对自己品牌的目标用户有一个清晰的用户画像,分析出典型用户一天的行为轨迹及各种细分生活场景;再罗列出用户各个生活场景有可能接触到的品牌,然后进行一一筛选。

(2) 寻找恰当的反差感。跨界营销的本质是利用不同品牌之间的化学反应制造话题点,紧接着就会得到一个结论:什么样的品牌之间进行跨界营销最能制造话题点呢?当然是越具有"反差感"的不同品牌进行跨界,越能引发消费者的想象和讨论。例如抹茶互动为德克士一手策划的香水跨界活动,用一种巧妙的形式去体现德克士南美烟熏烧烤系列的独特卖点——烟熏口味。与市面上的快餐新品发售时,总会拍摄一部色香味俱全的诱惑大片来阐述卖点不同,营销人员寻找到与传统的美食形成反差感的国际大牌香水,把"接地气"的快餐品牌与"高大上"的国际香水大片融合,策划了一场效果很好的跨界营销。

3. 确定跨界联结点

设计跨界营销,一定要找到不同品牌之间的联结点,一般而言,主要有元素、场景、次元联结。

(1) 元素联结。元素联结也就是两种品牌之间的某些关键元素能够构成互相强化的效果。例如最近抹茶互动为德克士新品"南美烟熏鸡腿堡"上市策划的跨界营销。为了体现这款产品独特的南美烟熏风味,我们利用"嗅觉元素"作为沟通桥梁,联合气味图书馆的香水产品推出"德克士烟熏之语"香水,收割一波讨论的同时,把南美烟熏鸡肉餐原本虚幻的味觉体验淋漓尽致地表现出来,见图3-7。

(2) 场景联结。跨界品牌之间的使用场景是否能够产生交叉,跨界行为是否能够为这个场景赋予新的价值?2016年,网易云音乐和亚朵酒店联合推出了一个跨界快闪酒店产品"睡音乐主题酒店"(图3-8),利用网易云音乐的庞大音乐资源和酒店品牌联合,打造更具仪式感的睡前听音乐的场景,就是利用了跨界营销力的场景联结方式的典型案例。

图 3-7　德克士的烟熏之语香水

图 3-8　睡音乐主题酒店

(3) 次元联结。让自己的品牌"突破次元壁"已经成了品牌进行娱乐化营销的常规操作,而这其实也能看成一种跨界营销。其中比较经典的方式就是游戏、影视剧道具植入和情节植入。例如,德克士的"吃鸡兄弟连"campaign,线上游戏进行道具植入,线下门店打通优惠场景;世界杯期间王者荣耀推出梅西皮肤。这些都是品牌突破次元壁,与热门游戏跨界联合的案例。

4. 策划跨界方法

(1) 定制款产品。品牌双方制作定制款产品是最为常见的跨界形式,而这种定制款、限量款有时候更多是通过IP授权的形式来实现。无论是亚朵酒店与网易云音乐、知乎等互联网产品的跨界定制,还是小黄人与ofo的跨界合作,实质上都是一种IP授权的定制。

（2）快闪店及快闪活动。跨界更多表现为一种事件营销，具有一定的时效性，线下快闪活动是线下推广最为合适的选择。之前较为知名的案例就是，饿了么与网易新闻推出只开4天的丧茶快闪店。当然不仅是真正的快闪店，各种线下活动展示装置、快闪活动都是品牌跨界营销的常用手段。

（3）资源技术合作。跨界也可以是某一品牌方提供技术或资源进行活动推广或产品定制。例如：HM 曾与 CHANEL 进行跨界合作，邀请 CHANEL 的设计师为 HM 设计衣服，这就是一种设计师资源的合作；苹果手表与耐克联合推出的 nike＋手表，其中的技术合作已经非常有深度。

跨界营销并不是品牌双方简单地将对方的 Logo 一起贴到宣传海报上，更多的是在产品上，甚至是深入供应链，技术层面的合作，只有找到双方品牌的契合点与差异点做出真正的创意内容，才能真正地在市场中引起热潮，获得用户的认可。

5. 跨界营销方案要触达受众

好的跨界营销方案必须能够实现产品触达与信息触达，让更多的用户参加到跨界活动中来。当我们找到最能引发话题点同时具有内在联结属性的跨界方案的时候，下一步策划人员需要思考这样的问题：我们的跨界营销行为是否能够触达目标受众？我的用户如何参与到跨界营销带来的想象力狂欢之中？

其实，跨界营销是否能够真正触达受众，可以分两个层面考虑：一是产品层面的触达受众，消费者是否真的能够获取、体验、分享我们的跨界产品？例如天猫国超行动中的很多跨界产品，因为有天猫的强购买平台支持，可以保证有兴趣的用户第一时间体验到这些有趣的跨界产品。除此之外，品牌活动、内部购买等都是比较常见的跨界产品流向。二是要考虑的沟通点其实是"信息触达"。一个跨界产品的成功与否，一方面需要看它是否能引发受众讨论，而更加重要的是，营销不能淹没产品，在营销过程中，用户是否能够感受到品牌利益点？是否认同品牌体现出来的调性和理念？例如德克士新品名为南美烟熏鸡肉餐，主打"味道"，所以跨界推出的产品也是"南美烟熏之语香水"，传递的信息点一致性必须被重点考量。

（三）跨界营销策划的技巧

1. 创新而有趣

营销的初级目的是获取受众的关注，通常情况下，当具有创新性和趣味性的营销方案引起受众注意时，受众对于营销信息的接收就会由被动变为主动。跨界营销如果充分利用品牌双方的资源配置能力，即各自品牌、消费群体、产品和网络资源等方面的匹配性，找到跨界营销准确的切入点，将更容易引发消费者共鸣，营销的效果也会大幅增强。

 案例阅读

七大博物馆联合抖音推出的 H5《第一届文物戏精大会》，讲述的是博物馆保安巡视关灯之后不同文物"活"起来展开的有趣互动。它以生动幽默的方式打破了博物馆在人们心中严肃、刻板的印象，突破了原有受众圈层的认知壁垒，以抖音的语言和玩法迅速打入抖音的用户圈，触及了原来博物馆无法触及的年轻受众。

点评：这次博物馆与抖音的跨界引起极大的反响，真正做到了营销人梦寐以求的现象级刷屏，甚至引发了"全民打卡全国 32 所省会博物馆"的热潮。有兴趣才有行动，愿意走进博物馆，才有进一步发挥博物馆文教功能的空间。

2. 满足各种利益

在跨界营销中，利益不仅是目标受众的利益，也包括进行跨界营销的品牌双方的利益：营销活动如果无法满足目标受众的利益，必然寸步难行，这里的利益可以包括物质、信息、功能、服务、心理满足等；如果两个品牌联合进行跨界营销，最后收到的效果却是1+1＜2，这里的效果包括营销转化率、品牌口碑、传播范围等，这是不符合利益原则的。所以，策划跨界合作，双方要在市场洞察方面做足功夫，在满足客户真正消费诉求的同时实现自身的战略利益。

案例阅读

一款名为"顽味"的香水登上热搜，这款带有"酒味"的香水是老牌白酒品牌——泸州老窖联手香水品牌——气味图书馆专门为粉丝定制推出的。产品推出后，泸州老窖的天猫官方旗舰店的访问量增加了1870%，销售量增长了941%，首批2万瓶在3天内售罄。在此期间，泸州老窖和气味图书馆的百度搜索指数也因此双双达到当年的最高水平，成为跨界营销的双赢佳话。

点评：对泸州老窖而言，它想借助"顽味"这款与自己传统白酒品牌形象反差较大且极具时尚气息的香水来制造话题，获取年轻消费者的关注，实现品牌形象的年轻化，这是泸州老窖从传统白酒品牌形象的桎梏中蜕变的重要一步；对气味图书馆而言，它近年来一直在探索品牌的联合跨界，寻找更多的商业机会，此次与泸州老窖的跨界合作，正是这种商业探索的成功典范。

3. 设计互动交流

新媒体时代下，数字媒体技术的进步使得互动成为营销活动的重要环节。把消费者作为一个主体，发起其与品牌之间的平等互动交流，可以为营销带来独特的竞争优势。营销者要做的就是以创新性的内容为载体，赋予其独特的意义和话题性，引发用户自发传播。

案例阅读

Airbnb联合芝加哥艺术博物馆，将名画《梵高的卧室》高度还原为现实版梵高的卧室。芝加哥博物馆的馆长首先在Instagram上晒出了他入住Airbnb现实版《梵高的卧室》的照片，Airbnb也同时表示接受入住预订，花10美元就可以体验到住在梵高画里的奇妙感。"梵高的卧室"在Airbnb上线仅几分钟，就被一抢而空。此后的两年里，这一跨界创新行为在营销界被广泛流传和赞扬，积攒了一大波人气和口碑。

点评：在这个营销案例中，有3点是其大获成功的关键。首先，梵高和《梵高的卧室》本身就是一个很具有生命力的话题；其次，如此有话题感的住处，却有着极低的价格，又进一步降低了消费者参与的门槛和成本；最后，能够住进《梵高的卧室》来感受梵高的生活环境更是一个很容易引发分享的奇妙经历，这也会吸引很多猎奇者参与其中进行互动。

4. 创意个性化

在消费至上的年代，消费者越来越追求个性化、情感化的商品，消费观念也从理性消费走向情感消费。在这种背景下，品牌选择以个性化作为突破口，在充分理解双方受众特征的基础上进行跨界营销，更容易引发互动与消费行为。

案例阅读

愚人节当天，网易云音乐和亚朵酒店合力打造的"睡音乐"主题酒店正式开业。它巧妙地融入了网易云音乐的两大核心元素——音乐＋乐评。根据不同音乐风格,"睡音乐"主题酒店推出了古典音乐房、爵士音乐房、电音房和民谣音乐房等主题房,每间主题房和所在楼层均按照对应的音乐风格进行了个性化的设计,而且每个主题楼层连走廊都有专属的墙面。让人入住酒店不仅达到了停歇的目的,还可以透过读乐评故事和听音乐感受一场独特的视听盛宴。

点评:此次网易云音乐与亚朵酒店跨界合作,对于网易云音乐而言,它为了应对阿里的虾米音乐、腾讯的QQ音乐的围剿而实施差异化竞争策略,这可以为它的用户带来非常个性化的线下音乐体验;对于亚朵而言,这使亚朵得以直接与网易云音乐超过4亿个追求个性、对音乐和生活有着相同热爱的用户群体对话,并有机会为其提供个性化的IP酒店空间。

综上所述,审视跨界现象的发生,不难发现,其深层次原因在于,当一个文化符号还无法诠释一种生活方式或再现一种综合消费体验时,就需要几种文化符号联合起来进行诠释和再现,而这些文化符号的载体就是不同的品牌。在新媒体时代,跨界营销从来就不是品牌之间简单的联合促销,而是一场有智有谋的"垂钓"。要想实现跨界营销所要达到的用户体验互补、品牌价值延伸、增强差异化竞争优势等预期效果,营销策划人员不仅需要系统化理论原则的指导,也要充分考虑参与方的市场洞察能力、资源配置能力、创新能力等动态能力的匹配,从而给企业品牌带来一种立体感和纵深感。

拓展阅读:知识营销方式

自我练习

一、判断题

1. 跨界营销需要双方品牌的目标消费者是一致的,同时需要有互补及反差。（　　）
2. 跨界合作的关系是不同品牌,并且一定是某个方面存在非竞争性。（　　）
3. 跨界营销合作双方的出发点是双方用户群对双方品牌都有需求,营销关键点就是找出双方品牌的差异点。（　　）
4. 跨界营销可以让企业的品牌借用双方的渠道资源覆盖到更多的目标人群。（　　）
5. 如果企业的品牌老化了,想要变得更受年轻人欢迎,那就可以寻找年轻人的品牌进行跨界合作。（　　）
6. 跨界营销策划关键就是抓住"联合推广"。（　　）
7. 跨界营销更注重的是内容上的新奇有趣,品牌之间的互补反差萌。（　　）
8. 借品牌双方制作定制款产品是最为常见的跨界形式。（　　）
9. 越具有"共同感"的不同品牌进行跨界,越能引发消费者的想象和讨论。（　　）
10. 可以通过用户分析画像的方法来筛选跨界的品牌。（　　）

二、单项选择题

1. （　　）根据不同行业、不同产品、不同偏好的消费者之间所拥有的共性和联系,把一些原本毫不相干的元素进行融合、互相渗透,进行彼此品牌影响力的互相覆盖,从而实现营销目标的方式。

　　A. 跨界营销　　　　B. 事件营销　　　　C. 情感营销　　　　D. 借势营销

2. 跨界营销的主要特点就是（　　）。

　　A. 求同存异　　　　B. 和谐相处　　　　C. 共同发展　　　　D. 和而不同

3. 不属于跨界营销的原则是(　　)。
   A. 互补原则　　　　　　　　　　　B. 品牌理念一致性
   C. 用户为中心　　　　　　　　　　D. 企业为中心
4. 跨界合作的关系是不同品牌,一定是某个方面的(　　)。
   A. 互补性　　　B. 互利性　　　C. 互助性　　　D. 非竞争性
5. 跨界营销策划中,(　　)是两个品牌在优劣势上进行相互补充,将各自已经确立的市场人气和品牌内蕴互相转移到对方品牌身上或传播效应互相累加。
   A. 品牌非竞争性　　　　　　　　　B. 品牌效应叠加
   C. 资源匹配　　　　　　　　　　　D. 品牌理念一致性
6. 网易云音乐与农夫山泉的跨界合作,网易云音乐抢占了用户喝水的场景,而农夫山泉抢占了用户听音乐的场景,这种跨界合作的目标细分主要属于(　　)。
   A. 引爆市场话题　　　　　　　　　B. 扩大渠道覆盖
   C. 突破场景流量　　　　　　　　　D. 相互借势品牌元素

三、多项选择题

1. 跨界营销的特点有(　　)。
   A. 通过强强联合的方式让企业品牌推广的协同性更强
   B. 能通过互补关系得到更多的资源
   C. 没有精准的合作对象,就没有办法在产品功能和品牌上形成互补关系
   D. 优质内容能传达品牌个性,并增强品牌联想
2. 跨界营销的原则有(　　)。
   A. 资源匹配　　　　　　　　　　　B. 品牌效应叠加
   C. 消费群体一致性　　　　　　　　D. 品牌非竞争性
3. 策划跨界营销的描述正确的有(　　)。
   A. 创新而有趣　　　　　　　　　　B. 满足各种利益
   C. 设计互动交流　　　　　　　　　D. 创意个性化
4. 营销人员在策划跨界营销方案时,需要注意(　　)。
   A. 明确跨界营销目的　　　　　　　B. 寻找恰当的跨界品牌
   C. 确定跨界联结点　　　　　　　　D. 策划跨界方法
5. 跨界营销方案策划的成功基础有(　　)。
   A. 跨界领域　　　B. 跨界伙伴　　　C. 契合点　　　D. 系统化推广
6. 营销人员策划跨界的方法有(　　)。
   A. 定制款产品　　　　　　　　　　B. 快闪店及快闪活动
   C. 价格合作　　　　　　　　　　　D. 资源技术合作
7. 设计跨界营销,一定要找到不同品牌之间的联结点,主要有(　　)。
   A. 品牌联结　　　B. 元素联结　　　C. 场景联结　　　D. 次元联结
8. 跨界营销所要达到的最终结果自然是双方品牌在营销上的双赢,目标可以细分为(　　)。
   A. 相互借势品牌元素　　　　　　　B. 扩大渠道覆盖
   C. 引爆市场话题　　　　　　　　　D. 突破场景流量

项目 4

新媒体活动营销策划

成功的活动对营销意义十分重大,每一场营销活动都有它的目的和动机,活动成为企业提高竞争力的有效行为,而一份可执行、可操作、创意突出的活动策划案,是活动实现其价值的保证。因此,策划营销活动越来越受到企业的重视,这也是营销人员应具备的专业技能。下面带领大家学习策划新媒体营销活动,使大家能够根据具体的情况策划出一份合格的新媒体营销方案。

任务 1 认识活动策划

 项目任务书

课内学时	2 学时	课外学时	至少 2 学时
学习目标	1. 了解活动策划及新媒体活动策划的含义 2. 明确活动策划的基本原则 3. 能够从活动目的的角度对不同的新媒体营销活动进行分类;活动策划的意义、活动策划的基本规则、新媒体营销活动种类		
项目任务描述	1. 阅读并分析案例,明确营销活动策划的含义及意义 2. 认真学习相关知识,区分不同类型的新媒体营销活动		
学习方法	1. 听教师讲解相关知识 2. 查阅资料 3. 认真思考、分析		
所涉及的专业知识	1. 活动策划的含义及意义 2. 活动策划的基本原则 3. 新媒体营销活动种类		
本任务与其他任务的关系	承上启下,是后续任务执行的基础		
学习材料与工具	学习材料:任务指导书后所附的基础知识 学习工具:项目任务书、任务指导书、计算机、笔		
学习组织方式	本任务部分内容要求每个学生独立完成,部分内容要求学生分小组协作完成		

 **任务指导书**

完成任务的基本路径如下。

阅读并分析案例,明确营销活动策划的含义及意义(60分钟) → 认真学习相关知识,区分不同类型的新媒体营销活动(30分钟)

第一步:明确活动策划的含义及意义。

学习相关知识,阅读案例,按照要求完成表4-1。

表 4-1 任务产出——活动策划的含义及意义

支付宝锦鲤活动

支付宝锦鲤活动策划

锦鲤,网络流行语。代指一切跟好运相关的事物:如有好运的人,或可带来好运的事情。而"支付宝锦鲤"是支付宝在微博上线的一个抽奖活动。支付宝10亿多用户与微信都成为全民应用。而支付宝的微博粉丝也有上千万个。借助国庆节黄金周进行了这次活动策划,最初有上百家微博联合在评论区留言相对应的奖品支持,进行活动预热。1小时后公布奖品名单。大V的参与让活动达到高潮,引发全民转发、全民参与。1个月后公布了活动结果,使中奖人再次成为热搜。不得不说支付宝锦鲤霸占了整个黄金周的热点,成为全民讨论的话题。而这次营销活动也成为微博现象级的营销案例,通过数据显示,活动微博6小时转发量破100万次,转发频率高达2777.8次/分钟;活动结束,更是获得了超过300万人次的转发。下面来看看这次营销活动是如何策划的。

一、活动目的

借机旅游黄金周,全球推广支付宝。

二、营销活动过程

活动预热阶段→双微互动(品牌参与)→大V参与引发全民讨论→公布幸运儿二次营销→活动总结创造历史之最。

(1)活动预热阶段:9月29日支付宝官方微博首发支付宝锦鲤活动。短时间内各大品牌纷纷留言支持的奖品。同时微博转发超过100万次。

(2)双微互动,微信把一部分不使用微博用户强制输送到微博。大V参与引发全民讨论,打破营销史上的纪录。

(3)公布奖品二次发酵,同时登上微博热搜。微博热搜作为娱乐流行的风向标,每次热搜都会引发全民讨论的热点。

(4)10月7日公布幸运儿,二次营销,同时从吐槽、投票、营销模仿、跟风、自媒体文章、新闻等多种渠道、多种方式参与锦鲤话题讨论。

三、活动创意与营销策划

1. 活动形式

支付宝锦鲤的活动玩法与一般的微博抽奖玩法不同,一般的玩法是针对奖品,设立3~5个不等奖项,然后设定统一的抽奖时间,最终由系统根据活动设定的条件自动抽出中奖的几位用户。而"支付宝

续表

锦鲤"则只设定一位中奖用户,只要转发活动微博,即有机会获得奖励。也就是说,只有一个人中奖,被抽中的那位幸运用户就是传说中的锦鲤。奖品由全球多个知名品牌提供,种类基本涵盖了衣、食、住、行、玩、娱,据相关人士透露,奖品总值约为100万元。

2. 大量品牌集中参与

此次支付宝锦鲤活动卖了个关子,获奖锦鲤得到的礼物并没有直接给出,而是让大家看评论区。果然,这条微博刚刚发布,迅速有大量的商家在评论区给出了自己的"礼物",并表达了对锦鲤的宠爱和尊敬,运营团队预埋了品牌合作方,并且要求各个品牌在规定的时间内发表评论和转发。上百条商家的评论不是在一天之内断断续续更新的,而是在不到一小时之内全部完成评论转发。

3. 奖品海报的跟进发布

在活动通知微博发布正好一个小时之后,奖品清单的海报就出现在留言区,累计数万用户,大家的兴趣主要集中在这是一个怎样的活动,并且正在讨论哪些品牌和商家来凑热闹,谁家给得多,谁家给得少。而这时候放出一张令人眼花缭乱的海报,很大概率它会超出已有用户的心理预期,甚至是远超预期,正是这种"哇"的惊叹感,会有效撬动早期参与者的热情。而他们的转发会带来更多的用户,从而让传播进入一个正向的循环中。

4. 微信渠道的渗入

此次活动在朋友圈转发免单页,可以提高抽中国锦鲤的概率。支付宝甚至还提供了话术,这样一来,借助"支付宝全球免单"的话题分发,支付宝成功将中国锦鲤互动带入微信生态中。

5. 拍摄视频公布获奖,制造话题,引导用户

在公布获奖者这个环节上,支付宝连发两条微博。第一条是按照微博抽奖的一般流程,公布获奖者,紧接着,支付宝发布了一个视频,将奖品清单做成一个长达数米的长条幅,每端由一个人拽着,拍摄者从头拍到尾。显然,视频能够将奖品清单本身的话题性最大化。

续表

奖励公布后,支付宝鼓励大家去信小呆的微博下回复,吸"欧气"。虽然大量用户不用引导也会去,只是这样一种非常自然地引导,再次将用户的注意力集中在了这位锦鲤的幸运上。支付宝成功地让这次营销活动具备了戏剧性、让获奖变成一件不可思议的任务。

6. 二次营销传播

获奖名单公布之后,支付宝又趁热进行二次营销传播。——李现转发获奖人微博。

为什么李现的转发很重要呢？因为,获奖者的主页上有一个"李现超话",她是李现的粉丝。如果她成为中国锦鲤之后再被偶像转发,并且在各大娱乐明星中,只有李现转发了她的微博。并且这一转发也迅速登上微博热搜榜的第一名。而这种看似巧合,很难说是偶然了,在一个活动已经如此成功的情况下,还在寻找新的话题空间,不得不说,支付宝的运营团队真的厉害。

1. 结合案例分析什么是营销活动策划？

2. 总结支付宝锦鲤活动推广获得成功的原因。

3. 结合案例分析新媒体营销活动策划的原则？

4. 自支付宝锦鲤活动大获成功后的第十个月,乐此不疲的支付宝,用同样的套路上演了花呗版的"支付宝锦鲤"——宝呗青年。查找相关资料,描述"宝呗青年"的活动流程。（拓展）

5. 参照"支付宝锦鲤"与"宝呗青年"为自己的小组模拟的企业或产品策划一个营销活动,描述活动方式及流程。（拓展）

第二步：区分不同类型的新媒体营销活动。

认真学习相关知识,查找资料和近2年相关案例,拓展阅读,完成表4-2。

表 4-2　任务产出——不同类型的新媒体营销活动

新媒体营销活动种类	活动目的	典型案例				
		案例简述	活动形式	活动流程	推广平台与方式	营销效果
品牌曝光类						
拉新类						
促活类						
引流类						
转换变现类						

评价标准及评分表

认真完成每个任务产出表,表述正确、清晰、有说服力,在规定时间内完成并上交。认识活动策划评分表见表 4-3。

表 4-3　认识活动策划评分表

任务产出项目	分　值	评价得分
表 4-1　任务产出——活动策划的含义及意义	50	
表 4-2　任务产出——不同类型的新媒体营销活动	50	
合　　计	100	

基础知识

一、活动策划与新媒体活动策划的含义

活动策划就是制订市场营销活动的方案,属于市场策划案,属于企业的整体营销思想,只有在品牌策划完善的前提下做出的市场策划案和活动策划案,才兼具整体性和延续性。从活动策划目的可以分为营利目的的活动策划和宣传推广活动策划;从活动媒介选择不同可以分为传统媒体营销活动策划和新媒体营销活动策划。下面主要介绍新媒体营销活动策划。

什么是活动策划

新媒体活动策划是指营销人员通过策划在新媒体平台上与利用新媒体营销方式来开展的各种营销活动,以此来最终实现营销目的的系列工作。

二、活动策划的意义

活动策划并不是凭空出现的,它之所以被各大企业看重,是因为它能有效提升企业品牌在消费者心中的美誉度。下面就来进一步了解活动策划的作用。

活动策划的理由

1. 互动传播力强,引起关注

活动策划具有大众传播性,一个好的活动策划一定会注重受众的参与性及互动性。有

的活动策划会把公益性也引入活动,这本身既与报纸媒体一贯的公信力相结合,又能够激发品牌在群众中的美誉度。甚至活动本身就具有一定的新闻价值,能够在第一时间传播出去,引起公众的注意。让受众有一个难忘的、愉快的体验,既能提高受众的参与度,又能在其体验过程中巧妙地将企业商业信息传递给受众。

2. 培养用户的感情

对品牌来说,活动是培养核心用户也是留住长期客户的重要手段,想要获得稳定的客流,就要让顾客了解你的品牌价值,而通过活动向用户灌输品牌价值是非常好的方法。对新顾客来讲,首次消费优惠活动能让他们对品牌产生一个良好的印象;对老顾客来说,稳定的回馈活动能增加他们对品牌产品的依赖度;对忠实顾客来说,定期的会员活动能维护他们对品牌的信任与支持。

3. 宣传品牌的形象

活动策划因为可以由主办方自行选择活动举行地点和活动进行时间,所以通常很少受到一些常见的限制。对企业来说,一个好的活动策划就是一条提高企业品牌曝光率的有效渠道。消费者积极参与到活动中,就会对活动中出现的所有因素产生"自主注意"意识,企业在活动中注入的商业信息也不会让消费者产生厌恶的感觉,顾客反而更愿意接受,这就大幅提高了商业信息或品牌的曝光率。总之,活动策划一般来说都是围绕一个特定主题开展的,活动主题之所以有这些作用,都是为了在受众心中增加品牌知名度作铺垫,若能让受众积极参与到活动中,既能让受众在精神层面上得到满足,又能让受众在生活层面上获得娱乐,这样对企业的公关效应有特别好的作用。

4. 增进顾客的交流

一个好的活动策划并不只是对企业有好处,对参与活动的受众来说也是益处多多,最大的好处在于能促进受众之间的交流,增进受众间的情感。人们可以通过活动与自己的亲朋好友联系在一起,分享活动的快乐,也可以在活动中结交新的朋友。活动就成为人与人之间加深感情的桥梁。

一般来说,活动策划的受众范围比较广。当然,企业在进行活动策划的过程中,需要针对用户群体的需求和特点。这样策划出来的活动,才不会出现"冷场"的情况。在活动开展的过程中,只要活动足够吸引人,那么企业产品的潜在用户、之前对企业产品不感兴趣的用户也会主动参与到活动中,无形中给企业扩大了用户群体范围。

三、活动策划的基本规则

活动策划并不是看起来那么简单,每一个步骤都是环环相扣的,策划人员只有掌握了活动策划的基本规则,才能在活动策划的过程中避免出现新的问题。

活动策划的原则

1. 统一性原则

统一性原则就是活动的主题、形式、内容、环境等都要统一,活动的内容、形式都要围绕着主题来进行,即将主题延展开来就是内容的制定、形式的确定。

营销策划人员在进行活动策划工作时,只需要确定一个核心的主题思想,并围绕此主题展开活动策划,千万不要在一个活动中嵌入多个主题思想,这样策划出来的活动可操作性非常差,是没有任何意义的。策划人员可以从企业实际情况、根据市场发展状况、目标受众所需三个方面来确定主题,例如节日活动,活动主题都紧扣节日内容来进行,让受众没有违和感,也容易让人接受并参与,如图4-1所示。

图4-1 端午节日策划

2. 价值性原则

一方面,从企业绩效性方面进行分析,需要考虑活动赢利能力和活动目标价值这两点。无论是什么活动,始终是需要回报的,确保活动获得回报是活动策划者必须考虑的重点。对活动目标价值的论证,也是活动策划者必须关注的重点,有价值的活动人们才会相信并愿意参加,才值得投入成本去进行策划。

另一方面,一个好的活动策划,一般都会将对受众有利的方面直截了当地告诉受众,这样更加容易让受众被活动所感染。例如,活动宣传中让受众了解到优惠的力度,就能很直接地激发消费者的购买心理,如图4-2所示。

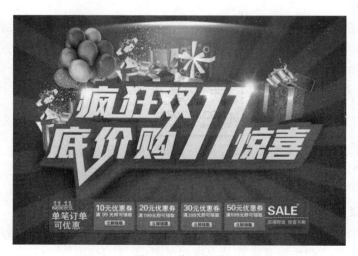

图4-2 优惠力度

活动虽具有效益但也需要成本,活动策划者要把握好效益和成本之间的关系,通常来说,策划的活动效益都要大于成本,特别是促销活动,得到的效益如果不能远大于付出的成本,那就背离了根本的目标,活动也就没有举行的必要了。

科学合理的工作方式和方法可以节省活动成本,缩短活动筹备时间,保障活动顺利完成。不科学合理的工作方式和方法经常会让活动延期,甚至无法顺利举行,导致前期宣传效果降低,让活动效益大打折扣甚至毁于一旦。

3. 可行性原则

活动方案制订过程中,要保证方案能够顺利进行,把握住时间以免活动变得虎头蛇尾。活动的规模则是以具有的预算和情况来确定的,必要的时候也可将其拆分。记住:方案不宜过高,内容不宜过多,形式不宜过难,否则很容易让人没信心。

另外,活动方案要量化且细化,不宜出现不确定因素,每一个环节都应当有详细具体的规定与人员安排,像是"大概""大约""好像"等词语最好不要出现,每个事项都尽可能做到量化,可以制订一些表格将这些事项一一标注好。

4. 针对性原则

从活动内容的实际操作性方面进行分析,需要考虑活动策划的运行能力这一主观条件和人力、物力等客观条件。活动方案必须要根据活动主体的特点来进行策划,这样才能吸引目标群体的关注,达到活动的目的。

另外,还要考虑活动的方式方法是否科学和内容是否合法,活动具有效益也有风险,举办成功的活动可以带来效益,举办失败的活动不仅不能带来预期效益,还会让活动准备人员的努力白费。所以,活动策划人员在进行活动内容规划时,要尽量去除存在风险的因素,确保活动可以顺利成功地进行。

5. 特色原则

千篇一律的活动自然无法取得成功,经常看那些雷同的、相似的活动,会让人提不起兴趣。很多活动成功的原因就在于它有自己的特色,让人印象深刻,这一点就要看策划团队的实力了。但需要注意的是,活动策划者在策划活动时,不要一味地追求充满创造性、新奇独特的活动方案,也要适当考虑主办方的运行能力。人力、物力等因素也是活动策划中要考虑的因素,没有人力、物力等客观条件支持的活动策划无异于画饼充饥,没有做饼的材料,饼画得再好看也只能饿着。所以活动策划人员应以整体活动的实现为本,在合法的基础上力求新颖,在合理的基础上进行创作,在合情的基础上创造新意。

四、新媒体营销活动种类

从不同的角度能划分出不同的新媒体营销活动,活动目的是营销策划的关键,因此,按照活动目的来划分,主要分为以下几种。

新媒体营销活动策划(一)

(一)品牌曝光类活动

品牌曝光类活动是以增加品牌曝光度、提升用户的品牌熟悉度为目的的活动,一般情况下较少考虑直接转化。这类活动适合新品牌上线,或品牌已有一定的知名度,再唤醒用户的阶段。形式上可以采用事件营销、硬广告投入等方式。

新媒体营销活动策划(二)

其中的成功案例较多,例如凡客诚品。"爱××爱××我不是××我是××"的灯箱广告、可口可乐昵称瓶;"百雀神广告""百事可乐的微电影《把乐带回家之猴王世家》""YSL星辰口红"。

这些活动的共同点是他们虽然没有直接地进行大量的转化变现,却在微博、朋友圈等社交平台掀起了一阵转发的风潮,在短时间类形成了病毒营销态势,使品牌被人迅速熟知。

（二）拉新类活动

拉新类活动主要是以提升新用户注册量、用户激活率、关注率为目的,最常见于App、公共号的下载和推广。从时间上来看,分为短期营销活动和长期的常规化活动。

（1）短期营销活动。利用应用型功能＋短时间精心策划的营销型事件,在2～3天迅速进行病毒营销并大量拉新。其中比较著名的案例有：天天p图的"pk武媚娘""我的小学生毕业照"等系列活动,以及火爆朋友圈的"柏拉图性格分析法"等,见图4-3。

（2）长期的常规化活动。常见于某些App针对新用户所发起的活动。用老带新、新用户专享福利等形式进行拉新,例如网易海淘针对新用户的专享特价、美团的新用户一分专享特价、饿了么的新用户立减15元、ofo红包分享等,如图4-4所示。

图4-3　柏拉图性格分析

（三）促活类活动

促活类活动是以唤起沉睡用户、提升用户活性从而减少用户流失率为主的活动。这类活动在早年的bbs时代以征文、晒图跟帖、抢楼等线上活动形式兴起；近年来,同城App、地方公共号、同城社群,也采用一些线下聚会、同城派对等线下活动形式将用户的"弱关系"转化为"强关系"；同样地,电商、生活类的App也会采用一些每日签到、助力优惠券、积分商城的形式,增加用户的打开率,培养用户的忠实度,如图4-5所示。

图4-4　拉新类活动

图4-5　促活类活动

（四）引流类活动

引流类活动是从线上、线下用户池导流到另一个新用户池的活动形式,从大类别来说也算是一种拉新活动。这种线上的活动形式很多,凡是在其他平台发布的带有自有Logo单位名称的活动形式,都可以看作引流活动。常见于横幅广告,或其他商业合作活动等,如

图 4-6 所示。

图 4-6　骏途广告

另一种是微商、线下实体门店喜欢采用的活动形式,他们常会借助朋友圈、微博等免费社交工具以"底价钜惠""到店免费领取小礼物"等契机,把用户导流入店,以此并伺机诱导其进行二次消费,如图 4-7 所示。

图 4-7　到店免费领取小礼物

(五) 转化变现类活动

转化变现类活动是以增加销量、促进变现为目的的活动。通常会采用百度联盟、线下灯箱地铁满铺的广告形式。活动文案也简单,直击折扣主题。常见于电商类的 App,像"天猫双 11""京东 618""唯品会的双 10 电商节";苏宁易购的线下广告"一天怎么够?"一号店的"一天不够抢,三轮五折才够爽""国美的黑色星期伍"都属于这种活动形式,如图 4-8 所示。

图 4-8　国美的黑色星期伍

自我练习

一、判断题

1. 活动策划就是制订市场营销活动的方案,不属于市场策划案,但属于企业的整体营销思想。　　　　　　　　　　　　　　　　　　　　　　　　　　　　　　(　　)

2. 一个好的活动策划,关键是对企业带来更多的好处,实际上对于受众没有什么好处。（　　）

3. 因为活动策划的受众范围比较广,所以企业在进行活动策划的过程中,不需要按照自己用户群体的需求、特点来进行策划工作。（　　）

4. 活动策划人员要适当地考虑运行能力,在策划活动时不要一味地追求充满创造性、新奇独特的活动方案。（　　）

5. 活动策划人员在进行活动内容规划时,要尽量去除存在风险的因素,确保活动可以顺利成功地进行。（　　）

6. 引流类活动是指以唤起沉睡用户、提升用户活性从而减少用户流失率为主的活动。（　　）

7. 拉新类活动可以利用应用型功能＋短时间精心策划的营销型事件,在2～3天迅速进行病毒营销并大量拉新。（　　）

8. 电商、生活类的App采用的每日签到、助力优惠券、积分商城的形式,增加用户的打开率,培养用户的忠实度等主要属于促活类活动方式。（　　）

9. 引流活动是从线上、线下用户池导流到另一个新用户池的活动形式,从大类别来说也算是一种促活类活动。（　　）

10. 活动策划并不是凭空出现的,它之所以被各大企业看重,是因为它能有效提升企业品牌在消费者心中的美誉度。（　　）

二、单项选择题

1. （　　）是指营销人员通过策划在新媒体平台上与利用新媒体营销方式来开展的各种营销活动,以此来最终实现营销目的的系列工作。

　　A. 营销活动策划　　　　　　　　B. 营销方式策划
　　C. 营销推广策划　　　　　　　　D. 营销平台策划

2. 活动的主题、形式、内容、环境等要统一,活动的内容、形式都要围绕主题来进行,将主题延展开来就是内容的制定、形式的确定。这是活动策划的(　　)。

　　A. 统一性原则　　　　　　　　　B. 价值性原则
　　C. 可行性原则　　　　　　　　　D. 针对性原则

3. （　　）类活动虽然没有直接地进行大量的转化变现,却在微博、朋友圈等社交平台掀起了一阵转发的风潮,在短时间内形成了病毒营销态势,使品牌被人迅速熟知。

　　A. 拉新类互动　　　　　　　　　B. 促活类活动
　　C. 引流类活动　　　　　　　　　D. 品牌曝光类活动

4. （　　）以提升新用户注册量、用户激活率、关注率为目的。

　　A. 拉新类互动　　　　　　　　　B. 促活类活动
　　C. 引流类活动　　　　　　　　　D. 品牌曝光类活动

5. "天猫双11""京东618""唯品会的双10电商节"属于(　　)。

　　A. 拉新类互动　　　　　　　　　B. 促活类活动
　　C. 转化变现类活动　　　　　　　D. 引流类活动

三、多项选择题

1. 按照营销目的可以将活动分为（　　）。
   A. 拉新类互动　　　　　　　　　　B. 促活类活动
   C. 转化变现类活动　　　　　　　　D. 引流类活动
2. 以下属于转化变现类活动的有（　　）。
   A. "天猫双 11"
   B. "唯品会的双 10 电商节"
   C. "一号店的一天不够抢,三轮五折才够爽"
   D. 积分商城活动
3. 活动策划的原则有（　　）。
   A. 针对性原则　　　B. 价值性原则　　　C. 特色原则　　　D. 可行性原则
4. 活动策划的作用有（　　）。
   A. 互动传播力强,引起关注　　　　B. 培养用户的感情
   C. 宣传品牌的形象　　　　　　　　D. 增进顾客的交流
5. 从活动策划目的可以分为（　　）。
   A. 营利活动策划　　　　　　　　　B. 宣传推广活动策划
   C. 传统媒体营销活动策划　　　　　D. 新媒体营销活动策划

任务 2　撰写新媒体营销活动方案

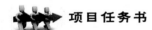
项目任务书

课内学时	6 学时	课外学时	至少 12 学时
学习目标	1. 明确新媒体营销活动策划方案搭建的重要步骤及技巧 2. 能够按照要求,策划出符合要求的新媒体营销活动方案		
项目任务描述	1. 拟订营销活动的基本创意方案 2. 小组讨论分析并拟订营销活动方案基本思路 3. 按照小组分工,分头撰写活动策划方案 4. 小组讨论拟订全年营销活动策划方案 5. 制作方案汇报 PPT 并进行方案汇报		
学习方法	1. 听教师讲解相关知识 2. 查阅资料 3. 认真思考、分析		
所涉及的专业知识	1. 新媒体营销活动策划的重要步骤及要求 2. 新媒体营销活动策划的注意事项及技巧		
本任务与其他任务的关系	本任务是课程学习的综合体现,内容涉及前面知识点的灵活应用		
学习材料与工具	学习材料：任务指导书后所附的基础知识 学习工具：项目任务书、任务指导书、计算机、笔		
学习组织方式	本任务部分内容要求每个学生独立完成,部分内容要求学生分小组协作完成		

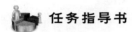 **任务指导书**

完成任务的基本路径如下。

认真学习、讨论,拟订营销活动创意(90分钟) → 小组讨论分析并拟订营销活动方案基本思路(45分钟) → 按照小组分工,分头撰写活动策划方案(45分钟) → 小组讨论拟订全年营销活动策划方案(30分钟) → 制作方案汇报PPT并进行方案汇报(60分钟)

第一步:拟订营销活动的基本创意方案。

1. 学习营销活动知识

认真学习相关知识,阅读本次任务的样例,参照样例按照要求完成表 4-4。

表 4-4 任务产出——新媒体营销活动创意方案策划

1. 任务背景及要求
(1)以小组为单位,组长组织组员在一起,以本组模拟的企业为研究对象,共同讨论来完成。
(2)以提升 30% 的活跃用户为目的,小组商量后任意选择某个节日背景,策划并创意一个营销活动。
2. 任务成果
第 1 步:讨论确定活动主题,并阐述理由。

第 2 步:参照样例,讨论出创意因子,将所讨论内容制作成创意因子图并展示出来。

续表

第3步：将本组活动创意讨论过程详细记录下来。

2. 活动原型图

根据上面讨论的结果，参照样例，为本组的活动创意设计一个活动原型图（可手绘），将成果填入表4-5中。

表4-5 任务产出——活动原型图

样例：

团队合作进行营销活动创意策划

一、活动创意记录

假如以提升30%的活跃用户为目的，并以"五一劳动节"为节日背景策划一个营销活动，应该如何进行创意策划呢？首先，策划人员应找出创意的几个诱因，然后再以它们为创意因子，进行思维发散。

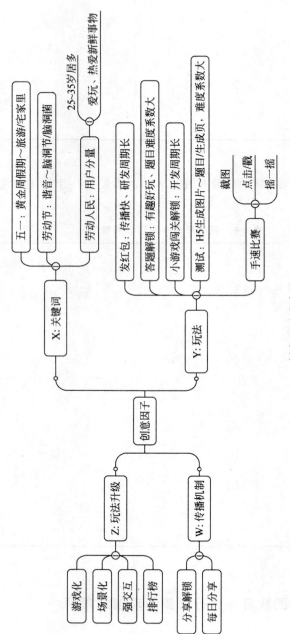

创意因子设计图

X、Y、Z、W 即关键词、玩法、玩法升级、传播机制四方面的因子，在一步步的思维发散过程中，会得出很多创新的子因子。

接下来，策划人员就要根据活动目的对具有很好兼容性的子因子进行重组，最后得出一个以"五一脑洞节"为主题的，选择答题闯关式互动的游戏项目。

同时，为了使活动更加贴近生活，拉近与用户的距离，减少跳出率，需要对活动进行场景化、故事化，尽可能用一个故事将整个脑洞节串联起来。

在此基础上，活动策划团队跟技术设计部门采用头脑风暴法，进行活动创新设计，并将创新过程记录下来，以便后期进行整理。

五一脑洞节活动创意脑暴记录（1）

参与人员：运营部。

已确定内容：

初步立项：确定了以"五一脑洞节"为主题的、答题闯关式的互动游戏项目。题目分为选择题和人机交互两大类。

活动原型图：对活动原型图做进一步修改，并初步确定，以备下一步跟设计部进行商榷。

五一脑洞节活动创意脑暴记录（2）

参与人员：设计部。

已确定内容：

整个"脑洞"活动需要以一个主线故事串联起来，用户通过每一关的猜谜后，最终会出现一个好玩有趣的结局。每一关"猜谜"的场景需要日常化，要使用户有熟悉感和带入感。游戏玩法是让用户在一个日常的场景里做出某些操作或选择，但最终正确的选择绝对不符合常识，需要开脑洞才能选对。选择不限次数，玩法更加开放，分享可获得通关提示。视觉的具体风格虽然没有确定，但绝对不能是我们以往活动的惯用风格，得让人眼前一亮，特别、有魔性。

一些建议：

设计当中可以加入一个核心元素，整个游戏围绕着这个元素进行，例如《妈妈把我游戏藏起来》里的"游戏机"，我们的活动可以围绕"洞"或"金币""钱包""手机"之类的元素串联展开。

视觉画面是否可以使用第一人称视角，让整个活动更有沉浸式体验。

故事主线或关卡是否应该跟产品品牌有关联，例如是一个关于理财的故事。

五一脑洞节活动创意脑暴记录（3）

参与人员：设计部、运营部。

会议议题：五一脑洞节故事分享和选定。

Z：荷小包穿越二次元，路上会遇到不同的人物互动答题，闯关成功获得道具，回到现实（反转）。

C：躺着喝水玩手机，水溅到地上，手机掉入水世界，荷小包伸手卷入，答题寻找线索，闯关成功。

X：为了不让荷小包变戏精，需要阻止脑细胞分裂。根据出题内容分成不同类型的戏精特征，用户通过答题操作防止分裂。

会议建议：走逗比路线，有趣、好玩、想转发的 H5 活动。

会议结论：出一个故事主线→生成相对应的题目→每题交互不一样。

五一脑洞节活动创意脑暴记录（4）

参与人员：设计部。

会议议题：确定用消除脑细胞的方案展开游戏答题——标题《消除脑洞菌》。

会议建议：以消除荷小包脑细胞的故事版代入游戏中；讲述完整的故事主线；完善玩法和细节（待优化）。

会议结论：文字版、故事版；画面和风格。

故事梗概：

（1）过场

"五一"终于到了，××包（人物 IP）待在家里准备享受他的假期。

"该做些什么事来充实一下自己呢？"××包开始思考：

"去买个烂尾楼坐等升值？"

"还是，以每小时 200 万元的价钱包个网红，然后跟她玩一下午紧张刺激的王者×耀？"

"要不建一条去 M78 星云的高铁算了，没事跑过去和凹凸友人联络一下感情。"

"啊呀干什么都好麻烦，最近水逆吗？好烦躁。"

为什么××包会不断冒出这么多不切实际的想法呢？大概是脑洞太大，脑细胞太多了吧？那些不断溢出来的喜欢搞事的脑细胞正在他的头上蔓延，用尖细的声音在他耳边喊着"搞事！搞事！搞个大的！给我也整一个！"

无数的声音充斥着××包的耳朵，他开始烦躁，抓狂，简直要疯了！他绝望地喊道："谁来帮我杀死这些脑洞菌！！"

世界上从来都有英雄存在，快来帮××包消灭这些邪恶的脑洞菌，救救孩子吧！

（2）进入游戏

玩家通过做脑洞题来帮××包消灭邪恶脑洞菌，一共 5 题，分享可获得提示。

（3）结尾

终于把它们消灭了！乱石穿空成英雄，拨开浓雾见光明！

整个世界都变得明亮了起来，一缕阳光照射在躺在沙发上吃薯片的荷小肥宅包身上，他看起来是那么开心、愉悦。身边的可乐好像圣水，薯片好像皇家料理，鼓鼓的钱包也异常让人心安。原来当肥宅真的可以一直爽，这也许就是哲学的力量。

just you know why, why you and I... BGM 从身边的音响流露出来，××包彻底沉浸在这男人的浪漫中……

突然！××包的靠枕旁边好像有什么东西闪过，让我们放大一点，再放大一点……竟然还有两只邪恶脑洞菌的残党！它们强压心中怒火，虽然手脚都绑上了绷带，但还在低声地互相密谋着：我们还会回来的！
TO BE CONTINUED...
快去微信帮××包消灭邪恶脑洞菌的残党吧！

五一脑洞节活动创意脑暴记录（5）

参与人员：开发、设计、运营组。
会议内容：
活动功能需求评审：确定设计原型，开发问题可行性。
设计排期时间：2019年3月。
预计上线时间：2019年4—5月。

五一脑洞节活动创意脑暴记录（6）

参与人员：设计部、运营部。
需求认领：
确定Z的故事版方案，故事动画主视觉由Z负责。
App和微信答题部分由C负责。
设计进程、质量和输出由X负责。
脑洞周边礼物：线下周边在18日（周一）Z与L对接主视觉。

经过几轮的脑暴会议，最终敲定了以促活为活动方向、以提升30%活跃度为目的的"五一脑洞节"创意玩法。

二、活动原型图设计（截取部分图）

营销活动策划团队开始进行活动原型图的设计，下面截取部分原型图作为参考：

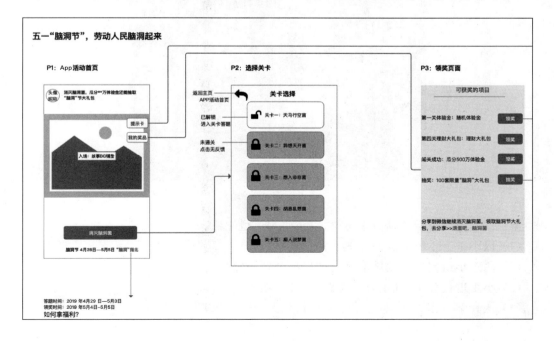

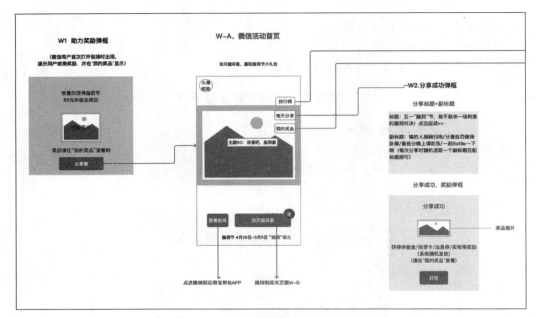

App/微信首页设计图

"消灭脑洞菌"活动

第二步：拟订营销活动方案思路，以小组为单位完成。
(1) 以小组为单位完成该方案设计与汇报。
(2) 注意小组需要根据之前确定的模拟公司来完成营销活动的策划。
(3) 小组进行分工，确定总体思路，设计方案。
(4) 认真学习相关知识，并根据要求讨论并分工，完成表4-6。

① 确定营销活动目标。围绕品牌推广、提升销售（转化率）等营销目标，注意目标确定与表达要明确清晰，最好可量化。

② 确定营销活动时间。以一年12个月每个月或每两个月为一个营销活动时间，任意选择一个节日，策划一个新媒体营销活动方案。

③ 营销方式与平台的选择。每个营销活动要求有明确的营销目标，选择不同的新媒体营销方式以及新媒体营销平台，注意要求整个小组全年的营销活动方案必须有至少5种营销方式及5种不同的新媒体营销平台。

④ 任务人员分配要求。小组中每个成员必须都要有至少一个月的营销活动策划任务，否则该项任务无成绩。策划活动的数量计入成绩中。

⑤ 表4-6填写完整，包含本组其他同学的，只是重点将本人的姓名突出，加阴影突出，示例"张三"。

表4-6　任务产出——新媒体营销活动策划任务分配表

时间	营销活动目标	活动主题	新媒体营销方式	新媒体营销平台选择	策划负责人
1月					
2月					
3月					
4月					
5月					
6月					
7月					
8月					
9月					
10月					
11月					
12月					

第三步：撰写新媒体营销活动策划方案，独立完成。

按照小组分工，分头撰写活动策划方案。请每个同学将自己负责的并且已经完成的营销活动策划方案写在表4-7中。

表4-7　任务产出——新媒体营销节日策划方案（个人）

注意：每个活动一个方案，如果你负责的是两个以上活动，需要分别完成相应的方案。内容包括但不限于以下几点。

（一）活动目标与主题

（二）营销活动方案描述

1. 活动对象

2. 商品选取

3. 平台选择

4. 营销活动或营销方式分析

---

5. 时间及人员安排
（三）活动费用预算
（四）活动推广方式（也就是该活动的前期宣传推广方式及方法）

第四步：撰写新媒体营销活动全年策划方案，独立完成方案后综合在一起，以小组为单位提交。

（1）封面。

××××公司××××年新媒体营销策划案
（三号加粗黑体居中）

策划组长：（宋体四号居中加粗）
　　　　策划人员：
　　　　策划时间：

××××年××月××日
（小四加粗宋体居中）

(2) 包括但不限于以下内容。

一、企业背景(公司简介、经营内容、主要产品、企业使命等)
二、环境分析
(一)微观环境分析
(二)宏观环境分析
(三)SWOT 分析
三、全年新媒体营销活动策划方案(按照之前分工综合,将每个组员完成的每个活动策划整理出来放在这里)
(一)活动目标与主题
(二)营销活动方案描述
1. 活动对象
2. 商品选取
3. 平台选择
4. 营销活动或营销方式分析
5. 时间及人员安排
(三)活动费用预算
(四)活动推广方式(也就是该活动的前期宣传推广方式及方法)
四、费用预算
【每个活动的预算表单独拿出来重新整理形成最后一个总的费用预算表。下面作为参考,可根据要求调整】

活动时间	活动主题	主要费用说明(可根据自己的情况填写项目)				合计
		人员费	赠品费	材料费	……	
合 计						

五、控制与评估
(一)影响营销计划实施有效性的要素
1. 应对突发情况的备用方案
2. 活动风险的预测及预案
(二)营销策划方案可行性分析(包括但不限于以下两点)
1. 数据监控与统计方法
2. 活动复盘的方法

【除了第三点,其他各点由小组成员共同完成】

(3) 正文格式要求。

以小组为单位,在规定的时间提交本组的全年新媒体营销活动方案,单独提交一个 Word 文档。注意:要求有封面、目录(有三级标题),正文字体为宋体五号,单倍行距,首行缩进;一级标题为小四黑体居中,二级标题为五号顶格加粗。文案设计不得少于 3000 字。文件保存名为"第××组(01/02/03/04/05)项目四新媒体营销方案"并发送到教师指定的位置。

第五步:方案汇报与展示。

(1) 结合本组制作的方案设计一个,PPT 内容包括但不限于方案撰写任务与分工安排、企业背景描述、SWOT 分析、新媒体营销推广活动、费用预算、控制与评估。注意 PPT 制作精美,多图片、少文字。

(2) 方案汇报与展示。

结合 PPT 上台进行汇报,要求:

① 汇报时间 7~10 分钟。

② 全体成员参与,汇报清晰流畅。

③ 表达清晰、完整、流畅,简洁明了。

 提示:一年各节日营销策划活动提示

1 月

(1) 热点节日:新年、元旦。

时间节点:12 月 31 日跨年夜倒计时、跨年零点时刻、元旦节当天。

关键词:告别 2017、跨年、迎接新年、新计划、新目标、希望、愿景、朝气、活力、蓄势等。

场景/元素:雪、雪人、梅、枝头新芽、旗帜、红灯笼等。

(2) 热点事件:年终奖、年会。

1 月将是各类企业年终总结之际,各种"年会""年终奖"的关注度应该很高,相关的话题应该不少,与之相关的营销方式也可以提前准备起来。

其他营销热点也要关注一下,如小寒、大寒、腊八。

2 月

(1) 热点节日:春节。

时间节点:除夕之夜、正月初一。

关键词:春节-新年、年味、春、辞旧迎新、狗年、团圆、春晚、红包、相亲、催婚、聚会、归途等。

场景/元素:春节-年夜饭、团圆餐、发红包、对联、鞭炮、中国结、剪纸等。

(2) 热点事件:春运、年后开工、假期综合征。

2 月最具话题性的"春运"以及相关联的春运抢票、回家路线、回家方式等互联网热点也应及时关注,特别是与之有关系的行业企业要做好准备。

2 月春节假期之后的"年后开工"及"长假综合征"也会成为月末一波话题热点。

其他营销热点也要关注一下,如立春、小年。

3 月

(1) 热点节日:元宵节、妇女节。

时间节点:元宵节当天、妇女节当天。

关键词:元宵节-春、吃元宵、闹元宵、团圆、中华传统;妇女节-三八、女生节、女员工、礼物。

场景/元素：元宵节-汤圆、剪纸；妇女节-礼品、鲜花。

(2) 热点事件：消费者权益日3·15、地球一小时。

对于3·15，每年都有许多新的看点和话题讨论点，大众最关心的当然就是热点。而地球一小时的环保话题也是近几年的焦点，越来越被关注，与之相关的自然、环境、生态话题都能成为热点。

其他营销热点也要关注一下，如惊蛰、植树节、龙抬头、春分。

4月

(1) 热点节日：愚人节、清明节。

时间节点：愚人节当天、清明节当天及假日。

关键词：愚人节-4月、整蛊、套路、骗、表白；清明节-清明、祭奠、踏青、扫墓大军、小长假。

场景/元素：小丑、小丑帽子；清明节-春景、雨水。

(2) 热点事件。

4月还有一些其他营销热点，如谷雨、地球日，可以从与之相关的春天、关爱、公益、旅游等角度挖掘营销借势点。

5月

(1) 热点节日：五一劳动节、母亲节。

时间节点：五一小长假、母亲节当天。

关键词：劳动节-劳动、小长假、出行、旅游；母亲节-母亲、妈妈、问候、关爱、亲情、祝福。

场景/元素：劳动节-劳动者、休息、旅途；母亲节-母亲、妈妈、礼物。

(2) 热点事件。

5月里还有其他营销热点，如五四、立夏、世界微笑日、小满、"520"表白，根据企业的特点和优势，看看哪些是比较容易结合在一起进行营销推广的。

6月

(1) 热点节日：儿童节、端午节（结合父亲节）。

时间节点：六一当天、端午节假期。

关键词：儿童节-夏天、童真、幼儿园、活动、大龄儿童；端午节（父亲节）-家、团圆、粽子、旅游、风俗、父亲、关爱。

场景/元素：儿童节-孩子、礼物、亲子；端午节-粽子、粽叶、龙舟、屈原。

(2) 热点事件：高考。

高考是6月绝对的霸屏话题，关注人群广泛：不仅有学生、老师、家长、教育专家、培训机构，也有已经历过高考洗礼的大学生、社会人士，各个维度都可以衍生出话题。

另外，6月还有两个重要的节气——芒种、夏至，与农业相关的行业也是可以借势的。

7月

(1) 热点节日：建党节。

时间节点：七一当天。

关键词：夏、热、爱国、党、生日、红歌。

场景/元素：宣言口号、旗帜。

(2) 热点事件：录取通知书、暑假。

7月很多知名大学的录取通知书都发布了，相关的"捷报""状元"等热点讨论和关注会非常多。看看您的品牌和产品能否巧妙地借助一下这些热点。

8月

(1) 热点节日:建军节、七夕节。

时间节点:八一当天、七夕当天。

关键词:建军节-国、军人、缅怀、先烈;七夕节-传说、织女、情侣、表白、爱。

场景/元素:建军节-旗帜、敬礼;七夕节-喜鹊、鹊桥。

(2) 热点事件:北京奥运会十周年。

8月8日是北京奥运会十周年,届时关于奥运会中的经典人物、感动事迹都会自带满满的正能量话题,也是企业营销宣传的好时机。

9月

(1) 热点节日:教师节、中秋节。

时间节点:教师节当日、中秋节假期。

关键词:教师节-老师、师恩、感恩、辛苦;中秋节-团圆、思念、家、月饼、秋天、礼。

场景/元素:教师节-鲜花、明灯、黑板、讲台;中秋节-嫦娥、圆月、月饼、玉兔、诗词、桂树。

(2) 热点事件:开学、新生报到。

9月开学季,新的一批小学生和新的一批大学生正式入校,必定会涌现很多现象级事件和话题讨论,可以随时关注动态,抓住热点借势营销。

10月

(1) 热点节日:国庆节、重阳节。

时间节点:国庆长假、重阳节当天。

关键词:国庆节-祖国、生日、69周年、假期、旅游;重阳节-登高、敬老、孝、健康、秋游。

场景/元素:国庆节-升国旗、国徽、天安门、华表。重阳节-山、菊花、酒、茶、茱萸。

(2) 热点事件。

每年的长假中都会突发很多热点事件,用心关注、及时梳理和归纳,并运用于营销创意之中,像今年的鹿晗突然公布恋情,各路商家也是纷纷使出营销绝招蹭热点。

11月

热点事件:"双11"。

"双11"的热度不用说,已成为电商商家必争之地,近几年每年的"双11"都有推陈出新的营销玩法。

12月

(1) 热点节日:冬至。

时间节点:冬至当天。

关键词:年度总结、明年计划、冬至。

场景/元素:冬至。

(2) 热点事件:"双12"。

12月的"双12"作为年末最后一波促销节点是可以提前准备并关注的,运用得当可以得到不少人的关注,相关的话题应该不少。

 评价标准及评分表

认真完成每个任务产出表,表述正确、清晰、有说服力,在规定时间内完成并上交。撰写新媒体营销活动方案评分表见表4-8。

表 4-8　撰写新媒体营销活动方案评分表

任务产出项目	分　值	评 价 得 分
表 4-4　任务产出——新媒体营销活动创意方案策划	20	
表 4-5　任务产出——活动原型图		
表 4-6　任务产出——新媒体营销活动策划任务分配表	5	
表 4-7　任务产出——新媒体营销节日策划方案（个人）	20	
新媒体营销全年节日策划方案（小组）	35	
PPT 制作与汇报	20	
合　　　计	100	

基础知识

一、认识新媒体营销活动方案

新媒体营销活动的策划方案分为创意案和执行案。

两者既有联系又有较大的区别。创意案是执行案的基础，创意案只需要展示出活动的基本思路、想法，而执行案则需详尽地展示出活动的细节。

1. 活动创意案

活动创意案要求简单明了、不需要很多的内容，但是要把活动的创意展示出来。一般来说，一个活动创意案会有 2~3 个创意可供选择。创意案的框架比较简单，分为两个部分：创意来源（引子）和活动基本内容。

创意来源（引子）：创意来源即活动的灵感，如果能结合时下的热点则更好。

活动基本内容：写明活动的主题、时间，在哪个平台做，以怎样的方式去做即可。

2. 活动执行案

活动执行案是在确定了活动创意案之后进行的，有些公司做活动策划的时候是没有创意案的，尽管如此，即使没有创意案，做执行案之前，一定要沟通好活动的创意及基本内容，否则会浪费策划人员大量的时间。活动执行案非常考验一个策划的功底。

活动策划是一项非常复杂的工作，一名新媒体营销活动策划应该具备以下素质。

网感——对互联网要有一定的了解，特别是对微博、微信、豆瓣等这些常用来做活动的平台，需要了解其特点、规律等。

创意——由于活动的平台和活动的形式有限，所以一个线上活动能否成功，需要一个好的创意。

系统思维——活动从创意到执行，涉及各种资源的分配，并且需要考虑大的环境、公司的实际情况、产品的情况，需要用系统性的思维考虑问题，否则策划出来的内容就是一纸空文，无从落地。

沟通表达能力——一个活动从创意到执行,往往需要与不同的部门接触、沟通,想让活动朝你希望的方向发展,就必须主动表达、主动沟通。

二、开展活动策划的注意事项

营销策划人员要想策划出好的活动方案,需要注意以下几个方面。

(一)活动准备——工欲善其事,必先利其器

1. 学习同行和其他工作活动推行办法

营销策划人员不能只看同行的结案陈述,更应该通过活动流程去反推活动布景和运营的要害节点。如果能参透活动的机制和选用的原因,就能知道为什么会选择这样的实施办法。如果能从头到尾多参与几个活动运营进程,必定会有长足的进步。如果能向同行优异案例操盘手了解活动策划的来龙去脉就更好了。眼光要铺开一些,熟练使用各类(排版的、投票的、游戏的)运营工具。

2. 明确活动目的

活动目的应清晰可衡量,而且一定要知道活动目的有且只能有一个,如果有多个目的,可能导致最终达不成目的,因为多个目的可能会背道而驰。例如,希望用户更活跃,就不如希望文章阅读提升30%直观。如果你没有目标,企业希望达成的KPI就是活动的目标,但这个目标需要拆解成其他小目标,以便各个击破。

3. 梳理活动目标用户

确定目的后最重要的是确定活动目标用户,没有一个活动能吸引所有人的关注,最有时代滤镜情感的春节联欢晚会不是也快失去"90后""00后"用户了吗?只有确定目标用户后,才能确定影响他们的策略。

(二)活动策划阶段——要面面俱到,注重细节

1. 策划活动创意和内容

活动创意是活动营销成功的最关键因素,也是让用户买单的最直观影响。活动创意策划需要做到以下几点。

(1)策划需要贴合目标,以达成目标为最终目的。例如,某品牌上市前希望用户在微博上送祝福语,都错误地发起了微博上的微活动,结果是十余万抽奖控僵尸粉参与,最终当然没有达到预期效果。

(2)贴近目标受众喜好。只有吸引用户的活动,才能促使其参与。就好比晒娃大赛永远对宝妈中年阿姨人群有致命杀伤力;汽车类问答比赛,游戏抽奖永远吸引着男性用户。

(3)适度的参与门槛。参与门槛高度与参与人数成反比,当然你希望用户深度参与除外。例如,某品牌抽奖需要关注另外一个微信账号,然后到朋友圈分享微信账号的内容,再把朋友圈截图晒到微博并转发好友@品牌官方微博,这种能把人转晕的参与方式,参与人数会很多吗?

(4)有趣的参与方式。参与方式要有趣,有趣能最大化地激发用户的参与热情,活动有趣的参与方式是除奖品外最能吸引用户参与的关键点。

(5)活动需要有情感共鸣点。活动的主题一定要能引起用户的情感共鸣,只有情感共鸣,才能打动非抽奖控和非网站活跃用户。例如:父亲节策划了一个晒父亲背影的晒

照片活动,短短1周获得了1万以上的用户晒照量,整理后又推出了几篇很好的原创文章。

(6) 利用社交媒体传播。一个活动想要吸引更多的用户参与,借助朋友圈关系链是最好的传播方式,怎么合理利用朋友圈,是否适合朋友圈引流也很重要;利用朋友圈不是发一个链接就可以,那么,怎么去设计转发的链接文案和图片呢?怎么激励用户愿意分享到自己的朋友圈?用户愿意分享到社交媒体的原因有:①我获奖了我要晒;②我分享有奖励;③我朋友可能对这个感兴趣;④这个东西太有趣了;⑤情感上打动我了。

(7) 结合时下节点。如果能结合时下热点往往可以起到良好的效果,但是速度一定要快,热点往往会很快过时。

(8) 活动的奖品最好能契合活动策略。不一定是奖品价格越高,用户参与度越高,奖品与活动相关才能达到最大化的刺激效果。例如,宝马5系曾策划过一个活动,奖品是请资深赛车教练教授在雪地上开车的技巧,这对宝马汽车爱好者无疑是一个最有价值的奖品。编者曾经策划一个七夕节秀恩爱的活动,奖品为YSL圆管唇膏的热门色号,公众号文章发出去5分钟阅读量就破万,活动十分成功,公众号粉丝新增1万多。

注意关于奖品设置,如果有费用,可以购买符合要求的奖品。如果费用不够,可以通过寻求奖品来合作。利用公司内容现成资源,例如小玩偶什么的,千万不要觉得奖品没有吸引力,小奖充数也是不错的。还可以设计公司会员虚拟价值,建立不同的会员体系。例如发1000个帖或者消费100元才能升级金牌会员,并将这个作为特权分给用户,获奖用户可以在公众号文章里展示等。再如,生活类公众号可以请用户做一期内容,帮忙润色一篇文章并发布;还可以请学生到公司实习并获得实习证书等。

需要注意的是,某些公司没有奖品费用,但活动介绍有丰厚的奖品,该公司采取最终不发奖或想办法奖给自己公司同事而不派奖来避免费用支出,这样会严重打击用户的参与热情,甚至可能给公司造成负面影响,因此,这样的"空手套白狼"的策划是不可取的。

2. 活动文案

永远不要小觑文案的力量,斟酌每个标题和每个文案将会为活动带来巨大的效果。特别是广告位入口和活动帖子标题需要有一个吸引用户的亮点。

 案例阅读　　　　　　七夕节活动的一个文案

这个充满爱意的七夕,圣罗兰唇膏在灯光下慢慢地在你唇间闪动,令人着迷的芳香在空气中弥散,红唇配着比萨,一口咬下,暖色灯光烘托下更显诱惑。唇间挂着些许的比萨,红嫩的舌头舔舐着唇间的碎屑,一举一动仿似浑然天成,却又满满诱惑。

3. 活动节奏及效率提升方式预估

活动通常会持续一个月甚至更长的时间,在长时间内活动节奏的把控就显得很重要,需要制作一个时间轴去把控每个时间段需要做什么事情?什么时间需要加一把火,通过什么方式去加这个火,让活动保持热度平均。

4. 活动推广传播资源

大家都比较了解传播资源,但应注意针对不同的位置可以设置不同的入口创意,如果在公众号以新闻或者社会事实元素作为素材,会收到事倍功半的效果。

5．活动优化及替代方案

做好替代方案好过措手不及，杜蕾斯在北京大雨事件之后就鲜有非常好的策划了……如果活动效果不佳，应该怎么补救？是通过修改活动机制补救？还是增加奖品？还是通过意见领袖话题引导？还是挖掘用户参与话题并加工传播？

（三）活动执行阶段——当心毁于蚁穴

活动执行阶段最重要的就是要保证活动的顺利开展，同时也需要随时监控活动中的舆论导向，及时删除负面或色情内容。活动执行有几个方面需要留意。

1．活动效果是否正常，是否达成效果预期

一般而言，如果没有达成效果，可以通过以下几种方式进行补救。

（1）提升奖品数量或价值。

（2）增大广告曝光（成本较高）；调整营销转发语，更加适应朋友圈（51微投票等都支持）。

（3）找水军，养一些马甲账号或找外部水军公司，将活动话题炒热。

（4）寻找意见领袖参与，每个公众号都有自己的忠实粉丝，策划人员需要和这些意见领袖保持良好的沟通关系。在活动运营中，他们会给你很大的帮助。

2．活动爆点挖掘

参与活动的新媒体用户有一部分是非常有才的，参与的内容也很有爆点，运营需要随时关注用户的参与情况，将有可能具有传播价值的热点总结出来并加以主推，将话题进一步炒热，基本上所有的微博热点（例如王宝强离婚等）都是从豆瓣、天涯上火热起来并延伸到其他地方，微博用户传播快，以致很多媒体都认为部分梗是从微博上火起来的。

3．监控活动流程

活动有可能有网友分享色情、低俗的内容，也有可能分享地域歧视内容，也有可能分享其他违反国家法律的内容，运营人员需要不断对活动过程进行监控，比较重要的是，对一些不违反国家法律和大多数网友情绪但是有一定争议性的话题可以保持关注，让更多的人参与讨论，有碰撞才会有新的思维火花和传播可能性。

4．活动颁奖

（1）活动颁奖需要尽量地保证公正、公平，永远记住，只要不是机器自动抽取，都会有人有负面情绪和异议，不用苛求让100%的人都满意，但一定要做到大多数人对结果保持满意的态度。

（2）其实活动颁奖完全不是活动的结束，颁奖的过程、颁奖后中奖者的态度及反馈完全可以用下一篇文章呈现出来，会为活动再添加一把火。

（3）奖品是分阶段抽取还是最后统一抽取？奖品分阶段抽取将会最大化刺激用户的参与热情，会把参与者的荷尔蒙一次次带动起来，他会一次次认识到你的活动是真实有效的。

（四）活动总结——为自己梳理

活动做完之后并不意味着活动就结束了，反而是下一个活动的开始，策划人员需要总结每次活动的优劣得失，下次可进行规避或继续沿用，这样，活动才有成长。活动永远是做出来的、运营出来的，每一步都有关联，策划人员要注意以下几点。

（1）活动不是靠这一次有奖参与，而是平时的运营。在平时运营中发掘活动的意见领袖,找到关注你喜欢你的人并和他们建立链接远比活动给予奖品更重要,只有建立链接后,他们才会在你的平台上长期活跃。

(2) 活动是对一部分用户感激的馈赠。活动是为了让用户长久持续地关注企业的平台,而不是为了KPI,所以奖品颁发给活跃用户和意见领袖很重要,普通用户领完奖品可能就和你断开了链接,而活跃用户每次反馈都是加深链接的过程。

(3) 谁说没有奖品就不能做活动策划?按照媒体编辑的思路来做一期让用户自动参与的活动也并非不可行。如果没有奖品但你能做出效果,才说明你是人才。

(4) 目标导向。活动前、中、后期关注目标,随时目标导向,不要为了活动而活动。

(5) 同理心。站在目标用户的角度思考活动机制和活动细节,只有打动自己的策划,才能打动你的目标用户,但要注意,你是站在目标用户的角度,而不是你作为用户的角度。

(6) 巧用各类运营工具,无论是排版还是营销体验,细节决定成败。

三、新媒体营销活动策划技巧

新媒体时代,用户的注意力极其分散,好的活动能让用户产生深刻的印象,因此,策划人员策划的新媒体营销活动要具备以下几点特征。

(一) 活动参与门槛低

活动参与门槛要有,但不宜设置得太高,太高的门槛,不能让用户产生太多的思考。让他迫不及待想要参与其中,才是活动成为爆款的首要条件。

例如大热的活动——柏拉图的"性格标签",据了解,整个活动的PV大约在3000万,生成2000多万张性格标签,App新增注册用户数20万!为什么这么火?其中一个重要的特点就是参与门槛较低,玩法简单又略带神秘感。用户关注公众号后,进入活动界面,输入姓名和生日,马上就能生成带有自己姓名和生日的性格标签。再如曾经在微信朋友圈迅速涨粉100万的大字,用户直接关注公众号,发送用户想说的话,就会生成图片,玩法很直接,参与门槛低,也很容易迅速在朋友圈传播开。

(二) 奖励优惠等外部刺激到位

做活动就是要吸引人关注和参与,无非分为外部刺激和内部刺激两种方法。外部刺激主要有奖品、奖励、打折、优惠、价值给予等。

例如作为最原始的吸引,奖品、奖励是通过参与活动,把一个原本不属于他的东西赠予用户,这是最基本的活动手段。例如品牌官微经常玩的微博转发抽奖活动。

再如"一号店与天猫超市最近的价格战"(图4-9)。打折、优惠都是驱动用户去参与活动的运营手段,要让他觉得这次不参加就亏了,相信这个很容易理解,这种心理人人都曾有过。

价值给予可能相对前面两个是很直接、很功利的做法,可以说是让参与的用户获得了一部分价值。例如梅花网的作品征集活动,在梅花网发布作品集赞,免费赢取作品推广展示位,相当于免费获得曝光,帮你做广告,如

图4-9 一号店促销

图 4-10 所示。

图 4-10　梅花网集赞

（三）活动要有创意

1. 活动形式新颖

（1）有趣。还是以柏拉图的性格标签举例子,每个人的性格标签所打的标签语言都很轻松、很好玩,并不是用一些很专业、很抽象的词汇去给用户打标签,而是采用了大家耳熟能详的网络语言,如"外表坚强,内心玻璃""认真向前看"等幽默搞笑、轻松嬉皮的网络词汇,让用户们在参与了这个活动之后,能有一个轻松、娱乐、网络化的心态,有利于他们在社交网络里分享。

一个有创意的活动可以是游戏化的,其实是人性使然,用户都会喜欢有趣的东西,游戏化的活动往往可以吸引更多的用户参与。现在的 H5 游戏往往是一种集体活动,例如麻将、扑克等,因为集体活动可以带动用户间传播,进而带来新的流量。例如 2017 年"双 11"就是用了火炬传递的游戏来发红包,这个游戏是让好友之间相互点亮红包,在"双 11"预热的时候造足了势。又或者说有些游戏活动是跟自己较劲的,不断地跟自己较劲会让用户上瘾而不停地玩下去,用户活跃度得到大幅提升。例如,百度地图曾经推出一款游戏化的线上活动——活捉萌宠的游戏,用户看到萌宠后不断点击,为萌宠充满能量就可以获得小动物和金币,直到集齐 12 生肖。

（2）玩法新。证明还没有哪个品牌这样做过,策划人员策划活动的时候除了做调研,有谁做了哪些效果卓越的活动,还要找出突破口,什么样的形式还没有被玩起来? 然后做第一个吃螃蟹的人。

要懂得分析成功的活动,探究为什么会成功,为什么这个品牌这么快速地打响知名度,这是每个策划人员都需要去思考、去总结的。随着这两年各种 H5 的泛滥,H5 页面的打开率越来越低了,而柏拉图的性格标签和大字都是用图片形式,图片形式新颖、直观,引人注目,好友间互动性强,更能刺激用户的分享欲望。

2. 满足用户的个性化需求

无论是大字还是性格标签,不管是脸萌还是 faceu,都有一个共同的特点:满足了用户的个性化需求。"大字"的图片,在朋友圈发出来,是很有个性的,满足了用户的个性化心理需求。

3. 活动主题话题性、关联性强

活动主题的话题性够强,主要是对你的用户心理拿捏得准确,创造让他们可以宣泄情感的话题,引起关注和好奇,那么活动就要与用户产生高度的关联性。

　　活动要与用户有关联性,本身活动需要用户,那么创造一些跟用户有关联的话题。性格、头像、个人状态这些话题与每个人都息息相关,性格标签正好满足了用户对自身性格的好奇心。

　　做一个有话题性的活动,不同品牌需要以不同用户群体去确定主题。如果你的产品目标用户是一群广告文案,那么你需要创造一个让文案人都沸腾的活动主题,如"那些年我们遇到过的奇葩甲方",瞬间点燃了这群平时被甲方逼坏了的文案人。

　　再假如企业是搞体育用品的商家,那么来一个"里约奥运会上被吹黑哨的中国运动员"的活动主题帖,引起用户的关注度和民族情感,让用户对你产生深深的认同感,接下来的事情就顺理成章了。

4．活动要有时效性

　　例如借节日的势搞的活动,那么这个活动要有时效性,如果是在节日过后再推出,那么就有可能没有什么效果了。其实时效的线上活动就是通过抓住热点,合理地借热点的势达到品牌传播的目的。而有些时效性是可预见的,例如节日,但有些是不可以预见的,就像春节时微信摇一摇红包,不可预见的主要是看商家的反应能力。一个有时效性的线上活动推广的好处显而易见,就是可以带来很多流量！特别是明星八卦类,很多电商类用这个引流,用户就会比较感兴趣关注这个活动,例如小红书曾用李小璐事件的热点营销。

　　再如支付宝的集福活动,首先,巨额的 2.15 亿元现金红包满足了用户的逐利心理;其次,活动在春节前 20 多天就开始预热,提前 10 天上线,并发布集福攻略,给用户足够的时间参与收集;再有,集福活动具有竞争性、挑战性,满足了用户攀比、炫耀的心理;最后,整个集福活动借助了春节、春晚、送福的噱头,顺应中国人喜欢热闹喜庆的心理,如图 4-11～图 4-13 所示。

图 4-11　集福

图 4-12　春节红包

图 4-13　春晚抢红包

5. 能引起情感共鸣

一个有时效性的活动可以带来很多的流量,那么一个有创意的线上活动少不了情怀类活动。想要一个有情感共鸣的活动,往往在头脑风暴的时候遗忘这个创意,但是,这类活动最容易火爆引发人们的关注和参与。这类的线上活动比较适合公益类,还要是有一定用户基础的产品,在产品内去找情感共鸣,让用户为产品本身而感动,为产品打call,例如百度网盘就有一个说出百度网盘故事的线上活动,这个活动激起了很多用户的回忆。

(四)给用户一个分享的理由

有研究表明,71%的用户不愿分享内容,在活动中最常用的手段就是通过物质奖品激励用户分享,而活动分享的人数很大程度上就依赖于奖品的力度,这属于外部刺激。

而前面所谈到让用户觉得有趣、满足个性化需求、话题性与关联性强等,恰恰是利用了人性的弱点,从用户的虚荣、自我表达、身份认同等角度在活动设计层面去驱动分享的内部刺激。为什么要强调给用户一个分享的理由,就是为了说明,奖品不是刺激用户分享传播的最主要原因,还是需要揣摩用户的心理,研究用户才是必经之路。

线上活动现在是常见的一种营销方法,因为很多商家都会通过线上活动搞营销,或者是推广自己的品牌。如果想要自己的活动有更多的人参与,那么你的线上活动要足够吸引人,有创意,才会有更多的用户参与。有创意的线上活动还有多种,例如是个性化的活动,可体验性的、跨界的线上活动等。一个有创意的线上活动可以带来更好的效果,可以产生裂变活动,有更多的商业价值。

四、新媒体营销活动策划重点步骤

活动从开展到结束,这个过程中的人员配备、活动地点、活动宣传等方面都是需要一定成本的,若企业不进行一番好的策划就开展活动,那么很有可能导致活动成本增加,活动效果不好。因此策划人员需要牢记活动策划的要点,下面就来了解活动策划的要点步骤。

(一)明确活动目的和主题

1. 明确活动目的

为什么要做活动?目的是什么?在开始策划活动前,一定要想清楚这一点。活动的目的就像汽车的方向盘、轮船的舵,活动策划人员只有明确了活动目的,才不会在后期活动运营过程中偏离主线、偏离初衷,就像开汽车、轮船,只有驾驶员把握好了方向盘、舵,才能成功到达目的地。

明确的活动目的与模糊的活动方向有根本上的差异,明确的活动目的必须是一个可量化的数字,而模糊的活动方向则可以用拉新、留存、促转化等词来概括。明确的目标就是活动运营的第一步,目标是之后的一切运营决策的指导方针。例如,"提升新注册用户量"不是明确目标,明确的目标应该是"在3周内,引入1000名新注册用户,且平均每个用户的引入成本少于50元"。这些在"新媒体营销思维"中已经提到过,这里不再重复。那么,怎样去制定明确的目标呢?

(1)明确目标用户和产品特征。活动的参与人群必须要与产品的用户画像相匹配,众口一定是难调的,定义明确且细分的用户群体有助于设定正确的目标。

（2）明确产品当前的生命周期。不同的产品生命周期的运营目标是不同的，在产品的引入期，主要是引入种子用户并照顾好他们的用户体验；在成长期，则需要注重引入符合定位的新用户；产品成熟期就要注意产品的变现。有一个体会特别深刻的例子，就是最近两年来滴滴出行的活动变化，从一开始的大额优惠券到折扣优惠券，再到后来的优惠券仅限制拼车使用，最后到今天只能够用积分换取优惠券。在不同的产品生命周期，让利活动也会随之改变。

（3）研究竞品和行业状况。互联网产品所上线的每一个活动都是互联网人深思熟虑的结果，别人的活动往往对我们策划活动有指导意义。看别人活动的效果优劣，效果好则可以参考；效果不好，则可以直接免去试错成本。例如，2016年下半年兴起的共享单车之战，ofo与摩拜相互参考对方的活动方式，掀起了一轮又一轮的免费热潮。由此可见，两者的运营手段极为相似，如图4-14所示。

图4-14　ofo与摩拜单车之战

（4）复盘总结。我们总是在不断试错中成长，参考过去举办过的活动，能够帮助我们制定新活动的目标。如果有，可以看看过去的复盘。

活动目的确定后，最好把活动的目的转化成目标，即将目的转化成具体的KPI。活动目标一般具有3个含义。

（1）商业目标。即活动背景，设计活动的动机，为了完成哪种商业上的目的，或解决什么样的商业问题。实际上，活动的商业目标概括起来主要有拉新、留存、变现3个。例如，App的下载、注册、付费，公众号粉丝的增长，社群规模的扩大和留存，产品的复购等，都是一个活动被设计出来的理由，目的就是帮助自己达成这些商业目标。

（2）用户目标。即用户需求，表示某一类用户群体及某些需求，当活动被设计出来之后，能够解决用户的这些问题。了解用户需求是活动策划的第一步，要清楚用户现阶段的需求是什么？为什么会有这些需求？尽量一一罗列并进行分析。活动策划人员要做的工作是用什么方式可以满足用户的需求，让他们觉得很满意；最终形成良好的口碑，用户自身也变成了平台的宣传者和推广者，这是最理想的结果。可以从以下几个方面思考。

从用户的心理需求方面挖掘：分析用户当前的心理诉求，做哪些事能打动他们？

从用户的物质需求方面挖掘：分析用户当前的物质需求，他们迫切需求什么？

从竞争对手的调查方面挖掘：通过调查竞争对手的情况，了解他们当前的营销策略，来洞察用户需求。

用户目标是活动主题被订立的直接依据，并且不是盲目设置的，而是经过用户调研、竞品分析、市场观察等确立出来的。例如，"双11"的促销主题，就是因为处于年底的时候，商家要清仓，用户要消费，"双11"正好能满足双方的需求，从而诞生。再如，教育行业经常举行的讲座招生活动，讲座的主题都是基于用户当时需要这方面的内容来解决教育上的困惑，像升学类的讲座，如中考规划、小升初备战等，基本一开设就满座。

（3）活动指标。活动指标是指活动的具体需要达成的数据任务，例如活动参与人数、通过活动转化的人数、通过活动拉新的人数、参与率、拉新率、转化率等。

对活动策划人员来说，找准活动的3类目标，可以保证活动在策划阶段不偏离方向，也能保证活动执行时能大概率达到预期效果。

2．确定活动主题

确定活动目标之后，就要定一个活动主题，主题是为了达成活动目标来制定的，所以活动主题一定要足够吸引人。主题的确定为后期活动宣传提供了具体的、强有力的着力点，用户也能通过活动主题第一时间对活动要宣传的产品建立初步印象。

案例阅读

"网易味央黑猪肉"，这是网易为宣传其跨界之作——"不打针不吃药蹲马桶吃网易定制猪粮的网易猪"宣传主题。中国历史上，从来没有一个养猪场受到如此关注，也没有一个猪肉品牌尚未推出就受到如此多的关注。刚开完的乌镇世界互联网大会，作为互联网公司的跨界之作，网易味央的首次亮相，走了一条和传统肉类品牌不太相像的路子，加上联想总裁杨元庆等大佬们也纷纷背书"我可以证明，丁磊的猪肉确实好吃"。可以说噱头十足。

点析：网易味央黑猪肉可以称为"互联网农业的第一拍"。网易黑猪肉的拍卖活动的效果：①互联网公司跨界养猪有足够噱头，外界对网易猪肉有非常高的好奇和期待。②消费不断升级，中国用户对安全美味产品的需求变高，网易味央正符合他们的预期。③乌镇世界互联网大会后，互联网大佬们纷纷为味央猪肉背书。

活动主题一般不宜过长，要言简意赅、突出关联性、字义新颖、具备一定的独特性。活动主题还可以配个副标题或核心卖点，以衬托主题的鲜明性，让参与活动的用户在很短的时间内清楚活动的核心卖点。例如：天猫"双11"，全场1折起；京东618，满1000送2000；苏宁易购消暑季，0元购；当当购书节，买一送二等。

活动主题一般是根据全年度活动计划来确定的，例如全年的传统节假日、西方节日、行业自创节日等。

（二）选择活动平台

新媒体活动平台的选择至关重要，决定了活动开展的方式及最终效果。前面已经学习过不同的平台营销，这里暂且把活动平台分为自有平台和大众平台。

自有平台：自家的App、Wap页面、微信、微博等。优点是形式多样，可以根据自己的需求去开发功能，也能将流量带到官网；缺点是对技术要求高（一般企业无法操作），推广费用较高。

大众平台：如微博、Qzone、豆瓣、贴吧等。优点是可以利用平台本身的资源进行推广，无技术方面的要求；缺点是活动的形式受到一定限制。

选择好活动平台后，要根据平台的特点、活动的目的策划活动的形式。

（三）构思活动策划方案

活动策划方案的构思及撰写是活动策划最关键、最重要的内容，这是为后续工作提供有效指导的基础。主要内容包括以下几点。

1. 活动对象

活动对象主要是指策划的活动是针对新用户还是老用户进行的，新老用户打的营销卖点各不相同，一般来说，针对新用户的卖点要大一些，成本相对也会高一些；针对老用户，主要维持老用户的活跃性和二次购买和转化，在卖点上的力度要小，成本也会适当控制。例如：针对新用户，可以是注册即送新手礼包、抵扣券、打折券、现金红包等；针对老用户，可以选择送购物、送积分、包邮卡、优惠券、抽奖名额等。

2. 商品选取

爆款的选取：选取1~2款，以低成本（0盈利）、受众广、接受度强、易传播为标准选取。

次爆款的选取：数量根据平台情况而定，以引导二次转化、少量利润空间、成本高低搭配组合的标准选取。

一般商品的选取：数量根据平台情况而定，以盈利空间大、用户易于接受为标准选取。

3. 确定活动时间

确定活动时间包括两个方面：一是确定开展活动的时间；二是确定开展活动的周期。

活动时间没有固定的标准，以活动效果预估为准，时间的长短取决于节日的时长和热度，因实际情况而异，线上活动的时间不宜过长，活动时间过长会影响用户的参与兴趣，建议15天内完成。

另外，很多时间节点不仅非常有利于活动借势宣传，而且经常能成为做活动的理由。一般而言主要有三种时间可供选择。

（1）传统节假日。例如，春节、元宵、七夕等，这些节假日有一个共同特点：时间固定不变。它们的可预知性和必然性大大方便了活动的借势，有足够的时间做好充分的活动准备，以便达到最佳的效果。不同的节假日都有其独有的标签。如情人节的玫瑰花、巧克力、告白、约会等；春节的红包、春运、送礼、相亲等；国庆节的旅游、看书等。需要注意的是，如果要在清明节、中元节等纪念先祖的节日开展活动，必须十分谨慎，以免造成用户的反感。

（2）电商大型促销日。例如淘宝"双11""双12"、京东618、苏宁易购818、亚马逊黑五日等。这些促销日经过一定的时间发酵，用户已经非常熟悉，所以借势电商大型促销日做活动,可以大幅减少教育用户的时间,达到事半功倍的效果。但需要注意的是,借助这些大型的电商活动日要跟随其特点,因为用户没有精力去关注其他不相关活动。

(3) 热门事件。跟前面说到的节假日和促销日不同的是,热门事件分为可预知和突发性两种情况。可预知的热门事件,例如各种新品发布会(苹果发布会、小米发布会等)、大型的赛事(世界杯、奥运会等),这些事件虽然不是每年都有,但都能提前几个月知晓时间,因此也给借势留有足够的时间去准备。突发性热门事件,顾名思义,就是不能被提前获知的、突然发生的事情。当然如果是选择热点做活动,活动的素材必须与热点事件吻合才能达到事半功倍的效果。

总之,借助移动互联网优势给新媒体营销活动带来了更多的时间选择,不只是店庆、节假日、换季,一次热点事件也能成为很好的选择。

4. 活动形式的确定

活动形式的确定是指确定活动的互动模式、活动的规则、活动的基调,也就是你想怎么和用户互动以及用户怎么参与你的活动。这一步是关键步骤,会直接影响活动参与人数,从而影响活动最终效果。营销策划人员要注意结合活动的目的和平台特点去选择并且创新。活动形式的选择首先要具备以下两点。

(1) 易传播。要做到活动分享者和被分享者都有利益好处,这样才能形成传播效应,参与的人将会越来越多,同时将分享者和被分享者间接转化成自身会员。如京东推出的"瓜分京东豆,抵现金"活动,拼多多推出的"免费拼单"活动等,在做活动分享的同时间接获取了大量的用户,从而实现了用户分享裂变。

(2) 吸引力。活动卖点的吸引力是活动转化的催化剂,一般的表现形式为买即送、全场××折起、买×送×、预充×××元送×××元、限额免单、限额抽大奖、秒杀等。不论采用哪种形式,最终都离不开可控的成本原则,将成本的性价比最大化,但又不失去吸引力。每策划一场活动,可以适当性地打造一两个爆款,利用爆款做引流和拉新,再通过次爆款进行二次引导,打造一个持续消费模式。

新媒体线上活动的形式有很多,包括抢楼、秒杀、有奖转发、有奖征集、投票、签到、答题等,下面介绍几种常见活动形式。

(1) 投票。投票活动不仅可以提高现有粉丝的用户黏性,还可以不断吸引更多的新粉丝,吸粉固粉效果好。现在的最美孕妈、最萌宝贝、父亲节、母亲节投票等活动屡见不鲜,这类投票营销在当下十分受欢迎,举办之后能够取得很好的推广宣传效果。咪咕汇数乐联盟最佳人气歌手微博投票,半熟人众筹投票,如图4-15所示。

(2) 补贴。补贴这种方式的第一步往往是获取规模,在很短的时间内被巨大的用户群接受和使用,是生活服务类的产品用得非常频繁的一种活动形式。以美团外卖为例,点外卖会得到一个红包,红包分享出去(图4-16),自己和他人都能领,吸引更多的人使用他们的产品,也让分享的人能够持续地留下来。近期美团外卖优化了红包的玩法,在分享的时候会显示第几个红包是最大的。一来丰富了玩法,二来用户清楚地知道第几个红包最大的,更能引导持续地分享。不得不说,这种补贴的形式确实给美团外卖带来了大量的新用户。

(3) 抽奖。抽奖也是经常使用的一种形式,营销策划人员需要提前设置中奖概率、中奖比例、中奖人数、奖品、参与条件,并且可以设置转发条件。例如通过使用微信小程序,"双

项目 ❹ 新媒体活动营销策划

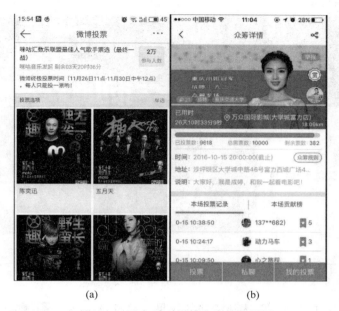

图 4-15　人气歌手微博和众筹投票

图 4-16　美团外卖红包

11"各大商铺收藏店铺参与抽奖等,如图 4-17 所示,设置一个抽奖活动,设置奖励产品,吸引用户。抽奖时一定要公正、公开、公平,选择奖品也要慎重,有吸引力的奖品才能让更多的用户参与进来。

(4) 话题互动。通过有吸引力的话题,让用户参与你的话题讨论,带动用户活跃;通过鼓励用户提供正面的话题,以达到活动的效果。话题互动的形式非常多,可以通过节日、时事热点等方式展开。依赖媒体的力量和用户的口碑,让产品或服务成为用户谈论的话题,通

图 4-17 "双 11"抽奖

过鼓励用户提供正面的话题,以达到活动的效果。健身 App 和美食 App 的活动就经常采用这种形式,例如 Keep 的"1 周年,说说 Keep 带给你的改变"(图 4-18),通过健身达人都喜欢展示自己的健身成果,社区话题给了他们很好的展现空间,供健身小白仰望。反过来说,对健身小白也是一种激励。微博的#带着微博去旅行#很好地利用了"假期"这个热点(图 4-19),通过话题引导用户 UGC,后续开始借此商业化。

(5)游戏。通过玩游戏的方式,植入产品的信息或获取产品的优惠。游戏活动形式最棒的一点就是它有反馈,结果可预期,用户只要付出就有回报;只要不断努力,就能获得胜利。这种活动形式电商运用得最为广泛。例如支付宝在每年的"双 11"都会推出一系列获取优惠券的小游戏,如图 4-20 所示。

图 4-18 Keep 的"1 周年"

图 4-19 带着微博去旅行

图 4-20　优惠券小游戏

（6）抽奖、砍价与秒杀。这是最简单也最吸引用户的一种活动形式。这类活动一般是促进用户在线支付为主，通过秒杀、砍价、拼团活动等，商家可以发布优惠力度大的商品，让用户在有限的时间里购买到优惠商品，提高某商品的销量。对于喜欢在线购物的用户来说，的确是一个吸引人的活动。电商对这种活动形式也运用得很多，例如苏宁易购"818 狂欢节"，对部分产品直接进行折扣促销；天翼用户中心的充值活动，则许诺"云南双人游"的利益，吸引用户充值。再如，"朋友帮我砍一刀呗"，拼多多靠着砍价收获了上亿用户，砍价拼团形式多以付费转化为活动目的。关键在于参与难度的设置，包括砍一刀金额、砍价上限、最低购买金额等。

（7）打卡签到。签到是目前产品促活的主要手段，每天/长期签到可以获得奖励，通过这种形式增强用户黏性，常用于阅读、购物、健身类产品。这种活动形式成功的关键是设置匹配当前用户属性的奖励。如果是阅读类，可以设置签到送阅读权限；如果是购物网站，设置签到送购物券，如图 4-21 所示。

(a)

(b)

图 4-21　签到促销

例如世界杯期间举行活动就是一个不错的选择,提高用户持续参与活动,同时也可加深用户对品牌的认知。注意:这种形式的活动由于参与周期较长,所以要确保活动主题具有不错的吸引力前提下,再选用这种形式开展活动。

(8)投票比赛。用户进行投票,投票第一的可以获得奖励,或参与投票可以获得奖励。这种活动经常用于品牌传播,可以获得一批精准的粉丝。在朋友圈经常可以看到投票活动,不管是活动中的参赛者或是支持的粉丝,都会很积极地发出各种分享、拉票,提高参与用户活跃度的同时,也对活动进行了传播,如图 4-22～图 4-25 所示。

图 4-22　女神节比拼

图 4-23　摄影大赛

图 4-24　人气王拉票

图 4-25　评选最佳员工

(9)答题活动。营销策划人员可以利用各种新媒体平台及工具策划答题活动,例如很多企业经常会用到答题 H5,尤其是一些有爆点的答题问卷尤为受欢迎,这类答题 H5 作品传播的速度也非常快,很容易就成为当下的热门话题。答题 H5 营销在公众号吸粉、企业宣传及产品推广等方面都有着令人满意的效果。答题的玩法很多,例如视频答题、整点答题、在线问答、趣味测试、闯关答题等,如图 4-26~图 4-29 所示。

图 4-26　场景问答

图 4-27　党政问答

图 4-28　元宵节猜灯谜

图 4-29　政府答题

(10)用户征集。策划人员可以开展用户征集的活动,采用投稿征集内容,选中者将获得奖励。投稿的内容要是用户感兴趣的,并且方便提供的,例如摄影照片、买家秀、设计作品,如图 4-30 所示。这种活动形式对品牌方的影响力和用户黏度有较大的要求。

  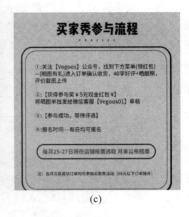

(a) (b) (c)

图 4-30 买家秀

（11）竞猜有奖。利用用户的侥幸心理，猜对就有奖。竞猜形式通常出现在体育、竞技领域，华帝世界杯夺冠营销"法国队夺冠，华帝退全款"，不仅提升了品牌知名度，更是促进了产品的销售。如图 4-31 就是"双 11"的一个精彩有奖活动。

图 4-31 "双 11"精彩有奖活动

策划人员在策划活动形式时，往往会对两种以上活动进行叠加。例如：抽奖＋红包＋签到，投票＋抽奖＋红包，征集＋投票，征集＋换装＋投票，拼团＋打卡＋红包等。新媒体营销活动不仅有以上几种，无论采用什么活动形式，都包括很多元素，这些组成的元素可以根据营销的目的及产品进行替换，从而使每个活动都与企业的产品调性更加融合。例如，同样是打卡签到获取奖励，与健身相关的就是连续打卡可获得健身荣耀勋章，与汽车相关的就是连续签到可以获得一桶油（可去加油站兑换加油），与教育相关的就是连续签到可以获得优惠券或体验课等。关键就是让企业的活动更加贴合产品调性,让用户更加自然、更愿意接受这个活动。

注意: 活动策划人员在设计人员设计活动界面及开发人员实行活动功能的过程中也要跟进,不断协调优化活动,活动完成开发后,需测试确认功能完善。

5. 活动规则

主要针对活动的一些细节加以说明和约束:活动针对的用户对象是新用户还是老用户或者不区分;符合什么样的条件才能拿到活动奖励;哪些商品是活动范围内的;是否设置消费额度门槛;是否对奖励名额有限制;是否要对参与活动的用户设置参与门槛;需要说明活动入口,如 PC 端、App 端、WAP 端;本次活动奖励是否与其他活动重叠;活动奖励发放时间的说明;对活动有疑问联系客服方式说明;本活动法律允许范围内解释权归自身所有说明等。

活动的参与规则要尽量简单,用户一眼就能看出"需要做什么,就能获得什么"。把核心信息放在页面最显著的位置,其他描述点到为止,要简洁,图文结合,以此降低用户的阅读成本。如图 4-32 所示网易考拉说明好友邀约活动的玩法就非常简洁。

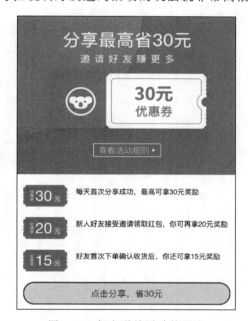

图 4-32 好友邀约活动的玩法

(四)制订活动工作的详细安排

制订活动工作安排表也是活动策划者需要关注的问题,更是活动策划不可缺少的一环。活动策划者在进行工作安排时需要细分工作表,同时还要制订好合理的、具体的完成时间。注意设计活动流程的时候最好将时间安排到分钟,越精细越好,这样可以克服工作落实慢的弊端,具体的流程表,需要根据活动内容合理制订,不要套模板,应做出一个与众不同的流程,且各个流程之间的时间一定要精确,并将整个活动连接起来。

下面分别是一个活动推广安排表和活动运营进度流程表,模板不一样,但都是对整个活动流程进行了详细的安排,见表 4-9、表 4-10。

表 4-9 活动推广安排

月份	时间节点	活动类型	活动名称	具体安排	配套产品	预测效果
1月	1.5、1.10、1.11	硬广活动	最好的****	通过硬广的拉动，配合店铺内满赠及限时折扣	冬季保暖内衣套装	着重品牌知名度的提高，提升销售额，1月5日—1月13日已完成25万元销售额
	1.20—1.30	新品活动	春季尝鲜季	店铺版面更新为春季活动，对新品做预热，预定新品9折并包邮		通过折扣方式保留店铺关注热度，对2月上新做预热，预计销量不大，但是会对2月新品销售额占有帮助
	全月	日常活动		店铺首页BANNER、宝贝详情页活动、掌柜说发布相关春季新品活动及具体商品链接，转发即可享受新品9折优惠	春季薄款内衣为主，家居服5款、老款已有产品7折	积累春季新品的人气，为年后销售做铺垫
2月	2.1—2.6	节日活动	猜灯谜过元宵	首页BANNER、通过转发掌柜说猜灯谜、获店铺优惠券、满赠	冬季保暖内衣套装	优惠券用于提高店铺客单价，增加粉丝数量及关注热度，同时清冬季库存，预计销售额占当月20%
	2.7—2.14	节日活动	"顶"知我心	首页BANNER、推出情侣套装、满赠情人节小礼物（内裤类）	彩棉、棉氨系列保暖内衣情侣装各2~3款	借活动出售库存，并铺助推广服，预计销售额占当月30%
	2.20—2.28	新品活动	我有我家居	家居服上新预热，预定新品9折并包邮。版面以春季版面为主，加入家居服活动区域		通过折扣方式保留店铺关注热度，对新品上新做预热
	全月	日常活动		店铺首页BANNER、宝贝详情页活动说明、掌柜说分享有礼，赠送优惠券	家居服、薄款保暖内衣	维持日常与买家的互动，提高店铺关注度，积累人气
	每周四	日常活动	老客户营销	店铺首页BANNER、老客户专享，每周四定为老客户感恩日，提供4款在当日店铺基础价格上8折的商品		提高老客户重复购买率
	2.28—3.11	节日活动	关爱女性	店铺妇女节专场，全店冬款5折、春季新款7折且包邮买女性化产品首页面改版，活动期间同购		增加春款销售比重，预计销售额占当月20%

表 4-10 活动运营进度流程

时间排期	序号	活动跟进内容
提前一个月	1	活动策划
	2	活动方案的确定及审核
活动前 25 天	3	打印活动方案签字并归档
	4	活动着陆页原型图出稿
活动前第 20 天	5	PC 端活动着陆页 UI 设计图的制作
	6	对外活动新闻稿的撰写
活动前 15 天	7	H5、App 2 个端口活动着陆页 UI 的设计
	8	活动着陆页 3 个端口的 UI 设计图的审核
	9	新闻稿的出稿
	10	新闻稿的审核
	11	新闻稿及公众号推文的对外发布（预热）
活动前第 10 天	12	PC 端活动着陆页开发（加流量统计、渠道跟踪代码）
	13	新闻稿提交给运营专员、seo 专员
	14	活动公告和短信内容编辑
	15	活动着陆页 TDKA 的编辑
活动前第 7 天	16	H5 和 App 端活动着陆页开发并完成（加好流量统计、渠道跟踪代码）
	17	新闻媒体的发稿
	18	论坛活动贴的发布（5 个网贷论坛，活动期间每个论坛发 3 次，活动标准自行变化）
活动前 3 天	19	PC、App、H5 等端口的测试
	20	PC、App、H5 等端口活动 BANNER、着陆页正式上线
	21	PC、App、H5 等端口活动公告的发布
	22	活动预告：把活动上线信息通知在公司内部的 QQ 及微信群、线上线下 QQ 及微信群
活动当天	23	活动短信发布
	24	活动正式开始信息发布（公司及客户的所有 QQ 群、微信群）
活动进行中	25	活动跟进与统筹
	26	活动数据导出
活动结束后的第 1 天	27	PC、App、H5、WAP 所有端口活动素材的下架
活动结束的第 3～5 天	28	活动数据提取
	29	奖品统计、申请、购买、发放等
	30	活动数据分析与总结
	31	活动总结会

（五）活动推广策划

好的活动也要有好的渠道去推广，毕竟酒香也怕巷子深。活动上线前的预热造势非常有必要，不仅起到传递活动开展的信息、告知的作用，而且决定了能否提前引来爆点，预热可以传达活动直接的利益点,让爆点被提前挖掘,自觉成为传播的话题,就像前面提到支付宝集福活动。策划人员也可根据预热效果预估活动上线后的效果。

例如,运营人员要策划一个线上分享活动,可以利用海报、文章推送的形式提前一个星期告知活动受众,哪一天将上线一个什么的活动,如图 4-33 所示。活动信息能否准确及时地传递给目标人群很关键,告知是一切活动执行的先行条件,预热能够实现告知的作用,所以活动前的预热必不可少。

图 4-33 中国年福气年

推广渠道按定义区分,可以分为付费渠道和非付费渠道两种。

付费渠道,顾名思义就是给钱去推广,例如搜索广告、大 V 转发或微信广告等,这里不做详解。

除产品本身承载的平台外,目前比较常见的非付费渠道推广的方式就是资源互推。如果是通过微信公众号互推,则需要筛选跟活动相关性比较强的公众号,再与对方负责人洽谈互推资源的相关工作,约定好上线时间、互换的用户流量以及不够量的时候如何补足的一些相关事项,需要注意的是,要能够有效监控每个互推渠道的数据,这样才能在后期核算流量的时候做到有理有据。

是否采用渠道宣传,取决于活动规模大小,同时也要视活动发起公司的预算情况决定。

当然免费渠道推广是首选,因此结合自媒体平台、微信公众号、微信群、短信、行业论坛、一定数量的网络媒体等推广是当前性价比较高的选择。预算不足的情况下,付费渠道(像搜索引擎关键词、信息流、大 V 等)可以尝试只做品牌广告。

(六)估算活动整体的具体花费

有效的活动策划应该是利用尽可能少的成本获取最大的回报,所以在正式开始活动方案之前,必须对活动营销费用进行预估,要通过规划控制让费用发挥最大的效果,定期分析优化账户结构,减少资金浪费,让营销的效果达到最大化。

新媒体营销活动的费用主要包括人力成本、奖品费用和推广费用,可以根据实际情况进行安排。对活动策划者来说,首先需要把活动的经费去向罗列清楚,如此才能把控好活动经费的支出,也能让企业管理者快速了解活动经费的去向,从而放心地将活动经费交给活动策划者。

活动策划者需要根据活动类型、活动项目、企业具体情况来制作真实、合理、详细的活动整体预算表。预算需要考虑活动商品成本、活动奖励成本预估、活动的分享和宣传成本,再加上活动的策划和前期准备成本等。

拓展阅读

不涉及成本的活动方式有很多,既可以通过与商家合作,由商家提供奖品在活动中宣传商家的方式;又可以通过别出心裁的创意吸引用户,例如引爆朋友圈的"1元购画"的公益活动。这里讲的是需要付出成本的活动,应该如何做预算? 首先,要结合目标。如果目标不涉及利润,则需要了解公司要求的人均成本是多少。假如目标是拉新,公司要求的拉新成本是在5元以内,则预算的计算公式为:预算=人均成本×目标拉新数。如果目标涉及利润,即增收,则需要考量的因素更多。首先,要知道产品的成本;其次,要了解公司规定的毛利率必须在多少以上。举例来说,假如A产品单价100元,成本80元,公司要求毛利率不得低于10%,那单笔订单的活动成本计算公式为(100-80)-100×10%=10(元),也就是说,原毛利是20%,公司要求的是10%,即还有10%的空间用于活动成本。概括就是,活动预算=[(产品单价-产品成本)-产品单价×公司规定毛利率]×目标订购量。

(七) 效果预估

一个活动策划方案是否有价值,关键就是对活动效果的评估,要看活动前和活动后的对比,核心看是否达到预期的目标。也就是说,活动结束后的指标要比活动前更好,这才说明活动策划方案是有价值的。刷屏与否、业内口碑好坏等,都不是最终评判标准,只是现象。重点要看活动对产品的关键指标是否有提升。前面已经学习过不同平台营销效果评估指标,活动一般是在一定的新媒体平台上开展的,因此,可以通过开展新媒体营销效果评估来进行检测,这里不再重复。

图 4-34 转自 36 氪的《春节大考结束,我们拿到了抖音快手微视的成绩单》这篇文章,是

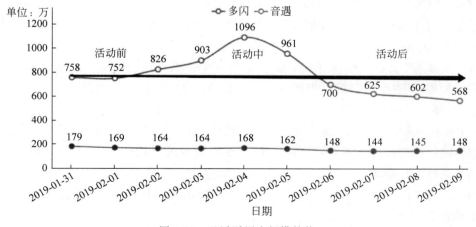

图 4-34 日活跃用户规模趋势

多闪在春节活动前后的DAU(daily active user)日活跃用户数量趋势。可看出活动后的效果反而低于活动前,从一定程度上可以说明春节活动并没有为多闪带来持续活跃,这个活动的效果不好。

这个数据来自第三方的绝对数字,不用太在意,但可以参考趋势,可以借这张图来了解活动策划的效果。

拓展阅读

如果选品较多,那么不能一一按每个商品进行预估,只能按照所有商品的平均价格,以及平均成交数量、平均成交成本等进行预估。效果评估相当于是对整个活动的投入产出的预估。包括预估投入多少、人均成本多少、多少人参与、产出多少、利润多少、投入产出比是多少、对后续活动的借鉴意义等。预算和预估效果都必须处于合理的范围,且性价比高,让领导感受到做这个活动的必要性,这才是最重要的。

最理想的活动效果是活动后的数据高于活动前,说明带来的增长不是一时的,而是真正地把产品功能推给了用户,引导、教育用户发现产品卖点,培养用户养成使用习惯,这是活动对产品的价值。所以,活动最终目的是要找准几个核心指标,对比活动前后的差异,关注后续的持续效果。

(八)其他

策划人员在活动策划的过程中,还有以下一些注意事项。

1. 应对突发情况的备用方案

活动的总方案至少会在活动开展前的1个月进行策划,由于无法预测活动当天会发生的事情,所以活动策划者需要制订一份备用活动紧急方案,以应对突发情况带来的难题。

2. 活动风险的预测及预案

在活动的执行过程中可能会出现各种各样的风险,以下提供几种可能出现的活动风险及其解决方案。

(1)安全风险。对运营人员而言,活动红包被刷是最为常见的安全风险。限制IP、验证手机号是运营人员的常用手段,在活动上线之前,可以与安全团队进行详细的沟通,以避免活动中出现安全风险。

(2)法律风险。我们应该详细了解广告法,了解一些可能会使用,但是又不能使用的文案,如"最""第一""国家级"等。当遇到一些自我感觉可能有风险的用词时,必须主动询问法务同事,不要为了一时之快而酿成严重后果。

(3)系统风险。活动开始后,可能会由于出现各种原因导致系统瘫痪及系统故障等负面影响,在活动进行之前,需要做足应急预案,了解对象的事故负责人,事故一旦发生,可以让责任人快速定位解决。

(4)活动宣传不到位导致活动效果平平。增加活动宣传渠道,选择流量更大的渠道;更换活动宣传文案。

(5)活动奖品诱惑力不大,用户不买账。更换活动奖品;修改活动中奖机制,增加奖品数量。

（6）用户作弊，小号刷数据、注水。修改活动规则限制小号；实时监控活动数据，对疑似存在作弊账号进行查封。

（7）活动上线平台规则解读不清，活动存在诱导分享或关注等问题。调整活动参与机制；多准备几个账号、域名。

3. 数据监控与统计

活动是一种短期刺激运营指标的手段，作为一个活动运营人员，只有通过对活动数据的实时监测，才能了解活动进行过程到底发生了什么，而策划人员还需明白数据所反映出来的信息。一次活动运营下来，我们需要了解各渠道的引流效果、用户的参与情况和财务情况，每个类型的数据指标有很多项，一些数据需要我们在活动运营当中持续监控，而一些数据则只需要有所统计，待到活动结束后，再拿出来复盘即可，通过对活动实时数据的解读能发现活动中存在的问题，并及时做出调整、优化，使活动回归正道，达到预期效果。

那么，哪些数据需要我们持续监控呢？一般来说，需要实际监控的数据有两种：一种是与活动目的高度相关的数据；另一种是与投入的成本高度相关的数据。

核心数据：如果你要提升销售额，那么客单价和用户下单次数就是核心数据；如果是要提升内容消费者的内容消费量，那么每天平均阅读量和内容消费者设备数就是核心数据。

投入的成本高度相关的数据：像引流渠道的用户转化率，则需要持续监控，一旦发现某渠道投入产出比很低，则要及时关停，从而避免之后的巨大损失；而像奖品库存，也是需要实时监控，随时调整中奖概率和增加库存。

4. 活动结果公布

活动结果及时公开、透明的公布非常有必要，不仅可以让"辛辛苦苦"参与活动的用户知道他们有没有中奖，还可以为下次做活动积攒口碑，因为这样能让参与活动的用户认识到××公司策划的活动确实有可能获得奖品，只是自己没中而已。

在公布中奖用户的信息时，能详细的尽量详细（包括公布用户 ID、获得分数、排名、对应奖品等），表明活动方确实按照活动规则评选中奖用户，活动公平、公正，无猫腻，提升品牌形象。

5. 活动复盘总结

（1）活动复盘的意义。曾子曰："吾日三省吾身——为人谋而不忠乎？与朋友交而不信乎？传不习乎？"这是对自己的复盘。那么活动复盘是指什么？复盘，源自围棋术语，是指对局完毕，复演该盘棋的记录，以检查对局中招法的优劣与得失关键。

活动复盘有承上启下的作用，承上是指本次活动项目接纳了上一次活动的哪些优点，避开了哪些缺点；启下就是经过复盘后，得到本次活动可以被下一次活动所传承的优点。

没有复盘性的活动总结，活动只会越做越差。只有对活动整个过程进行细致的梳理、分析、总结，才会凝聚成你的经验，而不仅是经历。复盘总结可以帮助你找到这次活动本身的不足之处:活动的目标是否完成,完成情况如何?活动中用户交互是否不够顺畅,哪里还可以优化?活动出现哪些突发状况,这些突发状况有什么解决方案?活动数据出现波动的缘由?并对导致数据波动的原因进行详细分析,划分主次、内因外因等。复盘总结可以帮助你了解活动过程是否有竞争对手复制活动,如有复制,是否在下次做活动时能设置一些技术屏障增加复制难度。例如,性格标签火爆当天,朋友圈其实出现了很多个版本。

复盘总结还可以帮助策划人员收集用户喜好(活动中用户意见反馈)及筛选出优质的渠道,方便选择下次活动宣传渠道。

(2) 活动复盘的方法。PDCA 循环是美国质量管理专家休哈特博士首先提出的。全面质量管理的思想基础和方法的依据就是 PDCA 循环。

PDCA 循环的含义是将质量管理分为 4 个阶段,即计划(plan)、执行(do)、检查(check)、处理(act)。在质量管理活动中,要求把各项工作按照做出计划、计划实施、检查实施效果,然后将成功的纳入标准,不成功的留待下一循环去解决,这一工作方法是质量管理的基本方法,也是企业管理各项工作的一般规律,即制订计划→计划执行→效果检查→优化/处理→下一个循环,如图 4-35 所示。引用这个质量管理的方法论,是为了使活动复盘的流程有据可依。

图 4-35 PDCA 循环

(3) 活动复盘流程。

① 项目描述。做这个事的动机和背景是什么?

② 目标跟进。回顾活动项目的指标,想要达成这个指标所采用的策略和计划是什么?实际结果如何?实现了目标和关键结果吗?如果实现了,有哪些优点可以继承,是否还有优化的空间,记录下你的优化方案。

没实现的原因是什么?哪些地方未达预期,如何改进,写下改进方案。

③ 分析结果。针对"目标跟进"总结的"优点"进行分析:主观原因有哪些;客观原因有哪些;真正起作用的关键成功因素是什么,是否可以继承?

针对"目标跟进"总结的"不足"进行分析:主观原因有哪些;客观原因有哪些;最重要的根本原因是什么,应该怎么去解决?

④ 提炼经验。提炼经验是我们要通过一次次的复盘,总结得出一种可以复用的方法论。例如,一个营销活动项目中,往往用户的心理需求是不会变的,常用的玩法基本上不变,运营指标一般有拉新、促活、变现、分享传播等几大类,问题是怎么将复盘中的精华运营到新的活动项目中,进行优化迭代。

五、撰写活动策划方案应注意的事项

活动策划人员在进行活动策划前,需要撰写活动策划方案,撰写活动策划方案需要注意以下事项。

(一)活动策划方案封面与目录

一般来说,活动策划方案的封面上,活动的名称是必须要的。其他内容按自己的需要添加即可，如图 4-36 所示。

Bxxx 北京××××技术学院

校园科技艺术节活动

策划方案

主办：北京××××技术学院团委

2020年12月1日

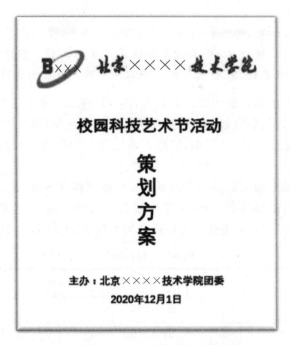

图 4-36　活动策划封面

目录一般是所有内容完成之后自动生成的，两级目录即可，大家一翻目录，就能清楚地了解整个策划书的基本框架，如图 4-37 所示。

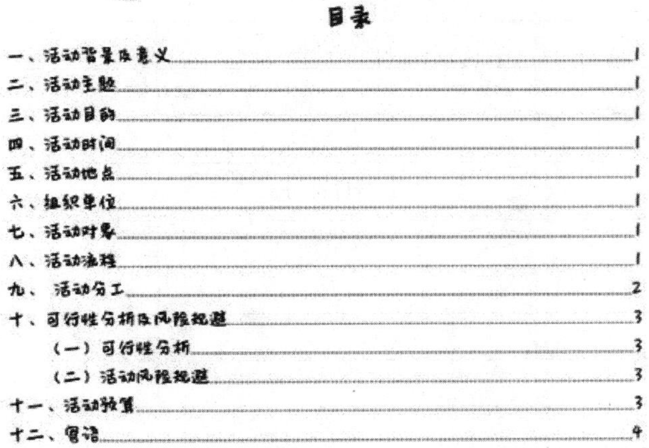
目录

图 4-37　目录

（二）建立 SOP 表

活动策划方案包括活动实施的每个细节及具体的环节，一般确定活动目的，为使活动方案能够有序地进行，一步步落实，策划人员需要建立一个 SOP 表。

拓展阅读

SOP(standard operation procedure):即标准作业程序,就是将某一事件的标准操作步骤和要求以统一的格式描述出来,用来指导和规范日常的工作。SOP的精髓,就是将细节进行量化,用更通俗的话来说,SOP就是对某一程序中的关键控制点进行细化和量化。

假如你是一个大型电商促销活动的策划人,你应该注意哪些核心问题,这些核心问题如何整合到SOP表?通常我们策划一个活动会从运营指标出发,以资源类型及消耗数量为基础确立一个大致的活动主题、活动周期,然后再研究具体的玩法、创意、设计风格、应急预案等细节。

下面以某自营直采电商大促活动为背景来分析如何建立SOP表。首先,策划人员需要针对整体营收目标进行指标拆解。例如,按阶段拆分为预热期、正式期、返场期;按用户拆分为新用户营收、老用户营收;还有按类目拆分为类目A、类目B、类目C,如表4-11所示。

表4-11 指标拆解

整体营收目标	********	
按阶段拆分		
阶　段	营收指标	日均
预热期		
正式期		
返场期		
按用户拆分		
用　户	营收指标	占比
新用户营收		
老用户营收		
按类目拆分		
类　目	营收指标	占比
类目A		
类目B		
类目C		

制作SOP表时,目的是清晰地表达活动的全流程关键节点及核心负责人等信息。按照活动的准备需要,在时间维度上分为筹备期、预热期、正式期;整体项目安排分为促销线、推广线、商品线3条线。

其次,制作SOP表。有了这两个项目顶层思路,接下来的就到执行落地阶段,每个工作线都有哪些重要事件?每件事落实到哪个责任人?这些问题都可以在SOP表中呈现出来,如表4-12所示。

表 4-12 某自营直采电商促销活动 SOP 表

工作线	项目	事项	负责团队/人	筹备期			正式期
				1月	2月	3月	
整体项目安排		大促启动会、大促策略沟通					
促销线		促销方案确认	***				
		开发资源与功能确认	***				
		交互开始	***				
		文案设计	***				
		方案在页面中的细节整合	***				
		交互定稿	***				
		视觉设计	***				
		功能开发及测试	***				
		页面录入	***		过年		
推广线		市场整体方案确认	***				
		渠道沟通与合作	***				
		推广物料制作	***				
		上线投放	***				
商品线		商品策略沟通和确认	***				
		供应商报名与通知	***				
		页面和渠道选品沟通会	***				
		商品录入及装修完善	***				

最后,进行核心模块的协作分工。

策划人员需要注意在活动执行层面对活动事项进行分割,落实到每一个负责团队/人,例如活动设计、市场传播、渠道推广、商品规划、用户营销、机构激励、数据支撑等事项,如表 4-13 所示。

表 4-13 核心模块协作分工(例)

事项	负责人	方案出具时间	具体内容	
活动设计	***		(1) 活动主题: (2) 活动时间: (3) 优惠策略: (4) 活动流程 ① 预热蓄客: ② 正式玩法: ③ 返场设计: (5) 会场设计:	
市场传播	***		目标:结合促销策略,通过花样的玩法,提升促销的品牌度和用户参与度,扩大传播	
渠道推广	***		渠道销售	渠道一:
	***			渠道二:
	***			渠道三:
	***		渠道流量	拓展渠道,提升精准流量,拉新蓄客、为促销转化提供用户基础,特别是新用户。效果类渠道+其他渠道
商品规划	***			
用户营销		***		
机构激励		***		
数据支撑		***		

(三) 开展活动创意的注意事项

策划人员要站在整个活动之上的角度思考,到底还有哪些亮点,是服务升级,还是价格优势,抑或极具创新?服务升级、价格优势其实都不在活动运营的能力范围,在确保不影响活动核心的前提下,创新是非常重要的一环。

一般来说,一个活动策划往往由一个团队共同完成。同样以某自营直采的大促活动为例,在创意部分,策划团队就设计了游戏派发优惠券、爆款清单、时光机、多重 H5 活动、消费返佣金等创意呈现(图 4-38)。

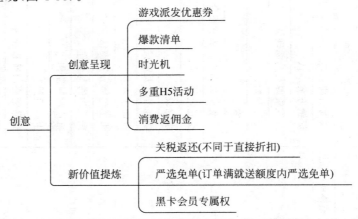

图 4-38 某自营直采大促活动创意

创新是实现活动具有创意性的重要元素,那么,活动策划又该如何进行活动创新呢?

创新是一个合格的策划人员应具备的基础条件;从实现的层面来看,创新是手段,不是目的,是通过一系列创新手段去达成业务的目的。但是不要认为创新是很高大上且遥不可及的事情,创新是可以通过后天获得的能力。

创意的部分往往是最核心的,会涉及设计部门、运营部门与开发部门之间的头脑风暴,对策划人员来说,学会跨部门协调也是一项必备技能。其中,需要强调的是,在策划项目中,策划部门担任主角,设计部、开发部都是根据运营部的需求来配合,所以作为策划,需要明白自己的角色定位,学会从运营指标出发,学会提需求,更重要的是学会如何协调资源与跨部门沟通。

在实际操作上,活动策划团队可以与技术、设计部门采用头脑风暴法,进行活动创新设计,并将创新过程记录下来,后期进行整理。

(四)团队协作分工

1. 画活动原型图

一般情况下,策划人员都是通过活动原型图去形象地表达活动的运营需求。这也是设计、开发部门开展工作的唯一参照依据。因此,活动原型图务必要做到准确无误。这也是活动策划的基础能力之一。不用的活动有不同的方式,有的需要先画活动的思维导图或流程图,有些直接画原型图,这并没有好坏之分,只是工作习惯的差异。一般可以先画出主干,如活动主页、加载页,然后跳转页、公共页等;主干有了,接着就是枝丫,如弹框、提示等;最后就是叶子部分,如按钮、文案、说明等。主干、枝丫、叶子都有了,接下来就是它们之间的连线,连线往往是链接功能的触发点与功能的显示,有指引说明的作用,也是逻辑走向的体现。图 4-39 所示为活动运营需要提供的一个活动方案原型图(简易原型图)。图 4-40 所示为活动分会场原型图。

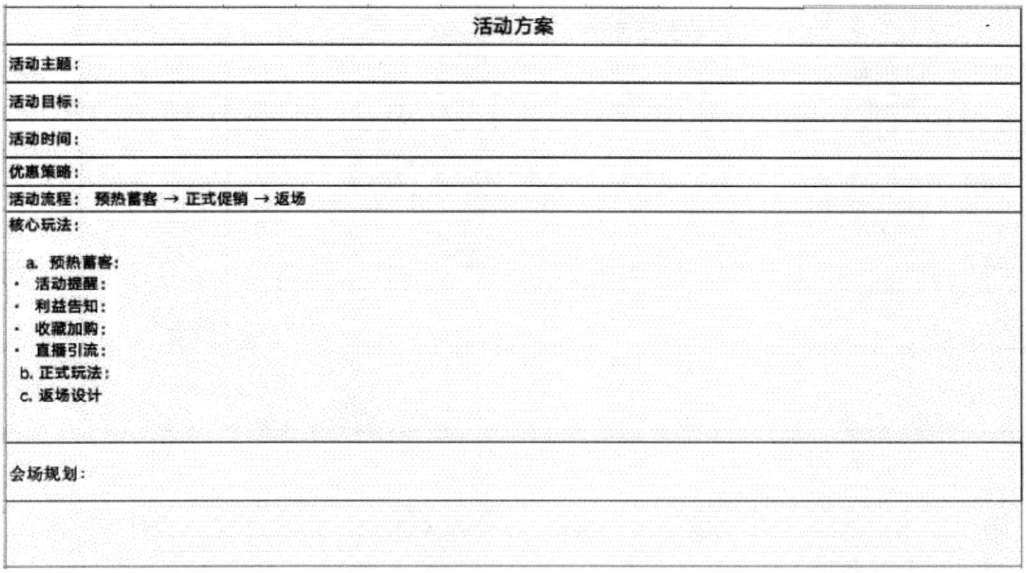

图 4-39 活动主会场方案原型图

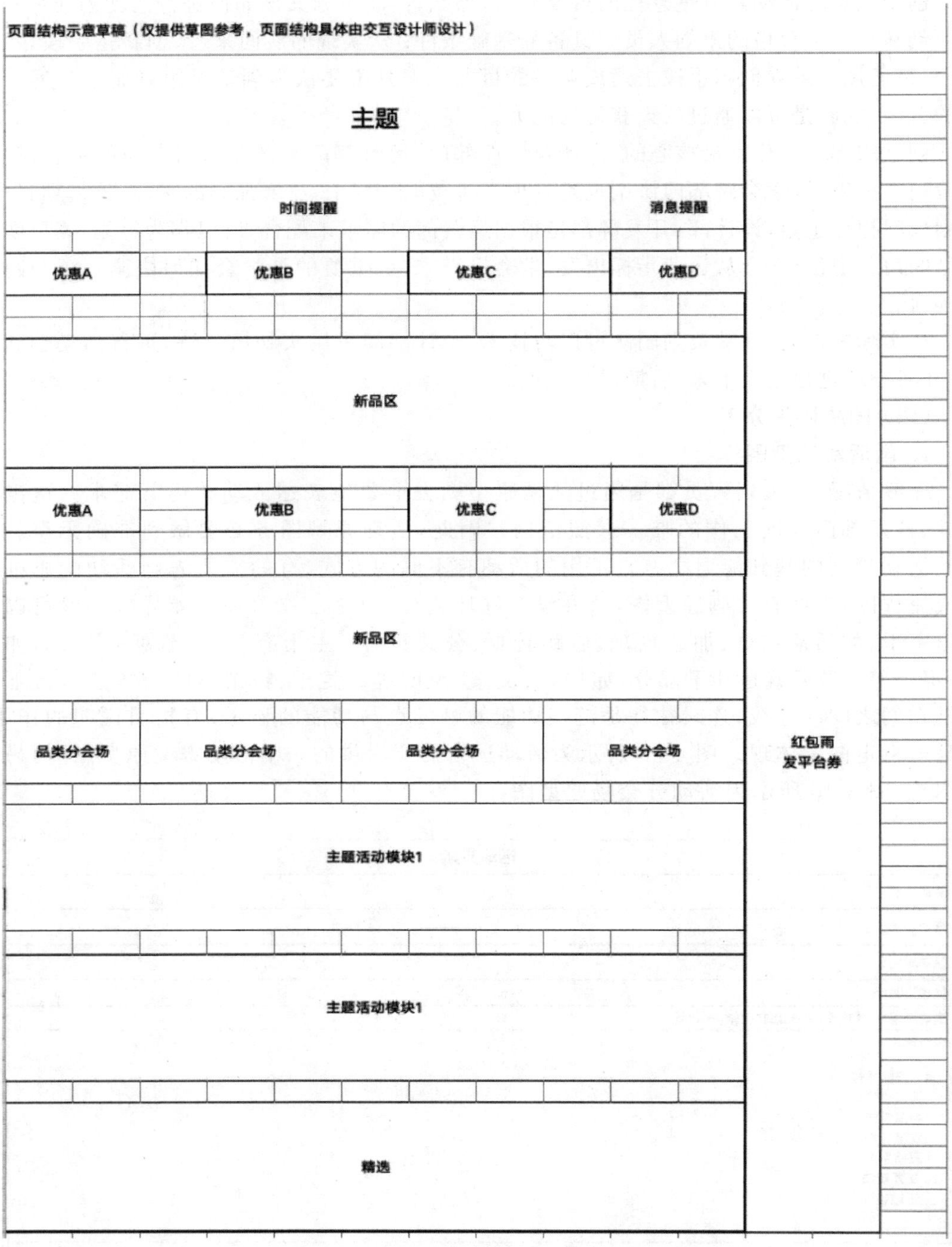

页面结构示意草稿（仅提供草图参考，页面结构具体由交互设计师设计）

```
┌─────────────────────────────────────────────┐
│                   主题                       │
├─────────────────────────────────────────────┤
│         时间提醒              消息提醒         │
├─────────────────────────────────────────────┤
│   优惠A      优惠B      优惠C      优惠D     │
├─────────────────────────────────────────────┤
│                                             │
│                  新品区                      │
│                                             │
├─────────────────────────────────────────────┤
│   优惠A      优惠B      优惠C      优惠D     │
├─────────────────────────────────────────────┤
│                                             │
│                  新品区                      │
│                                             │
├─────────────────────────────────────────────┤
│ 品类分会场  品类分会场  品类分会场  品类分会场 │
├─────────────────────────────────────────────┤
│               主题活动模块1                  │
├─────────────────────────────────────────────┤
│               主题活动模块1                  │
├─────────────────────────────────────────────┤
│                  精选                        │
└─────────────────────────────────────────────┘
```
（右侧：红包雨发平台券）

图 4-39（续）

有了原型图之后，接下来就是落地执行，活动运营、UI 设计、商品管理、前端后台各负责部门就可以开展各项工作了。

2. 全员协调

一个活动策划，从设计需求、技术需求、客服告知、流程优化，一般要提前多久准备呢？

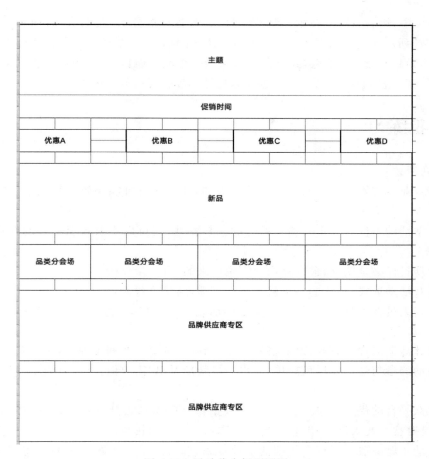

图 4-40 活动分会场原型图

就像上面的"五一脑洞节"的案例,4 月底上线的活动,提前在 3 月初就要开始了,中间跨度一个多月。但这是一个相对复杂的活动,需要的工作周期会有所延长。一般情况下,一个活动一个月的周期是较合理的。

活动策划团队,平均每个月要上线 3~4 个活动,从立项准备(前期的策划方案、物资准备、明确目标等)、设计到开发、测试、发版,再到上线、客服答疑,最后到活动复盘,一个完整的活动周期基本需要 3~4 周时间,那么一个月怎么挤得下 3~4 个活动?这主要靠企业各个部门的联调,下面制作一个流程表说明(表 4-14)。

表 4-14 活动流程表

日期	周一	周二	周三	周四	周五
活动 1		测试		验收上线(后续活动跟踪优化复盘)	
活动 2	明确需求,前端、后台开发根据原型图开始执行				
活动 3	明确需求,设计师根据原型图+思维导图开始设计				
活动 4	根据原型图,与设计、开发开展项目会议,预判实现难度与周期,并做最终敲定				
活动 5	确认活动目的与玩法,画好原型图、思维导图、数据埋点、准备物资物料、分发渠道等				

表 4-14 中,运营、设计、技术、客服各部门都有各自的分工,我们应该注意到,同一时间段,每个部门所负责的项目都不一样。例如,第一个活动"活动 1"上线了,"活动 4"已经开始准备了。也可以理解为:在各参与部门中,每当一个活动项目做完,另一个新的活动项目又要接着开始了,这样有条不紊的工作秩序是使活动项目保持高频的保证。

自我练习

一、判断题

1. 若企业不进行一番好的策划就开展活动,那么很有可能导致活动成本增加,活动效果不好。(   )
2. 补贴活动不仅可以提高现有粉丝的用户黏性,还可以不断吸引更多的新粉丝,吸粉固粉效果好。(   )
3. 活动目标必须明确,最好是用数字说出来的、可以量化的。(   )
4. 游戏活动形式,最棒的一点就是它有反馈,结果可预期。(   )
5. 策划人员在策划活动形式时,为了使活动更加有效,最好不要对两种以上活动进行叠加。(   )
6. 设计活动流程的时候,最好将时间安排到天,越简单且利于理解,越有效。(   )
7. 活动的参与规则要尽量简单,用户一眼就能看出"需要做什么,就能获得什么"。(   )
8. 大众平台的优点是形式多样,可以根据自己的需求去开发功能,也能将流量带到官网;缺点是对技术要求高(一般企业无法操作),推广费用较高。(   )
9. 活动主题一般是根据全年度活动计划来进行的,活动主题一定要描述清楚,尽量详细、完整,突出活动特色。(   )
10. 用户目标是活动主题被订立的直接依据,并且不是盲目设置的,而是经过用户调研、竞品分析、市场观察等确立出来。(   )
11. 只要活动策划得好,就可以省去渠道推广了,因为酒好不怕巷子深。(   )
12. 一个活动策划方案是否有价值,关键就是对活动效果的评估,要看活动前和活动后的对比,核心看是否达到预期的目标。(   )
13. 最理想的活动效果,是活动后的数据高于活动前,说明带来的增长不是一时的,而是真正地把产品功能推给了用户,引导、教育用户发现产品卖点,培养用户养成使用习惯。(   )
14. 活动策划出来的总方案至少会在活动开展的前 1 天进行策划。(   )
15. 对于运营人员而言,活动红包被刷就是最为常见的安全风险了。限制 IP、验证手机号是运营人员的常用手段。(   )

二、单项选择题

1. 营销人员在开始策划活动前一定要想清楚(   )。
   A. 活动目的   B. 活动形式   C. 活动费用   D. 活动安排
2. (   )就是针对活动的一些细节加以说明和约束。
   A. 活动规则   B. 活动主题   C. 活动形式   D. 活动目的

3. 以下关于活动规则描述不正确的有(　　)。
   A. 活动规则要把核心信息放在页面最显著的位置
   B. 活动的参与规则要尽量复杂,具有挑战性
   C. 活动规则描述点到为止,要简洁,图文结合
   D. 活动规则要尽量降低用户的阅读成本
4. 一个活动策划方案是否有价值,关键就是(　　)。
   A. 对活动效果的评估　　　　　　B. 对预算的准确把握
   C. 对人员的合理安排　　　　　　D. 对资源的合理分配
5. 以下属于活动复盘的方式是(　　)。
   A. SWOT 分析法　　　　　　　　B. PDCA 循环分析法
   C. 波士顿矩阵分析法　　　　　　D. 波特五力分析模型

三、多项选择题
1. 活动策划方案的构思及撰写主要内容包括(　　)。
   A. 活动对象　　　　　　　　　　B. 商品选择
   C. 确定活动时间　　　　　　　　D. 活动形式的确定
2. 可以从以下(　　)方面去思考用户目标。
   A. 从用户行为上挖掘　　　　　　B. 从用户的心理需求上挖掘
   C. 从竞争对手的调查上挖掘　　　D. 多 IP 跨界共创,提升品牌力
3. 活动目标一般有以下(　　)具体含义。
   A. 商业目标　　B. 用户目标　　C. 价格目标　　D. 活动指标
4. 策划人员制定活动预算需要考虑(　　)。
   A. 活动商品成本　　　　　　　　B. 活动奖励成本
   C. 活动分享与宣传成本　　　　　D. 活动的策划和前期准备成本
5. 关于新媒体营销活动策划描述正确的有(　　)。
   A. 对于策划人员来说,学会跨部门协调也是一项必备的技能
   B. 创新是一个合格的策划人员的基础条件
   C. 策划人员都是通过活动原型图去形象地表达活动的运营需求
   D. 一个活动策划往往由一个团队共同创意完成

参 考 文 献

[1] 冯志强.市场营销策划[M].2版.北京：北京大学出版社,2019.
[2] 张向南.新媒体营销案例分析：模式、平台与行业应用[M].北京：人民邮电出版社,2018.
[3] 勾俊伟,张向南,刘勇.直播营销[M].北京：人民邮电出版社,2018.
[4] 叶龙.活动策划与执行大全：文案创意＋执行步骤＋技巧案例（新媒体版）[M].北京：清华大学出版社,2018.